AF138005

Iris Johansson

Eine andere Kindheit

Iris Johansson

Eine andere Kindheit

Mein Weg aus dem Autismus

Aus dem Schwedischen von Susanne Dahmann

 Verlag Urachhaus

Ein Buch über die Kindheit eines kleinen Mädchens,
das seine Welt und Wirklichkeit aus etwas anderem als
Gefühlen heraus begriff.

Die Originalausgabe erschien 2007 unter dem Titel
En annorlunda barndom im Forum Bokförlag, Stockholm, Schweden.
Die vorliegende deutsche Ausgabe erscheint in Übereinkunft mit
Bonnier Group Agency, Stockholm, Schweden

ISBN 978-3-8251-7791-1

3. Auflage 2019
Erschienen im Verlag Urachhaus
www.urachhaus.de

© 2012 Verlag Freies Geistesleben & Urachhaus GmbH, Stuttgart
© 2007 Iris Johansson
Umschlaggestaltung: Rothfos & Gabler, Hamburg
Umschlagabbildung: © Mark Owen / Trevillion Images
Gesamtherstellung: CPI books GmbH, Leck

Inhalt

Vorwort

Was ist nur los mit Iris?

»Sie ist einfach in der Entwicklung ein bisschen hinterher«, sagte der Arzt beim »Mjölkdroppen«, der gemeinnützigen Organisation zur Bekämpfung der Säuglingssterblichkeit auf dem Lande. Doch dieser Arzt war ohnehin mehr an Blinddärmen und anderen Krankheiten als an der psychischen Befindlichkeit eines Kindes interessiert.

»Sie ist geistig behindert«, sagten andere. »Vielleicht hat sie ja auch eine Psychose. Gebt sie in eine Anstalt, da wird man ihr schon Manieren beibringen.«

»Sie kann ein totes Pferd auf die Palme bringen«, sagte ihre geplagte Mutter.

»Eine Tracht Prügel würde ihr nicht schaden«, sagte ihr Onkel.

Doch Iris' Vater wusste, dass seine Tochter nicht geistig behindert war. Zwar konnte man oft keinen Kontakt zu ihr bekommen, und sie war störrisch und fast völlig lernunfähig. Was sie sprach, war unzusammenhängend, monoton und unverständlich. Sie nässte ein, verweigerte die Nahrung, schrie meistens, biss kleine Kinder und machte niemals, was man ihr sagte, ja, schien nicht einmal zu verstehen, was man sagte. Dann wieder konnte sie stundenlang allein dasitzen und nur hin und her schaukeln.

Aber warum war sie dann imstande, während seltener, kurzer Augenblicke Probleme zu lösen, die nicht einmal die Erwachsenen bewältigen konnten, und warum beherrschte sie so viele komplizierte Wörter, auch wenn sie sie nur ein einziges Mal gehört hatte? Warum vermochte sie die Nachbarsfrau zu trösten, die soeben erfahren hatte, dass ihr Sohn gestorben war? Wie schaffte sie es ständig und mit so einfachen Mitteln und so großer Präzision, ihre Mutter, ihre Onkel und (fast) auch noch tote Pferde auf die Palme zu bringen? Warum wurde sie niemals überfahren, obwohl sie immer auf das Auto der Nachbarn zurannte? Und wieso verhielt sie sich einerseits wie ein unwissendes Kleinkind und gleichzeitig wie eine ausgefuchste Betrügerin, die die kompliziertesten Strategien entwickelte, um ihre unehrenhaften Ziele zu erreichen?

Niemand wusste Rat. Aber Iris' Vater gab nicht auf. Mit seiner Liebe schützte er sie vor den anderen und vor sich selbst. Mit unglaublicher Geduld erklärte er ihr die Welt und zeigte ihr wieder und wieder, was andere Kinder von selbst verstanden und lernten.

Und als Iris zwölf Jahre alt war, entschied sie sich schließlich, aus ihrer autistischen und unkommunikativen Welt herauszukommen und »normal« zu werden.

Mit viel Mühe begab sie sich in die »Normale Welt« und entdeckte mit dem ganzen Denkvermögen einer intelligenten Zwölfjährigen alle Besonderheiten dieser Welt, die allen anderen selbstverständlich und natürlich erschienen, für Iris aber Rätsel bedeuteten, die entschlüsselt werden, Verhaltensweisen, die nachgeahmt, Strategien, die erdacht werden mussten.

Gleichzeitig war ihr das »Primäre« nach wie vor voll bewusst, das also, was gilt, wenn nichts anderes gilt – bevor unsere Erziehung und unsere Kommunikation es uns vergessen lassen.

Als Iris ein Kind war, wusste man nichts über Autismus, und es wurde auch nie eine wirkliche »Diagnose« für ihren Zustand gestellt. Als Erwachsene dann stieß Iris auf Beschreibungen des Autismus und erkannte darin vieles von ihrem eigenen Leben wieder. Plötzlich konnte sie eine neue Dimension in ihren Erlebnissen erkennen und diese ganz anders verstehen. Mit einem Mal sah sie den Teil ihrer Kindheit, von dem sie in den ersten beiden Kapiteln dieses Buches erzählt, aus neuer Perspektive. Im Kapitel »Die unbegreifliche Welt, in der Iris lebte« formuliert sie die Geschichte ihrer Kindheit im Lichte dieser neuen Erkenntnis um. Als Iris später etwas über Außerkörperliche Erfahrungen und Nahtod-Erlebnisse erfuhr, konnte sie dann schließlich weitere Aspekte ihrer Kindheit benennen, Erlebnisse, für die ihr bis dahin Worte gefehlt hatten und von denen sie als Kind meinte, dass jeder Mensch sie erlebe. Wieder einmal musste sie die Geschichte ihrer Kindheit neu formulieren (s. Kapitel »Außerhalb des Normalen, im Richtigen«).

Es ist Iris nicht gelungen, »normal« zu werden. Aber sie wurde so viel mehr. Sie hat sich dem »Normalen Leben« so weitgehend angepasst, dass niemand, der ihr heute begegnet, noch glauben kann, dass sie als Kind solche Schwierigkeiten hatte. Und sie besitzt ein so weitreichendes Verständnis für das, was in den Menschen und zwischen ihnen geschieht, dass sie als Erwachsene vielen Jugendlichen mit Problemen helfen konnte und seit zwanzig Jahren als gesuchte und erfolgreiche Beraterin für Leute arbeitet, die Menschen mit Behinderungen betreuen. Darüber hinaus hält sie Vorträge und leitet Studientage und Seminare über Kommunikation, intuitive Pädagogik, Majoritätsmissbrauch, fehlgeleitetes Denken und vieles andere, und dies nicht nur in Schweden, sondern auch im übrigen Europa und in Russland.

Heute wissen wir viel mehr über Autismus als Ende der 1940er Jahre. Wir wissen, dass sich der Autismus sowohl von der Psychose als auch von der Intelligenzminderung oder »geistigen Behinderung« unterscheidet und dass die Intelligenz bei Autisten oft sehr hoch sein kann. Wir wissen, dass es sich bei Autismus um ein verringertes Kommunikations- und Sozialisationsvermögen handelt. Und wir wissen, dass Menschen mit Autismus Seh-, Hör- und Gefühlseindrücke anders und manchmal auf schmerzhafte Weise empfinden können.

Aber *wie* erleben autistische Personen ihre Umwelt? Warum reagieren sie so, wie sie es tun? Was sehen sie? Was nehmen sie auf? Darüber wissen wir nicht viel, und das liegt einfach daran, dass es ihnen schwerfällt, zu kommunizieren. Doch gibt es einige Bücher von sogenannten Hochfunktionalen Autisten, die Einblick in die autistische Welt ermöglichen. Und da kommt nun *Eine andere Kindheit*, wo Iris Johansson ihre Welt wortgewandt, nuancenreich und scharfsinnig beschreibt. Mit den verbalen Fähigkeiten, die sie sich als Erwachsene angeeignet hat, erklärt sie die ursprünglich wortlosen, begrifflosen Erlebnisse ihrer Kindheit, manchmal kristallklar und manchmal mit impressionistischer Ausdrucksfülle.

Als Kind war Iris nicht klar, dass Menschen ein Inneres besitzen. Sie sah menschliche Gefühle lediglich als etwas an, das »in die Atmosphäre« gekommen war und dort sehr schön aussah. Besonders schön zeigten sich ihr die negativen Gefühle, und deshalb liebte sie es, andere zu provozieren. Wenn diese dann wütend wurden, freute sie sich und genoss das schöne Spiel von Farben und Formen. Als sie etwas älter war, lernte sie dann, das, was sie von den Gefühlen anderer sah, zu interpretieren, und zwar so tiefgehend und exakt, dass einem dabei unheimlich werden konnte.

Iris erfasste auch Laute synästhetisch, das heißt, sie hörte sie nicht nur, sondern sah sie auch als Farben und Formen.

Wenn Iris dasaß und hin und her schaukelte, dann geschah das oft, um nach »Außen« zu kommen, um den »Iriskörper«, wie sie es nennt, und die »Normale Welt« zu verlassen und in die »Richtige Welt« zu kommen. Wenn sie im Außen war, dann war sie ganz. Dort verstand sie die Welt. Sie konnte sich zwischen den

Menschen, den Tieren und den Häusern auf dem Hof bewegen, sie erkannte, wie alles zusammenhing, konnte – oder wollte – es aber nicht in Worte fassen. Sie sah ihren eigenen Körper von außen, wie er da still und abwesend schaukelte. Das da war Iris, aber sie war es nicht richtig.

Ihrem Vater erzählte sie von ihren Spielen und Erlebnissen, wenn sie im Außen war, und er betrachtete das als ihre innere Fantasiewelt.

Ich selbst bemerkte, als ich Iris kennenlernte und sie von ihrem Außen erzählen hörte, dass ihre Beschreibung manchmal bis aufs kleinste Detail denen glich, die Menschen mit Außerkörperlichen Erfahrungen machten. Vor allem ihre wortlose Kommunikation mit ihren beiden »Seelenverwandten« gleicht auf erstaunliche Weise dem, wovon eine der größten Autoritäten in Sachen Außerkörperliche Erfahrung, Robert Monroe, in *Über die Schwelle des Irdischen hinaus* und seinen anderen Büchern berichtet. Somit kann das Außen, von dem Iris spricht, nicht nur ihrer eigenen völlig privaten Fantasie entstammen, sondern es trägt viele gemeinsame Züge mit den Erlebnissen anderer, nicht autistischer und nicht psychotischer Menschen. Hier ist nicht der richtige Ort, um länger auszuführen, was eine Außerkörperliche Erfahrung ist, aber das von Iris benannte »Außen« besitzt einen inneren Zusammenhang und eine innere Logik, und wenn sie im Außen ist, dann erlangt sie wertvolles Wissen sowohl über das »Primäre« als auch über die »Normale Welt«, das sie wahrscheinlich auf keine andere Weise hätte erlangen können.

Darüber hinaus gewährt dieses Buch scharfsinnige und humoristische Einblicke in das Leben auf einem Bauernhof und in einer Großfamilie in den 1940er- und 1950er-Jahren mit seiner Mischung aus Bigotterie und vorbehaltloser Liebe, und es schildert interessante und ergreifende Lebensschicksale.

Am Ende des Buches hat Iris ein paar der Fragen gesammelt, die ihr im Laufe der Jahre von Eltern autistischer Kinder gestellt worden sind und die sie in ihrer einzigartigen Fähigkeit, das Dasein eines Autisten zu formulieren und zu beschreiben, beantwortet.

Iris hat uns viel zu sagen: darüber, was es heißt, Autist zu sein, und auch darüber, was es bedeutet, ein »normaler« Mensch zu sein, wie Kommunikation zwischen Menschen funktioniert und nicht funktioniert, und wie man sein Lebensschicksal zum Besseren wenden kann. Nicht ohne Grund ist Iris' Kalender auf zwei Jahre im Voraus mit Vortragsterminen und Seminaren ausgebucht.

Göran Grip
Arzt und Autor

Wie dieses Buch entstand

Schon zu Beginn unserer Freundschaft erzählte mir Iris von diesem Buch über ihre Kindheit, das sie schreiben wollte. Es sollte *Eine andere Kindheit* heißen, doch war nie etwas daraus geworden. Dann kamen wir im Jahre 1994 gemeinsam auf der Gamla Brogatan in Stockholm an einer Buchhandlung vorbei. Damals war gerade mein Buch *Allting finns* (*Alles existiert*) erschienen. Ich blieb stehen und zeigte auf eines der Schaufenster und sagte: »Stell dir vor, Iris, wie es wäre, wenn dein eigenes Buch hier im Schaufenster ausliegen würde!« Ich merkte, dass sie reagierte, doch sie sagte nichts. Später hat sie mir dann erzählt, dass sich die Idee zu ihrem Buch in diesem Moment in einen Auftrag verwandelte, etwas, was sie tatsächlich verwirklichen würde.

Zwei Jahre später erhielt ich ein paar Disketten mit Dokumenten zu *Eine andere Kindheit*, die sie mich bat anzuschauen und zu redigieren. Doch schon bald bekam ich eine neue Anweisung: sie würde das Ganze umarbeiten und noch mehr schreiben.

Die Dokumente blieben auf meiner Festplatte. Die Jahre vergingen, und ich dachte schon, Iris hätte ihr Buchprojekt aufgegeben. Doch zehn Jahre später kam sie mit einer CD mit neuen Dokumenten zu mir und sagte, jetzt wäre der Zeitpunkt gekommen, dass ich die Texte redigieren könnte.

Ich verglich die CD mit den alten Dokumenten und stellte fest, dass vieles wortwörtlich dem ursprünglichen Text entsprach, während einiges überarbeitet und anderes ganz neu war. Ich ging davon aus, dass sie mit den Dokumenten, die sie mir zehn Jahre zuvor hatte zukommen lassen, weitergearbeitet hatte, doch da sagte sie: »Ach so, ich dachte, diese alten Dokumente wären verloren gegangen, deshalb habe ich einfach alles noch einmal geschrieben.«

Und das in großen Teilen wortgetreu – nach zehn Jahren!

Jetzt habe ich das Material zu einem fertigen Buch zusammengestellt und habe dabei im Grunde lediglich die Reihenfolge der Abschnitte verändert, Doppelungen ausgeschlossen und zwischen der alten und der neuen Variante die bessere ausgewählt. Außerdem habe ich sie gebeten, ein paar Abschnitte, die sie mir zuvor diktiert hatte, weiter auszuführen.

Somit ist jede Formulierung, im Grunde genommen jedes Wort in diesem Buch von Iris selbst, so wie sich diese Worte schon viele, viele Jahre in ihr befunden haben. Ich finde es wichtig, darauf hinzuweisen, weil Iris' Art, sich auszudrücken, ihre Formulierungskunst und all die Iriswörter (die Wörter, die sie selbst erfunden hat, so zum Beispiel »Iriswort«) unser Verständnis des Autismus um eine weitere Dimension erweitern, weil sie zeigt, wie eine autistische Person denkt und formuliert.

Göran Grip, 2007

KAPITEL 1

Zu Hause

Auf einem gepachteten Pfarrhof mitten in Südschweden lebte eine Großfamilie. Großvater, Großmutter, Mutter, Vater, zwei Brüder und drei Onkel umgaben das Mädchen. Dazu noch Emma, eine entfernte Verwandte der Mutter. Und dann war da noch Urban, ein Mann mit Zerebralparese, der gern Schuster werden wollte und dabei Unterstützung brauchte. Jeden Sommer waren zudem sieben oder acht Sommerkinder aus der Großstadt da, deren arme und oft alleinerziehende Eltern nicht freinehmen und die Ferien mit ihnen verbringen konnten. Zeitweilig wohnten Jugendliche dort, die asozial und kriminell waren und die eigentlich in die Besserungsanstalt gehört hätten, stattdessen aber als Knechte bei uns arbeiten durften. Manchmal kamen auch Mädchen, die »unpassend« schwanger geworden waren und die man zu Hause rausgeworfen hatte. Ab und zu ein Drogenabhängiger oder ein geistig Behinderter, jemand, der psychotisch war oder auf irgendeine Weise unkommunikativ. Menschen mit Ängsten waren ein weit verbreitetes Phänomen in diesem Milieu.

Alles begann mit der Kindheit und Jugend meiner Urgroßmutter väterlicherseits. Die Eltern meiner Urgroßmutter waren Bauern und bewirtschafteten einen großen Bauernhof. Sie waren strebsam und arbeiteten hart. Meine Urgroßmutter hatte sieben Geschwister, und alle sollten sie heiraten und einen eigenen Hof bekommen.

Sie selbst aber wollte sich nicht mit irgendeinem dummen Bauerntölpel verheiraten, und so bat sie ihren Vater, stattdessen zu Hause bleiben und sich um die Eltern kümmern zu dürfen, wenn sie einmal alt wären. Ihr Vater bedauerte das sehr, denn die Tochter war sowohl schön als auch klug und sehr tüchtig und würde eine gute Bauersfrau abgeben. Aber sie wollte von keinem Mann bevormundet werden – als Frau war man nicht mündig –, und wenn schon jemand über sie bestimmen musste, dann lieber ihr Vater. Und weil der Vater eine Schwäche für seine schöne Tochter hatte, sagte er: gut, sie würde nicht heiraten müssen. Viele Freier stellten sich ein, doch alle bekamen sie einen Korb, und keiner von ihnen begriff warum.

Eines schönen Tages kamen Gastarbeiter zum Rübenverziehen. Eine Gruppe von Jünglingen sollte das Tagwerk verrichten. Unter ihnen war ein Landstreicher, ein Träumer, der auf die Hacke gestützt dastand, ohne viel auszurichten.

Die Tochter leitete die Arbeit in seiner Gruppe an, und sie erkannte, dass er zu dieser Arbeit nicht taugte. Er konnte nicht einmal zwischen Rüben und Unkraut unterscheiden. Sie zeigte ihm, wie man es machte, und fragte ihn dabei, wovon sein Sinn denn so erfüllt sei. Und da erzählte er ihr von den erstaunlichsten Gedanken und Überlegungen, die er hegte, und nahm sie ganz gefangen. Sie arbeitete Seite an Seite mit ihm, oder besser gesagt, er schritt an ihrer Seite und redete, während sie arbeitete.

Eines Abends, als das Tagwerk verrichtet war, ging sie zu ihrem Vater und bat ihn, sich mit dem Gastarbeiter verheiraten zu dürfen. Der Vater war bestürzt. Ausgerechnet mit diesem Taugenichts, mit diesem Landstreicher, der zu nichts nutze war, wollte sich seine schöne, tüchtige Tochter verheiraten. Das konnte er nicht verstehen. Da er aber eine Schwäche für seine Tochter hatte, vermochte er es ihr nicht abzuschlagen, auch wenn es einen Skandal geben würde.

Sie beteuerte, wenn sie nur auf dem Altenteil wohnen dürften, das ihre Eltern für sich selbst gebaut hatten, dann würde sie sich um ihren Mann, ihre Kinder und natürlich auch um Mutter und Vater kümmern.

Nachdem er in sich gegangen war und sich mit seiner Frau über die Sache beraten hatte, willigte der Vater ein, und das Paar heiratete in aller Einfachheit. Es gab einen Skandal und viel Gerede. Sie bekamen acht Kinder und kümmerten sich um die Eltern, und darüber hinaus begab sich der Mann auf die Landstraße und brachte immer den einen oder anderen unglücklichen Menschen mit heim, wo die Frau ihm einen Platz am Tisch gewährte. So begann die Art von Kollektiv, in dem ich aufgewachsen bin.

Eine ihrer Töchter, die Mutter meines Vaters und meine Großmutter, heiratete einen Bauernsohn, und sie pachteten einen Hof. Auf diesem Hof ging es genauso zu wie im Elternhaus meiner Großmutter. Sie bekamen sieben eigene Kinder und kümmerten sich zudem um Menschen, die ihnen über den Weg liefen. Ein Mann mit Psychose und seine Schwester, die ihn pflegte. Ein junges Mädchen mit unehelichem Kind, das Kind war autistisch. Ein Alkoholiker, der Hilfe brauchte, um trocken zu werden, ein Sonderling, der nicht arbeiten wollte und bei allen Alltagsdingen Hilfe brauchte. Und viele andere. Meine Großmutter setzte die Tradition ihres Vaters fort, ohne eigentlich groß über deren Sinn nachzudenken. Auf diese Weise entstand auf ihrem Hof ein neues Kollektiv.

Dann kam mein Vater zur Welt. Er war ein Nachkömmling. Seine sechs Geschwister waren alle mit ungefähr einem Jahr Abstand geboren, und meine Großmutter meinte, dass es mit dem Kinderkriegen für sie nun vorbei sei, doch fünf Jahre später kam er noch hinterher. Großmutter fand das schwierig, denn mein Vater wurde am 7. Juli geboren und sie wurde draußen auf dem Hof bei der Ernte gebraucht. Doch dann starb ihre Mutter, und ihr wurde klar, dass ihr Vater, als der Taugenichts, der er sein ganzes Leben lang gewesen war, wieder sein Dasein als Landstreicher aufnehmen würde; das konnte sie nicht zulassen. Sie nahm ihn bei sich auf und sagte zu ihm: »Zu irgendwelcher Arbeit hast du nie getaugt, doch warst du ein guter Vater. Um Kinder kannst du dich kümmern, also darfst du dich jetzt um dieses kleine neugeborene Balg kümmern.«

Und so kam es. Vater wurde von seinem Großvater versorgt, und die beiden verbrachten viel Zeit damit, sich von meiner Großmutter fernzuhalten, um nicht unnötig in Arbeitsaufträge verwickelt zu werden. Großmutter hatte nämlich schreckliche Angst, dass ihr geliebter Vater nicht in den Himmel kommen würde, weil er nicht im Schweiße seines Angesichts arbeitete, sondern sich Tagträumen hingab und sich bemühte, das Leben als solches zu verstehen. Das war in ihren Augen ein ebenso sündiges wie gottloses Verhalten.

Ihr Vater interessierte sich besonders für Kühe, deshalb war das Melken seine Aufgabe. Jedes Mal, wenn es ans Melken ging, hatte er seinen kleinen Enkel dabei, und hinterher ging er mit ihm ins Haus, sodass die Mutter ihn stillen konnte.

Er dachte darüber nach, warum die Kühe keine Milch geben wollten. Ihren Kälbchen gaben sie Milch, aber sie hatten doch noch so viel mehr. Die Menschen brauchten die Milch, und die Kühe hielten sie so zurück, dass man sie förmlich aus ihrem Euter zwingen musste. Normalerweise gab man der Kuh dann etwas zu fressen, band ihr ein Bein hoch, sodass sie auf drei Beinen stehen musste, oder band den Schwanz an der Decke fest, oder machte irgendetwas anderes, um sie abzulenken, damit sie die Milch losließ und man sie melken konnte. Kühe können sich nämlich nicht auf zwei Sachen gleichzeitig konzentrieren.

Mein Urgroßvater aber wollte, dass die Kühe ihm ihre Milch freiwillig und in einer Art Übereinkunft gäben. Er schaute die Kuh an, sprach mit ihr, strich ihr liebevoll über Lenden und Nacken, bis die Kuh ganz zufrieden und leicht zu melken war. So verfuhr er mit jeder einzelnen Kuh. Das dauerte sehr lange, doch er hatte alle Zeit der Welt und hielt sich gern in der Atmosphäre der Kühe auf. Mit Menschen kam er nicht so gut zurecht, die erschienen ihm oft so dumm. Auf diese Weise befand sich Vater mit seinem Großvater und den Kühen in der Scheune und wurde ein Teil jenes Prozesses. Vater sog diese Art, nonverbal zu kommunizieren, in sich auf und begriff, was das Wichtigste im Leben war, nämlich in Gemeinschaft zu sein, in Kontakt zu stehen, in Kommunikation und in Beziehung zu sein.

Wenn Urgroßvater und er sich nicht um die Kühe kümmerten, dann verschwanden sie zu einem Bach und spielten mit Fischen und kleinen Tieren, oder sie gingen in den Wald und lauschten den Vögeln. Der Großvater wusste viel über die Geheimnisse der Natur und vermittelte sie dem Enkel. Er besaß ein besonderes Vertrauen zu sich selbst, zu seiner Fähigkeit, Zufriedenheit zu erlangen und so in Gemeinschaft und Kommunikation mit allem und allen zu kommen. Nur aus den Menschen wurde er überhaupt nicht schlau. Die hatten, wie er sich ausdrückte, mit »so viel Äußerlichem« zu schaffen. Die diskutierten unentwegt darüber, was man richtig und falsch machte, ob man strebsam und gottesfürchtig war, über das Sündigen und das Verzeihen, über das Beten und wie man Gott um Gnade und Vergebung bitten konnte. Der Großvater fand ganz andere Dinge wichtig. Wenn man in seinem Körper fröhlich war, innen drin fröhlich, dann war man zu niemandem gemein. Also strebte er danach, in seinem Körper fröhlich zu sein. Das vermittelte er Vater, indem er ihm alles zeigte, was es in der Natur gibt, wie man seines Lebens froh sein kann und wie das Leben dadurch einen Sinn bekommt, dass es Werte zu entdecken gibt, dass alles existiert, dass die Welt schön ist und dass es so viel mehr zu erkunden gibt, als wir in einem Leben überhaupt schaffen können.

In diesem Geiste wuchs Vater auf, bis er zwölf Jahre alt war und sein Großvater starb.

Meine Mutter war ein Landarbeiterkind, elternlos und arm. Ihre Mutter starb, als sie zweieinhalb Monate alt war. Ihr Vater war ein umherreisender Zuckerrübenarbeiter aus Skåne, der seine Kinder ihrem Schicksal überließ. Großmutter hatte Tuberkulose, und bei der Geburt steckte sie meine Mutter an. Mutter bekam Lupus, Hauttuberkulose, im Gesicht und am Hals.

Als sie neugeboren war, hatte eine Nachbarin ungefähr zur gleichen Zeit ein Kind bekommen, und die stillte auch meine Mutter. Dann wurde sie in der ersten Zeit nach dem Tod ihrer Mutter in verschiedenen Familien herumgereicht, bis sie schließlich bei ihrem Onkel, dem Bruder der Mutter, landete. Er war Witwer, doch wohnte bei ihm immer noch eine Tochter von ungefähr zwanzig Jahren. Er ging zur Gemeinde und bettelte und bat, dass das kleine Mädchen doch ins Krankenhaus kommen dürfe. Aus reiner Gnade durfte es. Im nächstgelegenen Krankenhaus wurden die Ekzeme erst durch Verbrennen behandelt, doch da das keinen Erfolg brachte, schickte man Mutter in ein Sanatorium in Halland. Dort verbrachte sie ihre ersten sechs Lebensjahre, und als sie nach Hause geholt werden sollte, lief sie in den Wald und versteckte sich, denn sie kannte die Menschen nicht, die gekommen waren, um sie abzuholen.

Trotzdem wurde sie nach Hause gebracht, schüchtern und verängstigt. Zum Glück gab es Emma. Bei ihr konnte Mutter ein klein wenig Trost erfahren, aber Emma arbeitete und schuftete von früh bis spät auf dem Gutshof, und so konnte sie nur in den Nächten bei Emma liegen. Alle anderen fürchteten, von Mutters Ekzemen angesteckt zu werden, aber Emma sagte nur: »Wenn Gott mir wohl will, dann werde ich schon keinen Schaden davon haben, dass das Mädchen in meinem Bett schläft.« Und Emma steckte sich niemals an.

Als Vater neun Jahre alt war und in die dritte Klasse kam, begann meine Mutter in der ersten Klasse. In dem kleinen Ort kannten sich alle Kinder schon lange, ehe sie in die Schule kamen, aber dieses Mädchen hatte noch niemand zuvor gesehen. Sie war mager und bleich, und außerdem erstreckten sich über das halbe Gesicht und ihren Hals hässliche Behandlungsnarben von der Tuberkulose. Sie kam in die Schule und kannte niemanden. Ihre großen Geschwister hatte sie erst kennengelernt, als sie aus dem Sanatorium kam, und die schämten sich für sie, weil ihr Gesicht so schlimm aussah. Sie hatte Angst, und die anderen Kinder überschütteten sie mit Schimpfwörtern, schlossen sie aus und behandelten sie, als wäre sie aussätzig. Niemand wollte neben ihr sitzen, und so blieb sie allein. Sie weinte und weinte und hielt sich die Hände vor ihr hässliches Gesicht.

Vater war außer sich vor Wut. So etwas tat man nicht, so behandelte man ein unbekanntes, kleines ängstliches Wesen nicht, das außerdem noch aussah wie eine angeschossene Krähe. Das Mädchen saß, das Gesicht in den Armen verborgen und die Beine angezogen, auf der Steintreppe. Er stellte sich zwischen das Mädchen und seine Peiniger und brüllte sie an, damit aufzuhören. Er nahm seinen Holzschuh in die Hand und fing an, sie zu jagen, und schrie, dass er den armseligen Teufel totschlagen würde, der ihr ein Haar krümmen würde.

Dann ging er zurück, nahm sie an der Hand und sagte: »Jetzt gehst du mit mir, und du musst dich bei mir halten, damit ich sehe, dass dir auch niemand was antut.« Sofort wurde sie ruhig und folgte ihm brav.

Als sie in den Unterricht kamen und alle sich verkrümelten, weil keiner neben ihr sitzen wollte, bat er seinen Banknachbarn, sich woanders hinzusetzen und holte sie zu sich. Das Fräulein protestierte, denn die Erstklässler sollten doch ganz vorne sitzen, doch er fragte herausfordernd: »Wenn es jemanden gibt, der neben ihr sitzen und ihr Freund sein will, dann kann sie nach vorn gehen, wenn nicht, dann sitzt sie hier bei mir, denn ich bin ihr Freund.« Niemand meldete sich, und deshalb blieb sie neben ihm sitzen. Das hatte den Vorteil, dass sie ihm Lesen und Schreiben beibringen konnte, denn das hatte sie schon im Alter von vier Jahren während ihrer Zeit im Sanatorium gelernt. So lernten sich meine Eltern kennen. Doch nach zwei Jahren in derselben Klasse verloren sie sich aus den Augen, bis er zwanzig und sie achtzehn Jahre alt war.

Meine Großmutter wurde nie richtig schlau aus ihrem Vater, dem Landstreicher. Sie fand, er sei verantwortungslos und hielte sich nicht an das, was notwendig war. Er hielt nichts von Erziehung. Seiner Ansicht nach gerieten Menschen am besten, wenn man sie in Ruhe ließ, wenn man sie ausprobieren und durch Erfahrungen und die erzählten Lebensgeschichten der Erwachsenen klug werden ließ. Er meinte, man müsse einfach nur das unterbinden, was gefährlich sei und anderen schade. Ansonsten sollte man erzählen und das Kind dann weiter ausprobieren lassen, was nützlich sei. Getreu seiner Philosophie gab es das Böse nicht, sondern entstand nur aufgrund von Unwissenheit und Mangel an Geborgenheit.

Der Großvater meines Vaters glaubte zwar an Gott, doch er sagte: »Für seine Repräsentanten auf Erden habe ich gar nichts übrig, die wollen sich nur auf Kosten Gottes und anderer Menschen bereichern. Sie benutzen Gott, um Macht zu erlangen, und lassen dann andere Menschen vor sich im Staub kriechen und ihr letztes Hemd der Kirche schenken, und das ist es nicht, was mit Gottesfurcht gemeint ist.« Für ihn war klar, dass der Mensch dem Wunsch nach Macht verfallen war, die anderen sollten vor ihm das Haupt neigen und um Erlaubnis bitten. Das war für ihn ein schlimmer Charakterzug, und er verachtete alle, die sich diese Art von Überheblichkeit anmaßten. Seiner Meinung nach waren sie es, die sich versündigten, indem sie sich an anderen bereicherten.

In den letzten Lebensjahren meines Urgroßvaters kümmerte sich Vater um ihn. Es ging ihm nicht gut, es fiel ihm schwer, aus dem Bett zu kommen und in seine geliebte Natur zu gehen. Vater versorgte nun die Kühe allein und melkte sie, ehe er in die Schule ging. Wenn er nach Hause kam, kümmerte er sich um seinen Großvater und nahm ihn mit in die Scheune, wo er alle seine kleinen Arbeiten verrichtete. Der Alte erzählte Vater alles, was er wusste und kannte, doch ging es ihm immer schlechter, und kurz nach Vaters zwölftem Geburtstag starb er. Das war ein schwerer Verlust, doch Vater war sehr froh, diesen Lebensfreund zumindest zwölf Jahre lang gehabt zu haben.

Im Jahr nach dem Tod des Großvaters sollte Vater zur Kirche gehen und konfirmiert werden. Er ging zu seiner Mutter und bat sie, aus dem Konfirmationsunterricht genommen zu werden. Er hatte von Darwins Lehre gehört und konnte sie mit dem Gott, an den die Gesellschaft glaubte, nicht in Einklang bringen. Wenn es einen Gott gäbe, dann könnte es nicht der sein, dem die bigotten Mitglieder der Gemeinde anhingen, da war er sich ganz sicher. Ihm stand ganz klar vor Augen, was ihm sein Großvater über wirkliche vorbehaltlose Liebe erzählt hatte, und wenn es einen Gott gäbe, dann würde er genauso aussehen, und nicht richtend, verurteilend und strafend. Das alles war nur das Werk der Menschen.

Er las die Bibel und hörte allen, die predigten, aufmerksam zu, stellte tief gehende Fragen und konnte das alles nicht zusammenbringen. Es war einfach unbegreiflich für ihn. Wenn es einen Gott gab, dann würde die Welt nicht so aussehen, wie sie es tat, mit so viel Leiden. Wenn es einen Gott gab, müsste der doch von der Natur des Menschen gewusst haben und hätte den Baum der Erkenntnis nicht in den Garten Eden gepflanzt. Außerdem musste es sowieso ungeheuer langweilig und öde sein, in einem Paradies zu leben, wo man nicht ein einziges Mal vor ein unlösbares Problem gestellt und mit nichts Unbegreiflichem konfrontiert wurde. Wenn es Gott gab, dann konnte die Bibel nicht stimmen, denn diese gemeine, kleingeistige und straflüsterne Figur konnte unmöglich als ein guter und allmächtiger Gott angesehen werden. Wenn er ein Symbol darstellen sollte, dann musste Gott doch besser sein als die gewöhnlichen, harten Menschen.

Seine Mutter war erschrocken und meinte, er würde Schande über die ganze Familie bringen. Sie meinte, nach ihrem Tod auf ewig in der Hölle zu landen, wenn sie einen Abtrünnigen zum Sohn hatte. Also beschloss er, sich ihr zuliebe konfirmieren zu lassen, doch sagte er dem Priester, dass er keine Fragen zum Glauben beantworten wolle, und die heilige Kommunion möge man ihm doch auch ersparen. Er konnte sich vorstellen, in Ehrfurcht vor der Größe des Universums am Altar die Knie zu beugen, doch er wollte nicht Jesu »Fleisch und Blut« in sich haben. Glücklicherweise geriet er an einen guten Pfarrer, der es ehrenhaft fand, dass Vater nicht heucheln wollte. So wurde er also doch konfirmiert. Der Pfarrer meinte, dass Gott sicher den Zweifel in allem würde erkennen können, und ließ es nach dem Willen meines Vaters geschehen.

So vergingen die Jahre. Vater und seine Brüder fingen an, Musik zu machen. Sie spielten Saxophon, Klarinette, Ziehharmonika und Sägeblatt. Alle Jungs und Mädchen aus der ganzen Gegend versammelten sich daheim in der großen Scheuer und spielten und tanzten. Tanz und Musik in unserer Scheuer, an jedem Samstag von Frühjahrsbeginn bis zur letzten Ernte im Herbst, wurden zu einer Tradition. Das sprach sich herum, und die Leute kamen schon am Samstagnachmittag und hatten Essenspakete und Instrumente dabei. Die Älteren, die Eheleute und die Kinder gingen zur Abenddämmerung nach Hause, und dann waren nur noch die jungen Unverheirateten und die Kinder des Hauses da.

Im Winter wurde in der Knechtsstube ein Jugendhaus abgehalten. Da saßen all die jungen Leute und hörten Radio Luxemburg, spielten Karten und Tischtennis oder spielten selbst Musik und redeten. Die religiösen Leute der Gegend hielten das für eine

Schande, ja, fast für eine Sünde, doch Vater hielt ihnen entgegen, dass es vielmehr viele Sünden verhindere.

Alle lernten, ein Instrument zu spielen, und alle lernten tanzen, und als Vater sechzehn Jahre alt war, ging er mit seinen Brüdern auf die öffentlichen Tanzvergnügen. Dafür hätte man eigentlich achtzehn Jahre alt sein sollen, doch er durfte mit, weil er so reif und klug war und sich niemals betrank.

Vater hatte einen älteren Bruder, Sven, der sein ganzes Leben lang kränklich war. Schon im Alter von wenigen Wochen entwickelte er ein schweres Asthma und schwebte viele Male zwischen Leben und Tod. Niemand glaubte, dass er auch nur ein Jahr alt werden würde. Doch er schaffte es über seinen ersten Geburtstag hinaus, und von da an meinte jeder, ihm bliebe nur noch eine Gnadenfrist. Ein Jahr nach dem anderen verging, er litt an schwerem Asthma und reagierte auf nahezu alles – Wetter, Jahreszeiten, Staub, Heu – überempfindlich. Er ging nur sporadisch zur Schule, einerseits, weil man es nicht für wichtig hielt, dass er etwas lernte, weil er ja doch bald sterben würde, und andererseits, weil er krankheitsbedingt so oft fehlen musste.

Als Sven elf Jahre alt war, mochte er nicht länger leben. Er ergab sich der Krankheit und hörte auf, zu essen und zu trinken. Vater war damals knapp vier Jahre alt. Er kroch zu ihm ins Bett. Sven wollte ihn wegschicken, doch er sagte, er würde bleiben, bis Sven gesund wäre. Sven wollte, dass er ging, aber er weigerte sich hartnäckig. Da fragte ihn sein Bruder, warum er nicht hinausging und sich mit den anderen oder seinem Opa vergnügte, anstatt im Bett zu liegen und sich zu langweilen, und Vater antwortete: »Nein, dann stirbst du, glaube ich, und ich will nicht, dass du stirbst. Deshalb bleibe ich hier, bis du nicht mehr sterben willst.« Da musste Sven dann doch lachen, und er entschied sich, so lange zu leben, wie das Leben ihm beistand. Ein paar Tage später war er wieder auf den Beinen.

Nachdem sein Großvater gestorben war, kümmerte sich Vater verstärkt um Sven. Er sorgte dafür, dass Sven tagsüber hinauskam, und er besorgte ein Fahrrad, sodass sie Rad fahren konnten. Vater war zwölf und Sven neunzehn Jahre alt. Vater fand, es sei an der Zeit, dass Sven ein Instrument lernte. Er hatte nicht genug Puste, deshalb kam ein Blasinstrument ebenso wenig infrage wie die anstrengende Ziehharmonika. Doch Sven war sehr musikalisch, also holte Vater Säge und Feile, und Sven wurde zum Virtuosen darin, mit dem »Feilen-Bogen« auf einer Säge die schönsten Töne hervorzubringen, und außerdem konnte er Löffel schlagen, wobei er drei Löffel zwischen die Finger nahm und sie gegen den Körper schlug.

Als Jugendlicher bekam Sven zum Asthma auch noch eine Skoliose, und es wuchs ihm ein großer Buckel. Dazu hatte er heftige Akne im Gesicht. Er war schüchtern und verzagt und wagte sich nur selten in die Gesellschaft anderer Menschen. Nur mit denen, die den Hof besuchten und Interesse für ihn zeigten, wagte er zu sprechen.

Vater fand, Sven sollte tanzen lernen. Das war schwer, weil ihm oft die Luft wegblieb und er rot im Gesicht wurde, aber Vater ließ nicht locker. Sie tanzten zu Musik aus einem alten Trichtergrammophon, und nach und nach verbesserte sich Svens Kondition und das Tanzen machte ihm Spaß. Er hatte ein sehr gutes Taktgefühl, und nach kurzer Zeit tanzte er gut.

Als Vater sechzehn Jahre alt war und anfing, zum Tanz zu gehen, nahm er Sven mit, der damals dreiundzwanzig war. Aber Sven traute sich nicht, jemanden aufzufordern, also forderte Vater jemanden auf und tanzte einen Tanz, dann nahm er die Dame mit zu Sven, stellte die beiden einander vor und schlich sich dann davon. Da konnte Sven nichts anderes tun, als mit ihr zu tanzen. Auf diese Weise bekam er Sven auf die Tanzfläche, und so gab es immer mehr Damen, die fanden, dass Sven nett war und gut tanzte, und so fand er Zugang zur Gesellschaft.

Sven wollte gern ein Motorrad haben, ein Mokick, denn das Radfahren fiel ihm schwer, und der Weg zu den Tanzveranstaltungen war oft weit. Doch er traute sich nicht, ganz allein zu fahren, denn bei einem Asthmaanfall musste er ganz schnell stehen bleiben und brauchte Hilfe. Also kauften sich Sven und Vater jeweils ein Mokick und dehnten ihre Ausflüge aus. Für Sven eröffnete sich eine neue Welt, was er sehr genoss. Vater fragte immer wieder, warum Sven sich in kein Mädchen verliebte und um keine warb. Es gab doch schließlich viele, die mal nach ihm Ausschau hielten. Sven hielt ihm entgegen, dass er doch bald sterben würde. Er wollte nicht, dass sich jemand an ihn band und dass sie vielleicht Kinder haben würden, die dann ohne Vater aufwachsen müssten. Sven liebte Kinder, er widmete sich intensiv den Kindern anderer, aber wie gesagt, mit dem Tod als ständigem Gefährten legte man sich keine Familie und keine Kinder zu.

Einmal traf Vater auf einem Tanz den Bruder des kleinen Mädchens, das während ihrer ersten zwei Schuljahre neben ihm gesessen hatte, und fragte ihn, was denn aus ihr geworden sei. Der Bruder antwortete:»Die sitzt zu Hause, denn sie hat so ein erbärmlich hässliches Gesicht, dass wohl kein Mann von Verstand sich um sie scheren würde.«

Am folgenden Samstag radelte Vater zu ihr nach Hause und lud sie ein, mit ihm zum Tanzen zu kommen. Sie war erschrocken und sagte dasselbe:»Es wird niemand mit mir tanzen wollen. Ich werde nur das Mauerblümchen sein und mich schämen, und das will ich nicht.«

»Ich will mit dir tanzen, und zwar will ich alle Tänze mit dir tanzen, die du willst, und wenn dich kein anderer auffordert, dann buche ich jetzt schon alle Tänze mit dir.« Da musste meine Mutter lachen und sagte:»Aber ich habe nichts Passendes anzuziehen.« Das stimmte, denn bei ihrer Hässlichkeit wäre es doch

Geldverschwendung gewesen, ihr irgendwelche schönen Kleider zu kaufen. Also ging Vater zu einer Nachbarin und fragte, ob er ein Kleid und Schuhe zum Tanzen ausleihen könnte. Er kam mit der ganzen Ausstattung zurück und sagte:»So, jetzt gibt es etwas zum Anziehen, also gehen wir.« Da blieb Mutter nichts mehr zu erwidern, und so setzte sie sich auf den Gepäckträger des Fahrrads, und sie fuhren zum Tanz.

Sven war schon da und schloss sich Vater und seinem Mädchen an. Dann tanzten sie abwechselnd den ganzen Abend lang mit Mutter und hatten viel Spaß miteinander. Vater bekam eine Menge neugieriger Fragen zu hören, und viele Leute fanden es unverschämt von ihm, einen so hässlichen Menschen zu einem öffentlichen Tanzvergnügen mitzubringen. Die Leute dachten, sie würde sie anstecken, und zeigten ihre Abscheu recht deutlich, doch Vater scherte sich nicht darum, er mochte sie, und das allein war entscheidend für ihn.

Vater sah sehr gut aus, und da er wundervoll tanzte, war die Bestürzung groß unter all denen, mit denen er vorher immer getanzt hatte. Es wurde viel Hässliches hinter seinem Rücken geredet, und Mutter wurde bedroht und beschimpft.

Vater ging zu seinen Eltern und sagte ihnen, dass er vorhabe, Mutter zu heiraten, wenn er einundzwanzig und mündig wäre, und dass sie dann den Hof übernehmen würden.

Seine Eltern und alle seine Geschwister außer Sven waren entsetzt und versuchten, ihm das auszureden. Es war doch nicht möglich, dass sich ein Bauernsohn mit der Tochter eines einfachen Landarbeiters verheiratete, und dazu noch mit einer, die krank war, in einem Sanatorium aufgewachsen, und so aussah, dass man sich schämen musste, wenn man sie nur anschaute. Was für eine Schande für die ganze Familie und das ganze Dorf, was würden denn die Leute sagen?

Vater erklärte, dass er dieses kleine Wesen liebte, und dass es ihm egal wäre, dass sie ein paar Narben im Gesicht hätte. Sie war praktisch veranlagt, tüchtig und zuverlässig, sie hatte Humor und redete gern, lachte viel und konnte im nächsten Moment zornig werden, sie tanzte gern und sie hatten Spaß zusammen. Ganz gleich, was die anderen sagten, er würde sein Leben zusammen mit Mutter verbringen.

Vaters Mutter sagte:»Das kann ich nicht zulassen, ich kann nicht unter demselben Dach leben wie diese Person.« Da fragte Vater seine Mutter:»Und wohin gedenkst du dann zu ziehen, Mutter?« Damit war die Diskussion beendet.

Vater und Mutter verlobten sich und »gingen miteinander«, bis Vater dreiundzwanzig war und Mutter einundzwanzig. Dann heirateten sie in der Kirche, und Vater hatte das Geld dafür gesammelt, indem er die Gäste um Geld anstelle von Geschenken gebeten hatte. Auch das war ein Skandal. Mutters Familie hatte keinen Pfennig auf der Naht und konnte die Hochzeit für sie nicht ausrichten. Außerdem schämten sie sich. Doch durch diese ungewöhnliche Regelung sorgte Vater dafür, dass Mutter trotzdem bekam, was sie brauchte.

Mutter, die ihre eigene Mutter schon so früh verloren hatte, im Krankenhaus und in einem Sanatorium für Tuberkulosekranke aufgewachsen war und ihren Vater niemals kennengelernt hatte, war sich durchaus bewusst, dass sie mit kleinen Kindern nicht gut umgehen konnte. Sie erstarrte und hatte Angst, wenn sie sich die Anforderungen vorstellte, die da auf sie zukämen, und wollte keine Kinder haben, weil sie meinte, das nicht bewältigen zu können.

Vater wollte aber so gern Kinder haben und schlug vor, sich selber um sie zu kümmern, wenn sie die Kinder nur zur Welt bringen würde. Er würde dafür sorgen, dass sie die Hilfe bekäme, die sie bräuchte, und sie müsste deshalb keine Angst haben. Er besprach die Sache mit Sven und fragte, ob dieser sich nicht vorstellen könnte, mit in seine Familie zu kommen, und zwar nicht nur wie die anderen, mit denen wir unter einem Dach lebten, sondern mit einer besonderen Verbindung zu den Kindern, die in der Familie geboren werden würden. Das konnte sich Sven gut vorstellen, das wollte er gern, und so kam es dann auch. Es war seine Aufgabe, Mutter so viel er konnte zur Seite zu stehen. Für ihn war das, als würde er eine eigene Familie haben, ohne jedoch Angst haben zu müssen, seine Kinder im Stich zu lassen, wenn er stürbe.

Erst wurde mein Bruder geboren, der ganz gesund war, aber nachts viel schrie. Mutter durfte schlafen, und Vater ging und trug den Kleinen, bis er schlief. Während seines ersten Lebensjahres schlief er nicht eine einzige Nacht durch, und Vater dachte sich verschiedene Methoden aus, wie er ihn mit in die Scheune nehmen und da arbeiten konnte, während mein Bruder wach war.

Fünfzehn Monate später wurde ich geboren, und ich war nicht geplant. Ein Kind, das keinen Laut von sich gab. Ein Kind, das immer zur gleichen Zeit wie die anderen wach war, das aber keinen Kontakt mit der Umwelt aufnahm.

Mutter hat erzählt, dass ihre TBC wieder ausbrach, als sie mit mir schwanger war und sie zur Behandlung ins Krankenhaus musste. Als ich geboren werden sollte, lag sie auf der Infektionsabteilung, denn man war nicht sicher, ob die Ansteckungsgefahr schon gebannt war. Sie hasste Krankenhäuser und fand es furchtbar, dort liegen zu müssen, aber sie hatte keine Wahl. Nach meiner Geburt durfte Mutter mich nicht sehen oder anfassen, sondern ich wurde sofort mit dem Taxi die hundertdreißig Kilometer bis zum Bezirkskrankenhaus gebracht, wo ich eine Serumimpfung erhielt. Ich musste drei Tage dortbleiben, bis man sicher war, dass das Medikament angeschlagen hatte.

Dann wurde ich zurückgebracht, und meine Mutter sagt, ich hätte geschrien »wie ein abgestochenes Schwein«. Sie fand das ganz furchtbar unangenehm, wandte sich ab und rief: »Oh, neiin!« Und da verstummte ich, so erzählt sie, und danach war ich so friedlich, dass man mich überhaupt nicht bemerkte, und zeigte keinerlei Bedürfnisse mehr.

Mutter erzählte mir diese Geschichte, als ich schon erwachsen war, ohne zu begreifen, dass mit einem Kind, das aufhört, Kontakt zur Umwelt aufzunehmen, nur weil die Mutter Angst vor den Bedürfnissen des Kindes hat, etwas nicht stimmt. Vielleicht war die Impfung entscheidend gewesen, vielleicht aber auch die dreitägige Trennung. Oder vielleicht hatte ich eine schwache Konstitution, die sich da bemerkbar machte. Vielleicht aber war es auch eine Kombination aus allem.

Ein paar Tage später kam Vater, holte uns ab und übernahm die Verantwortung.

Er merkte, dass ich nicht schrie, wenn ich Hunger hatte, sondern dass er mich alle vier Stunden zum Stillen bringen musste, damit ich genug Nahrung bekam. Ich reagierte nicht, wenn mir kalt war, wenn ich nass war oder einsam, ich schlief nicht so wie andere Kinder. Er ging zum Arzt bei der Beratungsstelle und erzählte ihm von seinen Sorgen, doch der konnte keinen Fehler an mir finden, außer der Tatsache, dass seiner Meinung nach die Mutter und nicht der Vater sich um das Kind kümmern sollte. Auch von den anderen Müttern bei der Beratungsstelle wurde Vater böse angeschaut, denn sie fanden es unanständig, dass ein Vater mit seinen beiden kleinen Kindern dorthin kam. Er erklärte es ihnen, aber da fanden sie erst recht, dass Mutter ja ein Unmensch sein musste. Also blieb Vater draußen mit uns stehen, bis er an der Reihe war. Oft tat er der Krankenschwester leid, und so holte sie ihn in einen separaten Raum und ließ ihn vor. Das gab viel böses Blut und wurde zum Gerede in der Gegend.

Als ich sieben Wochen alt war, merkte Vater zum ersten Mal deutlich, dass irgendetwas mit mir nicht stimmte. Mein Bruder war an meine »Kiste« gestoßen, sodass meine Finger zwischen Kiste und Wand eingeklemmt und ganz blau wurden, aber ich schrie nicht. »Achtung, Achtung!«, schrillte es in Vaters Kopf, doch damals glaubte er noch an einen Zufall.

Ungefähr einen Monat später wurde ich von einer Biene zwischen die Augen gestochen, und es gab einen blauen Strich, das Zeichen für eine Blutvergiftung, und auch da weinte ich nicht. Vater befragte einen Arzt, und der sagte, eine solche Infektion sei mit einem schrecklichen Schmerz verbunden, und er könne nicht begreifen, warum ich so ungerührt bliebe.

Vater begriff, dass mit mir etwas nicht stimmte. Ich spielte nicht und war an meiner Umgebung nicht interessiert, ich schrie meine Bedürfnisse nicht heraus, ich nahm keinen Kontakt auf und stand zu niemandem in irgendeiner Beziehung.

In Vaters Welt aber sollte man in Gemeinschaft sein. In Kontakt zu stehen war das Wichtigste im Leben. Nur das machte das Leben lebenswert, und nur dann fühlte man sich selbst wertvoll. So entwickelte man sich natürlich und wurde von den Menschen, mit denen man zusammenlebte, geprägt.

Das veranlasste Vater dazu, mich zu beobachten, und er dachte sich, wenn ich keinen Kontakt zur Welt aufnahm, dann müsse die Umgebung eben Kontakt zu mir aufnehmen.

Also hängte er eine Hängematte aus Fischernetz in die Türöffnung zur Küche, und in der lag ich, wenn er mich nicht gerade auf dem Rücken trug oder bei Emma lassen konnte. So konnten alle, die vorbeikamen, mit mir spielen. Sie mussten unter der Hängematte hindurch oder daran vorbei, und so konnten sie gar nicht umhin, Kontakt zu mir aufzunehmen. Auch wenn das nie laut gesagt worden ist, so glaube ich doch, dass Vater alle angewiesen hatte, mich anzusprechen, wenn sie hinein- oder hinausgingen.

Als ich größer wurde, hängte er statt der Hängematte eine Schaukel auf. Die hing so hoch, dass ich auf Augenhöhe mit denen war, die vorübergingen. Wenn es im Winter ganz kalt wurde und die Tür zum Windfang zugemacht werden musste, dann wurde die Hängematte und später die Schaukel in die Tür zwischen Küche und Kammer gehängt. Auch da mussten viele an mir vorbei, sodass der Platz ebenso effektiv war, wenn man Kontakt mit mir halten und mich »stören« wollte.

Außerdem bastelte Vater eine Trage, in der er mich auf dem Rücken hatte. Das war ein alter Rucksack, in den er Löcher geschnitten und den er umgearbeitet hatte. Es war in den 1940er-Jahren in Schweden nicht üblich, seine Kinder auf dem Rücken zu tragen, und vor allem nicht, wenn man mit Tieren in einer Scheune arbeitete. Im Zusammenhang mit der Trage gibt es zwei Dinge, die, wie ich im Nachhinein begriffen habe, von großer Bedeutung für meine Entwicklung waren. Das eine ist, dass Vater unter Psoriasis litt, was dazu führte, dass er keine Kleidung zwischen seiner Haut und meiner ertragen konnte, und so lag ich direkt auf seiner nackten Haut auf seinem Rücken. Somit war ich auf ganz andere Weise in Kontakt, als wenn Kleider dazwischen gewesen wären. Das war von großer Bedeutung für mein späteres Leben.

Das andere ist, dass Vater Selbstgespräche führte. Das hätte er natürlich niemals zugegeben; er meinte, er würde mit den Kühen, mit dem Radio oder mit dem Hund reden, aber in meiner Welt sprach er die ganze Zeit laut mit sich selbst. Das führte dazu, dass ich, die mit dem Kopf an seinem Rücken lag, ununterbrochen seiner Wortmelodie folgte. Ich habe ganz klare Erinnerungen daran, wie die Worte klangen, und ich weiß auch, dass ich in der Zeit selbst Laute formte. Zwar verstand ich den Inhalt der Worte nicht auf die gewöhnliche Weise, doch ich hörte gern zu.

Ich saß auf seinem Rücken, bis ich viereinhalb Jahre alt war. Wenn er sich nicht selbst um mich kümmern konnte und auch nicht drinnen war und mich in die Küchentür gesetzt hatte, dann überließ er mich Emma. Emma war über achtzig Jahre alt und eine besondere Frau. Sie war eine entfernte Verwandte meiner Mutter und wohnte bei uns, weil sie nicht ins Altersheim wollte.

Sie hörte schlecht, sah schlecht und hatte nur einen Arm. Sie war mit einem ausgerenkten Arm geboren worden, der dann nicht weiterwuchs. Unter dem Kleiderärmel konnte man einen kleinen, schmalen weißen Arm mit einer steifen Hand sehen. Emma hatte ein erstaunliches Leben hinter sich. Sie besaß eine Art zu denken und Menschen zu verstehen, die außergewöhnlich war. Als junge Frau hatte sie zwei uneheliche Kinder bekommen, eines, das geistig behindert und im Alter von siebzehn Jahren gestorben war, und ein kleines, hübsches Mädchen, das mit fünf Jahren an einer Blinddarmentzündung starb. Emma trauerte sehr, denn sie war sehr kinderlieb. Vater fragte sie, warum sie nicht geheiratet hatte, und sie antwortete, dass doch niemand mit einem armen, hässlichen, einarmigen Mädchen verheiratet sein wollte. Man konnte reich und hässlich und verheiratet sein, aber nicht arm, hässlich und verkrüppelt.

Sie arbeitete als Landarbeiterin auf dem Gutshof und durfte nicht in die Schule gehen. Als sie sieben Jahre alt war, hatte sie als Magd angefangen und seither ihr ganzes Leben lang gearbeitet.

Mit zwölf ging sie zum Lehrer und fragte, ob sie bei ihm putzen dürfe, damit er ihr dafür Lesen und Schreiben beibrachte. Darauf ließ er sich ein. Sie war in den 1860er-Jahren geboren und hatte als alleinstehende Frau eine sehr schlechte Stellung.

Als in Schweden die sozialdemokratische Partei gegründet wurde und sich organisierte, gehörte sie zu den ersten Mitgliedern. Sie gründete einen Frauenverband und sorgte dafür, dass im Folkets Hus in ihrem Heimatort eine Bibliothek eingerichtet wurde.

Bei einer Gelegenheit rettete sie den Sohn des Gutsbesitzers vor dem Ertrinken und erhielt als Dank dafür eine Kuh. Da sie keine Scheune und auch kein Futter hatte, konnte sie die Kuh nicht behalten, und deshalb ging sie mit dem Tier in die große Stadt. Das dauerte einige Tage. Dort verkaufte sie die Kuh auf dem Marktplatz, und dann blieb sie einige Monate lang bei Verwandten in der Stadt und schaute sich alle Kinofilme an, die dort gezeigt wurden. Das war der einzige Ausflug, den sie je in ihrem Leben machte, und er bereicherte sie sehr. Sie sprach oft davon und erzählte dann von allem, was sie dort erlebt hatte.

Von der Jugendorganisation der Sozialdemokraten wurde sie gebeten, Regisseurin für ihr politisches Theater zu sein. Dafür erhielt sie viel Anerkennung und fand dort auch Freunde. Als ihr jüngerer Bruder gebrechlich wurde, pflegte sie ihn bis zu seinem Tod. Dann war sie gezwungen, wegzuziehen, denn sie wohnte im Gesindehaus des Gutshofs und konnte ja nicht länger arbeiten. Also zog sie zu uns. All ihre Habe, alles, was sie ihr ganzes Leben lang besessen hatte, passte in eine Kommode.

Vater mochte Emma sehr und hatte großes Vertrauen zu ihr. Wenn ich bei ihr war, war ich zufrieden.

Wenn Vater mich trug, merkte er, dass ich auf irgendeine Weise abwesend war, und wenn er mich bei Emma ließ, dann war es dort zu Anfang auch so. Doch wenn er dann ging und uns durchs Fenster zuschaute, sah er, dass ich mit Emma auf ganz andere Weise kommunizierte als mit ihm. Da wusste er, dass ich in eine natürliche Gemeinschaft treten konnte, wenn es auch nur mit bestimmten Personen gelang. Darüber grübelte er viel nach, konnte jedoch den Unterschied nicht verstehen. Er versuchte, mit Emma darüber zu reden, aber sie sagte nur, wenn er aufhören würde, mir Angst zu machen, dann würde er sicher auch Kontakt zu mir bekommen.

Dass ich Angst vor ihm haben sollte, das konnte er nun gar nicht verstehen, denn davon merkte er nichts. Aber er begriff, dass es etwas Besonderes war, mit Emma in Kontakt zu sein, denn er fühlte sich selbst in ihrer Atmosphäre sehr wohl. Das machte ihn im ganzen Körper froh, und sie sagte immer etwas Bedenkenswertes. Doch was mich betraf, so konnte er nicht herausbekommen, was eigentlich geschah.

In der Mittagspause legte Vater sich mit mir aufs Bett oder auf die Wiese und versuchte, meinen Blick einzufangen. Manchmal gelang es ihm, dann war er glücklich, doch in dem Moment stellte ich den Kontakt sofort ein. Dann fluchte er. Er merkte, dass er keinen Kontakt zu mir herstellen konnte, wenn er sich auch nur im Geringsten erwartungsvoll oder besorgt zeigte, sondern nur, wenn er sich völlig neutral und konzentriert verhielt. Er merkte auch, dass immer ich darüber bestimmte, ob es ihm gelang, Kontakt aufzunehmen oder nicht. Dabei war er sich nicht sicher, ob ich wirklich ihn sah, oder ob etwas anderes mein Interesse einfing. Aber er merkte, dass ich mich zurückzog, wenn er selbst auch nur das geringste eigene Interesse zeigte. Unendlich lange musste er locken und spielen, um schließlich für einen kleinen Augenblick in Kontakt mit mir kommen zu können.

Außerdem bemerkte er, dass ich einfach durch ihn hindurchschaute und dass ich eine andere Art hatte, Dinge zu betrachten, als er es von anderen Kindern gewohnt war. Er dachte viel darüber nach, woran das wohl liegen könnte.

Mein Bruder war anders. Er war immer zugänglich, lachte vor Freude, zitterte vor Angst, raste vor Wut und Zorn, weinte, wenn er traurig war, und trauerte, wenn er einen Verlust erlitten hatte. Er handelte aktiv, war neugierig und forschte, und er war sehr, sehr sozial eingestellt. Er spielte eigentlich die ganze Zeit, er konnte mit jedem und überall spielen, konnte sich in die meisten Situationen einfügen, war gut zu haben und fügte sich selbst oder anderen niemals Schaden zu.

Manchmal fand Vater den Kontakt zu mir unangenehm. Er hatte dann das unbehagliche Gefühl, falsch, untauglich, schlecht oder gemein, und vor allen Dingen unzureichend zu sein. Er hat erzählt, dass er manchmal so wütend wurde, dass er mich am liebsten an die Wand geklatscht hätte, und dann wieder fürchtete er sich und war traurig. Es war, als würde ich ein schlimmes Geheimnis, das er in sich trüge, offenbaren. Es war, als würde ich an seinen Gefühlen ziehen und zerren, obwohl ich doch die ganze Zeit völlig abwesend war. Es war, als würde ich eine bestimmte

Forderung an ihn stellen, von der er rein gar nichts begriff, und als würde ich mich in einer anderen Welt befinden als der, in die er geboren worden war, und er spürte, dass er mit dieser Welt eigentlich nichts zu tun haben wollte, denn sie war nicht gut.

Den Kampf mit mir nahm er auf, weil er mich in der »Normalen Welt« haben wollte, der Welt, in der der Mensch ganz normal ist mit seinen Fehlern, Unzulänglichkeiten und Verdiensten, in der wir in Gemeinschaft leben, Freunde und Liebste werden, oder Feinde. Er wollte nicht, dass ich in der fremden Welt lebte, von der er selbst nichts begriff und die, wie er fand, zu keiner persönlichen Befriedigung führte.

Ich hingegen weilte am liebsten in meinem Innern, was ich später die »Richtige Welt« oder »Außen« nennen sollte. Die »Normale Welt« – die, in der man daran dachte, ob man hungrig war, fror, sich sehnte oder etwas vermisste – war mir sehr fremd. Manchmal geriet ich für kurze Zeit dorthin, und das war sehr unangenehm. Dann fühlte sich der Körper wie ein rohes Stück Fleisch an, in dem es oft wehtat. Dann kamen viele gefährliche Dämonen und hässliche Geräusche, die mir furchtbare Angst machten. Da schrie ich oft, schlug um mich und brüllte, bis es still wurde. Das Licht in der Normalen Welt war auch so schlimm. Alles veränderte sich fortwährend, und es zog und schmerzte im Kopf.

In der Richtigen Welt herrschte immer eine andere Art von Licht, und die war sehr angenehm. In dieser Welt war ich von meinen Freunden umgeben. Zwei Stück waren es, ein helles und ein dunkles Wesen, und sie hießen Slire und Skydde. Sie waren männlichen Geschlechts, sahen aber nicht aus wie Menschen, sie waren Wesen, etwas Fließendes. Man kann sie sich ungefähr wie ein Stück Seidentuch vorstellen, das frei in der Luft schwebt. Die Luft fließt durch die Wesen, die ihrerseits durch die Richtige Welt fließen. Ich war auch etwas Fließendes, aber ich sah mich nicht als hell oder dunkel.

Vater tat alles, was in seiner Macht stand, um mich in der Normalen Welt zurückzuhalten. Er merkte, dass ich mich nicht wie andere Kinder entwickelte, solange ich mich in meiner Welt befand. So machte ich zum Beispiel, bis ich neun Jahre alt war, immer noch in die Hose.

Eine lange Zeit übte er jeden Tag mit mir, um mich dazu zu bringen, auf den Topf zu gehen. Das funktionierte nicht, und deshalb baute er einen Holzstuhl, den er über die Jaucherinne im Stall stellte, und dort ließ er mich so lange sitzen, bis ich einen Haufen gemacht hatte. Er versuchte mich dazu zu bringen, dass ich Bescheid sagte, wenn ich musste. Das gelang ihm nicht, und so saß ich jeden Morgen über der Jaucherinne. Ein Problem entstand nur die wenigen Male, wenn wir verreisten.

Mit dem Pinkeln funktionierte es nur manchmal. Wenn das Gefühl, pinkeln zu müssen, aufkam, dann spürte ich das im Körper, aber ich begriff es nicht. Für mich war das nicht mit Pinkeln verbunden. Doch nach und nach konnte ich den Gedanken im Kopf aufkommen lassen, dass, wenn ich dieses Gefühl im Körper verspürte, es Zeit war zu pinkeln. Es dauerte, bis ich elf Jahre alt war, bevor das gelang. Wenn es dann eine Anregung gab, eine Toilette aufzusuchen, dann tat ich das, gab es die nicht, dann machte ich in die Hose.

Vater dachte viel darüber nach, wie ich in meinem Innern eigentlich funktionierte und warum Dinge, die in einem gewissen Alter von selbst kommen, bei mir einfach ausblieben. Ich war ein Rätsel für ihn, das er nur zu gern lösen wollte.

Sehr zu denken gab ihm, dass ich mich mit solcher Präzision und Verschlagenheit, ohne einen Gedanken an die Konsequenzen, gefährlichen Situationen aussetzte. Er hatte Angst, dass mir etwas zustoßen könnte, und wollte mich aber auch nicht zu sehr einschränken, sondern ermöglichen, dass ich eigene Erfahrungen mit der Wirklichkeit machte und darin verankert wäre, was ich ja nicht war.

Er konnte erkennen, dass bis zu einem bestimmten Grad alles in mir gut entwickelt war, doch sowie etwas von dem, was ich beherrschte, zu einer Aktivität, einer Handlung, einer Konsequenz oder einer Funktion führen sollte, wurden nur seltsame Stereotypien, irrationales Verhalten und lange unbegreifliche Aneinanderreihungen von Wörtern daraus. Für meine Umgebung war das ziemlich besorgniserregend, nicht zuletzt, weil ich im Alltagsleben dadurch so hilflos war. Ich konnte mich nicht selbst anziehen oder mir auch nur vorstellen, was für einen Sinn es hatte, je nach Wetter Kleider am Leib zu tragen. Ich konnte mir nichts zu essen besorgen, wenn ich hungrig war, zumal mir der Hunger nicht einmal das Signal vermittelte, dass ich jetzt Nahrung brauchte. Ich vermochte nicht, mich vor etwas Gefährlichem zu schützen. Ich verbrannte mir die Hände und bekam hässliche Narben und Blasen davon. Wenn meine Schuhe scheuerten, merkte ich es nicht, sondern ließ die Haut so lange abreiben, bis nur noch das rohe Fleisch zu sehen war. Es machte den anderen Kummer und es belastete sie, dass ich ständig unter Aufsicht sein musste.

Warum war ich nicht an der Umgebung und an anderen Menschen interessiert? Warum war ich nicht offen und interessiert daran, mit anderen Kindern zu spielen? Warum lernte ich die Sprache nicht durchs Miteinander-Sprechen, sondern sagte einfach eine Menge Wörter und Sätze geradeheraus? Für mich waren die Wörter ein Spiel, Wörter hatten Formen, Farben, Licht, Laute, das war alles wie ein Multiszenario, und ich liebte es, sie auszusprechen. Je schwieriger die Wörter, desto besser. Für mich hatten sie eine besondere gefühlte Bedeutung, keine inhaltliche.

Warum schien nichts für mich von Bedeutung zu sein, keine Tiere, keine Spielsachen, keine anderen Kinder, und eigentlich auch keine Erwachsenen? Warum interessierte ich mich nicht dafür, zu essen und zu trinken? Warum wollte ich keine Kleider tragen, und warum wollte ich dann Kleider nicht ausziehen, wie schmutzig sie auch waren? Um mich herum schwirrten Tausende von Fragen.

Viele Leute sagten zu Vater, dass mit einem Kind, das so brüllte, irgendetwas nicht in Ordnung sein konnte und er sich um Hilfe bemühen müsse. Man sagte, es würde nichts aus mir werden, wenn meine Entwicklung keine richtige Unterstützung erhielte. Vater hatte nichts dagegen, Hilfe zu suchen. Oft fragte er andere:»Was macht man nur mit diesem Kind? Ich weiß mir keinen Rat mehr!« Er versuchte, mit Mutter darüber zu reden, aber sie war nicht interessiert. Sie fand mich einfach nur anstrengend und glaubte nicht, dass man mich hinkriegen könnte. Sie wurde wütend auf mich, wenn ich nicht machte, was sie sagte, und mich nicht anpasste, und sie fand mich dumm, weil ich nicht so lernen konnte wie andere Kinder. Sie fand, Vater würde mich derart verziehen, dass nie mehr ein vernünftiger Mensch aus mir werden würde.

Ein ums andere Mal versuchte er, mit dem Arzt in der Beratungsstelle zu reden, doch der sagte, mir würde nichts fehlen, Vater sei vielmehr überspannt, würde mich überbeschützen und ich wäre verzogen. Ich sei einfach ein bisschen in der Entwicklung hinterher, und später würde ich das sicher alles aufholen. Aber der Arzt kriegte mich ja auch nur zu sehen, wenn ich bei Vater in Sicherheit war, und da brüllte ich nicht, deshalb bekam er niemals ein wirkliches Bild davon vermittelt, wo das Problem lag. Außerdem interessierte er sich sowieso eher für Blinddärme und andere Krankheiten als für den psychischen Zustand eines Kindes.

Später versuchte Vater mit den Lehrern in der Schule und anderen Personen zu reden, doch er bekam nur viel Kritik zu hören. Niemand interessierte sich wirklich, sondern die meisten gaben ihm den Rat:»Schicken Sie sie in eine Anstalt, da wird man sicher einen vernünftigen Menschen aus ihr machen. Da wird man ihr schon beibringen, wie sie sich zu benehmen hat.«

Weil Vater merkte, dass ich keinerlei Selbstschutz besaß, dass ich lebensgefährliche Dinge tun konnte, ohne auch nur im Mindesten zu erkennen, dass ich sterben oder verletzt werden könnte, sorgte er immer dafür, dass jemand die Verantwortung für mich hatte, und wer dieser Verantwortung nicht gerecht geworden wäre, den hätte er sicher aufgehängt und ihm bei lebendigem Leibe das Fell über die Ohren gezogen.

Der einzige Mensch, dem er seine Sorgen diesbezüglich mitteilen konnte, war Sven, doch leider machte der sich noch mehr Sorgen als Vater. Sven malte den Teufel an die Wand, er befürchtete das Schlimmste: dass ich von unwissenden Menschen, die nicht richtig mit mir umgehen könnten, gemobbt, sexuell missbraucht, geschlagen und zerstört werden würde.

Svens Schwarzmalereien betrübten Vater noch mehr. Deshalb hörte er auf, mit anderen über meine Eigenheiten und Schwierigkeiten zu reden, und beschloss, mir einfach so viel beizubringen, wie er könnte, in der Hoffnung, das würde ausreichen, um der Gefahr entgegenzuwirken, dass ich Zielscheibe für die Aggressionen anderer würde. Als er diese Entscheidung getroffen hatte, begann er systematisch, auf alle schwierigen Situationen zu achten, in die ich geraten könnte.

Er hatte den Ehrgeiz, mir immer einen Schritt voraus zu sein, und das bedeutete, dass er sich die ganze Zeit meiner Person und meiner Verhaltensweisen bewusst war, dass er darüber nachdachte, was ich machte und wie das aussah, dass er mich, wenn möglich, ständig in Kontakt brachte, auf jeden Fall, wenn er mit etwas beschäftigt war, in das er mich einbinden konnte. Er begriff, dass ich mich nicht entwickelte, wenn man mich in Ruhe ließ und nicht an mich oder das, was ich tat, dachte. Die Aufmerksamkeit, die er mir schenkte, war von anderer Natur als die, die er anderen gab. Da waren keine Erwartungen oder Forderungen, keine Wünsche oder Vorstellungen, wie es sein sollte, nur eine kühle, konzentrierte Aufmerksamkeit.

Was sollte er mir beibringen, und was würde ich tatsächlich lernen? Das war die große Frage, die Vater ständig begleitete. Er fragte sich, was an mir anders war. Vielleicht war es etwas Ähnliches, wie es immer von seinem Großvater, dem Landstreicher, gesagt worden war – aber er verstand nicht, weshalb sich dann so viele an mir störten. Seine ältere Schwester hatte einen unehelichen Sohn, der zwanzig Jahre älter war als ich, der verhielt sich auch in vieler Hinsicht seltsam, ohne dass es ihm in irgendeiner Weise an Intelligenz gemangelt hätte. Ob es sich mit mir ähnlich verhielt? Vater verglich meine Entwicklung mit der, die Kinder im Allgemeinen nahmen. Um herauszufinden, was er mit mir üben müsste, damit ich mich so gut wie möglich entwickeln konnte, musste er lernen, wie Kinder von Natur aus funktionieren. Andere zu fragen hatte keinen Sinn, das hatte er schon herausgefunden, denn die fingen sofort an, ihm vorzuwerfen, er würde mich verwöhnen und ich wäre so seltsam, dass ich in eine Anstalt gehörte.

Nun hatte er schon bemerkt, dass ich mich nicht für die Außenwelt interessierte, ich spielte nicht mit Dingen, und ich gab keine Babylaute von mir, sondern war so lange still, bis ich anfing, schwierige Wörter zu sagen und sie so oft zu wiederholen, als wäre das von besonderer Bedeutung. Wenn jemand etwas sagte, sah ich, was er meinte, konnte es aber nicht in Zusammenhang mit den Wörtern bringen, die er sagte. Ich zeigte niemals auf etwas oder schaute zu etwas hin, das im Zusammenhang mit dem Wort stand, das ich sagte. Auf der anderen Seite schien ich zu verstehen, was mit dem gemeint war, was andere sagten, doch führte das nie dazu, dass ich darauf reagierte. Es war, als wäre mir völlig egal, was geschah oder woran ich teilnahm, und ebenso, was kommen würde. Es war völlig fremd und auch wertlos für mich, wenn man auf etwas hinwies, was gewesen war oder was kommen würde, und deshalb war es auch unmöglich, mich mittels Belohnung oder Bestrafung dazu zu bringen, etwas zu tun.

Vater hatte sein Interesse daran, Kontakt herzustellen, von seinem Großvater übernommen. Er wollte für seine Kühe sorgen und sie ebenso wie sein Großvater melken, ohne sie manipulieren zu müssen. Vater streichelte, redete und scherzte mit den Kühen, und wenn er einmal den richtigen Kontakt hergestellt hatte, dann entspannten sie sich. Bei manchen Kühen genügte es schon, dass er in ihre Nähe kam und sagte: »Entspann dich«, dann lief die Milch in den Eimer. Dann waren sowohl Vater wie auch die Kuh sehr zufrieden.

Sein Traum war es, diesen Kontakt zu allen seinen dreiundzwanzig Kühen aufbauen zu können, doch das gelang ihm nicht. Immer wieder kamen neue Färsen, die sich nicht im Geringsten für ihn interessierten und bei denen es sehr lange dauerte, einen Kontakt herzustellen, und es gab auch immer ein paar alte störrische Kühe, die sich verweigerten.

Wenn er müde war, setzte er mich in einen Kälberverschlag. Manchmal war ein neugeborenes Kalb darin, manchmal war er leer. Da saß ich dann allein, schaukelte vor mich hin und war in meiner eigenen Welt. Vater wusste schon, dass das nicht gut für meine Entwicklung war, aber er hatte keine andere Wahl. Er fand es schlimm, dass ich in keiner Gemeinschaft war, dass ich Gefühle nicht mit anderen teilen konnte, und er wollte alles in seiner Macht Stehende tun, um mir den Zugang zu dieser Welt zu ermöglichen. Es kam ihm nicht darauf an, was aus mir werden würde. Das hatten schon viele Leute gefragt. »Was soll denn aus ihr werden, wenn du sie nur hier hast?« Vater antwortete dann: »Was heißt denn das? Sie ist doch so, wie sie ist, und auf einem Bauernhof gibt es immer etwas, was sie tun kann, und sei es Kartoffeln schälen. Wir sind hier so viele, und es gibt so viele Hände, die mehr recht als schlecht alles schaffen, was zu tun ist, da können wir uns auch noch um sie kümmern, genau wie wir uns um andere Menschen kümmern, die nicht richtig funktionieren, also kann sie genauso gut hierbleiben. Menschen wie sie können uns etwas beibringen, was wir nur lernen können, wenn wir versuchen, zu ihnen in Kontakt zu kommen. Sie hat den Nutzen, dass sie andere dazu zwingt, Probleme zu lösen, und das ist keine schlechte Eigenschaft. Stellt euch nur vor, wenn alle Soldaten jemanden wie Iris hätten, um den sie sich kümmern müssten und über den sie nachdenken müssten, dann würde es keinen Krieg geben, und dann sähe die Welt ganz anders aus.«

Die Leute im Dorf fanden ihn komisch, aber das war schließlich nichts Neues für sie, also zuckten sie nur die Achseln.

Ich konnte sitzen, machte aber keine Anstalten, zu krabbeln. Vater verwendete mehrere Monate lang eine Stunde am Tag darauf, mit mir auf dem Fußboden zu sitzen und zu spielen und meine Hände und Knie zu bewegen. Mutter fand das völlig nutzlos, aber er machte trotzdem weiter, auch wenn kein Erfolg zu sehen war. Dann gab er irgendwann doch auf, und plötzlich, einen Monat später, krabbelte ich sehr elegant.

So ging es oft: Er übte und übte mit mir, ohne dass ich etwas aufzunehmen und nur das Geringste zu lernen schien. Er machte dennoch weiter, weit über die Grenze dessen hinaus, was vernünftig erschien. Er sagte, das sei das Einzige, was er tun könnte, um nicht das Interesse zu verlieren und aufzugeben. Und dann, viel, viel später, zeigte es sich, dass ich beherrschte, was er mir beigebracht hatte. Das war unbegreiflich für ihn. Er merkte, dass ich alles ganz leicht lernte, aber er verstand nicht, warum ich später das, was ich gelernt hatte, nicht anwenden konnte. Wie kam das?

Was er nicht wusste, war, dass es so angenehm und nett war, wenn er mit mir weiterübte, dass ich nicht den geringsten Impuls verspürte, das zu tun, was er mir beibringen wollte, denn dann wäre das Angenehme zu Ende gewesen. Erst nach langer Zeit merkte ich, dass es tatsächlich zu Ende und stattdessen eine Leere in mir war. Erst dann kam der Impuls, dieselbe Sache selbst in Gang zu bringen.

Im Nachhinein habe ich erklären können, dass ich alles, was gesagt und getan wurde, verstand, in meinem Inneren aber keine Impulse verspürte, das zu tun, was man zu mir sagte. Ich hatte keinen eigenen Willen und keine Neugier auf das, was draußen war, die dann Gefühle und Impulse auslösen konnten, etwas zu suchen. Mir war nicht klar, was ich mit all dem machen sollte, was von anderen Menschen kam. Da kamen Wünsche, Erwartungen, Forderungen, Bedürfnisse und anderes. Das alles sah ich, und ich begriff es auf meine eigene Weise, doch etwas damit zu machen oder daran teilzunehmen, das war in meiner Welt nicht vorgesehen. Oft war es so, dass ich es gern mochte, wenn Vater mit mir beschäftigt war, wenn er mich auf die Knie stellte und meine Arme und Beine bewegte, wenn er mich auf die Füße stellte und auf die Beine zeigte, damit ich liefe. Ich begriff sehr wohl, was Iris war: Das war ein Mädchen, das war die, mit der Vater sich beschäftigte – aber ich betrachtete Iris objektiv und von außen. Oder aber war ich in der Richtigen Welt, und dort hatte ich kein Bewusstsein von mir selbst. Drinnen war es leer, nein, nicht leer, es herrschte lediglich Stillstand. Ich wusste, dass es da drinnen sehr viel gab, aber weil es sich nicht bewegte, war es nicht lebendig. Es war wie ein Bild oder eine Skulptur, und ich wusste, dass man damit noch etwas anderes machen konnte, als nur die Bewegungen und Veränderungen der Umwelt zu betrachten. Das machte ich nämlich oft, ich betrachtete oft alles und alle in meiner Umgebung, und zwar völlig unreflektiert.

Solange Vater mit mir beschäftigt war, gab es keine stereotypen Reaktionen, aber wenn er das Interesse verlor, verschwand das Äußere. Und wenn das Innere stillstand, versuchte ich, das Äußere dazu zu bringen, sich zu bewegen, sodass ich spüren konnte, dass es mich gab und ich lebte. Ich fing an, mit den Händen vor dem Gesicht zu fuchteln und mit dem Kopf zu rucken, ich zog Grimassen und bekam Tics und sah gequält aus. Wenn ich schaukeln konnte, endete der Anfall, und ich ging ins Außen. Gemeinsamkeit, in Gegenseitigkeit mit anderen Menschen zusammen sein, ist das, was Licht auf die Innenseite bringt und ein Impulssystem anregt, doch weil ich nicht viel in Gemeinsamkeit war, geschah relativ wenig in mir so, dass es außen sichtbar gewesen wäre. In meinem Inneren, das ich das Außen oder die Richtige Welt oder »in der Atmosphäre sein« nannte, dort war das Universum, und ich war ein Teil davon, aber in der Normalen Welt war ich fremd, von der verstand ich nichts.

Vater bemerkte einen Unterschied zwischen mir und meinem zwanzig Jahre älteren Cousin. Ich schien keine Probleme damit zu haben, ausgeschlossen zu sein, während mein Cousin in solchen Fällen Angst, Ohnmacht, Verzweiflung, Furcht und Panik gezeigt hatte. Vaters Großvater, der Landstreicher, hatte ebenfalls nie das geringste Anzeichen von Angst gezeigt, er lebte in seiner eigenen Welt. Viel später, als ich als Erwachsene in Göteborg untersucht wurde und man mir sagte, dass ich wahrscheinlich, wenn es solche Testmethoden schon in meiner Kindheit gegeben hätte, die Diagnose Autismus erhalten hätte, da sagte Vater: »Also, wenn du autistisch warst, dann warst du auf jeden Fall ein fröhlich-autistisches Kind. Die einzige Gefühlsäußerung, die du zeigtest, war Freude. Wenn du nichts zeigtest, sahst du jedoch oft leidend aus, mit gerunzelter Stirn, und du hast dich oft mit Beinen und Händen vor dem Gesicht zusammengekauert versteckt, oft bist du weggelaufen und hast dich hinter einem Stuhl oder unter einem Bett verkrochen, vor allem, wenn jemand Fremdes kam.«

Die Leute um uns herum sagten, ich würde viel zufriedener sein und keine Anfälle erleiden, wenn Vater mich in Ruhe lassen würde. Er nahm sich das zu Herzen und ließ mich eine Weile in Frieden, aber das führte nur dazu, dass ich unruhig wurde, und wenn jemand kam, um Kontakt mit mir aufzunehmen, viel stärker negativ reagierte, als ich es getan hatte, wenn er mich immer dabei hatte. Das bestärkte ihn in der Auffassung, dass die Gemeinschaft gut für mich sei, auch wenn es nicht so aussähe, als ob es mir gefallen würde, und er zweifelte nie wieder daran.

Als ich etwas über drei Jahre alt war, gelang es ihm, mich in Kontakt zu halten, sodass ich nicht verschwinden konnte, sondern mich ganz einfach in Beziehung zu ihm befand. Das öffnete etwas Neues in mir, und ich begann zu weinen. Das war ein ganz gewöhnliches Weinen, so wie Kinder oft weinen, wenn etwas wehtut. Ich verschwand nicht in meiner eigenen Welt, sondern befand mich weiterhin in Kontakt und Gefühl. Davor hatte ich nie auf diese Weise geweint, und Vater erlebte das als einen großen Fortschritt in meiner Entwicklung.

Zuvor hatte ich überhaupt nicht reagiert, hatte andere Menschen nicht bemerkt, sie waren wie Requisiten in meiner Welt gewesen. Nun begann ich zu schreien, sowie jemand ins Zimmer kam, und wenn jemand gar auf mich zukam und mich begrüßte, bekam ich einen Anfall. So meinte die Umgebung, mein Zustand habe sich verschlimmert, ich würde die ganze Zeit schreien und nun wäre es wirklich nicht mehr auszuhalten mit mir. Und Vater behauptete, es handele sich um einen Fortschritt. Niemand war seiner Meinung. Oft musste er mich auf den Arm nehmen und aus dem Zimmer tragen, damit sich die anderen normal unterhalten und zusammen sein konnten. Vater sagte, ich würde nur schreien, wenn eine neue Person in meine Nähe käme, und in der ganzen Zeit, wenn ich mit ihm zusammen sei, wäre es nicht so, vielmehr wäre dann der Kontakt zu mir viel besser als vorher. Niemand glaubte ihm, nur mein Bruder und Sven waren derselben Meinung wie er. Die meisten anderen meinten, er würde sich nur verteidigen, um der Wahrheit nicht ins Gesicht sehen, um seine Auffassung nicht ändern zu müssen.

Vater betrachtete es auf jeden Fall als Fortschritt. Nicht, weil es ihm wichtig gewesen wäre, wie viel ich mich entwickelte, sondern weil er es schön fand, dass man Kontakt zu mir aufnehmen konnte, das war das Leben, das war eine Qualität, die ich vorher nicht genossen hatte.

Jetzt kam eine neue Sprache. Ich konnte stundenlang reden, einfach nur reden, reden, reden. Ich konnte sehr schwierige und umständliche Wörter aussprechen, konnte von inneren und äußeren Ereignissen in einer wilden Mischung erzählen. Doch das war nicht kommunikativ; wenn Vater mich unterbrach, dann fing ich einfach etwas Neues an. Ich kehrte niemals zurück und sagte noch einmal dasselbe; wenn ich etwas wiederholen sollte, sagte ich es jedes Mal auf eine neue Weise. Er nannte das meine Fantasie. In meiner Welt war das Kontakt. Meine eigene Stimme leistete mir Gesellschaft, und ich liebte die Bewegungen, die außerhalb von mir geschahen, wenn ich die Wörter rausließ. Das war ein neues Spiel, und es machte mir viel Spaß. Hier entstand eine völlig andere Wirklichkeit in mir, und die verschwand niemals wieder.

Ich begriff zwar, was die Wörter bedeuten, doch nur auf eine sehr eingeschränkte Weise. Das Wort »Lampe« bedeutete eben diese Lampe, die dort stand. Wenn jemand »Lampe« zu einer anderen Lampe im Zimmer sagte, dann gab es diese Lampe nicht. Sie existierte erst, wenn jemand etwas dazusagte, das diese von der ersten Lampe unterschied, zum Beispiel »Wandlampe« oder »Hängelampe«.

Vater bemerkte auch, dass ich von mir selbst nicht »ich« sagte. Iris war bekannt, aber wenn Vater »ich« oder »du« sagte, wurde ich verwirrt und fing an, von etwas anderem zu sprechen. Ich wusste nicht, was die Begriffe »du«, »ich« oder »wir« waren. Das war schwer. Vater fragte sich, was er nur tun könnte, um mir beizubringen, dass ich »ich« war. Er begriff, dass ich alles als außerhalb von mir betrachtete, als Objekt, und dass nichts etwas mit mir zu tun hatte, dass ich von allen Phänomenen und Gefühlen, die mich umgaben, unberührt war.

Eines Tages stritten sich die Katze und der Hund in der Küche um ein Stück Fleisch, und jeder versuchte, es in seine Richtung zu ziehen. Ich lachte herzlich über ihr für mich völlig unerwartetes Verhalten. Vater sah den Hund und die Katze auch, doch er merkte, dass ich vor ihm angefangen hatte zu lachen, und da wurde er ungeheuer froh darüber, dass ich in der Normalen Welt normal reagieren konnte. Ich registrierte seine Freude über mein Lachen, und ich lernte daraus, dass es für andere wertvoll war, wenn ich laut lachte. Nach diesem Ereignis ging ich zum großen Ärger der Menschen in meiner Umgebung herum und lachte in allen möglichen Situationen laut, weil ich glaubte, dass man so reagieren sollte.

Wenn ich gefühlsmäßig reagierte, war ich nicht selbst beteiligt, sondern es handelte sich nur um eine stereotype Reaktion, ein unerklärliches Verhalten. Vater merkte, dass diese seltsamen Reaktionen kamen, wenn ich nicht zufrieden war, wahrscheinlich, weil ich irgendwelche Bedürfnisse hatte. Auch wenn jemand Kontakt zu mir aufnehmen wollte und erwartete, dass ich normal darauf antwortete, traten verschiedene seltsame Reaktionen auf: Ich schüttelte den Kopf und die Hände, entzog mich jeglichem Kontakt oder warf mich auf den Boden und bekam einen Anfall.

Sowie jemand erschien, der vielleicht erwartete, dass ich ihn begrüßte, oder der vielleicht selbst vorhatte, mich zu begrüßen, floh ich und versteckte mich. Ich konnte dann lange in meiner Ecke kauern, bis Vater mich herauszog und festhielt. Dann wand ich mich wie ein Wurm, bis die Atmosphäre ruhig war, und dann konnte ich wieder stundenlang völlig still und ruhig dasitzen. Wenn ich nicht rechtzeitig weglaufen konnte und jemand mit dem Ziel auf mich zukam, Kontakt zu mir aufzunehmen, dann war es, als würde ich in Milch getaucht, in eine Art weißen Nebel, und da hörte ich dann oft schreckliche Laute – das war ich selbst, die schrie – und ich fuhr zurück. Andere sagten, ich hätte mich zurückgeworfen und mich so gestoßen, dass ein Schmerz kam. Dann veränderte sich die Situation, und die Person, die sich mir zugewandt hatte, verschwand aus meiner Welt, und ich war wieder in der Richtigen Welt. Vater sagte, ich sei »außer mir«, in meiner Welt war es das Gefühl, »zu Hause«, in der Atmosphäre zu sein.

Es gab einen Zustand, der genau zwischen der Atmosphäre und der Normalen Welt lag, und in diesem Zustand konnte ich etwas von dem, was man Gefühle nennt, empfinden. Das heißt nicht, dass ich Trauer, Angst oder Wut verspüren und durch mich selbst ausdrücken konnte, sondern eine Art des Einfühlens in den Zustand anderer. Doch dort konnte ich die richtigen Dinge tun, etwas sagen oder berühren und etwas holen, sodass der andere begriff, dass ich siehn verstand (»siehn« ist mein Wort für beide Geschlechter). Das löste eine große Verwunderung aus, weil ich nicht richtig dabei war und mich dennoch in etwas einfühlen und ein Mitgefühl zeigen konnte, das stärker war, als die Menschen es einander sonst zeigten.

Einmal saß eine Nachbarin in unserer Küche, um zu plauschen. Da kamen der Pfarrer und die Polizei herein und berichteten, dass ihr Sohn soeben tödlich verunglückt sei. Ich saß unter dem Tisch. Mutter verstummte, und die Nachbarsfrau wurde kreideweiß. Ich kroch unter dem Tisch hervor und legte den Kopf auf ihren Schoß und sah sie an, bis sie anfing zu weinen. *Ich wusste.* Das war sehr widersprüchlich und verwirrend für die Umgebung – vor allem, weil man mich deshalb nicht einfach als »geistig behindert« abschreiben konnte.

Vater bemerkte das und hatte so viel Gelegenheit, darüber nachzudenken, dass er am Ende begriff, dass ich etwas anderes haben musste als eine Intelligenzminderung, doch wusste er nicht was.

Am meisten belastete es meine Umwelt, dass man ständig auf mich aufpassen musste und mich nicht allein lassen konnte, denn dann verschwand ich, und man musste Suchtrupps aussenden. Da ich überhaupt keinen Selbsterhaltungstrieb und keine vernünftige Reaktion auf Schmerz kannte, konnte ich leicht in Lebensgefahr geraten. Man konnte sich überhaupt nicht auf das verlassen, was ich sagte. Manchmal klangen meine Antworten ganz vernünftig, doch oft war das, was ich sagte, einfach aus der Luft gegriffen und willkürlich aneinandergefügt. Man versuchte mir beizubringen, was richtig und was falsch war, was Lüge und was Wahrheit, doch das waren Begriffe, zu denen ich keine Beziehung aufbauen konnte, das funktionierte nicht. Es konnte passieren, dass ich trotzdem richtig antwortete, doch das geschah so selten, dass niemand davon Notiz nahm.

Solange Emma lebte, war es mit der Beaufsichtigung kein Problem, denn sie wollte sich immer gern um mich kümmern, und bei ihr blieb ich auch – wie ein kleiner Tomte wuselte ich zwischen ihren Beinen herum.

Wenn alle anderen aßen, setzte ich mich oft unter den Küchentisch und schaukelte mich dort in die Richtige Welt. Diese Welt bestand aus allem Materiellen, wie auch aus dem Immateriellen, der Information, die es in der Atmosphäre um uns herum gibt. Es ist so, als wäre die Richtige Welt universell, dass ich aber nur denjenigen Teil davon erlebte, der in allernächster Nähe war. Ich konnte auf einer Schaukel oder auf dem Plumpsklo sitzen und mich in der Atmosphäre befinden, in der Richtigen Welt und losgelöst von der Normalen Welt. Wenn mich niemand holte und mich aktivierte, dann bewegte ich mich nicht selbst heraus, denn die Außenwelt, die Normale Welt, interessierte mich nicht. Meine körperlichen Bedürfnisse zogen mich in die Normale Welt hinunter, doch es entstand kein Impuls, aktiv dafür zu sorgen, dass ich bekam, was ich brauchte.

Menschen gab es für mich nicht in richtiger Weise. Mein Dasein war mit allem, was es zwischen Himmel und Erde gab, bevölkert – Stühle, Tische, Pflanzen, Tiere und Menschen – und das alles zusammen waren lediglich Umstände, zu denen ich mich verhielt. Menschen waren anstrengender als Tiere und andere Dinge, denn die veränderten sich die ganze Zeit und wollten etwas von mir, was schmerzhaft und störend und mir oft unverständlich war.

Ich liebte es, kleine Kinder zu beißen. Sie schrien dann aus vollem Hals, und dieses Geräusch gefiel mir; ich konnte nicht verstehen, warum ich sie nicht beißen durfte. Es wurde so schön in der Atmosphäre, wenn das Kind schrie, und es wurde noch schöner von all den Gefühlen, die die aufgeregten Menschen rundherum beisteuerten.

Die Luft war plötzlich voller Funken sprühender Lichtzungen in verschiedenen Farben, und ich lachte.

Ich kratzte mich, biss mich, leckte die Wunden so lange, bis sie wehtaten, zog die Haut von der Lippe ab, kaute auf den Nägeln, bis sie bluteten, weigerte mich, mich zu bewegen, oder ging nur in eine bestimmte Richtung, schrie, schrie, schrie, griff nach Dingen und ließ ein paar empfindliche Dinge fallen, lief vor Autos und andere Maschinen, zog Tiere am Schwanz oder an den Ohren. Wenn ich nicht irgendetwas anstellte, fuchtelte ich mit den Händen vor meinem Gesicht, schlug den Kopf herum und summte eintönig. Ich ging auch stundenlang im Kreis und redete vor mich hin.

Viele dieser Reaktionen wies ich noch bis ins Jugendalter auf, doch es kamen keine neuen nach, und je mehr ich in Kontakt mit dem Normalen Leben kam, desto mehr erloschen sie.

Nachdem ich im Alter von drei Jahren, als es Vater gelungen war, meinen Blick zu fesseln und mich in der Normalen Welt festzuhalten, begonnen hatte zu schreien, Jahr um Jahr jeden Tag wegen nichts und wieder nichts schrie und zu einer immer größeren Qual für meine Umwelt wurde, kam eines Tages, als ich etwas über sechs Jahre alt war, ein Hausierer in die Küche und wandte sich an mich, vielleicht sagte er auch nur »Hallo«. Der Schmerz brach wie üblich aus mir heraus und ich begann wie verrückt zu schreien. Doch diesmal geschah etwas Neues. Der Hausierer fuhr mich an: »Ja, zum Teufel, Kind, sterben wirste schon nicht!« Das wirkte. Ich verstummte urplötzlich, der Nebel lichtete sich und ich stand ganz still und sah eine völlig neue Welt. Es war, als hätte sich mein Sehen verändert. Dieser Hausierer besaß dieselbe Präsenz wie Emma und später Fil.

Nach diesem Ereignis hörte das ununterbrochene Schreien auf und kam nur noch für kurze Zeit in stressigen Momenten zurück. Das war eine Erleichterung für die anderen, und ich war danach leichter zu handhaben, sowohl was den Besuch der Toilette als auch was Waschen und Kämmen anging. Mit einem Mal konnte ich mich in die Behandlung durch andere Menschen fügen, konnte einfach stillsitzen und das geschehen lassen, was andere wollten. Ich wurde unreflektiert angepasst und machte nur selten Schwierigkeiten. Zudem konnte ich jetzt manchmal ganz passend auf Ansprache antworten, doch die meiste Zeit war ich mit meinen Gedanken in den Wolken, und meine Reaktionen blieben ein unverständliches Gebrabbel.

Im Laufe der Zeit funktionierte ich also trotz alledem immer besser. Auch wenn ich immer noch in meiner eigenen Welt lebte, konnte ich nun zum Beispiel mehrere Stunden lang mit den anderen Kindern zusammen sein, ohne mich einer Lebensgefahr auszusetzen oder abzuhauen und irgendwohin zu verschwinden, sodass man Suchtrupps nach mir aussenden musste. Ich zeigte Anzeichen von Unruhe, wenn ich aufs Klo musste, und machte nicht mehr so oft in die Hose. Ich zeigte Unruhe, wenn mir kalt war und ich fror, oder wenn mir zu warm war. Auch wenn ich meinen Bedürfnissen immer noch nicht angemessen Ausdruck verlieh, konnte man sie doch leichter vorhersagen oder erraten. Als ich sechs Jahre alt war, geschah noch etwas Neues: Ich begann, mich an meinen Bruder zu hängen. Ich zeigte, dass ich mich darum kümmerte, wo er war, und folgte ihm. Außerdem zeigte ich, dass ich vieles verstanden hatte, wovon man früher immer gedacht hatte, ich hätte es nicht begriffen, wie zum Beispiel Bilder in Büchern und bestimmte Spielsachen. Ich wuchs körperlich und war zeitig in der Entwicklung. Ich sah völlig normal funktionierend aus, doch fiel es mir immer noch schwer, die elementaren Dinge im Leben zu erlernen. Viele Sachen hatte Vater mit mir ritualisiert, sodass sie automatisch funktionierten, auch wenn ich selbst kein Gefühl dafür hatte, was ich machte. Die Dinge, die ich tat, zum Beispiel aufs Klo gehen oder eine Jacke anziehen, hatten keine Bedeutung für mich, doch ich unternahm sie automatisch.

Die Fähigkeit, zu berechnen und zu speichern, besaß ich nicht. Ich konnte nichts im Gedächtnis behalten oder in mehreren Ebenen denken. Wenn es also die Gelegenheit gab, zu handeln, dann tat ich reflexhaft immer wieselflink das Erstbeste, was mir in den Sinn kam. Über dieses verrückte Verhalten gibt es unzählige Geschichten, die heute nette Anekdoten sind und von denen, die damals dabei waren, gern als Paradenummern erzählt werden. Einmal kam ich zu Vater in den Stall gerannt und erzählte, dass der Nachbar von der anderen Seite des Friedhofs in seinem Erdkeller, wo er alles Wurzelgemüse und die Kartoffeln lagerte, Maden hätte, und dass nun die ganze Ernte dahin sei, und es würde nur so krabbeln, wenn sie die Tür öffneten. Von meiner Erzählung ergriffen, ging er zu dem Nachbarn und bedauerte das Schreckliche, das geschehen war. Der Nachbar jedoch wusste nicht, wovon er redete, und am Ende ging Vater auf, dass er vergessen hatte, mir die übliche Frage zu stellen, wenn ich etwas Dramatisches erzählte: Ist das richtig passiert oder ist es in dir? Auf diese Frage konnte ich ihm immer antworten. Ich wusste, dass Vaters »in dir« das war, was ich »Außen, in der Richtigen Welt« nannte, im Gegensatz zu der Normalen Welt, die er »richtig« nannte.

Ich wusste sehr wohl, dass wir, Vater und ich, dieselbe Sache meinten, doch nahm ich seine Definitionen der Wirklichkeit niemals an, sondern beharrte stur auf meinen eigenen Worten und Beschreibungen. Er seufzte dann nur, und manchmal war er auch niedergeschlagen, weil ich mich niemals in das fügen konnte, was die normale Art war, das Dasein zu betrachten.

Wenn jemand anders mich fragte, ob etwas »richtig passiert« sei, dann antwortete ich entweder gar nicht, oder ich gab eine freundliche Antwort, die überhaupt nichts mit dem zu tun hatte, wonach der andere gefragt hatte.

Da ich die Dimension, in der ich mich selbst »ich« nennen sollte, nicht verstehen konnte, sondern Iris nur als Objekt begreifen konnte, fing Vater an darüber nachzudenken, wie er mich in der Hinsicht trainieren könnte. Ihm war klar, dass ich niemals würde selbstständig denken können, wenn ich innen wie außen ein Objekt bliebe, und das schränkte seiner Meinung nach die Lebensqualität ein.

Also brachte er ganz hinten in einem Garderobenraum ohne Fenster einen Spiegel an. Dann nahm er mich dort hinein und hielt mich vor den Spiegel. In meiner Welt entstand ein großes schwarzes Loch, in das ich hineingesogen wurde, und ich schrie, biss und wand mich, um los- und wegzukommen. Er hielt mich so lange vor dem Spiegel fest, bis ich entdeckte, dass es ungefährlich war. Er wusste, dass er hier an die Grenze zum Übergriff ging, und achtete sehr darauf, mich nicht länger festzuhalten, als ich es ertragen konnte. Und eines Tages wies ich Anzeichen auf, mich in die Situation zu finden: Ich ging selbstständig, ohne zu protestieren dorthin, und von da an konnte er mit mir üben. Er erklärte mir, was ein Spiegel war, und dass er ein Bild zurückwarf. Ich sah aber kein Bild, sondern nur eine Spirale wie die eines Taifuns, die direkt in die Dunkelheit wies, einen Strudel, der mich einsog und in dem ich mich verlor.

Allmählich sah ich nach langem Üben etwas Verschwommenes, das sich manchmal bewegte und manchmal stillstand. Ich sah zwei verschiedene Dinge: Vater, so wie er war, ganz deutlich, aber das andere war ein seltsames, kleines Ichweißnichtwas, und das anzuschauen bat er mich.

Er hob meine Haare hoch und sagte, dass es Haare seien. Dann berichtete er von Haaren und von der Farbe in den Haaren. Er zeigte seine eigenen Haare und erzählte davon. Nach und nach konnte ich die Haare auf meinem eigenen Kopf sehen, konnte meine Augen und ihre Farbe sehen, mein Gesicht, meinen Körper, meine Kleider. Ich konnte sagen: »Ich habe gelbe Haare, ich habe blaue Augen, ich habe zwei Hände.« Je nachdem, wie viel Zeit er sich freinehmen konnte, übte er jeden Tag ein bis drei Stunden mit mir vor dem Spiegel.

Und er ließ mich malen und zeichnen, vor allem mit weißer Kreide auf der Schiefertafel. Das Problem war nur, dass ich die Kreide oft aufaß und dann einen ganzen Tag lang heiser war.

Er merkte, dass ich mich während dieses Trainings allmählich veränderte, und ungefähr ein Jahr später konnte ich mich schließlich »ich« nennen. Vollends verstehen konnte ich das aber nicht, denn alle Menschen nannten sich »ich« und konnten doch nicht dasselbe sein wie ich.

Mit dem »Ich«-Sagen, öffnete sich eine neue Möglichkeit, denn da schienen andere sich plötzlich viel weniger auf mich und meine Worte und Verhaltensweisen konzentrieren zu wollen. Zudem konnte ich sehen, dass es ein Unterschied war, ob man wie in einer Erzählung mit jemand anderem von einer dritten Person sprach oder ob man sich an ein Du wandte.

Allmählich kam auch das »Wir« ins Bild, und das fand ich nun wiederum ganz leicht. »Wir«, das waren alle, die im Zimmer waren. Doch eines Tages hatte der Straßenbauverein ein Treffen in unserer Küche. Ein Mann aus dem Vorstand des Vereins sagte zu meinen Onkeln: »Wir haben beschlossen, die Straße zu teeren, und werden auch bald mit den Arbeiten beginnen.« Meine Onkel sahen einander an, und einer von ihnen sagte: »Aber damit sind *wir* nicht einverstanden. Im Radio haben sie gesagt, Teer sei giftig für den Boden.« Da verstand ich überhaupt nichts mehr. Hier saßen einige im Zimmer, die von sich »wir« sagten, und einige andere, die von sich auch »wir« sagten, aber nicht eins mit den ersten »wir« waren. Ich fragte Vater, und am Ende wurde ihm klar, was mein Problem war, und er erzählte mir, dass »wir« einige bedeutete, die einer Meinung waren, und dass einer von ihnen für sie alle redete, und dass deswegen keineswegs alle, für die er redete, mit im Raum sein mussten. Das war sehr kompliziert für mich, denn ich konnte gedanklich nicht fassen, dass es einen Menschen, der nicht im Raum war, überhaupt gab.

Die Tanten und Onkel meiner Mutter waren sehr begabt und sehr arm. Die Onkel gingen zum Militär, weil das die einzige Chance für sie bedeutete, eine Ausbildung zu bekommen, und sie wurden hohe Offiziere und Polizeimeister und traten in die Rechtspartei ein. Die Tanten, die ebenso begabt waren, wurden in die Fabrik geschickt und heirateten eine nach der anderen Werftarbeiter, die Sozialisten waren.

Über Weihnachten und Neujahr, wenn diese Leute von der Rechtspartei und die Sozialisten in unser Haus aus Sozialdemokraten und Bauernverbändlern kamen, dann gestaltete sich die Frage, wer in den politischen Diskussionen »wir« bedeutete, äußerst kompliziert für mich.

Der Onkel meiner Mutter, ein Major, beugte sich über den Tisch und sagte: »Eine allgemeine Krankenversicherung ist verwerflich. Wir wissen doch genau, was für ein Schlendrian bei den Leuten herrscht, sowie wir ihnen den Rücken drehen.«

Der Mann der Tante meiner Mutter, ein Werftarbeiter, beugte sich von der anderen Seite des Weihnachtsbuffets herüber und holte aus, um ihn am Kragen zu packen.

Ich kam ihm mit meiner Frage zuvor: »Wer sind ›wir‹, die wissen, dass die Leute nur faul rumliegen, anstatt zu arbeiten?«

Der Werftarbeiter kam völlig aus dem Konzept und sagte gar nichts mehr.

»Wie kannst du dich unterstehen, dich einfach so einzumischen!«, rief der Major entrüstet.

Und so geriet der Streit, dem alle schon entgegengefiebert hatten, in Vergessenheit, und alle waren wütend auf mich statt aufeinander.

Es war eine weit verbreitete Vorstellung, dass ich unverschämt sei und den Geistesfrieden anderer Menschen störte. Ich unterbrach Gespräche und lenkte sie in eine völlig andere Richtung, an der die Leute meist nicht sonderlich interessiert waren. Sie waren dann, vor allem, wenn es um Tratsch ging, frustriert, weil sie nicht fertig erzählen konnten.

Ich fragte dann: »Wie heißt die? Wer ist das? Warum findest du ihn doof?«, ohne jedoch eine Antwort zu erwarten, denn die war mir egal, ich interessierte mich nur für die Reaktionen der Leute. Für mich war entscheidend und wichtig, was in die Atmosphäre kam. Am liebsten hatte ich Gefühlsentladungen, die das Licht-, Laut- und Bewegungsspiel veränderten, mit dessen Betrachtung ich beschäftigt war. Dass ich Verwirrung und Verärgerung hervorrief, die die Menschen negativ empfanden, davon hatte ich keine Ahnung. Schließlich hatte man mir gesagt, dass Gefühle das Wichtigste im Leben waren, sie bereicherten das Leben und machten es angenehm. Zwar begriff ich nicht genau, was das bedeutete, doch ging ich davon aus, dass Menschen Gefühle haben wollten. Warum sollten die Gefühle, die ich in ihnen hervorrief, etwas Negatives sein?

Die Menschen empfanden meine Gegenwart als unbehaglich. Erst betrachteten sie mich als eine Bekloppte, auf die man nicht weiter Rücksicht nehmen musste. Doch wenn meine Fragen offenbarten, dass ich jedes von ihnen erwähnte Detail wahrgenommen hatte, wurde ihnen ganz anders, und sie dachten darüber nach, ob man mir vertrauen konnte, oder ob ich sie in peinliche Situationen bringen und ihr Getratsche bloßstellen könnte. Das war eine berechtigte Furcht, denn ich konnte noch lange später sehr wohl in einer anderen Gesellschaft, völlig ohne Bedauern oder Taktgefühl, wen auch immer in Schwierigkeiten bringen. Zum Beispiel beim Geburtstagskaffee: Jemand erzählte eine Geschichte von Strohmatratzen. Da fiel mir ein, was ich ein halbes Jahr vorher gehört hatte, als Signe, eine der feineren Nachbarsfrauen, bei uns in der Küche gesessen hatte.

Ohne einen Gedanken darauf zu verschwenden, welche Folgen meine Worte haben könnten, sagte ich: »Signe sagt, Andersson wäre mit Svea in die Scheune gegangen und hätte mit ihr was Unanständiges im Stroh gemacht, und als sie dann rauskamen, hat Svea ganz rote Wangen gehabt.«

Um den Tisch herrschte erst einmal Totenstille.

Dann wurde Svea furchtbar wütend und sagte erbost zu Signe: »So einen üblen Tratsch habe ich ja noch nie gehört!«

Signe schaute flehend zu Mama, um sie dazu zu bringen, irgendetwas in der Art zu sagen, dass man mir nicht vertrauen könne und dass ich mir das alles ausgedacht hätte, aber das tat Mutter nicht, denn sie war sich sehr bewusst, dass ich schon ganz richtig gehört hatte, und Vater war auch mit auf dem Geburtstag, da konnte sie keine Lügen über mich erzählen.

Signe fing an zu weinen und stand auf und ging. Ihr Mann entschuldigte sich, um dann auch zu verschwinden.

Sveas Mann sagte zu Svea: »Ach, du weißt doch, wie die alten Weiber sind, da muss man sich nicht drum scheren.« Und damit war das Fest beendet, und alle gingen. Zu Hause angekommen, wurde ich von Mama ausgeschimpft.

Abgesehen davon, dass die Menschen mich unverschämt fanden, passierte es ihnen, dass ich sie durchschaute und etwas in ihnen berührte, dass ihnen die Haare zu Berge standen. An einem warmen Sommerabend, als Tanz im Lagerhaus war, saß ich wie so oft in der Fliederhecke versteckt und lauschte meinem Onkel Sven. Er stand ganz dicht bei mir und unterhielt sich mit Monica, die früher einmal Sommerkind bei uns gewesen war und jetzt, einige Jahre später, zu Besuch da war. Sie sprachen über Alltägliches. Plötzlich sah ich eine Geschichte, die in der Atmosphäre ausgebreitet war wie ein Spielfilm und darauf wartete, dass ich sie erzählte.

Mit der Stimme eines Märchenerzählers deklamierte ich so laut, dass sie mich hören konnten: »Eines Tages kam ein junges Mädchen aus armem Hause auf den Herrensitz, um dort Kindermädchen zu werden. Da war einer der Söhne des Gutsbesitzers noch Junggeselle, und als sie ihn ansah, da blieb ihr fast das Herz in der Brust stehen vor Liebe. Aber sie fürchtete sehr, dass er es bemerken könnte, denn es war doch völlig unmöglich, dass dieser Sohn reicher Leute sich um ein armes, ungebildetes Mädchen aus der Stadt scheren würde. So spann sie heimliche Träume vom Leben zusammen mit dem Gutsbesitzersohn, in denen sie einen eigenen Hof bekamen und sie sich um ihr Heim kümmern und es angenehm gestalten würde, und wie sie für ihre gemeinsamen Kinder sorgen würde, sodass sie gut geraten würden. Sie träumte und sehnte sich nach einer tiefen Freundschaft zu ihm, und es würde ihre Sorge sein, dass er es gut im Leben haben würde. Doch insgeheim litt sie. Ach, wie schwer ist es doch im Leben, wenn man all die starken Gefühle im Innern bewahren muss, all die Liebe, die sie nicht zeigen durfte. Dieses Gefühl würde sie mit ins Grab nehmen müssen, denn es war unmöglich und würde niemals vor den Augen der gestrengen, anspruchsvollen Gutsbesitzerin bestehen können.«

Als ich fertig war, sagte Sven zu mir: »Hört, hört, wie du dich immer mit allen deinen Geschichten einmischen musst.«

Ich wusste nicht, woher meine Geschichte gekommen war, und auch Sven begriff es nicht. Monica und er redeten weiter über alltägliche Dinge, doch entstand eine Wärme zwischen ihnen, die vorher nicht da gewesen war.

Viele Jahre später erzählte mir Monica, dass sie damals eine Gänsehaut bekommen hatte, als sie mir zuhörte, wie ich auf dem Boden in der Fliederhecke saß und die Geschichte vortrug. Ich hatte ihr großes und wohlbewahrtes Geheimnis durchschaut: Sie war innig verliebt in Sven, hatte jedoch niemals vor, das zu zeigen, denn er entstammte der Bauernschicht, während sie nur ein armes, ungebildetes Mädchen aus der Stadt war. Sie war damals besonders erschrocken, weil es sehr gut möglich gewesen wäre, dass ich mit einem einzigen Wort, einer einzigen Bewegung ihre Gefühle hätte lächerlich machen können, denn sie spürte, dass ich nicht das geringste Mitleid mit ihr oder mit überhaupt jemandem empfand.

Ich war erstaunt. Ich hatte keine Ahnung, dass meine Geschichte von ihr stammte. Ich schaute nicht in die Leute *hinein*, zu jener Zeit begriff ich ja noch nicht mal, dass es in anderen Menschen überhaupt ein Inneres gab, sondern ich sah nur, was *heraus*kam und in die Atmosphäre geriet.

Monica sagte, sie habe mit anderen über mich geredet und herausbekommen, dass ich viele andere in meiner Umgebung auf diese Weise durchschaute, und sie hatten darüber diskutiert, ob ich vielleicht eine Hexe oder irgendwie besessen wäre.

Ich konnte dasitzen und die Haut von der Unterseite meiner Oberlippe zupfen, bis das Blut heraussickerte und die Lippe dick wurde, und dann saß ich da und schlug mit dem Daumen auf die Schwellung, sodass es noch schlimmer wurde. Manchmal saß ich da und saugte die Oberlippe in der Nase fest oder leckte mit der Zunge in der Nase. Außerdem saß ich oft da und schaukelte und fuchtelte mit den Händen. Alles, was ich tat, war in den Augen der anderen Leute störend, unfein und unangenehm. Die meisten hatten große Lust, mich zu erziehen, ich wurde oft ermahnt, dieses oder jenes nicht zu tun. Ich glaubte, es würde sie mit Zufriedenheit erfüllen, das so sagen zu können, und ich wusste nie, womit ich denn aufhören sollte, denn mir war nur selten klar, was denn ihre Unzufriedenheit geweckt hatte.

Wenn Leute, die zu uns zu Besuch kamen, meiner ansichtig wurden, erledigten sie schnell ihr Anliegen und gingen wieder. Mir aber gefiel die Atmosphäre, die entstand, wenn sie sich meiner Gegenwart nicht bewusst waren, und deshalb saß ich oft mucksmäuschenstill in einem Schrank oder unter dem Tisch, und wenn das Tischtuch herabhing, konnte es schon mal eine Stunde dauern, bis sie merkten, dass ich im Zimmer war. Auf diese Weise bekam ich viele ihrer Geschichten über andere Leute zu hören. Sie waren in der Normalen Welt, betrachteten die Ereignisse aus dem größeren Zusammenhang gerissen und hatten kein Verständnis für die Richtige Welt. Sie wussten nicht, dass ich in der Richtigen Welt war und ihnen dadurch völlig wertfrei zuhörte, und deshalb war es ihnen oft unangenehm, wenn sie mich bemerkten und nicht wussten, wie lange ich schon im Zimmer war.

Einmal saß ein Nachbar bei uns in der Küche und tratschte über den Pfarrer: »Nicht genug damit, dass der älteste Sohn ein Sünder ist, der säuft und sich schlägt und sich herumtreibt. Jetzt hat die Tochter auch noch einen aus der Besserungsanstalt kennengelernt und ist bis spät nachts unterwegs. Da kann man sich ja denken, was die treiben.«

»Was du nicht sagst. Einen aus der Besserungsanstalt. Das ist übel«, antwortete Mutter.

Ich sagte von meinem Platz unter dem Tisch aus: »Aber sie macht doch nur, was ihr Papa sagt!« Da wurde es still.

Abgesehen von dem, was der Nachbar mit seinen Worten beschrieben hatte, hatte ich in der Atmosphäre auftauchen sehen, dass er durchaus begriffen hatte, dass die Tochter des Pfarrers die christliche Botschaft ernst genommen hatte und nun diesem armen Kerl aus der Besserungsanstalt helfen wollte, sein Leben in den Griff zu kriegen, aber der Nachbar zog es vor, im üblen Tratsch zu schwelgen.

In meiner Welt besuchte ich die Normale Welt als Beobachterin, nicht als Akteurin. Ich war kein »Ich«, sondern ich war »ein Iris«, das die Welt betrachtete. Es war nicht so, dass ich über andere und über Ereignisse und Dinge nachdachte. Ich hatte nicht einmal den irgendwie gearteten Wunsch oder Ehrgeiz, mehr in direkten Kontakt zu kommen. Im Grunde genommen waren Menschen für mich wie Gegenstände, Gegenstände ohne ein Inneres. Die Möglichkeit, mit ihnen in Kontakt zu sein, existierte in meiner Welt nicht, deshalb war das Betrachten die einzige Alternative.

Doch auf der anderen Seite brachte ich Menschen mit großer Präzision und perfektem Timing dazu, auf eine erregte Weise zu reagieren. Wenn ein Kind ein nerviges Verhalten an den Tag legt, steht oft Wut oder Zorn dahinter – bei mir nicht. Ich sorgte dafür, dass Menschen reagierten, um auf diese Weise die »Leerigkeit« verschwinden und etwas in der Atmosphäre geschehen zu lassen, damit in meinem Innern Ruhe einkehren konnte. Ich durchquerte ein Zimmer. Jemand stand im Weg. Ich konnte mir nicht vorstellen, einen Umweg zu nehmen, und ich konnte auch nicht direkt mit dem, der mir im Weg stand, kommunizieren. Aber wenn ich mich vor dem Siehn aufbaute und mit den Händen fuchtelte, den Kopf herumwarf und summte, dann reagierte der andere früher oder später irritiert und zog sich zurück. Und dann konnte ich geradeaus weitergehen.

Die Menschen waren so schwer einzuschätzen. Sie konnten sich plötzlich auf unvorhersehbare Weise verändern, und dann war ich genötigt, alles umzumodeln, damit es noch »richtig« werden konnte. Ich konnte unendlich viel Zeit darin investieren, alles so zu lenken und einzurichten, dass es »richtig« wurde.

Wenn jemand meine Betrachterwelt sprengte, auf mich zuging und mich direkt ansprach, war das eine Bedrohung und unangenehm, und dann reagierte ich oft verrückt. Eines Tages, als ich aus der Küche kam, tauchte vor der Tür unerwartet ein Verwandter vor mir auf. Er sah mich geradewegs an und sagte verärgert: »Kind, du siehst wirklich erbärmlich aus. Kannst du dich nicht mal waschen und anziehen?« In meiner Welt wurde er zum Dämon. Er wuchs zu riesenhafter Größe, und sein Gesicht wurde grotesk wie das eines Trolls. Was aus seinem Mund kam, war eine klebrige Masse, die an mir festkleben würde wie Sirup an einem Schmetterling, und dem versuchte ich auszuweichen. Ich warf mich zurück und schrie, und da umfing mich ein feuchtwarmer Nebel, wie Milch, doch ohne flüssig zu sein. Das war eine Befreiung, denn dann verschwanden die Dämonen, dann gab es sie nicht mehr.

Manchmal konnte eine Stimme durch den Nebel dringen und sich als etwas Schreckliches offenbaren, und dann entschwand ich oft in einen schlafähnlichen Zustand. Wenn jemand mich mit Kraft anpackte, so fest, dass es wehtat, wurde ich ruhig. Dann konnte ich mich auf den Schmerz konzentrieren, und der Schmerz war Sicherheit für mich, denn er bewirkte, dass es etwas in meinem Innern gab. Ich wurde dann äußerlich ganz ruhig und spürte nicht mehr, was um mich geschah.

Im Nachhinein habe ich begriffen, dass es Unmengen von Gefühlen der Ohnmacht und Unzulänglichkeit bei den Menschen hervorrief, deren Versuche, Kontakt zu mir aufzunehmen, immer wieder missglückten. Daraus entstanden dann wieder schlechtes Gewissen und Schuldgefühle. Vor allem, wenn sie mich oft so hart anpackten, dass sie mir offenkundig Schmerz zufügten. Dann meinten sie, einen Übergriff gegen mich begangen zu haben, was für sie inakzeptabel war. Sie konnten nicht verstehen, warum sie so verzweifelt und aggressiv wurden und so gewalttätig reagierten. Meine Mutter konnte Porzellan und alles Mögliche auf den Boden pfeffern. Meine Großmutter packte mich manchmal und schüttelte mich wie hysterisch. Einer meiner Onkel schlug einmal so fest mit der Faust auf ein Fensterkreuz, dass eine der Scheiben zersprang.

Heute weiß ich, woraus ihr Zorn entsprang: dass der Mensch nichts Schlimmeres kennt, als abgewiesen zu werden und sich ohnmächtig zu fühlen, weil der andere nicht antwortet und keine Gemeinschaft und Gegenseitigkeit entstehen kann. Dann schaltet sich der Autopilot der Menschen ein, und es kommen die Gefühle hoch, deren Wurzeln in der Kindheit der Menschheit liegen und sich in Reaktionen ausdrücken, die sie von Kindesbeinen an erlernt haben. Es erfordert viel Wissen, Einsicht und Verständnis sowohl von der Person, die nicht kommunizieren kann, als auch von denen in ihrer Umgebung, um diese Autopilot-Impulse in den Griff zu bekommen und ihnen nicht zu folgen. Die Menschen haben oft das Gefühl, als würden wir, die solche Kommunikationsprobleme haben, uns über andere erheben und die anderen dumm finden, und das treibt sie zu der Aggressivität, die ihren Ausdruck in negativen Gefühlen des Unterdrückens findet.

In meiner Welt war ich dabei, war mit den anderen zusammen. Ich hatte keine Vorstellung davon, was Gegenseitigkeit ist, sondern meinte, ich wäre mit den anderen zusammen, wenn ich unter dem Tisch oder in der Abstellkammer versteckt hockte, oder wenn ich auf unserem Milchtisch saß, während die anderen Kinder um mich herum spielten. In meiner Welt gab es keinen Link dazu, dass »dabei sein« etwas anderes sein könnte, als dazusitzen und zu »schauen«, was in der Atmosphäre geschah.

In der Normalen Welt zu sein, doch mich in dem zu befinden, was ich die Richtige Welt nannte, das war mein Normalzustand. Ich wusste nicht, dass es eine andere Daseinsform gab. Ich wusste nicht, dass man ein Subjekt sein konnte, das fühlte, und dabei einem anderen Subjekt begegnen konnte, das auch fühlte. Doch das ging mir allmählich auf, als ich zehn Jahre alt war, und damit erschien ein anderes Bild der Wirklichkeit vor meinen Augen. Da erhielt ich einen allerersten Einblick, eine Ahnung davon, was das ist, und seither habe ich mein ganzes Leben danach gesucht. Ich weiß, dass man, wenn man in dem Zustand des Abgeschlossenseins von seinen Gefühlen lebt, so wie ich es tat, das verpasst, was das Menschsein ausmacht. In Kommunikation, Beziehung und Kontakt zu sein, in einer Gefühlsgemeinschaft zu leben, in Bezug zu reagieren und einen Übergang zwischen dem Äußeren und dem Inneren zu haben – das ist das Leben, das ist Leben und der Sinn des Lebens, und das ist etwas, nach dem ich seither ständig auf der Jagd bin.

Im Alter von vier Jahren hatte ich eine Phase, in der ich den Impuls verlor, zu essen. Hunger oder Sattheit hatte ich noch nie gefühlt, aber es war immer angenehm gewesen, etwas in den Magen zu bekommen. Ich steckte mir gern Dinge in den Mund, und im Töpfchen fand man dann alles Mögliche, unter anderem eine Sicherheitsnadel und einige Reißzwecken, die offenbar nicht unterwegs hängen geblieben waren.

Doch dann verschwand der Impuls zu essen, ich weigerte mich, man konnte kein Essen mehr in mich hineinbringen, und auch kaum etwas zu trinken. Alles, was mit dem Mund zu tun hatte, wurde unangenehm, und ich bekam Anfälle und zog mich zurück. Ein halbes Jahr lang plagte man sich verzweifelt damit, mich zum Essen zu bewegen, und am Ende sagte eine Nachbarin, die Krankenschwester war, man solle mich ins Krankenhaus legen und zwangsernähren. Das lehnte Vater ab. Er meinte, wenn es so schlimm stehe, dass ich verhungern würde, dann müsste das eben so sein, denn ihm war klar, was für ein Übergriff es für mich wäre, zwangsernährt zu werden, und er hatte Angst, dass man das nie würde reparieren können. Er konnte es nicht ertragen, mich nur als ein Bündel daliegen zu sehen, da wäre es besser, wenn ich eines natürlichen Todes sterben könnte.

Er selbst sagte viele Jahre später zu mir, dass er es natürlich niemals so weit hätte kommen lassen, sondern wahrscheinlich nachgegeben und mich hätte einliefern lassen, wenn es wirklich notwendig gewesen wäre.

Als er mich mit im Stall bei seinen geliebten Kühen hatte, legte er mich in seiner Verzweiflung unter seine Lieblingskuh, die, der er auch immer alle seine Sorgen mitteilte, und flüsterte ihr »Lass los!« ins Ohr. Und das tat sie: Die Milch rann in einem steten Strom über mich, und nach einer Weile fing ich an zu lecken. Das sah er und sammelte Milch in einem Messbecher und ließ sie mich austrinken. Danach trank ich lange Zeit ausschließlich kuhwarme Milch aus dem Messbecher. Ich bekam einen steinharten Bauch, aber das war es wert. Nach und nach wurde die Kost auf Pfannkuchen ausgedehnt. Ein halbes Jahr lang war das meine einzige Nahrung, und ich lebte gut damit.

Das hatte allerdings zur Folge, dass meine Milchzähne sämtlich zu kleinen, schwarzen Stümpfen verrotteten, aber das wiederum brachte mich auch dazu, nach und nach etwas anderes zu essen. Ich konnte zwar kein Essen aufnehmen oder es auf einem Teller sehen, aber wenn ich unter dem Tisch sitzen durfte, wenn alle anderen darum saßen und aßen, und jemand ein Stück vom Essen nahm und mir unter den Tisch hielt, ohne mich anzusehen, dann kroch ich manchmal hin und nahm es mit dem Mund. Diese Art, mich zu füttern, währte ungefähr ein Jahr, ehe ich wieder anders Nahrung aufnehmen konnte, und die Probleme kehrten vorübergehend wieder, bis ich zehn Jahre alt war.

Wenn die anderen meinten, ich würde abhauen, dann war es in meiner Welt lediglich so, dass ich ging. Ich verschwendete keinerlei Gedanken darauf, mich zu orientieren, sondern marschierte einfach geradewegs in den Wald, und wenn ich müde wurde, legte ich mich unter einen Baum und begab mich in den Zustand, den ich »Außen« nannte. Da konnte ich viele Stunden liegen. Sowie man merkte, dass ich weg war, wurden Suchtrupps gebildet. Alle versammelten sich und durchkämmten den Wald. Dann fand man mich und war erleichtert. Jemand sagte: »Was für ein Glück, dass wir dich gefunden haben, sonst hättest du dich noch total verlaufen!« Ich begriff gar nichts, denn ich wusste doch ganz genau, wo ich war, ich war im Wald, und ich war unter genau diesem einen Baum. Ich begriff nicht, was sie damit meinten, dass ich mich verlaufen hätte, aber ich kam auch nicht auf die Idee, zurückzugehen. Das tat ich nie.

Nachdem ich ein paarmal verschwunden war, waren die Nachbarn es leid, Suchtrupps zu bilden und nach mir zu suchen, und da schaffte Vater einen Hütehund an. Vater ging mit dem Hund an der äußersten Grenze des Gebiets entlang, in dem ich bleiben sollte. Dann brachte er dem Hund bei, wie verrückt zu bellen, wenn ich in die Nähe dieser Grenze kam. Der Hund mochte mich nicht. Ich war gemein und trat nach ihm, wenn ich gehen wollte, er mich aber an den Kleidern festhielt. Er knurrte und zerrte, bis er zum Leidwesen meiner Mutter ein Stück Stoff im Maul hatte, aber mir gelang es trotzdem, wegzulaufen. Oftmals hörte Vater den Hund bellen, und wenn er dann hinlief, um nachzusehen, dann konnte er mich gerade noch zum Wald laufen sehen.

Nachdem ich das einige Male gemacht und Vater mich zurückgeholt hatte, dachte er darüber nach, was er tun sollte. Der Hund liebte Vater und gehorchte ihm sklavisch. Wenn Vater im Stall war und ich die Haustür aufmachte, dann sagte er zu dem Hund: »Jetzt musst du gehen und auf Iris aufpassen.« Dann legte sich der Hund platt auf den Boden, ließ die Ohren hängen und schlängelte sich zur Tür. Er sah aus wie ein flehendes und bettelndes Kind, aber er machte seine Arbeit.

Im Laufe der Jahre konnte man meine Handlungsmuster leichter überblicken, und die meisten waren insofern sicher, als ich mir selbst kein Leid zufügte. Außerdem waren die meisten Plätze, zu denen ich lief, auch bekannt, man hatte also eine Auswahl von zehn Orten, an denen man mich suchen konnte, und meist fand man mich dort. Vater fand es nicht gut, wenn man mich stundenlang allein ließ. Er meinte, eine halbe Stunde würde genügen, und die auch nur, damit die anderen sich mal von meiner Gegenwart erholen konnten. Mutter fand es schön, wenn ich weg war, solange sie nur wusste, dass sie sich keine Sorgen zu machen brauchte.

Irgendwann lief ich immer zu einem bestimmten Ort. Ich ging über die Weiden zum Wald. Dort wohnte ein Eremit, der mit der Schrotflinte auf andere Leute schoss, wenn sie zu nahe kamen. Ich setzte mich in den Graben vor seinem Haus. Nach einer Weile kam er heraus, strich mir über den Kopf, und dann ging ich mit ihm zu seiner Hütte. Er wusste, wohin ich gehörte, also ging er irgendwann mit mir über die Weiden heimwärts und blieb dann so lange stehen und schaute, bis ich nach Hause gelaufen war.

Er hieß Fil und war der Sohn eines Söldners. Er wohnte in der kleinen Soldatenkate, wo er geboren und aufgewachsen war. Mit sechzehn Jahren war er zur See gegangen und erst mit über fünfzig wieder nach Hause gekommen. Da waren seine Eltern schon tot, und niemand wusste, ob er noch weitere Verwandte hatte. Die Kate war damals verlassen gewesen, und so war er einfach eingezogen.

Die Hütte war klein. Sie hatte einen Erdfußboden und mitten im Zimmer eine Feuerstelle. Dort hing immer ein Topf mit Wasser, sodass er den ganzen Tag über warmes Wasser hatte. Er kochte sein Essen über dem Feuer und trocknete seine Wäsche, indem er sie über einen Stein hängte.

In der einen Ecke stand sein Bett. Eigentlich war es kein Bett, sondern ein dicht gestopfter Haufen Reisig auf dem Fußboden, der mit Heidekraut gespickt war. Sein Bett roch immer gut, denn er wechselte die Unterlage oft aus.

Oben auf dem Reisig- und Heidekrautbett hatte er Schaffelle. Das waren Felle, die auf gefilzter Schafwolle festgemacht und mit festen Sehnen genäht waren. Ein solches Fell hatte er über sich und eines unter sich. Außerdem hatte er ein Kissen, das gefilzt und mit Hühnerfedern gefüllt war. Manchmal durfte ich neben ihm im Bett Mittagsschlaf halten, und das roch ganz stark nach Wolle, Reisig und Heidekraut.

Fil hatte eine Holzkiste als Treppe, in der wohnte eine Ringelnatter. Einmal hatte er Ratten für die Ringelnatter gefangen, und da wurde die Natter so dick, dass sie nicht mehr herauskam, sondern lange da bleiben und das Essen verdauen musste.

Fil erzählte immer wieder von seinem Leben. Eigentlich erzählte er mir nicht, sondern er sprach mehr mit sich selbst, während ich dabei war. Er erzählte von seiner Kindheit, dass sie nichts zu essen gehabt hatten, vor allem in den Zeiten nichts, wenn der Vater in Axvalla zum Exerzieren war. Dafür bekam der Vater Geld, doch das versoff er und kam immer mit leeren Händen nach Hause. Die Mutter arbeitete als Tagelöhnerin auf den Nachbarhöfen und bekam dadurch etwas Milch, Eier, Rüben und dergleichen. Fil wurde von seinem betrunkenen Vater oft geschlagen. Seine ältere Schwester war von zu Hause ausgezogen und kam niemals zu Besuch, jedenfalls erinnerte er sich nicht daran. Fil hasste seinen Vater, und seine Kindheitserlebnisse waren das reine Elend.

Jemand hatte sich seiner erbarmt, sodass er zwei Jahre lang jeden zweiten Tag in die Schule gehen konnte, und da hatte er lesen und ein wenig rechnen gelernt. Die restliche Zeit über war er Knecht auf einem Bauernhof in der Nähe gewesen – der Lohn dafür bestand aus einer Mahlzeit am Tag.

Die Familie hatte nie mit anderen Menschen zu tun, und er durfte nicht mit anderen Kindern zusammen sein. Die einzigen Kinder, die er kannte, waren die Schulkameraden, doch von denen wurde er aufgezogen, weil er so anders war. Er war lang, mager und sehnig, aber stark, also schlug er sich kräftig. Da wurden die Angriffe vonseiten der Schulkameraden natürlich weniger, aber er kam auch mit niemandem in Kontakt. Die Mädchen fanden ihn hässlich und kicherten hinter seinem Rücken. Er hatte Pickel im Gesicht, verfilztes Haar und Sackkleider, und er roch muffig. Als er fünfzehn Jahre alt war, kam ein Mann und warb ihn ab, zur See zu gehen. Das war der schönste Augenblick, an den er sich erinnern konnte.

Während er mir erzählte, machte er immer etwas Praktisches, wie zum Beispiel draußen Futter für die Tiere zu sammeln. Er hatte eine Ziege, ein Schwein, an die zehn Hühner, eine kleine Herde Schafe und ein paar Kaninchen. Als Haustier hielt er eine Katze, einen großen gelben Kater, der im Dorf herumlief und dann mit zerrissenem Fell wiederkam. Den ganzen Winter über lag die Katze auf dem Küchentisch unter dem Fenster. Die Hütte hatte nur ein einziges Fenster, und der Tisch war ein alter Schreibtisch mit drei Schubladen. In denen hatte er sein Besteck, Teller und anderes Küchengerät. Vor dem Tisch stand ein geklebter und oft reparierter Küchenstuhl, das einzige Sitzmöbel in der Hütte. Da saß er oft und sprach mit der Katze, aß sein Essen, reparierte etwas oder philosophierte einfach nur.

Manchmal gingen wir in den Wald und er sammelte Holz und Reisig für sein Bett. Im Herbst pflückte er ganz viel Heidekraut, damit es für den ganzen Winter reichte. Er sammelte viele Pilze, Blaubeeren, Preiselbeeren, Krähenbeeren, Wacholderbeeren, Schlehen, alle Arten von Obst, Wurzeln und Rüben, die er anpflanzte. Dann konservierte er alles und lagerte es im Erdkeller.

Er reparierte auch seinen Schuppen und isolierte ihn mit Stroh, sodass die Tiere es in einem kleinen Raum warm hatten.

Er liebte Tiere, sowohl seine eigenen zahmen wie auch die wilden Tiere im Wald. Er beherrschte viele verschiedene Tierlaute und Lockrufe, sodass die Tiere oft zu ihm kamen oder innehielten und lauschten.

Einmal im Jahr ging er in den Laden im nächstgelegenen Ort und kaufte Salz, Zucker und alles andere, was er selbst nicht hatte. Dann hatte er auch den Schafsbock dabei, den er dort gegen einen anderen tauschte, um Inzest in seiner Herde zu vermeiden. Die anderen männlichen Tiere, die er selbst nicht behalten wollte, verkaufte er zum Schlachten oder zur Zucht. Mit dem Geld kaufte er dann anschließend im Laden ein.

Jeder kannte ihn, und doch keiner. Die Leute fanden ihn komisch oder psychisch krank. Er war sicherlich gesünder als die meisten, nur zutiefst verbittert. Er wusste zu viel von den negativen Seiten der Menschen und wie viel Leid sie einander zufügten.

Er erzählte vom Bösen im Leben. Davon, wie es in seiner Kindheit gewesen war, wie es auf der See war, auf welchen Schiffen er gefahren war und was er erlebt hatte. Er erzählte von den Menschen, denen er begegnet war, einige waren dabei, mit denen er bekannt wurde und die er gemocht hatte, die ihn aber am Ende betrogen und ihm sein Geld abluchsten, nachdem sie ihm Alkohol eingeflößt hatten. Er saß oft da und betrachtete seine Tätowierungen und erzählte, in welchen Häfen sie gestochen worden waren und welche Geschichten mit ihnen zusammenhingen.

Es gab eine Geschichte, die ich liebte und die er wieder und wieder erzählen durfte. Sie handelte davon, dass er in einen Hafen gekommen war, wo gerade ein Mädchen versteigert wurde, das nicht viel älter war als ich. Der Ausrufer hielt das Mädchen an den Haaren fest, damit es nicht wegzurennen versuchte. Es weinte zornig, als eine Menge schmutziger Kerle kamen und es kniffen. Das Mädchen sah ganz wild aus und biss jeden, der in seine Nähe kam. Fil ging hin und kaufte es und ließ es dann frei. Ein paar Stunden später, nachdem er in der Kneipe gewesen war und sich auf den Weg zurück zum Schiff machte, fand er es unter seinem Mantel versteckt, der in einer Ecke lag. Die Kleine folgte ihm, aber er konnte sie nicht mit an Bord nehmen, also gab er ihr alles Geld, das er dabeihatte, und schickte sie weg. Sie sollten am nächsten Tag in See stechen, also ging er davon aus, dass er sie nie wiedersehen würde. Doch am nächsten Morgen stand sie am Kai und flehte ihn an, sie mitzunehmen. Da nahm er sie mit zu einer Frau, die einen kleinen Laden hatte. Er ging hinein und verhandelte mit der Frau und bezahlte für den Aufenthalt des Mädchens ein Jahr im Voraus. Dann kam er jedes Jahr zurück und bezahlte weiterhin. Das Mädchen starb mit fünfzehn Jahren an einem Blinddarmdurchbruch. Sie war der einzige Mensch, um den er je in seinem Leben getrauert hatte. Jedes Mal, wenn er von dem Mädchen sprach, weinte er still vor sich hin.

So vergingen die Jahre. Meist verschwand ich jeden zweiten Tag zu Fil. Er war ein Teil meines Lebens. Er erwartete nichts und vor allem nicht, dass ich in Kontakt oder Beziehung träte. Ich war einfach nur ein Teil seines Alltags. Als ich sieben Jahre alt war, durfte ich nicht mehr hingehen. Man hielt mich davon ab, dorthin zu verschwinden, und sie schafften es, ich weiß nicht, wie lange, mich von der Hütte fernzuhalten. Als es mir dann viel später gelang hinzulaufen, war alles verändert. Kein Fil kam und holte mich aus dem Graben. Keine Tiere waren mehr da. Es war auch kein Feuer im Herd, und vor die Tür war ein grobes Brett genagelt.

Als ich von Fils leerer Hütte zurückkam, war ich völlig verwirrt und in mich gekehrt, ich hatte in die Hose gemacht und rollte mich auf der Erde. Jemand sagte zu mir, dass er gestorben sei und dass es ihn nicht mehr gebe. Den Tod gab es in meiner Welt nicht, und deshalb begriff ich gar nichts.

Ich ging weiter zu der Hütte und saß viele Stunden im Graben. Als ich dasaß, war Fil ganz in der Nähe, ich konnte ihn »reden« hören, ich konnte ihn »sehen«, wie er all die Tätigkeiten verrichtete, die er immer mit mir im Schlepptau erledigt hatte.

Ich hörte ihn sagen: »Heute ist das Wetter danach, dass man mal das Bett austauschen könnte.« Ich sah ihn die Schaffelle hinaustragen und sie auf ein Geländer vor der Hütte hängen. Ich sah ihn all das Reisig und das alte Heidekraut hinaustragen und auf einen Haufen legen, den er später anzünden würde. Er sagte: »Danke, du altes Bett, dass du deinen Dienst getan hast. Jetzt wirst du in etwas anderes umgewandelt.« Er sagte: »Ich erinnere mich noch an den Herbst, in dem es so viel geregnet hatte, dass man kein Reisig machen konnte. Und dann kam noch der Schnee, ehe alles getrocknet war. In dem Herbst gab es kein neues Bett.« Er holte eine Hacke, lockerte damit den festgestampften Erdboden in der Hütte auf und fegte die Reisignadeln ein. »Jetzt hole ich noch etwas neuen Mutterboden und mische den dazu, dann riecht der Boden so, wie er soll.« Dann ging er mit kleinen Schritten herum und stampfte den Erdboden wieder fest. Er holte eine Axt. Ich fragte: »Gehen wir jetzt?« Wir gingen in den Wald, um frisches Reisig zu schlagen. »Nun müssen wir ganz gut hinschauen, damit wir den Bäumen nicht wehtun.« Ich fragte: »Leiden die Bäume?« – »Man kann allem Lebendigen wehtun, wenn man nicht achtgibt.« Achtgeben war eine Wendung, die er oft gebrauchte. Er roch immer am Reisig, damit es den richtigen Geruch hätte, und achtete sorgfältig darauf, nur einen Ast hier und einen dort zu nehmen. Dann ging er mit dem Reisig nach Hause und holte einen Spankorb, und dann gingen wir zu einer Stelle, wo nur Wacholderbüsche wuchsen und massenhaft Heidekraut. »Hier ist sehr viel Heidekraut, aber man sollte trotzdem nicht glauben, dass es jederzeit endlos Heidekraut gibt. Hier hast du ein Messer, dann darfst du so viel hier und so viel dort holen. Aber nicht mehr. Und gib acht auf die Wurzeln, die müssen in der Erde bleiben.« Wir pflückten den ganzen Korb voller Heidekraut. Er sagte: »Nun ist es genug. Jetzt gehen wir nach Hause. Man soll niemals mehr von der Erde nehmen, als man braucht. Die Menschen sind so dumm, dass sie das nicht begreifen.«

Zu Hause steckte er das Heidekraut zwischen die Reisigzweige und streute den Rest oben darüber. »Wer auf so einem guten Bett schlafen darf, hat es immer gut. Als ich einmal auf einem Schiff auf der anderen Seite der Erdkugel fuhr, musste ich auf einem Strohbett liegen, in dem sowohl Flöhe als auch Läuse hausten. Und es war völlig unmöglich, schlafen zu wollen, denn es biss und kratzte. Das musste man oft wochenlang erdulden.« Dann holte er seinen Teppichklopfer, den er aus einem schmalen Baumstamm geschnitten hatte, der sich oben verzweigte, und klopfte die Schaffelle aus.

Als alles fertig war, stand er mitten im Zimmer und sog einfach nur den Geruch ein. Er sagte: »Spürst du, wie gut das riecht?« Ich hatte keine Vorstellung davon, was gut oder schlecht roch, also dachte ich viel darüber nach, wie er sagen konnte, dass etwas gut roch. Wie konnte ein Geruch »gut« sein?

Im hohen Alter erzählte mir mein Onkel, dass ich damals in einer Kammer immer im Kreis herumlief und mit Fil redete, manchmal so laut, dass man hören konnte, was ich sagte, und mein Onkel dann mithörte. Er erzählte mir später, wie ich mich verhalten hatte und dass er meinen kleinen Anteil an dem, worüber Fil und ich redeten, hatte hören können.

Als der Winter besonders kalt wurde, hörte ich auf, dorthin zu gehen, und als dann der Frühling kam, waren er und die ganze Erinnerung an unsere Beziehung aus meiner Welt verschwunden. Es gab nichts mehr davon. Es wurde zu einem Foto, das ich kenne, aber nicht erlebe. Mein Onkel machte sich Sorgen um mich, weil ich lange Zeit nicht lachte, was ansonsten meine gewöhnlichste Ausdrucksform gewesen war.

Es war eine sonderbare Zeit. Mein Onkel sagte, ich sei vier Jahre alt gewesen, als ich angefangen hatte, zu Fil zu gehen, und ich war sieben Jahre alt, als er starb. Aus meiner Welt war Fil verschwunden, und es kam nichts, was ihn ersetzte.

Die einarmige Emma reiste nach Göteborg, um Verwandte zu besuchen, und starb dort. Als sie nach Hause kam, lag sie in einem Sarg und sollte begraben werden. Ich begriff nicht, warum alle traurig waren, denn sie war ja zusammen mit dem Sarg und dem toten Leib »selbst« nach Hause gekommen. Die Kinder durften bei der Beerdigung nicht dabei sein, also schlich ich mich auf die Treppe zum Kirchturm, und da saß Emma die ganze Zeit während der Trauerfeier neben mir. Danach war sie weiterhin in der Richtigen Welt anwesend. Wenn ich in einer Stereotypie oder einer Zwangshandlung festsaß, wurde es ganz dunkel – und dann war es, als würde ein Licht kommen, von dem ich wusste, dass sie es war. Manchmal hörte ich sie sagen: »Komm« oder: »Steh auf«, und dann wurde das stereotype Verhaltensmuster durchbrochen.

So verhielt es sich mit allen toten Menschen in unserer Familie. Sie waren alle zusammen noch in der Richtigen Welt, nur ihre Körper waren weg. Kein Grund für Kummer oder Traurigkeit also. Doch mit Fil war es anders. Als er weg war, verschwand er auch aus der Richtigen Welt.

Emma hatte mich ihr kleines Goldherzchen genannt und war es nie müde geworden, in Kontakt mit mir zu sein und alles anzuhören, was ich redete, auch wenn es wenig Sinn hatte. Es kamen immer ganz viele Menschen zu ihr, vor allem Jugendliche. Sie erzählte von den Geheimnissen des Lebens und gab ihnen Ratschläge, von denen sie nicht verlangte, dass sie auch befolgt wurden. Das Erstaunliche war, dass, egal wie dumm die Reden oder die Fragen waren, sie es doch immer schaffte, so zu antworten, dass der Ratsuchende guten Mutes war. Die Kunst, sich so zur

Wirklichkeit zu verhalten, diese Achtung und der Respekt, die gesunde Demut, ohne sich selbst zu kränken, das war die Frucht einer langen Lebenserfahrung.

Vater gehörte zu denen, die ihre Gesellschaft suchten. Er bat sie oft, aus ihrem Leben zu erzählen, und das tat sie gern. Manchmal lag er mit mir auf dem Fußboden bei ihr, oder er rührte ihren Senf zusammen oder half ihr mit allem Möglichen, was sie brauchte.

Mutter ging jeden Tag eine Stunde zu ihr und las ihr laut die Zeitung vor. Emma war halb blind und konnte nicht mehr lesen, und das war ein großer Kummer für sie. Sie bekam ein Radio, das ihr liebstes Stück wurde. Sie hörte zwar schlecht, doch sie setzte sich ganz nah an den Apparat und hörte alle Programme. Sie verfolgte Debatten, vor allem politischer Natur, und kommentierte sie dann. Ich saß oft zu ihren Füßen und konnte an dem teilnehmen, was sie sagte, auch wenn noch viele Jahre vergehen sollten, ehe ich das, was ich da hörte, in irgendeinen Zusammenhang würde setzen können.

Emma durfte alle Geheimnisse erfahren. Ich erzählte ihr von meinen Spielkameraden Slire und Skydde, den Wesen, mit denen ich mich traf, wenn ich im Außen war, die nur mir gehörten und die kein anderer sehen konnte. Ich erzählte Emma von allem, was ich sah und erlebte, und sie hörte interessiert zu und gab auch Kommentare ab wie: »Ist das wahr? Das ist ja toll!« Und dann lächelte sie geheimnisvoll, und um sie herum strahlte die Liebe.

Heute bin ich sicher, dass sie alles wusste und dass sie manchmal auch in der Richtigen Welt war. Sie verstand Dinge über die Menschen und das Leben, von denen andere nichts wussten, und dieses Wissen holte sie aus ihrem tiefsten Innern.

Emma ist die einzige Person, die auch heute noch ständig in mir ist und die als eine Beziehung auftauchen kann, ohne dass ich mich »bewusst« erinnere.

Normalerweise ist Stillstand, Nichtigkeit oder Leerigkeit in mir, es sei denn, jemand kommt und fragt mich etwas. Dann surfe ich in den Erinnerungen zurück, wie in einem Film, der rückwärts gezeigt wird. Ich halte den Film an und nehme mir die Sequenz heraus, die für die Situation relevant ist. Ansonsten ist es wie ein Vakuum oder ein Warten in mir, und auf der Innenseite entstehen keine Impulse von selbst. Verharre ich lange in diesem Zustand, dann kommen die Zwangsgedanken, die bis in die Unendlichkeit wiederholt werden, keinen Sinn haben und zu keinem Ergebnis führen. Ein solcher Satz ist zum Beispiel der aus einem Film, den ich einmal gesehen habe, als ich klein war: »Impossible, you don't get the money.« Wenn ich lange Zeit ohne Kontakt von außen war, dann kam er und wurde wieder und wieder abgespult, bis ich verrückt wurde und nur noch schrie.

Heute lasse ich es selten so weit kommen. Ich weiß, dass diese und andere Zwangsgedanken nach ungefähr vier Stunden auftauchen. Also sorge ich dafür, dass ich vorher in Kontakt komme, ich rufe jemanden an, schalte das Radio oder den Fernseher ein, gehe zu jemandem oder spreche mit meinem Spiegelbild. Ich bin gut darin geworden, den Kreislauf zu durchbrechen, ehe alles umschlägt und meine autistischen Stereotypien eintreten, und ich habe auch gelernt, aus dem Zustand herauszusurfen, sowie ich eine menschliche Stimme höre.

Heute schlafe ich nie mehr als höchstens drei Stunden am Stück, um nicht in diesem Zustand aufzuwachen, denn das ist oft wie ein Albtraum. Der Körper ist unbeweglich, und das Bewusstsein befindet sich in dieser Nichtigkeit voller Dämonen und Angst.

Als kleines Kind habe ich mich aus dieser Nichtigkeit geschaukelt und bin dann in den Zustand gekommen, den ich das Außen nannte. Damals wurde ich noch nicht von der Art Abgeschlossenheit heimgesucht, die ich heute manchmal habe. Damals landete ich im Immateriellen und traf meine Begleiter Slire und

Skydde. Ich konnte auf einer Schaukel sitzen oder immer im Kreis gehen oder auf dem Klo hocken und mit eintöniger Stimme einfach summen, oder daliegen und den Kopf in einem Rhythmus hin und her werfen. In diesen Zustand konnte ich mich jederzeit selbst versetzen, wenn mein Körper nicht irgendwelche Bedürfnisse hatte und ich dadurch, ob ich es wollte oder nicht, in ihn hineingezogen wurde.

Im Sommer fuhr die Familie zum Baden an den See. Ich ging immer sofort ins Wasser, ganz gleich, wie warm oder kalt, windig oder windstill es war. Das Wasser war gleichbedeutend mit Baden, und das liebte ich. Ich kam nie von selbst aus dem Wasser; wenn man wieder nach Hause fahren wollte, musste mich jemand herausholen. Mutter fand es sehr einfach und angenehm, am See zu sein, denn da wusste sie immer, wo ich mich befand. Mutter selbst hatte Angst vor dem Wasser, deshalb war nie sie es, die mich herausholte.

Die anderen wechselten sich damit ab, auf mich aufzupassen, denn ich konnte hier einfach geradewegs ins Wasser gehen oder ins Schilf, wo es fast unmöglich war, mich zu finden. Außerdem durfte man am Badestrand keine Hunde haben, deshalb hatte Vater diese zusätzliche Hilfe nicht.

Es gab also viele Möglichkeiten zu ertrinken, und deshalb beschloss Vater, dass ich schwimmen lernen müsse. Das ging ganz leicht. Ein Sommerjunge erhielt die Aufgabe, mir das Schwimmen beizubringen. Er wickelte sich meine Haare um die Hand, und dann zog er und schrie: »Schwimm! Schwimm!« So lernte ich schwimmen.

Dann tauchte das nächste Problem auf: Ich schwamm direkt hinaus aufs offene Wasser, ohne auch nur daran zu denken, wieder umzudrehen. Jemand erspähte meinen Blondschopf weit draußen, und Vater musste ein Boot stehlen und hinter mir her rudern.

Es war ein Traum, im Wasser zu treiben. Das Wasser gluckerte und lief durch Nase und Mund hinein und hinaus. Man konnte unterhalb und oberhalb der Wasseroberfläche sein, doch wenn ich atmen wollte, musste ich oben sein, sonst kam der Husten. Ich liebte es, auf dem Rücken im Wasser zu liegen, entweder auf einer kleinen Sandbank, oder auch nur auf dem Wasser treibend. So konnte ich stundenlang daliegen und alle Wolken am Himmel anschauen. Ich konnte zu ihnen hinauffahren und spielen. Dann war ich in meiner Welt mit meinen Spielkameraden.

Einmal im Jahr gab es ein Fest auf dem Badeplatz. Da gab es einen Rummel und eine Menge Stände, Vorführungen und Pferde- und Hundewettkämpfe. Weil das Wetter warm und schön war, wurde beschlossen, dass wir alle bleiben würden. Meist war es Vater, der auf mich aufpasste. Er hatte Facettenaugen, die in alle Richtungen schauen konnten, und er war wie ein Tintenfisch mit vielen Armen, die mich immer wieder einfingen. Doch aus irgendeinem Grund war es an ebendiesem Tag Mutter, die auf mich achtgab.

Nach nur wenigen Minuten war ich verschwunden. Panik – ich war weg. Ich wurde über die Lautsprecher auf dem Festplatz ausgerufen, doch Vater wusste, dass ich mich niemals melden würde, also organisierte er einen Suchtrupp durch das Schilf. Es war August und hatte gerade begonnen, dunkel zu werden, deshalb dachte er wohl, dass ich irgendwo sitzen und mich in meinen Zustand schaukeln würde. Seine schlimmste Befürchtung war, dass ich es zu den Gleisen geschafft haben könnte und denen jetzt folgte. Er wusste, dass ich niemals merken würde, wenn ein Zug käme, und deshalb war das ganz einfach lebensgefährlich.

Zwei Männer gingen auf jeder Seite der Gleise entlang, doch da war kein Mädchen. Das Fest geriet ein wenig aus dem Tritt, als die Polizei kam, um nach mir zu suchen.

Ich war am Steg. Ich ging die Treppe hoch und sprang ins

Wasser und stand da und drückte mein Bouclékleid hinunter, stieg wieder die Treppe hinauf und machte dasselbe noch einmal, wieder und wieder. Ich fand, es sah lustig aus mit den Luftblasen, die den Rock über Wasser hielten, und es sah so lustig aus, wenn das Wasser den Stoff herunterzog. Von irgendwoher hörte ich ein Platschen und ging unter den Steg und hockte mich hin. Von dort konnte ich den Mann sehen, der gerade zum Baden gekommen war. Nach einer Weile vergaß ich ihn wieder, ging zur Treppe zurück und hüpfte weiter. Als der Mann von seiner Schwimmtour zurückkam, sah er mich auf dem Steg und erkannte mich.

Er zog sich an, und dann nahm er mich mit zum Festplatz, wo er mich auf die Bühne hob.

Da gab es ein großes Hallo. Alle redeten durcheinander. Das machte die Atmosphäre schön, und ich fing an zu lachen. Die Bühnenbeleuchtung wurde auf mich gerichtet, und ich stand da und sah auf den Holzboden, kleine Rinnsale liefen von den Beinen auf den Boden und zwischen die Planken. Ich sah ein Paar haariger Arme, und schon war ich unten auf dem Platz, und jemand zog mir die Kleider aus.

Abgesehen von Sven hatte ich zwei Onkel väterlicherseits, die in der Knechtstube wohnten.

Der eine war groß, blond und stattlich. Er sah gut aus und tanzte leidenschaftlich gern. Er fing schon viele Stunden, ehe der Tanz losging, an, sich fein zu machen, und die anderen zogen ihn immer mit seiner Eitelkeit auf. In seiner Jugend hatte er viele Frauen gehabt, aber er war zu eigensinnig, als dass eine ihn hätte heiraten wollen. Eine nannte er »Zicke«, weil sie keinen Schluck aus der Flasche nehmen wollte, und dann war es das mit der Liebe auch gewesen.

Er spielte Bassgeige, am liebsten Jazz, und es kamen oft andere mit ihren Instrumenten und musizierten viel in der Knechtstube. Außerdem interessierte er sich sehr für die Natur. Er machte lange Spaziergänge, auf die er mich und den Hund mitnahm. Wir gingen über die Weiden und in den Wald, auf schmalen Pfaden und durch unwegsames Gelände. Er redete mit sich selbst über das, was er sah und erlebte, ohne sich darüber Gedanken zu machen, ob ich zuhörte. Für mich war er ein Mensch, der einerseits Ähnlichkeit mit Fil hatte, und andererseits doch gar nicht.

Niemand konnte Tiere vermenschlichen wie er. Er schimpfte mit ihnen, redete mit ihnen und ging mit ihnen um, als hätten sie menschliche Eigenschaften. Als er einmal mit dem Pferd im Garten pflügte, schimpfte er ständig mit dem Tier, weil es falsch lief und die Furchen zertrampelte oder schief ging. Schließlich blieb das Pferd stehen und drehte den Kopf, stierte ihn an und wartete, bis er fertig gemeckert hatte, und erst dann ging es weiter.

Für mich war das ein lustiges Schauspiel. Ich hockte oft etwas abseits, betrachtete die Atmosphäre und lachte. Ihn scherte das gar nicht, und so war dies ein Ort für mich, an dem ich viel lernen konnte.

Er hatte auch ein sehr spezielles Verhältnis zu den Hühnern. Jedem einzelnen hatte er einen Namen gegeben, und er fütterte sie jeden Tag eigenhändig. Eine Zeit lang hatten wir auch ein paar Puten gehabt, die sich das Gehege mit den Hühnern teilen mussten. Doch auf die war er immer wütend, denn sie trampelten den Hühnern auf die Füße, wenn sie trinken wollten. Er fand, dass die Puten so groß waren und seine Hühner so klein, dass die Puten doch den Hühnern den Vortritt lassen sollten. So führte er einen ständigen Kampf mit den Puten und wurde nie müde, mit ihnen zu schimpfen. Die scherten sich natürlich überhaupt nicht darum, aber die Dynamik war sehr interessant für mich.

Die Junggesellen waren der einhelligen Meinung, dass es genügte, wenn einer von ihnen heiratete und für Nachwuchs sorgte. Auf diese Weise konnten die anderen sorglose Junggesellen bleiben, die ihr Leben lebten und in der Gemeinschaft der Großfamilie alt wurden und starben.

Der andere Onkel hatte schwarze Haare und das ganze Jahr über eine dunkle, braungebrannte Haut. Er sah südländisch aus, als würde er aus einem anderen Land stammen. Großmutter war von der gleichen Hautfarbe, und man nahm an, dass wallonisches Blut im Spiel war, wahrscheinlich von der Seite seines Großvaters.

Dieser Onkel liebte Sport und Zirkuskunst. Er war sehr gut durchtrainiert. Die Mädchen im Alter von zehn bis zwölf bewunderten ihn sehr, und er zeigte ihnen nur zu gern seine Kunststücke. Außerdem half er ihnen, wenn sie auf unseren Arbeitspferden reiten wollten, deshalb war er immer von einer ganzen Schar Mädchen in diesem Alter umgeben. Er konnte Spiele anregen, die sich manchmal über Wochen hinzogen – heute würde man das Rollenspiele nennen –, und das führte dazu, dass immer eine Menge Halbwüchsiger zu uns kam, als würden meine Onkel eine Jugendfarm unterhalten.

Im Winter saßen sie in ihrem Zimmer, hörten Radio Luxemburg und die modernste Musik der ganzen Welt. Sie spielten Jazz und improvisierten, oder sie spielten bis spät in die Nacht Karten. Dieser Onkel spielte Klarinette und Saxophon, und er lernte einige von den Jugendlichen an, denen auf diese Weise die Besserungsanstalt erspart blieb. Diese Art von gesellschaftlichem Leben wurde von den Religiösen verurteilt, aber dennoch ging das viele Jahre so. Dort durften alle frei philosophieren, man erzählte von seinen Träumen, von dem Elend, das man miterlebt hatte, von Fehlern und den Irrwegen der Liebe. Hier wurden aller Tratsch und alle Wandererzählungen weitergegeben, die eine schlimmer als die andere.

Zwischen Emmas Zimmer und dem meiner Onkel gab es eine alte Küche. Sie war nicht winterfest und es wurde dort kein Essen gekocht. Es stand ein Webstuhl darin, den verschiedene Leute benutzten, und eine Tischtennisplatte, die ebenfalls viel frequentiert wurde. Ungeachtet der Kälte wurden dort Turniere gespielt, und oft musste man mit Handschuhen spielen, um nicht völlig steif zu frieren.

Ich saß gern in einem der Betten in der Ecke zusammengekauert, oft unbemerkt, denn im Zimmer war es fast ganz dunkel. Ein Kamin spendete Wärme, und oft feuerte man ihn so an, dass er rot glühte, um die Wärme halten zu können. Wenn die Deckenlampe eingeschaltet war, konnte man kein Radio hören, denn dann sprang die Sicherung heraus, also hatte man entweder das Licht an und spielte Karten, oder das Licht war aus und man hörte Radio Luxemburg.

Hier wurde über alles geredet, vor allem über alles Mystische und Magische, von dem man gehört hatte. Das Okkulte machte den meisten Angst, doch war es ebenso reizvoll. Manchmal kamen Landstreicher von der Ziegelei, die in der Nähe war, und die erzählten die erstaunlichsten Geschichten, die man sich nur denken konnte.

In der Richtigen Welt war alles das vollkommen sichtbar. Ich merkte auch, ob jemand sich nur wichtig machen wollte, oder ob an dem, was er erzählte, etwas Wahres dran war. Ich liebte es, dazusitzen und zu beobachten, wie die Ängste in der Atmosphäre Form annahmen. Das war wie ein Feuerwerk aus Licht, das das Schummrige im Zimmer erhellte. Dazu kamen viele Gerüche, Moder und feuchte Kleider, die wiederum nach vielem rochen, wie Stroh, Mist, Lehm und Ziegel.

Oft kamen meine beiden Wesen, Slire und Skydde, um mit mir zu spielen. Wir fegten zwischen all den Worten und Sätzen hindurch, fuhren den Menschen unter die Kleider, gestikulierten und tauchten unter dem Tisch hindurch und sausten um ihre Beine. Natürlich achteten wir darauf, niemanden zu stören und zu berühren, denn dann bekamen sie es mit der Angst zu tun. Ich liebte es, so in Frieden gelassen und unbemerkt und doch bei allem dabei zu sein.

Doch irgendwann wurde ich entdeckt. »Iris, da sitzt du ja

noch und träumst, geh sofort rein und leg dich ins Bett«, sagte jemand. Dann war Schluss mit allem Lustigen, und ich wurde brutal in die Normale Welt zurückgestoßen, man schob mich ins große Haus und unterwarf mich den üblichen Routinen.

Sonntags pflegten die beiden Brüder ihre eigenen Traditionen. Entweder bekamen sie Besuch und spielten Pfeilewerfen oder ein ähnliches Wettkampfspiel, je nach Jahreszeit, Wetter und Wind, oder sie nahmen ihre Fahrräder und radelten zu jemand anders, mit dem sie gern Zeit verbrachten. Manchmal war ich gerade in der Nähe, und wenn ich gute Zeiten hatte, in denen ich die Umgebung nicht so sehr störte, oder wenn Vater es von seinen Brüdern verlangte, dann durfte ich mitfahren. Dann musste ich auf dem Gepäckträger sitzen und mich so gut wie möglich festhalten.

Ein Ort, zu dem solche Ausflüge unternommen wurden, war das Haus eines Mannes, dessen Künstlername Ariman lautete. Er war Hypnotiseur und unterhielt die Leute auf Markt- und Festplätzen, wenn er nicht gerade eben deshalb im Gefängnis saß. Er nahm Leute aus dem Publikum, hypnotisierte sie und ließ sie eine Menge Scheinhandlungen ausführen, wie zum Beispiel angeln, Löwe im Dschungel oder Clown im Zirkus zu sein. Hinterher erinnerten sie sich an nichts mehr, und wenn man ihnen erzählte, was sie getan hatten, waren sie immer sehr verletzt und wütend und zeigten ihn an. Doch damit nicht genug, manche bekamen tiefe Ängste und Schlafstörungen, und bei einigen wurde eine Geisteskrankheit ausgelöst – es war also keineswegs harmlos, was er da betrieb.

Wenn wir dorthin kamen, ließen sich meine Onkel im Winter um den Küchentisch, im Sommer um den Gartentisch nieder und baten ihn, von seinen Erlebnissen und Erfahrungen zu erzählen. Ich saß derweil unter dem Tisch, war ganz in seine Erzählungen eingetaucht und lernte zu hypnotisieren. Nun hatte ich aber keine Urteilskraft und wusste nicht, was das mit dem Innern der

Menschen anrichten konnte, sondern wandte die Fähigkeit fröhlich an, wenn sich die Gelegenheit bot.

Einmal hypnotisierte ich alle Hühner, sodass der ganze Hof voller scheintoter Hühner war, und als Vater kam, fragte er erschrocken, was denn passiert sei. Da schüttelte sich eines der Hühner, kam wieder auf die Beine, fing an herumzulaufen und gackerte und legte ein Windei. Dasselbe tat nun ein Huhn nach dem anderen, und nach einer Weile waren sie alle wieder erwacht. Aber das mit den Windeiern war gar nicht gut, denn diese Eier ohne Schale gehen oft kaputt oder werden von anderen Hühnern gefressen, sodass es an den folgenden Tagen wenig Eier für uns gab.

Manchmal habe ich den Hund in Trance versetzt, sodass er aufhörte, mich zu verfolgen, und ich laufen konnte, wohin ich wollte. Dann wieder gab es ein Schaf oder ein Schwein, das Probleme machte und das ich in Schlaf versetzen wollte. Wenn Mutter mich zwang, irgendwohin mitzugehen, ich das aber nicht wollte, dann konnte ich dasitzen und sie fixieren, bis sie so müde wurde, dass sie vergaß, mich mitzunehmen. Dann war ich sehr zufrieden.

Die anderen Kinder, die bei uns zu Hause spielten, stritten manchmal mit mir, und dann fixierte ich sie auf eine Weise, dass sie eine tief sitzende Angst und sehr unangenehme Gefühle verspürten und sofort damit aufhörten. Wenn eines der anderen Kinder zu mir kam, obwohl ich in Ruhe gelassen werden wollte, dann konnte ich ohne ein Wort ein »Hüte dich!« oder ein »Pass auf!« aussenden, das dem Siehn Angst machte, ohne dass es wusste, wie es dazu gekommen war. Es vergaß dann, was es mit mir machen wollte, und ich hatte meine Ruhe.

Hinter all dem steckte keine Strategie oder bewusstes Wünschen oder Neugier, sondern ich praktizierte einfach nur das, was Ariman erzählte, und dann kam es so.

Je älter ich wurde, und je mehr ich von Arimans Zeiten im

Gefängnis hörte und was mit den hypnotisierten Menschen geschehen war, desto mehr begriff ich, dass das eigentlich nicht gut war. Ich besaß keine Moral, die mich hinderte, aber ich merkte dennoch, dass es sich um etwas handelte, womit nicht zu spaßen war.

Als ich jugendlich war, gab es viele, die es spannend fanden, dass ich hypnotisieren konnte. Ich habe nie viel davon erzählt, doch Gerüchte verbreiten sich immer, und es wurde in unterschiedlichen Zusammenhängen davon gesprochen. Das Mystische, das Okkulte und das »Andere« waren einfach verlockend.

Einmal ließ ich mich dazu überreden, einen Jungen im Alter von ungefähr sechzehn Jahren zu hypnotisieren. Meine Urteilskraft reichte nicht aus, um zu begreifen, dass das schädlich sein könnte, vor allem, nachdem er Alkohol getrunken hatte, und mir war nicht klar, dass es so schiefgehen konnte. Er wurde völlig psychotisch und geriet in eine Welt von Angst und Grauen, die ganz schrecklich für ihn war. Er schrie, schlug um sich und warf sich hin und her. Ich musste zehn Stunden aufwenden, um dafür zu sorgen, dass er wieder geerdet wurde. Das war harte Arbeit, und ich begriff, wie ernsthaft man jemandem durch Hypnose Schaden zufügen konnte. Das lehrte mich einiges über die Konstitution anderer Menschen.

An der Seite des Hofes, ein wenig verborgen auf dem Weg zum Plumpsklo, stand ein großer Ahorn. Fünf Meter über der Erde hatte er einen dicken Ast, und an dem hatte jemand eine Schaukel befestigt. Ich ging oft hin und saß auf der Schaukel. Man konnte sehr hoch schaukeln, und ich liebte das, vor allem, wenn ich in meiner Richtigen Welt und mit meinen Wesensfreunden zusammen sein konnte. Manchmal kam jemand auf dem Weg zum Klo vorbei und sprach mit mir. Ich antwortete nie, doch alle wussten, dass ich hörte, was sie sagten, auch wenn daraus kein Kontakt entstand.

Wenn ich besonders hoch schaukelte, konnte ich in der einen Richtung das Wohnhaus sehen und die Kirche in der anderen. Das Plumpsklo sah ich nicht, denn es stand hinter mir, und zwischen dem Wohnhaus und der Schaukel und etwas schräg hinter mir befand sich die Knechtkammer. Wenn ich hoch schaukelte, hatte ich unter meinen Füßen einen Schneeballbusch, der groß wie eine Gartenlaube war. Davor in Richtung Wohnhaus stand eine Fliederhecke, die einen Halbkreis bildete, und davor standen auf einer Grasfläche zehn Bienenkörbe. Die Hecke endete mit Großvaters Päonien, und dann kam der Kiesplatz. Mitten auf dem Kiesplatz gab es ein Beet, das Mutters ganzer Stolz war. Sie bepflanzte es jedes Jahr anders, und allmählich war es von den Findlingen, die die Onkel vom Feld nach Hause gebracht hatten, eingerahmt. Das Beet war voller Pflanzen, die vom zeitigen Frühling bis zum Spätherbst blühten, und sogar im Winter standen dort viele schöne gefrorene Blumen.

Das große Haus hatte im Erdgeschoss eine riesige Küche, wo sich alle versammelten. Als ich noch ganz klein war, hatte Großmutter dort geherrscht. Sie hatte immer solche Angst, das Essen würde nicht rechtzeitig fertig werden, dass sie es viele Stunden zu früh kochte. Dann musste es im Wasserbad stehen, und bis es gegessen wurde, war nicht mehr viel Geschmack übrig.

Von der Küche ging eine Tür zu einer Vorkammer ab. Dort befand sich die Treppe ins obere Stockwerk, wo unsere Familie gewohnt hatte, bis ich ungefähr ein Jahr alt gewesen war. Dann hatten wir getauscht, Großmutter und Großvater waren nach oben gezogen und wir nach unten. Die Tür auf der anderen Seite der Vorkammer war der Kücheneingang, den alle benutzten.

Großmutter hatte rabenschwarzes Haar, das dann grau gesprenkelt geworden war. Wenn sie es öffnete und bürstete, um es in den strengen Knoten zu drehen, den sie immer trug, reichte es ihr bis zu den Kniekehlen. Sie hatte niemals auch nur einen Millimeter abgeschnitten, das war nämlich eine Sünde, so stand es in der Bibel, und der war auf Punkt und Komma genau zu folgen. Sie hatte kleine pfefferkornbraune Augen, die so starren konnten, dass es den Leuten dabei sehr unbehaglich wurde, und ihre Stimme war gellend und fuhr einem durch Mark und Bein, weshalb ihre Worte meist widerspruchslos befolgt wurden. Manch einer fand auch, dass sie aussähe wie die Hexe in Hänsel und Gretel.

Nachdem Großmutter und Großvater nach oben gezogen waren, konnte man ihre Stimme aus dem offenen Fenster kreischen hören: »Vater, Vater, komm sofort ins Haus«, und dann wussten alle, dass es keine Alternative oder Antwort gab, sondern es musste getan werden, was sie verlangte.

Sie war religiös, oder besser gesagt, sie hatte schreckliche Angst davor, dass sie nach ihrem Tod in der Hölle landen könnte. Das wirkte jedoch alles recht bigott, denn am wichtigsten war für sie, was »die Leute« sagten. Sie ging in die Kirche und nahm an allen kirchlichen Aktivitäten teil, damit niemand merkte, wie »ketzerisch« wir in unserer Familie eigentlich waren. Sie schämte sich für alles und jeden und fand, wir anderen sollten doch kapieren, dass auch wir uns schämen sollten. Doch am meisten schämte sie sich für Vater, weil er so freigeistig war und alles nach seinem eigenen Kopf gehen musste, genau wie es bei ihrem Vater auch gewesen war. Oft sagte sie: »Ihn habe ich für meine Sünden bekommen.« Dann scherzte Vater meist: »Da kann es mit den Sünden aber nicht weit her gewesen sein, wenn die Mutter nur mich als Strafe bekommen hat.«

Das Beste an Großmutter war, dass sie leichtgläubig war und schnell reingelegt werden konnte. Alle Kinder und Jugendlichen, die bei uns wohnten, verschafften sich und auch ihr dadurch viele lustige Stunden. Um mich machte sie sich große Sorgen und sagte oft: »Was soll nur aus diesem Unglückskind werden?« Sie fand, das größte Unglück sei, dass ich mich nicht anpassen konnte, nicht höflich sein und »Guten Tag« und »Danke« sagen konnte.

Deshalb war sie davon überzeugt, dass ich »ins Unglück geraten« würde. Im Nachhinein habe ich begriffen, dass sie auch furchtbare Angst hatte, weil ich keinen Selbstschutz besaß und jemand, der mit mir auf die richtige Weise kommunizierte, mich zu allem Möglichen verleiten konnte, und dass ich sexuell missbraucht werden würde, wenn nicht ständig jemand auf mich aufpasste.

Sie machte immer Kartoffelbrei mit Butter und fütterte mich damit, und das funktionierte viel besser als alles andere, was man in mich hineinkriegen wollte. Essen war »ein Kapitel für sich«, wie meine Mutter es ausdrückte. Großmutter hob alles übrig gebliebene Essen auf, und man war gezwungen, das erst aufzuessen, ehe es etwas Neues gab. Das führte dazu, dass alle Lebensmittel alt wurden, ehe sie gegessen wurden, und Vater verabscheute das seine ganze Jugend lang, weshalb er von Bratkartoffeln lebte.

Mutter erhielt die Erlaubnis, so viele Lebensmittel zu verwenden, wie sie wollte, um jedwedes gute Essen kochen zu können. Für Vater war es am wichtigsten, für alle gutes Essen zu haben, dann erst kamen alle anderen neumodischen Dinge und Bequemlichkeiten an die Reihe. Er sorgte auch dafür, dass sie alle Hilfsmittel in der Küche bekam, ehe er das Geld für Verbesserungen im Stall ausgab. Sie bekam einen Kühlschrank und Gefriertruhen, einen Mixer und eine Geschirrspülmaschine, eine neue Waschmaschine und einen Trockner. Das sorgte bei allen Männern auf den Nachbarhöfen für schlechte Laune, denn deren Frauen verlangten dann, dass sie auch so nett wären wie Vater.

Wenn ich etwas getan hatte, das Großmutter sündig und verrückt fand, dann rief sie mich zu sich. Ich musste vor ihr stehen, und sie schimpfte und ermahnte mich. Das mochte ich sehr gern. Ich stand ganz still und schaute ins Zimmer. Ihre Worte flogen herum und bildeten Figuren und versprühten unterschiedliches Licht. Das war schön, und man konnte nie vorher wissen, wie es aussehen würde. Hingerissen floss ich in die Farben, Formen und

Muster hinein und ließ mich vor und zurück und auf und nieder führen. Dann verspürte ich plötzlich einen Kniff in den Arm. Großmutter kreischte mit gellender Stimme: »Hoffnungsloses Kind, du hörst ja nicht einmal, was ich zu dir sage, was soll nur aus dir werden, wenn du mal groß bist? Man kann dich nicht erziehen, und wie ein Christenmensch führst du dich auch nicht auf!« Dann wies sie mir die Tür, nicht ohne mich jedoch zu ermahnen, auf der Treppe vorsichtig zu sein, und wenn ich draußen stand, versank ich wieder in all dem Schönen, was ich soeben erlebt hatte. In dem Zustand konnte ich dann unter Umständen stundenlang bleiben. Manchmal ging ich zur Schaukel und floss so lange weiter herum, bis jemand kam und mich wieder in die Gemeinschaft holte.

Großvater war der netteste Mensch der Welt. Er liebte es, vor sich hinzuschlendern und dabei eine Melodie zu summen. Alle wussten, dass er vollkommen verantwortungslos war und ohne Großmutter nur ein elender Landstreicher wäre. Großmutter hatte alles im Griff, und vor allem Großvater. Es wurde erzählt, dass Großvater einmal zum Markt gegangen war, um eine Kuh zu verkaufen, doch er war nicht gut darin, Geschäfte zu machen, und so wurde er übers Ohr gehauen. Als er das bemerkte, soff er sich voll und kam erst am darauf folgenden Tag zurück, und zwar ohne Geld und ohne Kuh. Von dem Tag an kümmerte sich Großmutter um die wirtschaftlichen Dinge des Hofes.

Er arbeitete am liebsten im Garten. So war er Großmutters Handlanger, wenn die Beete gepflegt, die Wege geharkt oder die Rosen geschnitten werden mussten. Er pflückte alle Beeren und alles Obst, wenn es reif war, und dann konnte Großmutter es weiterverarbeiten. Wenn er die Wege sonntagsfein harken musste, dann durfte ich vor ihm hergehen und alle möglichen Schnörkel in den Sand zeichnen. Er zeigte mir dieses und jenes, und ich spielte, und dann kam er mit der Harke, und alles wurde ganz gerade und ordentlich.

Vor der Küche war die Stube. Darin stand das Radio, vor dem man oft saß und zuhörte. Die Nachrichten und der Wetterbericht waren am wichtigsten, da hatten alle zu schweigen, und die Sendungen waren dann die Quelle aller Diskussionen, die um den Küchentisch geführt wurden. Alle Ereignisse mussten analysiert werden, und man musste darüber nachdenken und sich austauschen. War man mal unterschiedlicher Ansicht, dann schlugen die Wogen im Gespräch oft hoch. Hier gab es die Möglichkeit, politische Profile, religiöse Vorstellungen und die Mythen und Strategien, die als Unterströmungen existierten, auszubreiten. Dazu gehörte zum Beispiel die einhellige Meinung, dass die meisten Menschen sowieso nur auf ihren eigenen Vorteil bedachte Egoisten seien, und dann wurde das Ganze mit der gemeinsamen Erkenntnis abgeschlossen, dass »wir hier in Svedala es doch noch gut haben«.

An Samstagabenden gab es im Radio eine Unterhaltungssendung. Dann setzten sich alle in die Stube, und alle Lichter wurden ausgeschaltet, damit die Sicherung nicht heraussprang. Ich saß unter dem Tisch oder in einer versteckten Ecke hinter irgendeinem Sessel. Ein Programm, das lange gesendet wurde, war »Die Spieldose« mit vielen Schlagersängern und verschiedenen Quizaufgaben. Da gab es viele lustige Beiträge, und alle lachten und genossen das Entspannen, die Gemeinschaft und die Radiounterhaltung. Ich mochte die Atmosphäre, die da im Raum entstand. Das war wie ein bengalisches Feuer mit gefärbtem Rauch, der das ganze Zimmer mit Ringen füllte, die sich ineinanderschoben und in denen man herumfahren konnte. Das machte Spaß. Durch alles, was aus dem Radio strömte und was von den Zuhörenden gesprochen wurde, veränderte sich die Atmosphäre ständig, und ich konnte auf neue Weise darin herumschweben.

Dann war irgendwann das Programm zu Ende, alle gingen in die Küche und tranken Kaffee, und dann ging man schlafen.

Am Dienstagabend gab es sehr spät eine Hörspielsendung im Radio. Da versammelte man sich, um die anzuhören, und wieder entstand diese ganz besondere Stimmung. Oft waren auch diejenigen dabei, die zu den Samstagsvergnügungen kamen, sodass noch mehr Leute als sonst vor dem Radio in der Dunkelheit saßen und zuhörten.

Eine Sendung war »Der Mann in Schwarz«. Das war ein schlimmer Krimi mit vielen Morden. Olof Thunberg, ein bekannter Schauspieler und Regisseur, las die Texte, und alle fanden, dass er eine ganz besondere Stimme hatte. Wenn man ihm zuhörte, liefen einem Schauer über den Rücken, und alle saßen gespannt da und warteten auf die Auflösung.

Eigentlich durften wir Kinder nicht dabei sein, wenn das gehört wurde, doch weil ich so war, wie ich war, und weil die Erwachsenen glaubten, dass ich ohnehin nichts begriff, kümmerte sich niemand um mich. Ich interessierte mich auch wirklich nicht für das Rätsel um den Mord, denn der weckte keinerlei Gedanken oder Gefühle in mir. Doch fand ich das in der Erzählung spannend, was zu dem Mord führte: Eifersucht, Zorn, Gier, Rache. Und die Atmosphäre, die im Raum entstand, gefiel mir, denn in der befand ich mich dann und spielte auf meine besondere Weise.

Doch manchmal wurde der Unterschied zwischen den schwarzen, schlimmen Gefühlen, die Olof Thunberg beschrieb, und dem Gefühl von Unterhaltung und Interesse bei den Zuhörern zu groß:

Der Mörder klopft an die Tür einer Hütte. Die Stimmung ist verdichtet, alle im Zimmer sitzen mucksmäuschenstill da und lauschen gebannt. Eine Frau kommt und macht auf. Der Mörder fragt mit verhaltener Stimme: »Ist hier Raum für einen Fremdling?« Ein leises Raunen geht durch den Raum. Die Frau weiß nicht, dass dies der Mörder ist. Doch da ist aus dem Innern des Hauses eine betrunkene Männerstimme zu hören: »Fragsu ihn, obber Wischgi dabeihat, dann kanner rein!« Alle lachten laut los, nur ich nicht, und in mir brach das Chaos aus, denn ich konnte nicht begreifen, wieso Rache und Mord so dargestellt wurden, dass die Leute darüber lachten.

Dann versetzte ich mich in den Zustand, in dem ich meinen Körper verlassen und in die Richtige Welt gehen konnte, die mir vertraut war. Von dort aus konnte ich alles, was geschah, beobachten und alles hören, was gesagt wurde, und viele Dinge verstehen, ohne Anfälle zu bekommen oder ein verrücktes Verhalten an den Tag zu legen. In der Richtigen Welt konnte ich sehen, was alles in Wirklichkeit war: die Stimme, die dem Radio entströmte, und alle, die sich nur in der Normalen Welt befanden, das Richtige in der Erzählung gar nicht begriffen und sich unterhalten fühlen konnten. Niemand interessierte sich dafür, worum es in der Erzählung wirklich ging, alle waren vollauf damit zufrieden, unterhalten zu werden.

Auf der anderen Seite der Stube lag der Saal. Das war ein Zimmer mit Medaillontapete und einem Kamin. Es stand ein großer Esstisch mit vielen Stühlen darin, wo man die Mahlzeiten an Feiertagen oder mit Gästen einnahm. An gewöhnlichen Tagen diente der Raum als Schlafsaal. Es gab zwei Schrankbetten mit jeweils drei Schlafplätzen darin und eins mit zwei Plätzen. Die Betten konnte man so einklappen, dass sie aussahen wie gewöhnliche Wäscheschränke. Diese Verwandlung geschah jeden Abend, und es entstand dann dort drinnen eine sehr besondere Atmosphäre. Ich schlief als Letzte ein und erwachte immer als Erste, denn ich konnte nicht schlafen, wenn noch jemand wach war, und so beschäftigte ich mich, während ich darauf wartete, dass alle einschliefen, mit der Atmosphäre.

Oft las jemand etwas vor, oder ein anderer erzählte Märchen, Anekdoten, Witze, Geschichten, irgendetwas selbst Erlebtes oder Träume. In meiner eigenen Welt konnte ich in all die Worte eintauchen. Das, was ich hörte, verstand ich auf meine eigene Weise, und das verschaffte mir eine Reihe interessanter Erlebnisse, die mein ansonsten leeres Inneres für eine Weile ausfüllten, und das gefiel mir sehr. Dann konnte ich unwillkürlich in ein lang anhaltendes Lachen ausbrechen, das meine Umgebung sehr erstaunte, weil sie nicht verstand, warum ich lachte.

Wenn ich ihren Geschichten lauschte, dann hörte ich nicht nur die Erzählung selbst, sondern sah auch die Verhältnisse und Situationen, die dahinterlagen. Mein Onkel erzählte das Märchen von Hänsel und Gretel. Während er das erzählte, erkannte ich, dass er seine Mutter als Hexe sah und sich selbst als Hans und seine Schwester als Gretel. Ich empfand seine Angst und sein Aufbegehren gegen seine Mutter, meine Großmutter, und ich merkte, wie zufrieden er war, als die Hexe – seine Mutter – in den Ofen geschubst wurde und starb. Ich lachte darüber, dass die Ereignisse im Märchen auf so witzige Weise mit dem übereinstimmten, was ich in der Atmosphäre sah, und sagte zu meinem Onkel: »Du bist Hans und Großmutter ist die Hexe. Und du findest es gut, dass Gretel und du die Hexe reinlegen und in den Ofen schubsen könnt, sodass sie stirbt.« Alle verstummten und fanden mich peinlich, außer den Jugendlichen, die kicherten. Mein Onkel schrie: »So unverschämt darf man nicht mal sein, wenn man Iris heißt« und lief raus.

So war es in unserem Haus: Meine Großmutter war bigott und hatte Angst, wir wären nicht gottesfürchtig und würden nicht in den Himmel kommen, und alle Nachbarn würden uns sehen. Deshalb war sie unzufrieden und erzog und maßregelte alle andauernd. Alle außer Vater und mir wurden von ihr bestimmt, und mein Onkel, der Angst vor ihr und ein schlechtes Gewissen hatte, schmierte ihr Honig ums Maul und ging sogar mit ihr zur Kirche, obwohl er gar nicht religiös war.

Ich glaubte, die anderen hätten nicht gesehen, was ich sah, während wir das Märchen anhörten, und mir wollte nichts einfallen, wie ich sie dazu bringen könnte, das auch zu sehen, damit wir darüber sprechen könnten – denn das wäre etwas gewesen, worüber ich hätte sprechen können. Dann hätte ich mit ihnen in Kommunikation sein können. Ich verstand natürlich nicht, dass sie bestimmte Werte hatten und fanden, über gewisse Dinge rede man ganz einfach nicht. Ihre Reaktionen wirkten sehr verwirrend auf mich, und manchmal endete es damit, dass ich einen Anfall bekam.

Das war es, was Emma und Fil von allen anderen unterschied. Sie sahen die Dinge genauso wie ich, wir waren in der Richtigen Welt, und deshalb konnte ich mit ihnen kommunizieren und fühlte mich bei ihnen ganz sicher. War ich mit ihnen zusammen, hörten meine Verkrampfungen auf, doch sowie andere Menschen dabei waren, die in der Normalen Welt lebten, der Welt der Werte und Beurteilungen, dann kehrten die Krämpfe zurück.

Vater war in der Normalen Welt, doch im Unterschied zu den meisten anderen Menschen dort ging es ihm nicht darum, mich in die andere Welt hineinzupressen, sondern er schuf mir Möglichkeiten, als die, die ich war, in der Normalen Welt zu leben. Ich glaube, Vater wusste, dass es noch etwas anderes als die Normale Welt gab, denn er war in enger Gemeinschaft mit seinem Großvater aufgewachsen, der in der Richtigen Welt gelebt hatte. Doch interessierte er sich nicht dafür, sondern lebte wie ein kluger Mensch in der Normalen Welt, ohne sich anzupassen oder aber dagegen aufzubegehren.

Es lebten immer wieder zeitweilig andere Menschen bei uns. Einmal war es ein Mann mit Zerebralparese, dem Vater half, Schuster zu werden. Einmal war es ein Paar ohne Dach über dem Kopf. Dann kamen immer wieder Jugendliche, die sich nicht in die Gesellschaft einfügen konnten oder andere Probleme hatten. Es war ständig etwas los. Die Leute lebten bei uns, aber arbeiteten woanders, wieder andere wohnten woanders, verbrachten aber ihre Wochenenden bei uns. Einige waren Sommerkinder oder Wochenendkinder und wohnten bei uns, wenn Schulferien waren, und die Grundeinstellung, die auf dem Hof herrschte, lautete immer: »Wo Raum in der Herzensstube ist, da ist er auch in der Wohnstube.«

Für mich bedeutete das einen nie versiegenden Strom immer neuer Betrachtungsbereiche. Es brachte auch mit sich, dass diejenigen, die immer bei uns wohnten, darüber redeten, wie man sich verhalten solle und was man tun müsse, um die anderen mitnehmen zu können, und da war die ganze Zeit viel Engagement und Umgang miteinander. Vater pflegte immer zu sagen, es sei solch eine Freude, so viele Hände für die Arbeit zur Verfügung zu haben, denn dann ging sie so schnell und leicht, dass man noch viel Zeit hatte, etwas miteinander zu unternehmen und Spaß miteinander zu haben.

Zwischen dem kleinen Feld, der Normalen Welt, und dem großen Feld, der Richtigen Welt, gab es einen Graben. Diejenigen, die sich die ganze Zeit in dem kleinen Feld mit seinen ganzen Wertungen befanden, versuchten, mich hinüberzuziehen, und das war für mich, als würde ich ertrinken. Felder sind ein Teil der Atmosphäre. Welches Feld sich zeigte, das hing davon ab, worauf mein Fokus gerichtet war. In der Atmosphäre waren alle Felder vorhanden, doch sozusagen nicht angeklickt.

Andere Menschen lebten in der Normalen Wirklichkeit, die voller Werte war: Sie sollten in Zucht und Ordnung vor dem Herrn leben, sollten nicht sündigen, und doch war so viel Sünde in ihrer Welt. Ich sah, wie sie an der Oberfläche mit diesen Werten lebten, doch sah ich auch, wie sie unter dieser Oberfläche gleichzeitig gemein waren und all ihre Bemühungen in Wirklichkeit nicht darauf abzielten, sich nicht zu versündigen, sondern dabei nicht entdeckt zu werden. Wenn sie in der Richtigen Welt gelebt hätten, im Großen Feld, dann hätten sie es nicht nötig gehabt, zu sündigen. In der Richtigen Welt ohne Werte ist es zum Beispiel Sünde, einen Menschen zu treffen, für den man große Liebe empfindet, ihm aber nicht wirklich zu begegnen, weil man vermeiden möchte, in der Wertewelt verurteilt oder kritisiert zu werden. Wenn Menschen werteten, dann sah das für mich so aus, als würden sie sich von der Richtigen Wirklichkeit isolieren und den Kontakt dazu verlieren.

Ich kannte ein Mädchen mit einer wunderschönen Stimme. Sie klang wie eine Nachtigall und liebte es zu singen. Sie war süß und freundlich und beherrschte die Kunst, auf einer Bühne zu stehen. Ihr großer Traum war es, ihre Stimme ausbilden zu lassen, Unterricht zu erhalten und sich durchs Singen auszudrücken. Immer, wenn sie vom Gesang und ihren Hoffnungen sprach, befand sie sich in der Richtigen Welt. Doch ihre Umwelt hatte kein Verständnis dafür, sondern nannte es »verträumte Fantasien«. Man war der Meinung, der Gesang sei etwas, was sie vielleicht nebenbei betreiben könne. Wichtig war, dass sie heiraten und sich eine »ehrbare« Arbeit suchen würde. Am Ende nahm sie selbst diese Werte an und verschwand damit aus der Richtigen Welt.

Die Richtige Wirklichkeit ist ein Phänomen. Alles Leben, jede Bewegung ist ein Phänomen und bewirkt, dass die Konzentration nicht darauf liegt, dass man etwas tun *muss*, sondern darauf, welche Möglichkeiten zur Auswahl stehen. Am Ende war dann vielleicht die »Muss-Möglichkeit« tatsächlich die beste, aber nicht, weil ein Zwang dahinterstand. Abgesehen davon war die Richtige Wirklichkeit so viel größer als die Wertewirklichkeit.

Ganz am Ende des Hauses, hinter dem Saal und dem darauf folgenden Flur, lag das Außenzimmer. Zu dem konnte man auch durch den Haupteingang gelangen. Man kam in eine große Diele, von der aus man durch den Flur in den Saal gehen konnte, oder nach rechts in den Flur, der zum Außenzimmer führte. Das war das Zimmer des Pfarrers. Es stand ein kleiner Altar darin mit einem Bänkchen davor, und an der Wand hing ein Telefon, das manchmal mit einem durchdringenden Schellen klingelte und mich immer aus dem Körper riss, wenn ich es hörte, so schnitt es durch die Luft. Im Raum standen große, schwere Eichenmöbel, ein Schreibtisch, eine Vitrine, eine große Glaslampe, Sofa, Tisch und Sessel. Und es herrschte dort eine feierliche Stille. Die Tapeten waren leicht vergilbt, mit einem kaum wahrnehmbaren Muster. Braune Brokatgardinen hingen da – »Brotgardinen« sagte ich immer, und dann lachten alle – und darunter weiße Spitzengardinen. Es gab Gobelins mit christlichen Motiven und Wandbehänge aus Samt in demselben Braun wie die Gardinen am Fenster. Auf dem Fußboden lag brauner Kork und darauf ein großer, feiner orientalischer Wollteppich in gedeckten Farben und mit schönen Mustern. Ich liebte diesen Teppich. Oft saß ich auf einem Schaffell unter dem Schreibtisch und verfolgte mit dem Blick das Muster des Teppichs, der unter dem Couchtisch und den Sesseln lag.

Jede dritte Woche kam Pfarrer Karlsson und saß einen ganzen Tag dort und schrieb seine Predigten. Er kam früh am Morgen und ließ sich nieder. Da war ich schon wach und aufgestanden und stellte mich in die Tür, bis er »Bitte schön« sagte, und dann ging ich hinein. Er wusste, dass ich schnell an ihm vorbeihuschen und unter den Schreibtisch kriechen würde. Dabei strich er mir dann rasch über das Haar, auch wenn ich es zu vermeiden versuchte. Dann saß ich dort so lange, bis er eine Pause machte und »mal nach sich schaute«, das hieß: aufs Klo ging. Dann schlich ich mich raus und machte dasselbe.

Mein Platz war unter dem Schreibtisch. Dort schaukelte ich still hin und her, und alles andere verschwand. Der Pfarrer saß oft schweigend da, um dann plötzlich in Wortkaskaden auszubrechen. Er las aus der Bibel und gab sich dann salbungsvollen Ausführungen mit massenhaft Wörtern hin, die die fantastischsten Farben sprühenden Szenarien in die Luft malten. Ich bezweifle stark, dass die Bilder, die ich sah, dieselben waren, die in der Bibel intendiert waren. Doch für mich war es wie ein Märchenbuch. Er wandte sich hinterher oft an mich und fragte, ob seine Sätze etwas taugten und was ich denn meinte, doch wartete er nie eine Antwort ab, sondern sagte selbst: »So ist es viel besser, Iris.« Am Ende las er dann den Epistel- und Predigttext vor.

Ich tauchte in die Welt der Bibel ein, und ich liebte sie. Da gab es Dramatik und Spannung, es gab Trauer und Betrübnis wie Seligkeit und Aufregung und … alles, was man sich nur denken konnte.

Das war eine andere Welt, mit Menschen, die völlig anders gekleidet waren als die um mich herum. Auch die Landschaft sah völlig anders aus, ganz andere Bäume, und Sand, ganz viel Sand in den unterschiedlichsten Farben. Der einzige Sand, den ich sonst zu sehen bekam, war der an unserem Badeplatz, aber der sah völlig anders aus. Hier spielten sich ganz viele Geschichten ab. Es ging um jähen Tod, um Kindsgeburt in Leintüchern, um Böse und Gute, um Törichte und Kluge, um eine Menge Menschen, die mutig und rechtschaffen waren und viele Dinge taten, die in meine Welt passten. Ich sah viele Menschen, die in Mengen von Sand herumliefen und zwischen Häusern, die wie weiße Vierecke ohne ein richtiges Dach waren. Sie trugen schöne schwingende Kleider und große Tonkrüge mit Wasser. Manchmal wurden sie verfolgt, manchmal waren sie viele, die gemeinsam gingen, manchmal ging man hinter jemandem her und manchmal schlug man sich. Als der Pfarrer davon sprach, sah ich die Himmelsleiter, und die führte direkt zu den Sternen hinauf und hing frei in der Luft. Das sah lustig aus, und ich lachte. Der Pfarrer sah zu mir unter den Tisch und fragte, worüber ich denn lachte, doch er wusste, dass er niemals eine Antwort erhalten würde.

Ich hatte Angst vor Pfarrer Karlsson. Er war groß und hatte nur einen Arm. In dem anderen Arm hatte er Krebs gehabt, und er war ihm abgenommen worden. Mit seinem weiten schwarzen

Mantel sah er aus wie eine Fledermaus, und sein ernstes Gesicht wirkte wegen seiner Adlernase noch zusätzlich streng. Seine Stimme klang, wann immer er etwas sagte, als würde er gerade eine Weltuntergangspredigt halten. Ich habe ihn nie ein Gespräch führen hören. Er erteilte seine Anweisungen, und alles wurde so gemacht, wie er wollte. In gewisser Weise verhielt er sich so, als würde er über den Menschen stehen. Dabei war er doch nur ehrfurchtgebietend und in keiner Weise verurteilend.

Jeden dritten Sonntag, wenn er die Predigt in unserer kleinen Kirche zu halten hatte, warf er sich den Mantel über und schritt über den Hof. Er war groß wie ein Monster, und wenn er durch die Tür ging, musste er den Nacken beugen, sodass es wie eine tiefe Verbeugung wirkte. Vielleicht machte er auch vor Gott einen Diener, denn wenn er gewollt hätte, hätte er viel aufrechter durch die Tür gehen können.

Ich schlich oft in die Sakristei und setzte mich dort in eine Ecke oder unter den Schreibtisch. Der Küster versuchte dann, mich rauszuscheuchen, aber der Pfarrer sagte immer: »Lass sie nur, sie tut keiner Fliege etwas zuleide, und ganz sicher ist es auch für sie gut, das Wort Gottes zu hören.«

Manchmal schlich ich auch in das Außenzimmer in unserem Haus, wenn der Pfarrer nicht da war. Das war strengstens verboten, und ich wusste es auch, aber ich konnte es einfach nicht lassen. Oftmals lag die Bibel geschlossen auf dem kleinen Altar. Ich schlug sie auf und kroch unter den Schreibtisch. Dann schaukelte ich und reiste ins Außen in die Atmosphäre des Raumes. Ich tauchte in die Bibel ein und es entstanden dieselben Bilder daraus, wie wenn der Pfarrer erzählte.

»Was steht da, sag mir, was da steht«, dachte ich wieder und wieder und ... ich tauchte direkt in das Buch ein und kam auf der anderen Seite heraus. Da existierte eine andere Welt mit seltsam gekleideten Menschen und anderen Häusern. Es war wie in einem fremden Land, in dem der ganze Boden mit Sand bedeckt war. Die Leute gingen an mir vorbei, ohne mich zu sehen, nur ich konnte sie sehen. Großmutters Erzählungen von Gott kamen zu mir. Ich sah die Himmelsleiter, sie sah aus wie eine im Licht schimmernde Perlenkette und war so lang, dass ich kein Ende sehen konnte. Ich sah eine lange Reihe von Menschen und einen besonderen Mann, der vorweg ging. Sie gingen in eine Stadt, die bereits voller Menschen war. Ich ahnte, dass dies Jesus war, der in Jerusalem einzog. Als ich aufsah, erkannte ich eine große Gestalt, die auf einem Thron saß. Es wirkte, als sei alles aus matt durchsichtigem Eis, sogar der Alte, obwohl er sich bewegte. Durch das Eis traten wunderschöne Farben hervor, und alles war wie in einem Märchen. Gott sah aus wie König Winter in einem Märchenbuch, das wir besaßen, doch war so in der Wirklichkeit alles natürlich viel schöner.

Riiiiing! Das Telefon klingelte. Es hing an der Wand neben der Tür und durfte von den Leuten im Haus nur angefasst werden, wenn es etwas Wichtiges gab, oder wenn man dem Pfarrer etwas mitzuteilen hatte. Ich hatte schreckliche Angst davor. Wenn ich rangehen sollte, dann war das, als wäre der Pfarrer ein riesiger Adler, der mich mit seinen Klauen im Nacken packte und mit mir davonflog. Jetzt war ich auch noch verbotenerweise im Zimmer, und ich wusste, dass gleich jemand angerannt kommen würde, um ranzugehen. Das war sehr unangenehm. Also kroch ich in meine Ecke unter den Schreibtisch und saß da, bis die Person ranging, wieder auflegte und dann wegging. Dann schoss ich raus und verschwand zu einer meiner anderen Lieblingsstellen.

Im Grunde genommen lebten wir gut auf dem Hof. Wir hatten immer zu essen, Kleider und ein Dach über dem Kopf, doch fehlte es uns ständig an Geld. Der Hof versorgte uns mit dem Nötigsten, doch für etwaigen Luxus blieb nichts übrig, und ein Fahrrad, ein Moped, ein Auto oder Schlittschuhe und Skier zu haben, das war Luxus. Vater sagte oft, es dürfe nie so sein, dass jemand uns verlassen müsse, weil das Geld nicht reichte, um ihn zu ernähren, und deshalb müsste der Hof immer alle Mäuler stopfen. Für einige von denen, die bei uns wohnten, zahlte die Gemeinde. Vater achtete darauf, dass dieses Geld dann für die Anschaffung von Fahrrädern, Skiern und anderen Luxusdingen verwendet wurde, damit wir uns nicht daran gewöhnten, es als feste Einkünfte einzuplanen.

Jeder auf dem Hof arbeitete nach seinen Möglichkeiten, und soweit es ging, auch nach seinem Interesse. So kümmerte sich einer um bestimmte Tiere, der Nächste um andere, ein Dritter hackte Holz im Wald, ein Vierter fuhr Traktor, ein Fünfter half Mutter in der Küche. Auch alle Kinder und Jugendlichen hatten ihre Aufgaben. Sie durften wählen zwischen Arbeit drinnen und draußen, zwischen Arbeit bei den Tieren oder auf dem Feld. Alles wurde bei uns hergestellt oder verarbeitet, die Schafe wurden geschoren, die Wolle gezupft und gesponnen, gefärbt und zu Kleidung verstrickt oder auf dem Webstuhl gewebt. Die Bienen gaben Honig, der den ganzen Winter als Süßungsmittel diente. Die Hühnerfedern wurden eingesammelt und zu Kissenfüllungen verarbeitet. Es gab einen Schmied, bei dem alle benötigten Geräte hergestellt und repariert wurden, sowie eine Tischlerei, in der Schäfte und anderes gemacht wurden. Im Winter saß man drinnen und reparierte alle Geschirre und das Ledermaterial, das war eine Männerarbeit.

So verlief das Leben um mich herum. Es wurde immer überall gearbeitet, doch es gab keinen Stress und keine Hektik, außer in der Erntezeit, wenn schlechtes Wetter war. Da herrschte Chaos, und alles musste in allerkürzester Zeit geschehen. Ich war Zuschauer. Ich war dabei und wurde von denen beaufsichtigt, die gerade die Möglichkeit dazu hatten. Meist war ich mit Vater im Stall, denn er kümmerte sich um die Kühe. Es war ein buntes Leben, ereignisreich und voller Fröhlichkeit. Die Erwachsenen sangen viel und erzählten einander Geschichten. Manchmal gab es Streit, doch Vater kümmerte sich darum, dass alles auf den Tisch kam, besprochen und abgeladen wurde, und so kehrte nach einer Weile immer wieder Frieden ein.

Eines Vormittags, als Vater gerade meinen Stuhl über die Abflussrinne gestellt hatte, kam einer meiner Onkel, Nils, in den Stall.

»Ich habe im Radio gehört, dass man sich nicht mit Almosen zufriedengeben, sondern dass man wirklich einen Lohn für seine Arbeit kriegen soll. Es ist doch ungerecht, dass wir, die die eigentliche Arbeit auf dem Hof leisten, nicht das Geld für die Arbeit, die wir im Wald, auf den Feldern und mit den Tieren leisten, behalten dürfen, sondern dass es immer in die Gemeinschaftskasse geht.« Aus der Gemeinschaftskasse lebten auch Großmutter, Großvater, Mutter und all die Jugendlichen und Kinder, die bei uns arbeiteten oder wohnten und deren Arbeit nicht direkt Geld brachte.

»Das ist das Dümmste, was ich je in meinem Leben gehört habe«, sagte Vater. »Alle sollen es doch gleich gut haben.«

Nils murmelte, dass das ungerecht sei, und dass sie sich zu Tode schuften würden, während andere es sich gut gehen ließen.

Da sagte Vater. »Ich werde es beim Kaffee um elf zur Sprache bringen.«

»Nein, das ist nicht nötig«, sagte Nils bekümmert und ging seiner Wege.

Vater lief derweil im Stall herum und redete empört vor sich hin, und ich konnte in der Atmosphäre sehen, wie seine Vorstellung, dass alles auf dem Hof zu gleichen Teilen aufgeteilt werden sollte, von dem, was Nils gesagt hatte, niedergetrampelt worden war. Es ging nicht richtig kaputt, aber es war doch eine Wolke eingezogen, die die Sonne verdunkelt hatte.

Beim Kaffee um elf saß ich auf meinem Platz unter dem Tisch.

»Ich habe etwas Wichtiges zu besprechen«, sagte Vater. »Nils findet offenbar, dass er zu wenig Geld von dem bekommt, was wir hier auf dem Hof verdienen. Und ich wüsste gern, ob es noch mehr unter euch gibt, die finden, dass wir das Geld, das hereinkommt, bisher falsch verteilt haben.«

»Ich habe auch im Radio gehört, dass die Leute, die auf den Bauernhöfen arbeiten, Lohn bekommen sollen«, sagte einer. »Genau wie die Fabrikarbeiter und alle anderen.«

Bei uns bekam niemand Lohn. Wenn jemand etwas brauchte, dann brachte er das beim Kaffee um elf zur Sprache, und wenn Geld da war, dann bekam er es. Alle Wünsche wurden in Erwägung gezogen, und das Geld wurde gerecht verteilt, doch nicht auf Druck, sondern nach Bedürfnissen und Wünschen.

Um den Tisch entspann sich eine Diskussion. Jemand sagte: »Diejenigen, die in ihrem Leben noch keinem etwas genutzt haben, die können ruhig hungern.« Er meinte damit die Jugendlichen, die bei uns wohnten und die ansonsten in der Besserungsanstalt gelandet wären und noch nicht viel Nutzen gebracht hatten.

Nachdem jeder zu Wort gekommen war, sagte Vater schließlich zu Nils: »Wenn du Geld bekommen würdest, ohne es zu brauchen, wofür würdest du das denn benutzen?«

Nils sagte: »Ich würde es ansparen.«

Vater fragte. »Wozu solltest du denn etwas ansparen wollen, wo du doch weißt, dass du vom Hof bekommen kannst, was du brauchst?«

»Ja, dann könnte ich es für was ausgeben, was ich will.«

»Aber du kannst doch jetzt auch um alles bitten, was du willst, und meist kriegst du es auch.«

»Ja, aber ich will eigenes Geld haben.«

Vater sagte: »Aber das muss euch doch klar sein, dass alle ihren Beitrag zum Ganzen leisten, und dass alle auch bekommen sollen, was sie brauchen. Es gibt hier auf dem Hof auch viel Arbeit, die kein Geld bringt, zum Beispiel das Essenkochen, das Putzen und die Versorgung der Kinder. Habt ihr euch mal überlegt, was es kosten würde, wenn wir dafür Geld bezahlen müssten? Das wäre so teuer, dass wahrscheinlich all unser Geld dafür draufgehen würde, und dann würde für euch andere gar nichts mehr übrig bleiben.«

Doch nicht alle waren dieser Ansicht. Die Zeiten hatten sich geändert, jetzt wollte man was im Geldbeutel haben. Draußen in der Gesellschaft war eine andere Form von Freiheit eingekehrt, doch nicht bei uns.

»Um wie viel Geld würde es denn gehen? Wer möchte eigenes Geld haben?«

Nur zwei von den Onkeln wollten eigenes Geld haben, und so wurde am Ende entschieden, dass sie jeder ein eigenes Bankkonto bekommen sollten, auf das jeden Monat ein wenig Taschengeld eingezahlt werden würde.

Die anderen waren erleichtert darüber, dass das Unangenehme vorüber war. Danach verlief das Leben wieder in seinen üblichen Bahnen. Die neuen Zeiten mussten warten.

Ich befand mich oft bei Vater in der Scheune, und hin und wieder wurde dort ein Kalb geboren. Vater merkte, dass mir der Kontakt mit den Kälbchen guttat, und deshalb setzte er mich in die Box zu dem neugeborenen Kalb, und dort saß ich oft stundenlang und streichelte das Kalb einfach nur, bis es sich auf wackligen Beinchen erhob und zu gehen anfing.

Eines Tages sagte ich, als ein Kalb geboren wurde: »Es stirbt.« Niemand nahm Notiz von mir, denn das Kälbchen wirkte völlig gesund, doch ein paar Stunden später starb es. Niemand begriff, was mich dazu veranlasst hatte, das zu sagen. Danach wurden viele Kälbchen geboren, ohne dass ich etwas sagte, doch später sagte ich das »Es stirbt« bei einem anderen neugeborenen Kalb, und auch dieses starb. Ein Jahr später sagte ich das zum dritten Mal, und da nahm Vater das Kalb und legte es in eine Box mit dem Kopf in meinen Schoß, und dann stellte er einen Eimer mit frisch gemolkener Milch dazu. So saß ich da mit dem Kalb und tauchte die Hand in die Milch und ließ das Kälbchen an meiner Hand saugen, und dieses Kalb überlebte.

Vater sprach nicht darüber, doch es wurde ihm klar, dass ich eine Gabe besaß, von der er nichts wusste und der ich mir selbst auch nicht bewusst war. Als er das zu mir sagte, wurde etwas hell in mir, und in dem Moment waren wir beide zusammen in der Richtigen Wirklichkeit. Für mich war nicht wichtig, dass das Kalb überlebt hatte, sondern dass Vater und ich während einer kleinen Zeit zusammen in der Richtigen Wirklichkeit gewesen waren. Dieser eine Augenblick bewirkte, dass das Leben plötzlich einen Wert erhielt, der mir vorher noch nicht begegnet war.

Auch auf den anderen Höfen wurden Kälbchen geboren, und da Vater von dem Kälbchen erzählt hatte, das überlebt hatte, nahm er mich mit, und manchmal sagte ich: »Es stirbt.« Dann machte Vater alles wie zu Hause, und die Kälber überlebten. Wenn ich sah, dass ein Kalb keine Atmosphäre um sich herum hatte, wenn alles um das Tier leer war, dann hieß das, dass es keinen Kontakt zu seinen Lebenskräften hatte. Das Kälbchen konnte wunderbar gesund sein, wenn aber niemand Kontakt zu ihm bekam, dann wurden die natürlichen Funktionen in dem Tier eingestellt. Wenn Kälbchen auf der Weide geboren wurden und bei ihrer Mutter trinken konnten, wenn die Mutter sie ablecken und bei sich halten konnte, dann starben sie niemals auf diese Weise. Doch in den Ställen war das anders. Da stand die Kuh in einer gesonderten Box, das Kälbchen wurde direkt nach der Geburt in einen eigenen Stall gelegt, und man nahm die Erstmilch weg. Natürlich bekam das Kälbchen ein wenig davon, doch dann wurde ihm sofort beigebracht, aus dem Eimer zu trinken, und deshalb bekam es nie den Kontakt, den manche Kälber brauchen, um mit ihren eigenen Lebenskräften in Beziehung zu treten.

Vater verwandte viel Zeit darauf, mich zu verstehen. Es fiel ihm schwer zu begreifen, warum ich etwas einmal locker und ganz richtig beherrschte, um dann das nächste Mal völlig dumm zu sein und nur dazustehen und zu starren, ohne eine einzige Anweisung befolgen zu können. Wenn Vater mich umständlich an etwas erinnerte, das in der Normalen Welt geschehen war, dann konnte ich dieses Ereignis auch recht realistisch beschreiben, doch wenn er mich frei sprechen ließ, dann schlich sich meine Richtige Wirklichkeit in die Normale ein. Sven nahm mich einmal auf dem Traktor mit, um beim Nachbarhof Heu zu holen. Als wir zurückkamen, fragte Vater mich: »War Agnes zu Hause?«

Ich wusste, dass er von der Bauersfrau sprach. Ich antwortete: »Ich habe Erdbeeren bekommen, und die kamen in meine Hände und ich konnte sie in den Mund stecken, und sie waren total gut, und kein anderer außer mir hat gegessen. Es war rot und flüssig und es goss sich in eine Flasche. Ich kriegte auch Saft, und es gab eine rosa Wolke, die rausblubberte und sich im Glas aufplusterte.«

Daraus, dass ich Erdbeeren und Saft bekommen hatte, konnte Vater schließen, dass Agnes zu Hause gewesen war.

Ich gehorchte fast nie, wenn mir etwas gesagt wurde, aber mein Bruder wusste immer, wie er mich dazu bringen konnte, dass ich tat, was er wollte. Zum Beispiel konnte er an mir vorbeigehen und sagen: »Vinninga.«

Ich reagierte nervös und ablehnend.

Zehn Minuten später kam er wieder vorbei und sagte: »Wir fahren nach Vinninga.«

Ich reagierte überhaupt nicht.

Das dritte Mal hatte er meine Jacke dabei und sagte: »Komm. Jetzt fahren wir nach Vinninga.«

Und da nahm ich dann die Jacke und schnürte hinter ihm her.

Wenn er wollte, dass ich zum Beispiel das Geschirr spülte, dann setzte er sich mit einem Krimi auf dem Schoß auf die Küchenbank und las und erteilte mir gleichzeitig Kommandos: »Stell den Teller hin, jetzt einen anderen Teller, nimm einen neuen.« Das machte er so lange, bis das Geschirr gespült und sein Krimi gelesen war. Diese Situation mochte ich sehr, denn da konnte ich in meiner eigenen Welt sein und gleichzeitig in der von jemand anders. Ihm gefiel das auch, denn es dauerte seine Zeit, und in der beschwerte sich niemand, dass er da saß und las. Sonst versteckte er manchmal seine Krimis in den Schulbüchern, sodass er wie ein fleißiger Schüler aussah, und nicht wie ein Leser von Schundliteratur.

All die alltäglichen Routinen, mit denen sich die Menschen umgeben, waren für mich völlig bedeutungslos, und ich besaß auch kein inneres Gewissen oder irgendwelche Gefühlsimpulse, die mir sagten, was getan werden musste, wie zum Beispiel die Kleider zu wechseln, mich zu waschen, die Zähne zu putzen, zu essen, ins Bett zu gehen. Solche Gefühle störten mich, und ich versuchte, sie zu vermeiden. Aber das ging nicht. Es gab immer jemanden, der dafür sorgte, dass ich an den allgemeinen Ritualen teilnahm. Einzig das Zähneputzen war unmöglich, denn ich ließ niemanden an meinen Mund heran. Da biss ich und kratzte und trat, sodass alle irgendwann aufgaben. Meine schlechte Ernährung und das fehlende Zähneputzen führten dazu, dass meine Zähne kaputt gingen. Als ich als Vierzehnjährige zum Zahnarzt kam, hatte ich in den vierundzwanzig Zähnen, die mir noch geblieben waren, achtundzwanzig Löcher. In den Jahren zuvor hatte man mir einige Zähne gezogen, und das war mit Gewalt geschehen, denn anders ging es nicht.

Mutter kämpfte ständig mit mir darum, dass ich meine Kleider wechseln solle. Sie packte mich und hielt mich fest, und das war nicht leicht, denn ich schrie, biss, trat und schlug um mich, und wenn sie mich dann endlich umgezogen hatte, musste mich jemand anders festhalten, bis ich mich an die neuen Kleider gewöhnt hatte, denn sonst hätte ich sie mir sogleich wieder heruntergerissen. Vater machte es sich einfach: Er füllte eine Wanne mit Wasser – ich liebte es zu baden – und setzte mich hinein. Da zog ich mir die Kleider selbst aus, und er konnte sie in die Waschküche tragen, ohne dass ich etwas einwandte. Dann legte er frische Kleider hin, und wenn er mich aus der Wanne holte, war ich von den alten Kleidern schon entwöhnt. Mutter fand diese Methode unwürdig, denn sie meinte, ich müsse lernen, wie jeder andere Mensch auch meine Kleider zu wechseln.

Ich hatte noch eine Unart, die sich manchmal schlimm rächte. Oft hatte ich das Gefühl, an Sachen einfach riechen zu müssen, und oft auch, sie probieren zu müssen. Vater hatte im Melkzimmer einen Pappkarton mit einem weißen Pulver, das mich reizte. Als der Karton einmal offen und erreichbar war, steckte ich mein ganzes Gesicht hinein und bekam den ganzen Mund voller Pulver. Es handelte sich um ein Reinigungsmittel für die Melkmaschinen, das Skurit hieß und zum größten Teil aus Soda bestand. Ich bekam Verätzungen im ganzen Hals und konnte vierzehn Tage weder essen noch trinken. Man versuchte, mir Flüssigkeit durch einen Strohhalm einzuflößen, und so überlebte ich. Als der Hals abgeheilt war und ich langsam wieder essen konnte, ging ich noch einmal hin und machte dieselbe Sache mit demselben Ergebnis. Vater war verzweifelt darüber, dass ich aus meinen Erfahrungen nicht lernen konnte und dass mir Sachen gefielen, die doch schädlich für mich waren.

Eines Wintertages, als minus dreißig Grad herrschten, leckte ich ein Eisengeländer an der Küchentreppe ab und blieb mit Zunge und Lippen kleben. Mutter musste Wasser heiß machen und über das Geländer gießen, damit ich wieder loskam, doch die Haut wurde großflächig abgerissen, und die Lippen waren nur offenes Fleisch. Dasselbe machte ich noch zwei weitere Male, und man musste aufpassen, dass ich nicht den Impuls dazu bekam, wenn ich das Haus verließ. Ich liebte den Blutgeschmack, den ich dann in den Mund bekam, und wenn die Wunden verschorft waren, zupfte ich ständig daran herum, weshalb es immer ungewöhnlich lange dauerte, bis etwas heilte.

Jedes Mal, wenn zu Hause auf dem Hof geschlachtet wurde, durfte ich dabei sein. Man fing alles Blut auf, und das musste geschlagen werden, damit es nicht gerann, und dann durfte ich den Finger hineintauchen und probieren. Ich liebte den Geschmack von Blut, sowohl von meinem eigenen als auch von dem anderer, und so war das ein Festtag für mich.

Vater staunte oft über meine paradoxe Art zu funktionieren. Auf der einen Seite war ich ein Säugling, der nicht für sich selbst zu sorgen verstand und keiner Fliege etwas zuleide tun konnte, und auf der anderen Seite konnte mir alles Mögliche einfallen, was lebensgefährlich war und Folge einer langwierigen Strategie, um etwas zu erreichen, worauf ich fixiert war. So etwas hatte er noch nie erlebt. Nichts in meinen Reaktionen war vorhersagbar. Ich reagierte oft mehrere Male hintereinander auf eine bestimmte Weise, doch dann ganz plötzlich wieder völlig anders, und die alten Reaktionen erschienen nie wieder.

Er war oft völlig perplex über meine Sturheit und Kreativität, doch musste er dabei oft erkennen, dass es keinen einzigen bewussten Gedanken oder Impuls gab, der mich lenkte. Er wusste nicht, ob er darüber lachen oder weinen sollte, und manches Mal machte er sich Sorgen, dass ich mich wirklich in lebensgefährliche Situationen bringen könnte. Dennoch wollte er, dass ich meine eigenen Erfahrungen machen konnte, denn er hatte bemerkt, dass dies einen guten Prozess in Gang setzte, der mich sehr lange beschäftigen konnte.

Vater dachte viel darüber nach, wie er mich einzuordnen hatte. Ich war seltsam und pflegte eine Menge unnormaler Verhaltensweisen. Mir gefiel, was andere eklig fanden, weil man es ihnen beigebracht hatte. Ich kannte mich mit vielem aus, so konnte ich holen, worum immer sie mich baten, weil ich den Namen von jedem Ding kannte und immer wusste, wo es zu finden war, doch tat ich das nur unter sehr speziellen Umständen. Wenn Vater in dem, was er zu mir sagte, nicht ganz gegenwärtig war und nicht gleichzeitig an genau das dachte, was ich ihm holen sollte, gab es keinen Handlungsimpuls für mich.

Man konnte mich nicht mit Belohnungen oder Bestrafungen steuern, denn ich fixierte mich dann oft auf die Belohnung und versuchte ganz unabhängig davon, was ich dafür hätte tun sollen, sie zu bekommen, und ließ nicht locker, bis ich sie hatte. Mit Sanktionen und Strafen verhielt es sich genauso. Ich mochte sie sogar oft, zum Beispiel wenn ich in einem Zimmer eingeschlossen wurde, rausgeworfen wurde, nicht mitkommen durfte oder gewisse Dinge, die die anderen lecker fanden, nicht essen durfte. Außerdem besaß ich keinerlei Kontinuität, das heißt, wenn man mir etwas versprach oder mir mit etwas drohte, dann konnte ich mich nach einer halben Minute schon nicht mehr daran erinnern, und somit war es unwirksam. Ich konnte mich schlichtweg nicht in den Zustand der Anpassung versetzen, den alle anderen von mir zu erwarten schienen. Ich wusste nicht, dass es diesen Zustand gab, geschweige denn, wie er aussehen sollte, und das machte Vater Sorgen, denn er fragte sich natürlich, wie das wohl in der Schule mit mir gehen sollte.

Er war sich sicher, dass keine Intelligenzminderung vorlag, auch wenn ich in vieler Hinsicht unentwickelt war, und er wusste auch, dass ich nicht psychotisch war, auch wenn ich oft von seltsamen Sachen redete. Er wusste, dass ich eine ganze eigene besondere Welt hatte, in der ich lebte, und er wusste, dass ich zwischen der inneren und der äußeren Wirklichkeit unterscheiden konnte, und nicht unter einer Persönlichkeitsspaltung litt wie Menschen mit einer Psychose. Aber wie sollte man das benennen? Ihm war klar, dass es mehrere Personen in unserer Verwandtschaft gab, die verschiedene Varianten desselben Problems aufwiesen, und dass es sich wahrscheinlich um etwas handelte, das in der Familie lag. Doch gab es niemanden, der etwas darüber wusste, weshalb er zu dem Schluss kam, dass man mir eine so gute Fürsorge wie möglich schenken musste, damit ich groß werden und so wenig Schaden wie möglich erleiden würde. Er sah meinen älteren Cousin, der sich ganz gut entwickelt hatte, bis er sieben Jahre alt war und in die Schule gehen sollte. Da wurde er plötzlich ganz scheu und von einer Menge Angstzuständen heimgesucht, bekam Tics und Stereotypien. Zwar war er auch zuvor schon nicht »normal« gewesen, doch vor der Einschulung hatte er lediglich dieselben Eigenheiten gezeigt wie ich.

Außerdem kämpfte Vater, um mich auf seiner Seite zu halten, damit ich mich nicht in den Zustand versetzte, den ich das Außen nannte. Das war ein ständiges Tauziehen. Denn ich verschwand an Orte, an denen ich allein sein und mich in den Zustand schaukeln konnte. Er stellte fest, dass ich mich – wenn auch nur langsam – doch besser weiterentwickelte, wenn ich in seiner Welt blieb. Wenn er sich aber nicht bewusst dafür einsetzte, vermied ich allen Kontakt und entwickelte mich überhaupt nicht konstruktiv, sondern retardierte und bekam noch mehr Anfälle und andere Seltsamkeiten.

Er begriff, dass mein Zustand, das Außen, angenehm und frei von Problemen für mich war. In diesem Zustand hatte ich Substanz, die ich sonst nicht besaß, und verglichen mit dem gewöhnlichen Leben, das ständig Konflikte, nicht zuletzt mit anderen Menschen, mit sich brachte, war das Leben im Außen konfliktfrei. In der Normalen Welt gab es massenweise Erwartungen, Forderungen und Wünsche, die mir in der Atmosphäre entgegenströmten und denen ich nicht ausweichen konnte, wenn ich mich nicht in meinen Zustand hineinschaukelte. Es wurde von mir erwartet, dass ich einen Willen hatte, doch in meinem Innern war nur Leere und Nichts. Außerdem sollte es ein gewisses Maß geben, nach dem ich leben sollte, das ich aber niemals begriff. Niemand verstand, dass ich keinen Kontakt zu dem Gefühlsfeld hatte, das mir die notwendige Information dazu hätte geben sollen. Es war nicht so, dass mir dieses Feld fehlte, es fehlte vielmehr eine Brücke, eine Art Übergang, ein Gefühl für andere und für Situationen, die mit Sinneserfahrungen verbunden werden konnten und mir Direktiven an die Hand geben konnten, wie man etwas tun sollte und welche Konsequenzen das haben würde.

Das Leben war manchmal so seltsam. Es war, als dürfe man, wenn man mit anderen Menschen zusammen war, absolut nicht so sein, wie man war, als würde das die anderen stören, und den Gemütsfrieden der anderen durfte man natürlich nicht beeinträchtigen.

Unglücklicherweise machte mir genau das am meisten Spaß. Ich liebte es, wenn die anderen in Gefühle ausbrachen und reagierten. Mutters Gefühle konnten am leichtesten aktiviert werden. Sie ging bei allem hoch, und ich hatte eine ganze Batterie mit Alternativen zur Verfügung, auf die sie jedes Mal reagierte, sie war in der Hinsicht eine sichere Bank. Es genügte oft schon, dass ich durch die Tür kam. Sie wurde schon wütend, wenn sie meinen Blick sah oder mein »grinsendes Gesicht«, wie sie es nannte. Wenn sie loslegte, verschwanden alles Nichts und alles Leere aus mir. Sie meinte, dass ich sie absichtlich bis aufs Blut reizen würde, und das tat ich auch, doch wusste ich nicht, dass das gemein war. Ich hörte, wie sie das sagte, doch das bedeutete mir nichts, und ich besaß kein Gewissen, das mein Tun hätte steuern können, und auch keinen Selbsterhaltungstrieb. Wenn sie also schrie, dass sie mich totschlagen würde, wenn ich nicht aufhörte, dann war auch das ohne Sinn für mich. Das waren alles nur schöne Worte, die hübsche Muster in die Atmosphäre malten. Sie sagte oft, dass sie noch zehn Kinder wie meinen Bruder hätte haben können, aber kein einziges so wie mich, und dass sie mich nur wegen ihrer Sünden bekommen habe. Das war so ein lustiges Wort, es hatte eine ganz besondere Form und ich liebte es, aber sie erklärte niemals, wie es zu ihren Sünden gekommen war oder wie sie aussehen könnten.

Wegen der vielen dummen Sachen, die ich tat, hielt man mich für ungelenk und unbegabt. Tatsächlich unternahm ich diese dummen Sachen jedoch mit großer Präzision. Wenn mein Bruder ausprobieren wollte, ob die Planke über das Silo auch hielt, und mich darüberschickte, wäre ich niemals darübergelaufen, wenn ich nicht gewusst hätte, dass es tatsächlich halten würde. Wenn ich, wie mehrmals geschehen, unserem Nachbarn vors Auto lief, um seine quietschenden Bremsen hören zu können, dann tat ich das immer in genau der richtigen Sekunde. Ein paar Sekunden vorher hätte er gar nicht zu bremsen brauchen, eine Sekunde später hätte er mich überfahren. Wenn ich zum zweiten Mal Skurit aß, oder zum zweiten oder dritten Mal an dem kalten Treppengeländer leckte, tat ich das nicht aus Dummheit, sondern weil der Schmerz mir gefiel. Wenn das Pferd scheute, dann wusste ich ganz genau, in welchem Moment ich mich abwerfen musste, um keinen Schaden zu nehmen. Mein Bruder hingegen ließ sich immer zwischen Nesseln und Disteln abwerfen.

Vater grübelte viel über dies unbegreifliche Verhalten nach. Ich wirkte so berechnend und verschlagen und konnte die kompliziertesten Situationen heraufbeschwören und die meisten Hindernisse umgehen, ohne im Geringsten Furcht oder Selbsterhaltungstrieb zu zeigen oder an die Konsequenzen zu denken. Das passte alles einfach nicht zusammen, er wusste nicht, ob er lachen oder weinen sollte, und noch weniger, wie um Himmels willen er mit meinem Verhalten umgehen sollte.

Diese Mischung aus Dummheit und Klobigkeit auf der einen Seite und meine Geschicklichkeit, Menschen für meine eigenen verborgenen Ziele zu manipulieren und sie zum Laufen zu bringen, auf der anderen Seite ist ein Paradoxon, das ich bis heute nicht begreife.

Der Einzige, der niemals zu mir sagte, wie ich mich zu verhalten hätte, war Vater. Emma hatte das auch nie gemacht, aber die existierte nicht mehr als Körper. Vater sagte mir stattdessen, wie die Leute mich gern hätten, und er bat mich, das doch zu tun, denn das wäre am angenehmsten. Dann tat ich, soweit es ging, was er zu mir sagte, doch das hing davon ab, was mir sonst gerade in den Kopf kam.

Er versuchte mir beizubringen, dass man sich nicht irgendwie aufführen müsse, wenn man meinte, dass andere sich blöd verhielten, sondern nur denken solle, dass sie eben etwas schwierig seien, und dann darüber hinweggehen. Das konnte ich nicht, und meistens gab es einen Anfall, doch manchmal gelang es mir auch, die betreffende Person einfach anzustarren und es »auf sich beruhen zu lassen«, was sehr lustig war, denn da kriegte der andere einen Anfall. Das allerdings meinte Vater nicht mit »darüber hinweggehen«. Wenn jemand wütend wurde, dann konzentrierte ich mich darauf und musste einfach weitermachen, bis diese Person in irgendeiner Weise zusammenbrach, richtig wütend wurde oder Kopfschmerzen bekam. Oft schimpfte der Siehn dann auf Vater oder Mutter ein, dass ich verzogen sei, und dass es nicht schaden würde, wenn ich mal eine anständige Tracht Prügel kriegte.

Vater pflegte dann zu antworten, dass eine anständige Tracht Prügel genau das tun würde, nämlich schaden. Er wusste, dass Schläge meine Fähigkeit, mich brav oder gut erzogen zu verhalten, nur noch verringern würden, und er fand außerdem, dass erwachsene Menschen doch reif genug sein sollten, sich nicht von einem unschuldigen Kind stören zu lassen.

Das Wort »unschuldig« war dann Anlass für weiteren Streit zwischen den Erwachsenen, und die Atmosphäre wurde von den allerschönsten Farben und Formen erfüllt. Ich saß dann immer unter einem Stuhl oder einem Tisch und verfolgte das Geschehen aufmerksam.

Bei einigen Gelegenheiten endete das Ganze damit, dass die Person Hals über Kopf entschwand, nach Hause fuhr und nie mehr wiederkommen wollte. Man fand, Vater sei vollkommen verrückt und gehöre hinter Gitter, und er sei noch schlimmer als ich. Er lächelte dann nur milde, sagte Auf Wiedersehen und bat die Person, doch noch einmal über die Sache nachzudenken und dann gerne wiederzukommen, denn er sei nicht nachtragend. Und er hoffe, das würde auch für den anderen gelten.

Mutter hörte solche Meinungsverschiedenheiten immer an und kroch dann zu Kreuze. Sie flehte und bettelte den aufgeregten Besucher an, entschuldigte und demütigte sich, und manchmal blieb der Besucher dann ganz gnädig da, manchmal haute er dennoch ab, und dann schrieb Mutter entschuldigende Briefe und kroch noch weiter zu Kreuze. Die meisten kamen zurück, und diese Ereignisse wurden dann allmählich zu lustigen Geschichten.

Inzwischen habe ich gelernt, auf dem Willen der anderen zu surfen, und ich bin auch, besser als die meisten Leute, imstande, andere Menschen zu lesen und zu erkennen, was von mir erwartet wird. Ich habe gelernt, den Inhalt der Atmosphäre auf eine ganz andere Weise zu begreifen, und kann mich deshalb normal verhalten, obwohl ich doch nicht das geringste Gefühl dafür habe, was normales Verhalten ist. Ich habe keinen Autopiloten, der mich zu einem akzeptablen Verhalten steuert, sondern habe mich bewusst in der Kunst geübt, innere Listen zu führen und diesen so zu folgen, dass ich die anderen so wenig wie möglich störe.

Meine gesamte Kindheit und Jugend hindurch habe ich mich in einer Autonomie befunden, in der ich nicht Gefahr lief, angepasst oder bockig zu werden. Jedes Mal, wenn jemand von mir verlangt hat, dass ich mich anpasse, habe ich mit Ausbrüchen und Stereotypien reagiert. Das war eine schwere Belastung und hat mich doch gleichzeitig davor bewahrt, die Richtige Wirklichkeit aus dem Blick zu verlieren. Die meisten anderen Kinder geben ihr Bewusstsein für die Richtige Wirklichkeit sehr früh auf und lassen sich anpassen – oder reagieren mit Trotz.

Es hat mir und meiner Umgebung viele Schwierigkeiten bereitet, dass ich die Richtige Wirklichkeit niemals ganz aufgab. Doch als ich schließlich ein Verständnis für die Normale Wirklichkeit entwickelte, war ich so groß, dass ich mir das Bewusstsein für die andere Wirklichkeit bewahren konnte, und ich wusste, wie das Menschenwesen funktionieren könnte, wenn es nach Art der Tiere funktionierte. Im Laufe der Zeit begriff ich auch, dass das Menschenwesen sich dazu entschlossen hatte, in Konflikt zu leben und vieles zu zerstören, was ausgezeichnet funktionieren würde, wenn es, so wie die Tiere es tun, in Einheit mit seiner Natur leben würde. Es gibt religiöse, politische und andere Gruppen, deren Interesse es ist, den Menschen von seiner Natur abzutrennen, denn solange er nach seiner Natur lebt, hat man keine Macht über ihn. Wenn er nach seiner Natur lebt, macht er vielleicht, was andere wollen, wenn es ihm vernünftig vorkommt, doch andere können ihn nicht dazu bringen, etwas zu tun, was schädlich ist.

Somit ist das, was in meiner Kindheit eine Belastung war, zu einem Vorteil geworden. Andere können mich nicht provozieren und mich in ihre Gefühlsspiele und Intrigen hineinziehen. So ist es zum Beispiel unmöglich, mich dazu zu bringen, gegen jemanden Stellung beziehen, der nicht anwesend ist. Eines Sonntags saß ich nach dem Gottesdienst vor dem Kirchenportal. Ein Kirchgänger sagte zu mir: »Ich kenne deine Mutter, und sie ist ja so eine nette Frau, aber sie flucht so schrecklich. Aber abgesehen davon ist sie so ein tüchtiger Mensch.« Dann hielt er inne und wartete auf Zustimmung – oder vielleicht auch Widerspruch – von meiner Seite, um sich dann weiter über die schlechte Angewohnheit meiner Mutter beklagen zu können.

Doch ich hatte gar keine Meinung dazu, ob meine Mutter nun aufhören sollte zu fluchen oder nicht, sondern antwortete: »Ja, so ist das, manche Menschen fluchen, und andere reden von Gott.«

»Ach so?«, fragte der Kirchgänger erstaunt und erschrocken. Dann lächelte er und sagte: »So kann man die Sache natürlich auch sehen.« Dann ging er hinüber in unsere Küche und ließ sich von meiner Mutter einen Kaffee servieren.

Man kann mich auch nicht manipulieren, indem man mir damit droht, mich abzuweisen oder lächerlich zu machen. Außerdem habe ich mir mein Bewusstsein für das Natürliche bewahrt und weiß, wie es außer Kraft gesetzt wird, und somit kann ich anderen zeigen, wie sie verhindern können, dass das Natürliche in ihnen abgetötet wird.

Vater hatte sich in den Kopf gesetzt, dass ich mich für diese Welt entscheiden sollte. Er wollte mir um jeden Preis begreiflich machen, dass es gut, aufregend und erfreulich war, in Beziehung zu anderen Menschen zu leben. Und wie es seine Art war, entschied er das zuerst, um dann darüber nachzugrübeln, wie um Himmels willen er mich denn zu dieser Erkenntnis bringen könnte. Mich mit Gewalt dahin zu erziehen, das lag außerhalb seiner Vorstellungskraft. Er wollte mich langsam hinführen, bis in mir das Interesse erwachte. So hatte er mich schon dazu gebracht, auf die Toilette zu gehen und etwas zu essen, und deshalb meinte er, dass man mich so auch in die Normale Welt bringen könnte.

Er dachte viel über die verschiedenen Phasen in meinem Leben nach. Wie ich zuerst überhaupt keinen Kontakt gesucht und keinerlei Signale über meine Bedürfnisse ausgesandt hatte, bis er, als ich drei Jahre alt war, schließlich doch Kontakt zu mir hatte herstellen können. Dann hatte dieser Kontakt dazu geführt, dass andere Menschen mir ein solches Unbehagen verursachten, dass ich schrie, sobald eine neue Person auftauchte. Diese Gewohnheit endete drei Jahre später, als der Hausierer in die Küche kam und mich anherrschte, dass ich ja schon nicht sterben würde. Das hatte gesessen – ich wurde zugewandter und hörte auf zu schreien.

Später dachte er dann darüber nach, wie es möglich war, dass ich ganz zufrieden neben meinem Bruder in der Schule saß. Wie ich mich, umständlich zwar, aber doch stetig entwickelte und Dinge lernte, die im Laufe der Zeit funktionierten, auch wenn das auf andere Weise geschah als sonst bei Kindern, und oft erst nachdem man jede Hoffnung aufgegeben hatte. Und wie ich mich an einem Tag oder zusammen mit einem besonderen Menschen scheinbar völlig normal und lernfähig verhalten konnte, um am nächsten Tag genauso unfähig zu wirken wie früher. Alles das und noch viel mehr waren Fragen, die unbeantwortet blieben und mit denen ich später selbst habe kämpfen müssen, um anderen Menschen begreiflich zu machen, was Kommunikation bedeutet.

Mit Schaudern denke ich daran, was gewesen wäre, wenn er mich wirklich in eine Anstalt gegeben hätte, oder wenn er dem Rat gefolgt wäre, mich in Ruhe zu lassen.

Im Grunde war mein Vater dankbar dafür, dass ich so eine harte Nuss war und dass es so schwierig war, aus mir schlau zu werden, denn auf diese Weise konnte er spüren, was es bedeutete, alte Vorstellungen aufzugeben und neu zu denken. Er merkte, dass er sich selbst stark entwickelte. Als ich im Teenageralter war und darüber nachdachte, was andere wohl von mir dachten und redeten, sagte ich einmal in einem Anfall von Normalreaktion zu ihm, dass ich ihm doch wohl viele Sorgen und Schwierigkeiten gemacht hätte. Da antwortete er, dass er nichts Wichtigeres im Leben wüsste, als sich um jemanden wie mich zu kümmern. Er sagte, ich würde ja wohl nicht begreifen, wie interessant und wertvoll es für ihn gewesen sei. Und das stimmt. Ich weiß immer noch nicht, was er damit gemeint hat, aber langsam beginne ich es zu ahnen.

Ich habe inzwischen begriffen, dass man durch die Hölle geht, wenn man sich um dysfunktionale Menschen kümmert, aber gleichzeitig eine Entwicklung der eigenen Persönlichkeit und des eigenen Charakters erlebt, die man auf keine andere Weise hätte erlangen können. So geben wir Menschen mit Behinderungen anderen etwas zurück, und das steht sozusagen von Anfang an fest, sodass wir uns für nichts bedanken müssen, wir stehen bei niemandem in der Schuld. Wenn es darum geht, dass andere sich auf uns konzentrieren und sich dadurch auch um ihre eigene Entwicklung kümmern, gibt es vieles, wofür wir dankbar sein können, doch sind wir mit ihnen schon deshalb quitt, weil wir nicht aufgeben, sondern andere dazu zwingen, sich von ihrer eigenen Bequemlichkeit loszumachen und Neues über ihr tiefstes Inneres zu lernen.

Es war ein Vorteil, in einer derart umtriebigen Umgebung aufzuwachsen wie ich, wo so viele Menschen lebten und noch mehr ein und aus gingen, dass ich am Ende resistent gegen die Atmosphäre fremder Menschen wurde und das Fremde mir keine Angst mehr machte. Es war schwer, damit umzugehen, dass so viele Menschen um mich herum waren, doch schließlich schaffte ich es, und das lag daran, dass Vater für mich Sicherheit und Ruhepol in einer stets veränderlichen Welt bedeutete. Diese Mischung aus ausreichend viel Bekanntem und Vertrautem, zu dem gleichzeitig immer etwas Neues dazukommt, macht den schwierigen Balanceakt für alle aus, die sich um Menschen mit unterschiedlichen Arten von Behinderungen kümmern. Das gilt sowohl für die Betreuten als auch für die Betreuer. Beide brauchen die Anregung durch das Neue und die Sicherheit im Vertrauten. Die Fähigkeit, zwischen sicher und neu zu balancieren, ist an sich schon ein großes Kunststück.

Das Tauziehen zwischen Vater und mir ging hin und her, bis ich zehn Jahre alt war. Da bat Vater, ich möge mich doch für das Normale Leben entscheiden. Er erklärte mir, wenn ich in dem verharren würde, was ich die Richtige Welt nannte, dann würde ich auf die Umwelt so sonderbar wirken und damit gleichzeitig so uninteressant werden, dass ich nicht sonderlich viel Kontakt zu anderen haben würde. Mich selbst bewegte damals nur eine einzige Frage: »Warum sind Menschen einander feind, wenn sie doch wissen, dass sie früher oder später sterben werden? Was macht es für einen Sinn, Feinde zu sein, wenn sich das alles mit dem Tod sowieso in Wohlgefallen auflöst?« Diese Frage stellte ich Vater, und er antwortete, die meisten würden einfach nicht begreifen, dass sie sterblich sind, und deshalb in solchen Gefühlen und Gedankenmustern verharren, die dazu führten, dass sie einander feind würden und das auch blieben. Er sagte auch, da ich ein wenig mehr wüsste, wäre es ja vielleicht meine Aufgabe im Leben, ihnen davon zu erzählen, damit sie aufhören könnten, sich zu bekriegen.

Zu dem Zeitpunkt hatte ich auch schon festgestellt, dass Menschen keine Tierart unter vielen anderen waren, sondern eben Menschen, und als Vater mich bat, das Normale Leben zu wählen, interessierte ich mich schon so weit für das Menschenwesen, dass ich – auch wenn ich das selbst glaubte – eigentlich keine rechte Wahl hatte.

Danach begann eine neue Phase, die Zeit des Zusammenwirkens und der Zusammenarbeit zwischen Vater und mir, die dazu führte, dass die Welt ganz anders wurde, als ich sie in meinem Alltag erlebt hatte. Es war zwar nicht so, dass ich sonderlich mehr eigenen Willen entwickelte, doch ich lernte, auf dem Willen anderer zu surfen, und dadurch dehnte sich die Welt aus und wurde bedeutend größer.

Später im Leben habe ich dann genauso auch das Universum betrachtet. Ich stellte fest, dass das Universum winzig klein sein kann und sich dann zu riesigen Ausmaßen auszudehnen vermag, um schließlich in sich zusammenzufallen und wieder winzig klein zu werden. Auch in unserer geistigen Entwicklung als Menschen meinte ich das wiederzuerkennen, wie wir unser selbst unbewusst geboren werden und dann das Bewusstsein entwickeln, das dann aber allmählich zunächst von den unbeweglichen Mustern der Erziehung und dann von der Senilität ausgelöscht wird. Dies ist ein Prinzip, das sich im Großen wie im Kleinen wiederfindet und letztendlich immer die Oberhand gewinnt, auch wenn der Mensch es immer wieder außer Kraft zu setzen versucht. Darin liegt eine Weisheit, die man nutzen kann, um Patt-Situationen in Konflikten zu lösen, und ich hoffe, dass ich es eines Tages so werde vermitteln können, dass die Menschen ihr falsch verstandenes Majoritätsbewusstsein ablegen und das Leben mit immer neugierigem Blick, der das Ungewöhnliche im Gewöhnlichen erkennt, als eine Abenteuerreise leben können. Unsere Würde liegt eben darin, dass wir Menschen sind, und diese Würde ist unantastbar – wir können nichts dazutun, aber auch nicht wegnehmen, das ist die Grundlage für unser Denken und unsere Sicht des Menschen.

KAPITEL 2

Die Schulzeit

Als ein Jahr vor meinem eigentlichen Schulbeginn mein Bruder eingeschult werden sollte, hatte er furchtbare Angst, wurde kreideweiß im Gesicht, hatte Bauchschmerzen, spuckte und wurde krank. Vater begleitete ihn zur Schule, und er nahm auch mich mit. Ein paar Wochen lang waren wir Tag für Tag zusammen mit meinem Bruder in der Schule. Seine Schulangst besserte sich jedoch nicht, und inzwischen war es August, sodass Vater zu Hause bei der Ernte gebraucht wurde. Vater konnte es nicht über sich bringen, meinen Bruder in diesem Zustand mit Bauchweh und Übelkeit in der Schule zu lassen, aber er konnte ebenso wenig die Ernte verkommen lassen, also setzte er mich auf einen Stuhl neben meinen Bruder und sagte: »So, jetzt hast du Iris hier, da wird es sicher gutgehen. Sie darf mit dir gehen und hier bei dir sitzen, und dann wirst du sicher kein Bauchweh haben.« Das akzeptierte er, und ich blieb mit ihm in der wundersamen Schulwelt.

Das war das beste Schuljahr meines Lebens. Niemand beachtete mich, ich saß einfach da, schaute alle Buchstaben an und die Bilder, die die Kinder zeichneten, hörte die Psalmen an, die sie morgens sangen, und all die anderen Lieder, war in den Pausen mit draußen und saß zwischen den Kindern. Die Stimme der Person, die »Fräulein« genannt wurde, hörte man am häufigsten, und manchmal entstanden fantastische Geschichten, mit und in denen ich in meiner eigenen Welt spielen konnte. Seltsame neue Wörter, die Licht, Farben und Formen bildeten und die ich benutzen konnte. Ich durfte an all den schönen Sachen teilnehmen, die es da gab: lautes, gemeinsames Lesen, all die Geschichten, die das Fräulein erzählte, ich durfte alle Spiele und die Gymnastik in den Bankreihen anschauen, durfte im Vorraum Milch und Butterbrote frühstücken. Hier durfte ich in meiner Welt sein und gleichzeitig auf meine Weise an der Normalen Welt teilhaben, denn niemand erwartete etwas von mir oder hatte irgendwelche Forderungen. Die anderen Kinder kannten mich, weil sie oft bei uns zu Hause spielten, deshalb kannten sie auch meine besondere Art, und Kinder werten ja nicht, wenn die Erwachsenen sie nicht dazu anhalten.

Mein Bruder benötigte meine Gegenwart sicher nicht sonderlich lange, doch ich durfte ein halbes Jahr dort sitzen. Nach den Weihnachtsferien ließ man mich nicht mehr mitgehen. Vater versuchte zu arrangieren, dass ich doch weiter in die Schule gehen und in der Klasse meines Bruders bleiben dürfte, doch mit meinen Eigenheiten und meiner seltsamen Entwicklung galt ich als alles andere als schulreif. Vater gab zu bedenken, dass ich ein knappes Jahr später wohl nicht anders sein würde, doch es half nichts. Nach einem halben Jahr war unwiderruflich Schluss für mich, und daraufhin retardierte ich wieder und erlitt eine Depression.

Ich fing wieder an, in die Hose zu machen, reagierte nicht mehr auf die Aufmerksamkeit, die man mir schenkte, und es kehrten auch ein paar Stereotypien zurück: Ich fuchtelte mit den Händen, wackelte mit dem Kopf und sabberte, ich wollte mich nicht anziehen lassen und rannte andauernd weg. Vater war traurig, doch er beschloss, mir gerade jetzt besondere Fürsorge zukommen zu lassen, und bis zum Sommer beschäftigte er sich sehr viel mit mir. Oft fragte er: »Iris, was ist los mit dir? Was sollen wir nur mit dir machen? Jetzt bist du so schwierig, wie du es nur als ganz kleines Ding warst, und das geht einfach nicht.« Aber ich konnte nicht antworten, in meiner Welt gab es keine Antwort, alles war leerig und nichtig, und ich wusste nicht, was fehlte.

Der Sommer nach dem schweren Frühjahr, in dem ich nicht mehr zur Schule durfte, wurde eine schöne Zeit. Es war, als hätte ich gewusst, dass ich im Herbst in die Schule würde gehen dürfen, und so wurde ich immer fröhlicher und war leichter zu haben. Vater freute sich sehr darüber, dass es leichter wurde, Kontakt zu mir zu halten, und dass ich nicht mehr so oft und unmittelbar in meinen Zustand zurückfiel. Ich machte seltener in die Hose und aß auch besser.

Dann wurde ich eingeschult, doch es war nicht dasselbe wie vorher. Jetzt sollte ich in einer Bank sitzen, und zwar ganz genau so, wie das Fräulein es wollte, und ich sollte Leistungen erbringen, was völlig unbegreiflich für mich war. Sowie sich die Gelegenheit bot, hüpfte ich aus der Bank und setzte mich dahin, wo ich in meiner ersten Zeit in der Schule gesessen hatte, und dann kam das Fräulein, holte mich und führte mich wieder in die Bank. Sie war verärgert und fühlte sich gestört, fand mich bockig und schlampig und bestrafte mich oft damit, dass sie mich in den Vorraum rausschickte. Das hatte ich sehr gern, denn da konnte ich mit einem Ohr an der Wand sitzen und alles hören, was im Klassenzimmer vor sich ging. Ich begab mich oft ins Außen und flog in die Klasse hinein und war in der Atmosphäre mit den anderen. Das war wundervoll. Da konnte ich zwischen den ganzen Buchstabenbildern, A wie Affe und B wie Banane, herumsausen.

Es dauerte eine ganze Weile, bis ich mir das Summen abgewöhnt hatte. Weil ich ständig Geräusche machte und mich mit meinen eigenen Lauten beschäftigte, war es komisch, sie nicht hören zu dürfen. Vater hatte mir aber erklärt, dass ich, um weiter in der Schule bleiben zu können, anstatt nach außen nach innen summen müsste, und das lernte ich auch. Ich saß da und machte meine Geräusche nach innen und durfte bleiben.

Und dann die Schulglocke, die das Fräulein läutete. Sowie das geschah, kam Bewegung in die Kinder und sie liefen davon. Zu Anfang begriff ich gar nichts, doch nach ein paar Monaten wurde mir klar, dass dieses Geräusch bedeutete, dass man rausgehen sollte, wenn man drinnen war, und reinkommen sollte, wenn man draußen war. Ich dachte zwar nicht daran, und es hätte auch nicht funktioniert, wenn ich allein gewesen wäre, aber passiv war es mir klar. So verhielt es sich oft: Irgendwo drinnen wusste ich, was gemeint war und was die verschiedenen Dinge bedeuteten, doch konnte ich keine Handlungsweise zustande bringen, die dazu passte oder zeigte, dass ich es verstanden hatte.

Mit den Fragen war es ähnlich. Jemand fragte mich etwas, und im Grunde wusste ich oft, worum es ging, wenn der Anlass alltäglich konkret war. Doch ich wusste nie, was ich damit anfangen sollte, und das führte dazu, dass ich stattdessen anfing zu tanzen, mich im Kreis zu drehen, zu faseln oder zu schreien. Diesen inneren Zustand zu sortieren, in dem sich nichts auf natürliche Weise von selbst verband, sondern immer beliebig blieb, war am schwierigsten für mich. Es dauerte, auch als ich schon erwachsen war, viele Jahre, bis es mir gelang, innezuhalten und die Dinge so zusammenzuführen, dass sie vernünftig zusammenhingen.

Ich konnte dem Fräulein auch übel mitspielen, so wie ich es oft mit Leuten machte, die etwas in ihrem Leben für besonders wichtig hielten, fromme Menschen zum Beispiel oder das Fräulein, wenn es sich gerade etwas Neues ausgedacht hatte, das es den Schülern eintrichtern wollte. Wenn ich erkannte, was sie gerade im Begriff war zu sagen, aber noch nicht in Worte gefasst hatte, dann dachte ich mir ein Wort aus, das überhaupt nichts mit ihren Gedanken zu tun hatte, und plötzlich kam dieses Wort aus ihrem Mund. Sie sagte dann plötzlich »Kleid« oder »blaue Farbe«, und das verwirrte sie sehr. Wenn ich richtig böswillig war, ließ ich sie Flüche sagen, und dann war diese ordentliche und korrekte

Person für den Rest des Tages am Boden zerstört. Doch es war riskant, ihr ein Wort in den Mund zu schieben, das ihrer Moral oder ihren Werten zu sehr widersprach, denn dann konnte sie unter Umständen innehalten und gar nichts sagen. Und wenn sie dann wieder von vorn anfing, war sie sichtlich frustriert und verärgert und ließ diesen Ärger am Ende immer an irgendeinem armen Kind aus, das unaufmerksam war oder dasaß und mit den Fingern trommelte. Dass diese Dinge etwas mit mir zu tun hatten, erkannte sie nie.

Diesen Trick, andere Menschen zu beeinflussen, hatte ich gelernt, um meine Mutter daran zu hindern, mich totzuschlagen. Wenn ihre impulsive Art mit ihr durchging und sie richtig wütend auf mich wurde, hatte sie sich nicht mehr unter Kontrolle. Sie war frustriert darüber, dass ich kein gut funktionierendes Kind war, und dann hatte sie den Reflex, sich auf mich zu stürzen, und manchmal auch den Wunsch, mich totzuschlagen. Aber sie war klug genug, dass sie aus diesem Grunde niemals mit mir allein sein wollte. Statt mir irgendetwas anzutun, sagte sie nur: »Nimm sie weg.« Auf diese Weise wurde ich davor bewahrt, dass meine Mutter mir Gewalt antat. Doch als ich sieben oder acht Jahre alt war, merkte ich, dass es möglich war, ihren Zorn von mir abzulenken. Wenn der Impuls sie übermannte, und zwar sozusagen wie von hinten, dann gab es da einen Raum zwischen mir und ihr, in den ich etwas hineinstopfen konnte – zum Beispiel einen Gedanken wie »der Ofen« oder »der Wasserhahn läuft« oder »da kommt jemand«. Dann war sie abgelenkt, wandte sich der anderen Sache zu und ließ von mir ab. Sie fühlte sich nicht manipuliert, sondern war froh, dass ihre Impulse abgelenkt worden waren.

In meiner Welt gab es alles nur einmal. Eine Person hatte jenen Namen, eine andere diesen. Wenn jemand Erik hieß und es noch einen Erik gab, dann existierte für mich nur der Erste, der andere fiel weg. Dann musste man Erik Eriksson oder Erik Andersson sagen. Es war nahezu unmöglich zu verallgemeinern, denn wenn es eine Sache schon gab, dann konnte es nicht angehen, mit demselben Satz etwas anderes zu meinen.

Das wurde natürlich auch mein Problem in der Schule. Zuerst lernten wir A wie Affe und B wie Banane. Das war nicht weiter schwer, denn ich kannte das Alphabet schon, bevor ich in die Schule kam. Doch wenn dann die Affen und Bananen und Zitronen zu ganz anderen Wörtern zusammengesetzt werden sollten, wenn man ganz anders denken sollte, dann brach in mir das Chaos aus und ich reagierte höchst seltsam. Das Fräulein schickte mich auf den Flur, damit ich mich beruhigte, und da saß ich dann und wurde auch ruhig. Das Schlimmste daran war aber, dass ich nicht lesen lernte. Ich konnte nicht begreifen, dass die Buchstaben abstrakte Symbole waren, die man zu verschiedenen Wörtern kombinieren konnte, und erst in meinem vierzehnten Lebensjahr wurde mir dieser Sachverhalt klar. Das Fräulein wusste nicht, wie sie mir helfen sollte, sie war einfach nur frustriert. Immerhin war sie vierundsechzig Jahre alt und hatte noch niemals ein Kind im Unterricht gehabt, dem sie nicht irgendwann Lesen und Schreiben hatte beibringen können. Ich war ein Stachel im Fleisch, der ihren ganzen Seelenfrieden ruinierte.

Das Fräulein war besorgt und rief zum Elterngespräch. Vater ging hin und erklärte mein seltsames Benehmen und dass ich sicher etwas lernte, auch wenn ich keine Leistung zeigen konnte. Das Fräulein betonte, sie sei nun seit vielen, vielen Jahren Lehrerin und würde sehr wohl dafür sorgen, dass ich Lesen und Schreiben lernte. Wenn nicht, dann sei ich geistig behindert und müsse in die Klippschule gehen, und nicht in eine normale Klasse. Sie war sehr gekränkt darüber, dass ich ein so verzogenes Kind war, das sich einfach nicht dazu bequemte, sich so zu verhalten wie die anderen Kinder.

Ferner sagte sie, sie könne sich gut an Vater als Schüler erinnern und an seinen Eigensinn, und sie konnte sich auch daran erinnern, was er getan hatte, als Mutter an die Schule kam, und wie er die anderen Kinder mit seinem hoch erhobenen Holzschuh verjagt hatte, und wie er dafür gesorgt hatte, dass Mutter neben ihm saß, obwohl sie doch in eine andere Klasse ging. Es war ihr klar, dass solch ein eigensinniger Mensch natürlich nur ein eigensinniges Kind haben konnte, und da war es doch ein Wunder, dass mein Bruder so ganz normal und fleißig war.

Sie versuchte, mich durch mehrere Experten als »geistig behindert« einzustufen, doch das funktionierte nicht, da machte Vater nicht mit. Er konnte zugeben, dass irgendetwas mit mir nicht stimmte und dass man von einer Unterentwicklung, aber nicht von einer Intelligenzminderung sprechen könnte. Schon oft genug hatte er mit »Zurückgebliebenen« zu tun gehabt, und er wusste, dass diese kontinuierlich minderbegabt waren. Doch mit mir war es anders – ich war auf manchen Gebieten besonders begabt, und auf anderen ganz unmöglich und unentwickelt. Ich war irgendwie anders, aber er konnte noch nicht sagen, inwiefern.

Die Experten versammelten sich, und ich sollte getestet werden. Vater bat darum, in einer Ecke des Raumes sitzen zu dürfen, denn dann würden sie erfahren können, was ich wirklich wusste, doch das wurde ihm nicht gestattet. Er musste draußen im Wartezimmer sitzen. Ich war drinnen im Zimmer, und sie gaben mir Aufgaben, doch um die kümmerte ich mich gar nicht. Das Testergebnis selbst besagte, dass ich völlig unfähig und unentwickelt wäre, doch die Experten konnten immerhin erkennen, dass das irgendwie nicht stimmte, und so attestierten sie mir eine Form von Unreife. Das alles führte dazu, dass sie Vater zwingen wollten, zu unterschreiben, ich sei geistig behindert, doch das tat er nicht. In meinen Papieren steht »unterentwickelt« in Anführungszeichen.

Vater wusste doch, dass ich etwas verstand, und er wusste ja auch, dass ich die meisten praktischen Dinge ausführen konnte, selbst wenn es mir nicht in den Sinn kam, sie zu tun. Manchmal, wenn er Zeit und Lust hatte, testete er mich. Dann holte er alle Kleider heraus, die ich anziehen sollte, und legte sie auf die Veranda. Er stand dann in der Tür und redete mit jemandem. Gleichzeitig dachte er intensiv und auf mich gerichtet: »Hemd, Hemd, Hemd ...«, und nach einer Reihe von Ritualen, Klettern auf der Treppe, Fuchteln mit den Händen, Ausstoßen von Lauten, hatte ich das Hemd an. So machte er dann mit Unterhose, Socken, langer Hose, Pullover, Schuhen, Jacke weiter. Nach ungefähr einer Dreiviertelstunde Konzentration und Botschaften in die Atmosphäre hatte ich alle Kleider angezogen. Da wusste er, dass ich mich durchaus anziehen konnte, dass aber irgendetwas verhinderte, dass ich mich automatisch anzog, oder dass ich begriff, dass man es tat, weil es ohne Kleider kalt war.

Einmal, als ich wieder einmal auf Schulreife getestet werden sollte, bat Vater erneut darum, mit im Raum sitzen zu dürfen. Er erklärte ihnen, dass ich nicht begriff, warum ich auf ihre Fragen antworten sollte, doch wenn er im Raum sein dürfte, selbst wenn ich ihn nicht sehen könnte, dann würde sich doch zeigen, wie viel ich in Wirklichkeit konnte. Das betrachteten die Experten als Manipulation, und deshalb wurde es ihm nicht erlaubt. Damals bekamen sie nur eine einzige richtige Antwort aus mir heraus, doch die zeigte ihnen bereits, dass ich mehr verstand als ein geistig behindertes Kind. Weil ich aber auf eine der Fragen korrekt antworten konnte, meinten sie, ich sei nur bockig und hätte deshalb nicht auf die anderen Fragen geantwortet. Sie versuchten, mir mithilfe von Belohnungen Antworten zu entlocken, doch da wurde ich so unerträglich, dass sie mir die Belohnung gaben, ohne dass ich eine Leistung dafür gezeigt hätte. Sie versuchten es auch mit Strafen oder saßen einfach schweigend da und sahen unzufrieden drein, doch da lachte ich nur, denn solche Situationen machten mir Spaß.

Bei dieser Gelegenheit wurde Vater heftig kritisiert. Ich wäre verwöhnt und würde mit allen meine Spielchen treiben. Sie hatten das Gefühl, in ein Katz-und-Maus-Spiel geraten zu sein. Vater entgegnete noch einmal, wenn er im Raum sein dürfte, ohne mich anzusehen und ohne ein Wort zu sagen, dann würden sie das gewünschte Ergebnis erhalten, doch das wollten sie auf keinen Fall akzeptieren. Außerdem stand ihr Ruf auf dem Spiel, und deshalb wollten sie den Kampf mit mir gewinnen.

Der Test sollte ungefähr zwei Stunden dauern, doch er ging den ganzen Tag, bis ihre Arbeitszeit zu Ende war; erst dann brachen sie ab. In einem Moment, als sie sich entspannten und miteinander sprachen, saß ich vor so einem Spiel mit asymmetrischen Dreiecken und hatte es in Nullkommanichts richtig gelegt. Als sie das sahen und mich anschauten, geriet ich aus der Spur, doch sie sahen, dass ich das Spiel richtig gelegt hatte. Das war ihnen ein Rätsel. Sie verstanden nichts.

Bei mir war es so, dass, wenn die Ladung der Atmosphäre einmal geordnet und mir vertraut war – und das konnte schon mal fünf Stunden dauern –, dass ich dann in eine Nähe zu mir selbst geriet, sodass ich es plötzlich lustig fand mit all den Dreiecken, und dann war es ganz natürlich für mich, sie zu einem großen Dreieck zu legen.

Das erstaunte die Experten und warf noch mehr Fragen über meine Behinderung auf. Eine Expertin verstand nun, warum Vater kein Papier unterschreiben wollte, in dem ich für dumm erklärt wurde, und dass er meinte, ich sei lediglich nicht auf gewöhnliche Weise entwickelt. Deshalb sei »unterentwickelt« eine zutreffende Bezeichnung als geistig behindert. Sie meinte, ich sei intelligent, doch würde ich meine Intelligenz ganz unbegreiflich anwenden. Das freute Vater, denn das war genau seine Sicht der Dinge.

Das war wirklich charakteristisch für mich. In einem Augenblick wirkte es, als würde ich nichts begreifen, und im nächsten zeigte ich eine brillante Fähigkeit. Das hatte Vater schon viele Male erlebt. Ich konnte wie ein Uhrwerk reden, fantasieren und erzählen und die absurdesten Verbindungen aus allem Möglichen vom Universum bis zum einfachsten Alltag herstellen. Hörte man richtig zu, dann wurde einem klar, dass mir nicht viel entging, doch dass meine Methode, das anzuwenden, was ich aufgeschnappt hatte, vollkommen absurd war. Mitten in all dem Geschwafel konnte ich dann plötzlich die Lösung eines Problems von mir geben, mit dem man sich schon lange herumgeplagt hatte. Diesen einzigen adäquaten Satz konnte ich dann an Vater richten und ihn so formulieren wie ein ganz normaler kluger Mensch. Doch wenige Minuten später war ich wieder in meinem Wörtersammelsurium versunken, und dann war vollkommen klar, dass irgendetwas in mir gestört war.

Vater weigerte sich, mich in die Sonderschule zu schicken, und zwar nicht, weil er gegen solche Schulen war, sondern weil ich dann in die Stadt hätte gebracht werden müssen, und er wusste, dass ich das unter den vielen fremden Menschen dort nicht schaffen würde. Er beendete das Treffen mit den Worten: »Es gibt ein Gesetz, das besagt, dass Kinder sieben Jahre lang in die Schule gehen müssen, doch steht in diesem Gesetz nichts darüber, was die Kindern lernen müssen. Also darf sie ja wohl, wenn sie nichts von dem lernt, was Ihrer Meinung nach erforderlich ist, um in eine höhere Klasse zu kommen, so lange in die erste Klasse gehen, bis sie aus der Schule herauskommt. Sie wird auf keinen Fall an einen Ort gehen, wo sie sich nicht orientieren kann. Das würde ihr schaden, und dem werde ich sie niemals aussetzen. Es ist mir völlig egal, ob etwas aus ihr wird, aber sie soll es in ihrem Leben schön haben, und nicht menschenscheu und ängstlich werden wie ihr Cousin.« Damit war die Sache beschlossen, und so blieb es.

Niemand wusste, was mit mir los war, und zu jener Zeit und auf dem Lande gab es noch keine neuropsychiatrischen Diagnosen, deshalb durfte Vaters »unterentwickelt« stehen bleiben.

Ich wurde in die höhere Klasse versetzt, allerdings nicht, weil ich das Lernziel erreichte und dies in Form irgendeiner Leistung beweisen konnte, sondern weil das Fräulein mich nicht in ihrer neuen ersten Klasse haben wollte.

Wir besuchten eine einklassige Dorfschule, deshalb saßen mein Bruder und ich im ersten Schuljahr in einem Klassenzimmer, und das war gut für mich. Einerseits konnte ich mit ihm zur Schule gehen, und zum anderen achtete er darauf, dass ich eine Jacke anzog, wenn ich hinausging, und dass ich in der Pause mein Butterbrot aß. Das war wie im Jahr zuvor, und das gab mir Sicherheit und war schön für mich. Oft saß ich da und schaute zu, wenn mein Bruder mit seinen Freunden spielte, und ich hatte das Gefühl, dabei zu sein, wie zu Hause, wenn ich auf dem Milchtisch saß. Ich begriff nicht, wann die Pause zu Ende war, und konnte das Läuten der Glocke nicht mit der Information verbinden, dass wir nun hineingehen sollten. Erst als mein Bruder erklärte, der Klingelton sei gleichbedeutend mit Reingehen, kriegte ich das in meinem Kopf einprogrammiert. So war es mit den meisten Sachen. Wenn jemand mir auf eine Art, die ich einprogrammieren konnte, sagte, wie sich die Dinge verhielten, dann konnte ich tun, was meine Umwelt von mir erwartete.

Es war Weihnachtsfeier in der Schule. Alle Kinder standen in einer Reihe im Vorraum, und die Eltern standen ein klein wenig weiter hinten. Das Fräulein stand neben mir, und als wir gerade ins Klassenzimmer gehen sollten, konnte sie nicht umhin, mit erhobenem Finger zu mir zu sagen: »Und jetzt zeig mal, dass du direkt zu deinem Platz gehen kannst.« Hätte sie das nicht gesagt, wäre ich direkt zu meinem Platz gegangen, doch da sie mich so direkt und mit Vorwarnung ansprach, erstarrte ich. Es wurde eng in meinem Körper, und der ganze Raum schien mich zu erdrücken. Ich geriet in eine andere Wirklichkeitsauffassung, die es mir völlig unmöglich machte, direkt auf meinen Platz zu gehen. Ich musste es erst schaffen, den Körper wieder fröhlich zu machen. Als die anderen Kinder anfingen reinzugehen, erst die eine Reihe, dann die andere, fing ich an, mich im Kreis zu drehen, und so kreiselte ich mich bis zur anderen Seite des Vorraums und wieder zurück, und erst dann konnte ich nach dem letzten Kind – immer noch kreiselnd – ins Klassenzimmer gehen. Das Fräulein konnte nichts sagen, denn in Anwesenheit der Eltern musste sie natürlich immer glücklich aussehen. Endlich war ich mit dem Kreiseln fertig, und als die anderen Kinder zu ihren Plätzen gingen, bog ich nach rechts ab und ging hinter das Katheder und die Orgel der Lehrerin, was verbotenes Terrain war. Dann schob ich mich hinter die lange Bank mit Lehrmitteln, die vor den Fenstern stand. Bei jedem Fenster klopfte ich ein paarmal auf den Rahmen. Als ich ganz hinten im Klassenzimmer angekommen war und auf den letzten Fensterrahmen geklopft hatte, fühlte sich der Körper wieder fröhlich an, und da konnte ich mich an der Lehrmittelbank vorbeischlängeln und direkt zu meinem Platz gehen. Ohne auf das Kommando des Fräuleins zu warten, setzte ich mich hin, und alle Kinder machten es mir nach. Das Fräulein wurde rot im Gesicht. Wären nicht sämtliche Eltern da gewesen, dann hätte sie uns sicher angewiesen, noch einmal aufzustehen und darauf zu warten, bis sie uns zum Hinsetzen aufforderte. Doch sie wusste, dass ich nicht gehorchen würde, und so war sie gezwungen, in den sauren Apfel zu beißen und zu akzeptieren, dass sie einen Moment lang die Macht im Klassenzimmer hatte abgeben müssen.

Diese Art von Kampf hatte ich mit Mutter bereits tausendmal ausgefochten. Sobald sie mich anwies, etwas zu tun, wurde es mir völlig unmöglich, dem Folge zu leisten, weil mich das vernichtet hätte – ich wäre in ein schwarzes Loch oder ins Feuer gefallen, oder wäre gesprengt worden. Für mich gab es damals nur zwei Zustände: Entweder war ich in der Leerigkeit, die für mich dasselbe bedeutete wie Tod. Das war nichts, wovor ich große Angst hatte, doch war es kein Leben. Oder ich befand mich in einem Zustand, in dem ich hörte und sah und mir der Umwelt bewusst war, was ich lieber mochte. Eigentlich wollte ich nichts lieber tun als Mutter folgen, doch wenn sie mir einen Befehl erteilte, entglitt mir diese Bewusstheit und ich versank wieder in Leerigkeit. Das war, als würde ich gezwungen werden, einzuschlafen, wenn ich doch gerade Spaß hatte. Um das zu vermeiden und um in der Bewusstheit bleiben zu können, war ich gezwungen, mit den Händen zu fuchteln oder herumzukreiseln oder zu summen oder wie besessen zu reden – und das alles so lange, bis Mutter aufhörte, an das zu denken, was ich eigentlich machen sollte. Dann erst konnte ich mich der Sache annähern. Ich spürte, dass ich es tun musste, doch nicht auf eine »normale« Weise und nicht, solange Mutter es von mir erwartete. Meist bemerkte Mutter nicht, dass ich am Ende doch tat, was sie gesagt hatte. Und wenn sie es mal merkte, war sie doch nicht zufrieden, denn ich hatte es nicht auf ihre Weise getan.

Auch als erwachsener Mensch habe ich dieses Verhalten noch, doch anstatt herumzukreiseln oder Dinge zu tun, die andere erschrecken oder reizen, habe ich gelernt, zum Beispiel eine Frage zu stellen, die den Betreffenden von seinen Worten ablenkt, und ich habe gelernt, das so einfach und unbedarft zu tun, dass der andere meist gar nicht merkt, was geschieht. Und wenn er von seinen Worten abgelenkt ist, dann kann ich tun, was er mir gesagt hat.

Als mein Bruder und seine Klasse im zweiten Jahr in eine andere Schule gingen, übte Vater mit mir den Schulweg. Er nahm den Hund mit, der immer auf mich aufpasste, damit auch er den Weg kennenlernte. In dem Jahr ging der Hund immer mit mir und drehte kurz vor der Kreuzung um. Er setzte sich an den Straßenrand und wartete, bis ich auf dem Schulgelände war, und wenn ich nach Hause gehen sollte, saß er am selben Platz und wartete darauf, dass ich aus dem Schulhaus kam. Das funktionierte wunderbar, wenn ich über die Straße ging. Bog ich jedoch in irgendeine andere Richtung ab, dann blieb der Hund sitzen und bellte, so laut er konnte, folgte mir aber nicht. Es war jedoch zu weit weg, als dass Vater den Hund hätte hören können, und so konnte es einige Zeit dauern, bis ich nach Hause kam.

Ich ging oft zu einem kleinen Teich; dort gab es einen entwurzelten Baum mit einem dicken Ast, der übers Wasser ragte. Da saß ich gut versteckt und schaukelte mich ins Außen in die Richtige Welt. Manchmal wanderte ich auch in den Wald und setzte mich unter eine große Tanne, die ich liebte. Irgendwann ging ich dann nach Hause. Vater war mir ein paarmal gefolgt und wusste, wohin ich für gewöhnlich ging, dann wartete er strategisch die Stunden ab, die ich in der Regel verschwunden war. Ich ging immer auf demselben Weg nach Hause, und der Hund saß stets da und wartete treu, bis ich kam.

Ein paar Wochen nach Beginn des zweiten Schuljahres kam ein neuer Junge in unsere Klasse. Er war kleinwüchsig und dünn. Als kleines Kind hatte er sich einen Topf mit heißem Wasser übergeschüttet, sodass seine Brust und seine Arme Brandnarben trugen. Außerdem hatte er einen Überbiss und konnte nur schlecht sehen. Ihn umgab eine Atmosphäre, die ich mochte. Es war etwas an ihm, das mich aus meinem kontaktlosen Zustand herausholte, in dem ich normalerweise herumfloss.

Ich konnte stundenlang dasitzen und ihn ansehen und mitverfolgen, was er lernte. Ich sah, wenn er etwas verstand, und das konnte ich dann »auf meine Liste schreiben«. Auf diese Weise passte ich mich etwas mehr an und war für das Fräulein besser zu ertragen, auch wenn es natürlich noch lange nicht genügte.

Dann kam die Untersuchung durch den Schularzt, und es stellte sich heraus, dass der Junge nur sehr schlecht sehen konnte und eine Brille brauchte. Sein Vater hatte Rheuma und konnte nicht arbeiten, und seine Mutter musste sich um ihn und alles andere kümmern, und deshalb konnten sie sich eine Brille für ihn nicht leisten. Also sprang die Gemeinde ein, und er bekam ein Kassengestell, für das er natürlich von den Mitschülern gehänselt wurde.

Es gab einen Jungen in der ersten Klasse der Schule, der war groß und kräftig, hatte rote Haare und Sommersprossen und führte das große Wort, wenn es ums Hänseln ging. Er holte sich Unterstützung von ein paar anderen, und dann quälten sie meinen Klassenkameraden jeden Tag, vor allem nach der Schule, wenn es Zeit für den Heimweg war, denn da war die Gefahr nicht so groß, entdeckt zu werden.

Als ich eines Tages nach ein paar Traumstunden im Wald an der Schule vorbeikam, saß mein Klassenkamerad im Graben und weinte. Seine Brille war kaputt getrampelt worden, und er traute sich nicht, damit nach Hause zu gehen. Er erzählte mir, dass ihm der große Erstklässler und ein paar andere Jungen hinter der Hecke aufgelauert hatten. Zuerst hatten sie ihn geschlagen, aber das war nicht so schlimm, fand er; doch dann hatten sie seine Brille, die er von der Gemeinde bekommen hatte, kaputt getrampelt, und darüber war er völlig verzweifelt.

Von der Stelle aus, an der er saß, konnte man den Verlauf des Weges in einem weiten Halbkreis über das freie Gelände sehen. Ich bemerkte den rothaarigen Jungen, der gemächlichen Schrittes auf dem Weg nach Hause war. Also kürzte ich quer über die Felder ab, sodass ich ihn erwischte, ehe er die ersten Häuser erreichte, und schoss sofort auf ihn los. Ich schlug und schlug und schlug ihn so lange, bis er auf dem Rücken lag und um Gnade bettelte. Als ich aufhörte, war eines seiner Augen schon zugeschwollen, seine Lippe blutete, und er war von den roten Haaren bis zu den Schuhen voller Dreck. Zwar war er einen halben Kopf größer als ich und beträchtlich kräftiger, doch war er von der Wut, die sich gegen ihn gerichtet hatte, völlig erschlagen.

Ich ging dann zu meinem Klassenkameraden zurück und bat ihn, nach Hause zu gehen, und sagte ihm, dass ich es meinem Vater erzählen würde, sodass schon alles in Ordnung käme. Erst verstand Vater überhaupt nichts, sondern meinte, meine Fantasie sei mal wieder mit mir durchgegangen, doch er ahnte, dass in dem, was ich erzählte, irgendetwas anderes lag, etwas ungewöhnlich Wirkliches, und deshalb bat er mich, das Ganze mehrmals zu berichten. Also erzählte ich die ganze Geschichte auf mehrere unterschiedliche Weisen, doch mit demselben Kern: die zertrampelte Brille des Jungen, der Junge, der das gemacht hatte, den ich dann verprügelt hatte, und dazu eine Menge anderer Details, die nicht einzuordnen waren.

Einige Zeit später wurde mein Vater von dem Vater des verprügelten Jungen angerufen und mächtig beschimpft, weil er so eine wüste und gewalttätige Tochter hätte, die über seinen Sohn hergefallen wäre. Vater fragte den anderen, ob er nicht meinte, dass es vielleicht einen Grund dafür gäbe, dass ich den Jungen geschlagen hätte. Er meinte aber, er hätte schon allerlei Geschichten von mir gehört, und es wüsste ja wohl jeder, dass ich komisch sei und auf alle möglichen Ideen kommen könnte, schließlich hätte ich ja auch Anfälle und würde schreien und beißen und treten.

Vater bat den Mann, mit zu dem neuen Klassenkameraden nach Hause zu gehen, damit man die Sache dort klären könnte. Nein, das ginge nicht, meinte der andere, denn die beiden Sachen hätten nichts miteinander zu tun. Da sagte Vater, das seien schließlich arme Leute, die Brille für den Sohn habe die Sozialfürsorge bezahlt, sie hätten kein Geld, um eine neue zu kaufen; Vater wollte unbedingt, dass mein Klassenkamerad seine Geschichte in einer sicheren Umgebung, nämlich bei sich zu Hause, erzählen könnte.

Zusammen mit mir ging Vater zu meinem Klassenkameraden nach Hause. Dort warteten wir ungefähr eine Stunde lang, doch der Vater des anderen Jungen tauchte nicht auf. So erzählte mein Klassenkamerad seinen Eltern, Vater und mir die ganze Geschichte. Dabei kam heraus, dass er, seit er in die Schule gekommen war, von ein paar Jungen, deren Anführer der Rothaarige war, gepeinigt wurde, dass es deren Sport war, ihn zum Weinen zu bringen, und wenn er nicht mehr weinte, dann nahmen sie eben seine Brille und machten sie kaputt.

Ein paar Tage später wurde Vater zum Rektor der Schule gerufen, wo er die ganze Geschichte erzählte. Der Rektor hatte einen Bericht von dem verprügelten Jungen erhalten, und ich sollte jetzt bestraft werden. Doch Vater stellte alles richtig und brachte den Rektor dazu, einen anderen Bericht zu schreiben, woraufhin mein Klassenkamerad eine neue Brille bekam. Die Sache wurde beigelegt und ich wurde nicht bestraft.

Nach diesem Ereignis hatten die streitlustigen Jungen großen Respekt vor mir und hörten schlagartig auf, meinen Klassenkameraden zu quälen. Ich hatte zu dem Zeitpunkt längst mein Interesse an der Sache verloren und hätte wahrscheinlich nicht reagiert, wenn sie weitergemacht hätten. Doch der Geist in der Schule hatte sich verändert, und ich war auf eine neue Art mit einbezogen, auch wenn ich mich selbst überhaupt nicht anders verhielt als zuvor.

Morgens stand ich immer viel früher auf als alle anderen. Jeden Morgen gab es dasselbe Spektakel, wenn Mama meine alten, nach Iris riechenden Kleider weggenommen und neue hingelegt hatte. Wenn sie ein Flanellhemd bereitgelegt hatte, dann drehte ich das auf links, denn an der Außenseite war es am weichsten, und die wollte ich auf der Haut haben. Da sie das nicht akzeptieren konnte, fochten wir regelmäßig einen Kampf aus, der mindestens eine halbe Stunde dauerte. Außerdem wollte ich die Knöpfe auf dem Rücken haben, sodass der Kragen am Hals über den gestrickten Pullover ragte, und auch deshalb gab es immer Streit.

Mutter hat meinen komplizierten Berührungssinn nie verstanden. Es musste richtig und weich für mich sein, sonst war es unerträglich, unangenehm und furchteinflößend. Diese Überempfindlichkeit führte dazu, dass es sich in meinem Körper wie Feuer anfühlte, wenn jemand mich sanft berührte und streichelte; ich war dann völlig machtlos, warf mich zurück und fing an zu schreien. Diese Art Kontakt habe ich ständig zu vermeiden versucht, und das wiederum bewirkte, dass ich mich nach einer anderen Art Kontakt sehnte.

Wenn die Kleider eingetragen waren, dann waren sie weich und rochen vertraut nach etwas, das ich Iris nannte, und dann war es leicht und angenehm für mich, sie anzuziehen und zu tragen. Doch jedes Mal, wenn Mutter meine Kleider austauschte und ich frisch gewaschene Sachen bekam, ging dieselbe Hölle für mich los. Sie dachte, ich sei nur trotzig und sturköpfig. Das war aber nicht der Fall. Das Unbehagen auf der Haut war es, das meine Reaktionen hervorrief.

Dieselben Schwierigkeiten tauchten auf, wenn ich im Herbst Schuhe anziehen sollte. Ich konnte Schuhe nicht ertragen, deshalb nahm ich Gummistiefel. Mutter wollte aber, dass ich bei schönem Wetter Schuhe trüge, denn sie schämte sich, wenn ich bei Sonnenschein und trockenem und warmem Wetter in Gummistiefeln herumlief. Also lief ich barfuß – aber da beklagte sich die Lehrerin, und Mutter schimpfte mit mir. Dann versuchte Vater, mich dazu zu bringen, Schuhe anzuziehen, aber das funktionierte auch nicht besser. Er verstand auch nicht, dass meine Füße so wehtaten, dass es unerträglich war, Schuhe anzuhaben. Ich wurde in meinem Inneren völlig belegt damit, und das wurde zu einer Form von Angst, die dazu führte, dass alles andere aus meiner Welt entschwand. Diesen Kampf führte ich, bis ich elf Jahre alt war. Da endlich erbte ich ein Paar Schuhe, das einfach perfekt saß. Diese Schuhe waren aus echtem Leder und saßen wie Handschuhe an den Füßen.

Dasselbe Spiel gab es, wenn es Winter wurde und es draußen so kalt war, dass ich Skischuhe anziehen sollte. Die waren ebenso unangenehm wie Schuhe, also nahm ich stattdessen wieder die Gummistiefel. Mutter fand die zu kalt und wollte sich nicht dafür schämen müssen, dass sie keine Skischuhe an meine Füße bekam. Also zog sie mir Wollsocken an, die so dick waren, dass meine Füße nicht mehr in die Gummistiefel passten. Aber da nahm ich einfach die Gummistiefel meines Bruders, die waren größer, und so hatte ich zumindest Stiefel an den Füßen – sehr zu Mutters Verdruss. Nach einer Woche siegte sie schließlich, und ich fand mich damit ab, Skischuhe zu tragen. Dass früher oder später die Funktion, die den Widerstand erzeugt hatte, in mir abgeschaltet wurde, hatte etwas mit meinem inneren Fokus zu tun, irgendwann schlug er immer um, aber niemand – auch ich selbst nicht – wusste, wann.

Unterschiedliche Phasen hatten verschiedene Dinge, an denen ich mich festhakte. Einige davon waren einfach, sodass meine Umgebung sie als Eigenheiten betrachtete und sich nicht weiter davon stören ließ. Andere waren schwieriger, und man war gezwungen, sich damit auseinanderzusetzen, was dann anstrengend und beschwerlich war. Es dauerte jedoch nur eine Weile, dann wurde das Problem in meine Muster eingeflochten und belastete mich nicht länger. Allerdings konnte es manchmal für kürzere Perioden wieder zurückkehren.

Es war sehr wichtig für mich, dass die Lehrerin strukturiert war und jeden Tag alles gleich machte. Dabei war nicht entscheidend, dass sie uns sagte, was sie im Laufe des Tages tun würde, und es war auch nicht schlimm, wenn sie einmal von ihrer Struktur abwich. Für mich war wichtig, dass sie in sich selbst eine Struktur besaß. War dies der Fall, dann trat diese Struktur in die Atmosphäre, wo ich sie sehen konnte, und dann konnte ich auf meine eigene Weise in der Klasse dabei sein. Besaß sie jedoch keine Struktur, zum Beispiel wenn sie erkältet oder mit eigenen Problemen beschäftigt war, dann gab es keine Struktur in der Atmosphäre, und ich geriet in die Leerigkeit.

Der Inhalt des Unterrichts war dabei nicht so wichtig, der durfte gern variieren, das gefiel mir sogar. Es kam vielmehr darauf an, dass das Muster immer dasselbe war. Wenn wir in die Schule kamen, legten alle im Vorraum ihre Mäntel ab, und wir mussten auf Socken oder in Hausschuhen gehen. Dann stellten wir uns alle in einer Reihe auf, und wenn das Fräulein die Tür aufmachte und mit ihrer Glocke bimmelte, gingen wir hinein. Alle sagten: »Guten Tag, Frau Lehrerin«, und sie antwortete: »Guten Tag« und sagte dazu den Namen des Schülers. Ich antwortete nicht, und doch wartete ich jeden Tag auf dieses Ereignis. Dann setzten wir uns auf Anweisung hin, und das Fräulein zählte auf, wenn jemand krank war. Dann las sie einen Vers und wir sangen einen Psalm. Der Psalm stand an der Tafel, sodass alle den Text lesen konnten. Er wurde wöchentlich ausgewechselt, sodass im Jahr rund vierzig Psalmen gelernt wurden.

Ich sang nicht, aber ich lernte die Worte und spielte innerlich damit, ließ sie in langen Mustern kreisen und die lustigsten Formationen bilden. Als ich konfirmiert werden sollte, konnte ich alle Psalmen aufsagen, die in der gesamten Schulzeit vorgekommen waren, jedoch ohne ihren religiösen Inhalt zu verstehen. Es lag vollkommen außerhalb meiner Vorstellungskraft, eine Verbindung zu etwas derart Abstraktem herzustellen wie einem unsichtbaren Gott, der auf diese oder jene Weise das Denken, Handeln und Tun der Menschen beeinflussen sollte.

Während der ersten Morgenstunden gab es fast immer jemanden, der irgendwelchen Unsinn anstellte, und das endete oft damit, dass der Siehn irgendwie bestraft wurde – er wurde geohrfeigt, musste die Schamkappe aufsetzen und in der Ecke stehen, oder er wurde in den Vorraum geschickt. Ich liebte solche Unterbrechungen. Die Atmosphäre wurde so schön dadurch, es war wie ein Feuerwerk, und solange es währte, sauste ich unentwegt darin herum. Dann übernahm wieder das Fräulein das Kommando, und wenn nichts anderes geschah, das die Atmosphäre bereicherte, dann tauchten nach einer Weile meine Stereotypien auf. Ich fuchtelte mit den Händen, zupfte an der Haut unter der Lippe und warf den Kopf zur Seite. Das verärgerte das Fräulein oft, oder einer meiner Mitschüler beklagte sich. Dann konzentrierte sie sich auf mich, und nach einer Weile war in der Atmosphäre wieder etwas los, und ich konnte aufhören.

So verging das zweite Schuljahr mit vielen kleinen Ereignissen. Das Fräulein störte sich ebenso wie meine Mutter an meiner bloßen Gegenwart und wünschte die ganze Zeit, dass ich nicht da wäre, oder besser gesagt, dass mein Geist und meine Atmosphäre genauso wären wie die der anderen Kinder. Vater versuchte beiden zu erklären, dass man mich doch einfach nur ignorieren müsste. Aber das konnten sie nicht, sie waren immer frustriert und verärgert und glaubten, ich sei schuld an ihren negativen Gefühlen.

In gewisser Weise war es auch notwendig für mich, jemanden zu haben, der in Gefühlen war – welche Gefühle das auch immer waren –, damit ich im Normalen Leben anwesend und teilnehmend sein konnte. Andernfalls geriet ich in meine eigene Welt und war weit entfernt von der menschlichen Sphäre und dem Kontakt, und das war noch ärgerlicher für das Fräulein, denn dann lernte ich nichts von dem, was sie für wichtig hielt.

Die Schule war gut für mich, und ich lernte viel, wenn auch nicht Lesen, Schreiben und Rechnen. Wörter zu schreiben lernte ich ungefähr so, wie man einen Gegenstand abzeichnet, das Wort, das ich schrieb, war lediglich ein Bild, und ich wusste, was dieses

Bild bedeutete. Ich war nicht offen für echtes Lernen. Das wenige, woran ich mich erinnerte, waren lediglich papageienhafte Fähigkeiten. Wenn es beendet war, gab es für mich keine Verbindung mehr dazu, sodass ich es bei einem Test oder bei Übungen hätte wiederholen können. Das war eine große Quelle des Ärgers für die Lehrerin.

Beim Schulabschluss weinte das Fräulein und sagte, das hier sei das schlimmste Schuljahr, das sie je gehabt habe, und zu allem Überfluss sei es auch noch das letzte Jahr vor ihrer Pensionierung. Sie erklärte, sie sei nicht mit mir fertig geworden, und ich sei ein Schandfleck auf ihrer Berufsehre als Lehrerin. Ich begriff nicht, dass das etwas Negatives war, und war vielmehr sehr zufrieden damit, dass sie von mir redete und mehrmals meinen Namen nannte. Das gab ein sehr schönes Licht in der Atmosphäre. Später wurde dann kritisiert, dass ich so zufrieden aussehen konnte, wo ich doch so eine Belastung für das Fräulein gewesen war.

Im dritten Schuljahr besuchten wir eine andere Schule, und dorthin mussten wir mit dem Bus fahren. Mein Bruder ging bereits seit einem Jahr dorthin, und so war das Busfahren kein Problem, er passte auf, dass ich in den Bus kam und auch wieder zurück.

Diese Schule besuchten Schüler aus mehreren Gemeinden, sodass wir jetzt insgesamt ca. dreißig Schüler waren. Das war schwer für mich, denn es geschah so viel Neues auf einmal. Neues Fräulein und neue Mitschüler und ein ganz neues Schulhaus – deshalb verschwand ich oft zu einem Badehaus im Park und setzte mich dahinter auf einen Stein. Da konnte ich sitzen und in meiner eigenen Welt sein. Wenn eine Weile vergangen war, kam einer der anderen, um mich zu holen, und ich ging dann auch mit. Das neue Fräulein hatte von meiner früheren Lehrerin gehört, wie seltsam ich war, und Vater hatte sich auch mit ihr getroffen, ein paar meiner Verhaltensweisen beschrieben und erklärt, wie man am besten damit umging. Sie setzte keinen Ehrgeiz darein, dass alles nach ihren Vorstellungen gehen musste, und deshalb war es für mich leichter, mich in ihrer Atmosphäre aufzuhalten. Sie war ein fröhlicher Mensch und sehr geräuschvoll, was die Atmosphäre um sie herum sehr lebendig machte.

Wir durften jeweils zu zweit nebeneinandersitzen, und das war sehr günstig für mich, denn ich konnte die ganze Zeit aus dem Heft meiner Banknachbarin abschreiben. Sie war Linkshänderin, sodass es mir leichtfiel, ihre Schrift- oder Zahlenbilder zu sehen. Auf diese Weise wurde nicht bemerkt, was ich konnte und was nicht, denn das, was ich vorzeigte, war oft gut, wenn auch mit denselben Fehlern behaftet, die das andere Mädchen machte. Zum Glück war sie sehr fleißig und machte nur wenig Fehler.

Was das Lesen betraf, konnte ich zwar die Buchstaben nicht zusammensetzen, aber ich war gut im Zuhören und Erinnern. Wenn wir eine Leseaufgabe mit nach Hause bekamen, dann las mein Bruder mir den Text ein paarmal vor, während ich ins Buch schaute, und dann beherrschte ich die Bilder, die ich sah, und bald konnte ich alles auswendig aufsagen. Probleme gab es nur, wenn ich laut vorlesen sollte und ein kleines Wort wie »und« oder »das« falsch gelernt hatte. Wenn mich das Fräulein dann unterbrach, konnte ich nicht da weitermachen, wo ich war, sondern musste noch einmal von vorne beginnen. Zum Glück hatte das Fräulein dazu meist keine Lust, sondern ließ jemand anders weiterlesen, und so kam ich nicht in Schwierigkeiten.

Diese Lehrerin hatte ich in der dritten und in der vierten Klasse, und ich wurde auch da zwar als Sonderling betrachtet, durfte aber dabei sein. Das Fräulein hatte Vaters Argumente gegen die Sonderschule angehört und konnte ihn verstehen, deshalb hatte sie keine Probleme damit, mich weiterkommen zu lassen.

Dann kam eine neue Schule und ein neuer Lehrer, diesmal ein Herr Magister. Wir blieben in derselben Klassenzusammensetzung wie zuvor, sodass es eine vertraute Komponente gab, doch um diesen Lehrer herrschte eine völlig andere Atmosphäre. Er fand mich interessant, und an einem der ersten Tage sagte er bereits: »Ich habe keine Ahnung, was mit dir los ist, aber ich werde wirklich versuchen, dir beizubringen, was du lernen musst, und zwar so, dass ich dir auch Zensuren dafür geben kann.« Dann setzte er mich ganz nach vorne, sodass ich direkt vor ihm saß und er mich immer im Blick hatte, wenn er zur Klasse sprach. Das war ein vollkommen neues Erlebnis für mich. Ein Mensch, der an mir interessiert war, ohne frustriert oder verärgert zu sein, und der mich auch nicht zu etwas erziehen wollte, was ich nicht war – das war wie eine neue Welt für mich. Vater hatte natürlich dieselbe Einstellung, aber das war trotzdem etwas ganz anderes. Noch niemals war ich jemandem begegnet, der sich wirklich für mich interessierte und mich verstehen wollte.

Er sagte zur Klasse, da ich gewisse Schwierigkeiten hätte, Dinge zu verstehen, wenn ich sie für mich allein lernte, würde er alles, was in den Lektionen vorkam, im Unterricht besprechen. Das würde es auch für die anderen leichter machen, sodass sie die Hausaufgaben nur noch als Unterstützung dessen, was in der Schule gelernt wurde, betrachten müssten. Das verschaffte mir einige Pluspunkte, denn so erhielt die gesamte Klasse eine andere Art des Unterrichts, die es allen leichter machte.

Inzwischen weiß ich, dass dies nicht die ganze Wahrheit war. Im Nachhinein, nach vielen Jahren des Studiums und einiger Erfahrung in Schulen, habe ich verstanden, dass dieser Mann ein äußerst guter Pädagoge war, ein Mensch, der sich selbst auf eine Weise in den Unterricht einbrachte, die es wert ist, dokumentiert zu werden, weil sie immer noch außergewöhnlich ist. Er beherrschte die Kunst, zu erfassen, was alle seine Schüler brauchten, um optimal lernen zu können. Das brachte er dann in die Pädagogik ein und konnte so unterrichten, dass jeder die optimalen Lernmöglichkeiten für sich vorfand. Für ihn gab es keine unbequemen Schüler, sondern nur Schwierigkeiten, die es zu überbrücken galt und aus denen man Stärken machen konnte.

Er erkannte genau, was er sagen und tun musste, damit das, wovon er sprach, mir begreiflich wurde. Und das konnte er, auch wenn die ganze Klasse dabei war. Die Klasse verstand ihn in dem kleinen Feld, während ich ihn im großen Feld verstand. Und das war etwas vollkommen Neues für mich. Er wusste, dass er ein guter Pädagoge war, doch im Unterschied zu Emma und Fil war ihm nicht bewusst, dass er, während er in der Normalen Welt sprach, sich gleichzeitig in der Richtigen Welt befand.

Er scherte sich nicht um meine Tics oder Stereotypien. Davon ließ er sich nicht beeinträchtigen oder ablenken, und obwohl ich nicht fragte, stimmte er sich ständig mit mir ab. Er lernte zu erkennen, wann ich etwas nicht verstanden hatte, und erklärte es dann noch einmal auf eine andere Weise. Wenn Arbeiten geschrieben wurden, nahm er mich mit in den Nebenraum, während die anderen im Klassenzimmer saßen und schrieben. Dort las er mir die Fragen vor, und ich musste reden. Wenn er merkte, dass etwas kam, was er als Antwort verwenden konnte, dann schrieb er es auf. So arbeiteten wir uns durch alle Fragen durch. Als wir fertig waren, gab er mir ein neues Papier, und dann musste ich abmalen, was er geschrieben hatte. Das wurde dann als Klassenarbeit gewertet. So verfuhr er in allen geisteswissenschaftlichen Fächern, sodass ich am Ende auch ein taugliches Arbeitsbuch besaß. Auch er wurde nicht schlau aus mir: dass ich auf der einen Seite ein Elefantengedächtnis hatte und ihm kleine Details beschreiben konnte, die die anderen Kinder sofort wieder vergessen hatten, und dass ich auf der anderen Seite vollkommen verwirrt wirkte und die einfachsten Fragen nicht beantworten konnte.

Im Schwedischen gab er uns verschiedene Aufsatzthemen und bat uns zu schreiben. Ich erzeugte eine Menge Wortbilder, die weder er noch ich lesen konnten. Also ließ er mich am Katheder stehen und eine Geschichte erzählen, von der er dann, so viel er konnte, mitschrieb. Ich musste aber stehen bleiben, denn wenn er mich mehrmals bat aufzustehen, fing ich jedes Mal wieder mit einer neuen Geschichte an, und das wollte er nicht. Am Ende durfte ich das, was er mitgeschrieben hatte, auf mein eigenes Papier abmalen, und dann sammelte er es ein. »Das hast du erzählt, du hast es diktiert, und du hast es geschrieben, also kann ich das gut für die Notengebung gebrauchen.«

In Mathe gestaltete sich das nicht so einfach, aber er gab mir eine Schablone, die ich ausfüllen sollte, und dann nannte er auf verschiedene Weise wieder und wieder die Zahlen, er hielt inne, wenn ich etwas falsch machte, radierte und ließ mich alles so lange wiederholen, bis es einigermaßen richtig wurde, und dann nahm er das als Antwort. Die ganze Zeit versuchte er, den richtigen Zugang zu meinem Verstehen zu finden, und er gab sich damit zufrieden, wenn ich mit seiner Hilfe eine einigermaßen anständige Leistung erbrachte. So brachte er mich wirklich dazu zu glauben, dass ich nicht völlig unbegabt war, sondern nur eine umständliche Art hatte, zu lernen.

Als ich bei diesem Lehrer mit der fünften Klasse begann, war ich im Frühling zuvor elf Jahre alt geworden. Das Jahr vor meinem elften Geburtstag war revolutionierend für mich gewesen, denn in dieser Zeit entdeckte ich, dass Menschen Menschen sind und dass es etwas speziell Menschliches gibt, was es ihnen ermöglicht, untereinander anders in Kontakt zu treten als mit Tieren. Das war derart umwälzend für mich, dass ich in eine andere Welt geriet als die, an der ich bisher Anteil hatte. Ich begann, Menschen als Individuen zu betrachten, und versuchte zu verstehen, was sie sagten, glaubten und dachten, was sie mit dem meinten, was sie sagten, und was für einen Sinn es hatte, mit anderen zu sprechen.

Ich entdeckte, dass Jungen etwas anderes sind als Mädchen und dass es etwas Besonderes zwischen Jungen und Mädchen gab, das die Atmosphäre hell und umtriebig machte. Ich verstand nicht so recht, was es war, doch es reizte mich, weil es so lebendig war. Ich entdeckte, dass Mädchen sich anders verhielten, wenn Jungen dabei waren, und dass Jungen auch anders wurden, wenn Mädchen in der Nähe waren und kein Erwachsener zuschaute. Und dann hatte es auch etwas Besonderes mit dem Inhalt dessen, was man sagte, auf sich. Jungen sagten eine Menge Sachen ohne Grund und ohne dass man hätte begreifen können, woher das stammte, und die Mädchen genauso, sowohl zueinander als auch zu den Jungen. Mir war klar, dass es da etwas gab, was ich nicht verstand. Andere Menschen besaßen etwas, was mir fehlte, eine Fähigkeit, die mir unbekannt war und von der ich auch nicht wusste, wie ich sie mir aneignen konnte. Das ist das Mysterium, mit dem ich mich für den Rest meines Lebens beschäftigt habe.

Ich hatte gelernt zuzuhören, wenn ich nichts zu sagen hatte, mich dann an ein Wort zu hängen, das mir bekannt vorkam, und dann darüber zu reden. Ich konnte erzählen, was ich wusste, ich konnte mir anhören, was andere wussten, und ich konnte fragen. Allmählich bekam ich heraus, dass man auf viele unterschiedliche Arten fragen konnte. Eine war, so zu fragen, dass man ein Ja oder ein Nein zur Antwort bekam. Das war uninteressant, und deshalb überlegte ich mir immer, wie man fragen musste, damit der andere erklärte, was er wusste. Auf diese Weise geriet ich in die unterschiedlichsten Gespräche mit Menschen, und das machte mir richtig Spaß. Manche Leute fanden mich komisch, andere interessant, aber in jedem Fall sorgte es dafür, dass ich dabei sein konnte.

Ich war in einer Gruppe mit vier anderen Mädchen, die waren jeweils zwei und zwei, und ich war das fünfte Rad am Wagen. In meiner Welt konnte ich dabei sein, weil ich einfach am selben Ort war. Ich verstand nicht, dass Freundschaft eine andere Art

Gemeinschaft bedeutet als die, an der ich teilhatte. Die anderen besaßen einen starken Willen, und manchmal gerieten sie damit aneinander und ein Pärchen verfeindete sich. Dann war ich immer für diejenige da, die übrig blieb. Ich hatte keinen eigenen Willen und wollte immer nur, was der andere wollte, deshalb entstanden mit mir zusammen niemals Konflikte wegen irgendwelcher Unternehmungen.

Das Mädchen, das am häufigsten mit den anderen in Streit geriet, wurde besonders wichtig für mich. Sie wusste alles darüber, wie man sich verhalten und darstellen musste, wie man gekleidet sein musste, um dazuzugehören, und wie man sich als Mädchen geben musste. Sie war schlank, süß, fröhlich und ungezwungen, und um sie herum sammelten sich die anderen Jugendlichen, vor allem die Jungen.

Vater wusste, dass ich keinen Selbstschutz besaß, und ihm war auch klar, dass ich von den Jungen leicht sexuell ausgenutzt werden konnte. Doch jedes Mal, wenn ich einem Jungen begegnete, der mit mir flirtete, machte ich, was Mutter mir beigebracht hatte. Ich dachte: Kann ich den hier für den Rest meines Lebens auf der anderen Seite des Küchentischs sitzen sehen? In den meisten Fällen lautete die Antwort Nein, und da wusste ich dann, dass ich mit dem Jungen nicht allein bleiben sollte. Wenn es doch mal einen gab, den ich mir auf der anderen Seite des Küchentischs vorstellen konnte, dann musste ich ihn nach Hause einladen, damit er mit Vater sprach, und da verschwanden dann die meisten schon von selbst, und nur sehr wenige blieben übrig.

Vater hatte Vertrauen in das andere Mädchen und übertrug ihr die Aufgabe, mich nicht allein zu lassen, sondern immer mit mir zusammen nach Hause zu gehen. Und so war es auch. Wenn Jungen im Spiel waren, blieb keine von uns allein, und wir gingen immer zusammen nach Hause.

In der Schule hatten wir auch Sport und verschiedene Arten von Übungen und Spielen. Wenn nur einzelne Bewegungen gefragt waren, machte ich es oft richtig, doch meist tat ich etwas völlig anderes, und so benutzte mich der Magister oft als Versuchskaninchen, um etwas zu zeigen. Er machte die Übung erst selbst vor, dann zeigte er mit mir, wie man es anstellen musste. Das machte Spaß, und die Sportstunden gefielen mir sehr. Ich glaubte, alles zu können, doch wenn ich mal etwas ohne seinen Geist und seine Atmosphäre machen sollte, gab es keinerlei Impulse, die mich in die richtige Richtung lenkten.

Beim Handball begriff ich die Regeln nicht. Ich warf den Ball in alle möglichen Richtungen, und das ruinierte das Spiel, weshalb niemand mich in seiner Mannschaft haben wollte. Also sagte der Magister zu mir: »Wirf auf den Torwart!«, und das tat ich. Wo immer ich mich auf dem Spielfeld befand, zielte ich und warf mit aller Kraft auf den Torwart, und das waren harte Bälle, denen die Torwarte nicht gern im Weg standen. Ich begriff nicht, dass der Ball ins Tor sollte, und so kriegte der Torwart, wo immer er sich befand, den Ball ab. Das machte mich sehr beliebt, und plötzlich wollten mich alle in ihrer Mannschaft haben, ich wurde strategisch günstig platziert und durfte Torschützin sein.

Während der zwei Jahre unter der wohlwollenden Anleitung des Herrn Magister fand ich heraus, was das Leben ausmacht, ich lernte den Wert des Lebens kennen und dass der Wert des Menschen mit ebendiesem Leben zusammenhängt. In dieser Zeit wuchs mein Interesse für alles, was mit dem Leben zu tun hatte und was man lernen konnte. Ich hatte eine Vorstellung von unserer Erdkugel gewonnen und davon, wie groß sie war, dass sie rund war, dass es ein Universum gab, dass es Menschen gab, die an unterschiedlichen Orten lebten, und dass das Leben zum Beispiel in Grönland etwas völlig anderes war als das in Schweden. Ich hatte etwas über Amerika gelernt und die Auswanderung, über Afrika und den Imperialismus, über die Sowjetunion und den Kalten Krieg und über Schweden als Großmacht. Das alles sog ich wie ein Schwamm auf, und ich genoss es, alle Fakten zu sammeln, die ich bekommen konnte. Dann konnte ich sie benutzen, wenn ich mit anderen sprach, und auf diese Weise konnte ich kommunizieren.

Der Magister erzählte von den Erdnüssen in Afrika. Die Behörden akzeptierten Steuern nur in Form von Erdnüssen, und das nötigte die Bauern dazu, Erdnüsse anzubauen statt anderer Dinge, die sie selbst essen könnten, und das führte zu Lebensmittelknappheit. Es faszinierte mich, dass so etwas möglich war. In der Richtigen Wirklichkeit konnte ich sehen, wie sie Besseres hätten anbauen können. Warum sorgten die Menschen nicht für Verbesserung, wenn sie doch sahen, wie schlecht etwas war? Ich redete wochenlang davon, merkte aber, dass das meinen Klassenkameraden völlig egal war. Die sagten oft: »Ja, und? So ist es nun mal. Warum sollte man sich darum scheren, es gibt Lustigeres, was man machen könnte.«

Das konnte ich nun gar nicht beurteilen. Für mich gab es nichts Lustigeres, als alle diese Daten zu sammeln, sie in Listen in meinem Kopf zu ordnen und sie anzuwenden, um mit anderen zu kommunizieren. Meine Umgebung fand mich ziemlich unerträglich, oft baten sie mich, doch von etwas anderem zu reden oder den Mund zu halten.

Der Einzige, der das sehr schätzte und sich mit mir freute, war Vater. Geduldig hörte er alles an, was ich erzählte und wie ich darüber dachte. Er fragte nach und schien sich nicht im Mindesten zu langweilen. Wenn ich aus der Schule kam, ging ich für ein paar Stunden zu ihm in den Stall und berichtete alles, was ich in der Schule gehört hatte. Er lächelte unausgesetzt und konnte seine Freude über diese Entwicklung nicht verbergen. Er meinte, dass ich etwas Wesentliches im Leben begriffen hätte, und empfahl mir, doch alte Menschen zu befragen, wenn ich mehr über das Leben wissen wollte. Seine Eltern waren in jenem Jahr gestorben, mit ihnen konnte ich also nicht mehr reden, aber ich hoffte, dass jemand anders auftauchen würde, den ich befragen könnte.

In dieser Zeit fing ich an, noch einmal alles zu durchdenken, was Fil mir erzählt hatte, was ich von Emma gehört hatte und was mir Vater von seinem Großvater erzählt hatte. Das konnte ich jetzt alles auf andere Weise auffassen. Ich begann Zusammenhänge zu verstehen, konnte verschiedene Dinge zusammenfügen und entdeckte dabei, dass daraus neue Gedanken entstanden. Ich spürte, wie sich die Welt mit jeder Neuentdeckung veränderte, und freute mich über alles, was ich verstehen und worüber ich Wissen erwerben konnte.

Nicht weit von unserem Hof entfernt lag eine alte Ziegelei, in der während des Winters Landstreicher über den Öfen wohnten, die sich als Gegenleistung darum kümmerten, dass die Öfen in Gang gehalten wurden und immer die exakt richtige Temperatur zum Brennen von Lehm hatten. Wenn sie das taten, wurden sie vom Gutsbesitzer zu einer Mahlzeit täglich eingeladen. Mein Bruder ging dorthin und war mit den Landstreichern zusammen, und einmal durfte ich auch mitgehen. Er sagte, sie würden saufen und könnten gewalttätig werden, deshalb müsse man aufpassen, wenn sie ins Delirium fielen, und außerdem könnten sie kleine Mädchen angrabbeln. Im Nachhinein ist mir klar geworden, dass das Risiko für ein Mädchen, das Anfälle bekam, sobald man es anrührte, nur sehr gering war, und deshalb musste ich mich eigentlich nicht vorsehen.

Ich ging dorthin, blieb an der Treppe stehen und wartete, bis jemand kam und fragte, was ich wollte, und dann sagte ich, dass ich wollte, dass sie mir von ihrem Leben erzählten. Das wollten sie nur zu gern, sie liebten es zu reden und sprachen sowieso meist von ihrem Leben und ihrer Geschichte. Sie kannten mich, denn sie waren schon bei uns zu Hause gewesen und hatten die eine oder andere Mahlzeit bekommen. Irgendwann hatten sie einmal ausgeholfen und dafür ein Bier bekommen, also wussten sie, dass ich das »Mädel vom Pfarrhof« war.

Ihnen konnte ich alles erzählen, was ich in der Schule lernte. Sie hatten alle Zeit der Welt, hörten gern zu, und wenn ich einen Korb mit Essen, »gute Sachen«, wie sie es nannten, dabeihatte, dann konnte ich alle ihre Erzählungen für mich zum Leben erwecken.

Dies war der Winter der Erkenntnisse, und der Sommer danach wurde völlig anders für mich, als je ein Sommer gewesen war. Ich glaube, es hing damit zusammen, dass der Hormonhaushalt meines Körpers sich veränderte und dass etwas mit meinem Bewusstsein geschehen war, was dazu führte, dass ich die Wirklichkeit auf eine andere Weise verstehen konnte. Ich entdeckte auch, wie wenig ich verstand, und sah ein, dass ich eine Menge Sachen lernen musste.

Zum ersten Mal traf ich mich mit einem älteren Jungen, der mich auf eine Weise anfassen konnte, die mir nicht unangenehm war. Wir saßen viele Stunden lang in einem Graben und redeten, und er hielt mich im Arm, und das war angenehm. Stunde um Stunde verging, es wurde schon hell, und endlich ging ich nach Hause. Als ich dort ankam, war der Eingang verschlossen, und ich musste durch das Schlafzimmer meiner Eltern gehen, wo ich von meiner Mutter gründlich ausgeschimpft wurde. Vater drehte sich im Bett herum, um mich zu sehen, und stieß dabei versehentlich an mein Knie, sodass ich mit einem lauten Krach rückwärts in den Schrank fiel. Da brach er in Gelächter aus, was er zu verbergen versuchte, indem er sein Gesicht ins Kissen drückte, doch das ganze Bett wackelte, und da durfte ich endlich in mein Zimmer gehen und schlafen.

Ich verbrachte daraufhin den Sommer damit, Nähe zu entdecken, anzufassen und mich anfassen zu lassen, ohne dabei reflexhaft gleich einen Anfall zu bekommen. Mein Problem war, dass ich nicht fühlte oder auch nur ahnte, wie man sich verhalten sollte. Ich fragte alle anderen, was sie meinten und wie man lernen könnte, welches die richtigen Gefühle seien, doch die sagten nur, dass sie es entweder wüssten oder dass es sich von selbst ergeben würde. Das tat es für mich nicht, aber ich lernte auf jeden Fall eine Menge Jungs kennen, und das willensstarke Mädchen und ich hatten richtig Spaß.

Dann begann das letzte Schuljahr. Das fand in derselben Schule statt, in der ich auch mein erstes Schuljahr verbracht hatte, doch damals war ich ins kleine Schulhaus gegangen, jetzt gehörte ich zu den Großen.

Unser Lehrer war ein alter Mann, der gleichzeitig Oberlehrer war, was man später dann Rektor nannte. Sowohl Vater als auch Mutter hatten ihn schon als Lehrer gehabt, und damals war er schon genauso blöd gewesen wie jetzt.

Er zeigte mir von Anfang an, dass er mich nicht mochte. Natürlich war er in Kontakt mit meinen Lehrerinnen aus der Grund- und Mittelschule gewesen und war der Ansicht, dass ich die dümmste Schülerin sei, die man sich nur vorstellen konnte. Er sagte mir gleich, dass er mich schon Mores lehren würde und dass er, weiß Gott, nicht vorhabe, irgendwelche Eigenheiten oder Privilegien zu akzeptieren, die ich bei meinem Herrn Magister vielleicht genossen hätte. Außerdem habe er Berichte über mich erhalten, die ihm gar nicht gefallen würden. Er fand, ich sei verwöhnt, und es wäre höchste Zeit, dass ich mal lernen würde, wo mein Platz sei. Später kapierte ich, dass er eigentlich Angst vor mir hatte, doch das konnte ich damals noch nicht begreifen.

Jedes Mal, wenn ich etwas fragte oder eine Antwort gab, wurde er hochrot im Gesicht und schüttete böse Schimpfwörter über mich aus. Diese Wörter verstand ich nicht, sondern fragte dann, was sie bedeuteten, und dann wurde er noch böser und glaubte, ich würde ihn vorführen. Meine Mitschüler lachten dann über ihn, und das brachte ihn nur noch mehr zur Raserei. Zu Beginn des Schuljahres saß ich ganz hinten, doch er nahm meine Bank und stellte sie ganz nach vorne, um mich dann dort zur Strafe sitzen zu lassen. Er stand immer über mich gebeugt da, wenn er zur Klasse sprach, und das war sehr unangenehm. Er kam mir dadurch viel zu nah, und einmal bekam ich einen Anfall. Da nahm er die ganze Bank und mich und warf mich hinaus, weil er es nicht aushielt. Ich saß direkt an der Tür, deshalb fiel ihm das nicht sonderlich schwer. Ich stellte die Bank wieder hin, legte alle Sachen, die herausgefallen waren, wieder hinein und ging nach Hause.

Ich ging schnurstracks in den Stall und berichtete Vater, was geschehen war, damit er vorbereitet wäre, falls der Lehrer anrief. Das geschah, und die Version, die der Lehrer von sich gab, unterschied sich natürlich sehr von meiner. Doch Vater, der diesen Mann noch nie gemocht hatte, glaubte mir mehr als ihm, sodass es dem Lehrer nicht gelang, sich mit Vater zu verbünden und ihn gegen mich aufzuhetzen. Das brachte ihn schier zur Weißglut.

Zu seinem Unglück und zu meinem Glück bekam er ein paar Monate nach Schuljahresbeginn einen Bruch, kam ins Krankenhaus und musste operiert werden. Dann bekam er eine Rippenfellentzündung und wurde für den Rest des Schuljahres krankgeschrieben. Wir bekamen einen jungen Lehrer, frisch aus dem Referendariat.

Viele aus meiner Schulklasse waren nach der sechsten Klasse auf die Realschule gewechselt, und so waren wir nur noch eine kleine Gruppe von sechzehn Schülern, die sämtlich schlecht im Lesen, Schreiben und Rechnen waren. Das bedeutete, dass die Motivation, in der Schule mitzuarbeiten, sehr gering war, und mit dem unausgeglichenen alten Lehrer, der sich einen Bruch gehoben hatte und ansonsten ein dankbares Opfer für alle Hänseleien und Streiche gewesen war, hatte sich der Geist in der Klasse nicht gerade verbessert.

Das führte dazu, dass wir gar keinen Respekt vor dem Lehrer hatten und der Unterricht ein einziges Chaos war, und dass nur wenige morgens oder nach den Pausen pünktlich kamen. Niemand machte Hausaufgaben, und niemand erledigte die im Unterricht gestellten Aufgaben. Die meiste Zeit rannten wir herum und redeten miteinander.

Der Assessor packte mich bei den Kleidern, drückte mich an die Wand und sagte: »Es ist mir herzlich egal, ob du lesen und schreiben kannst oder nicht, aber es muss dir klar sein, dass du keine einzige meiner Unterrichtsstunden mehr ruinieren darfst!« Dann ließ er mich los und fügte hinzu: »Ich weiß, dass du Schwierigkeiten hast, und wenn du Hilfe haben willst, um Lesen und Schreiben zu lernen, werde ich dir das gerne beibringen. Das wird allerdings nicht in der Zeit meiner Vertretung hier möglich sein, aber die Volksschule nebenan wird zu einer Sonderschule umgebaut, und ich bin frisch ausgebildeter Sonderschullehrer, ich kann dir also helfen, wenn du mit der Schule fertig bist. Die neue Schule fängt im Herbst an.«

Da konnte ich nicht gleich antworten, doch nach einiger Zeit wurde mir immer deutlicher, dass er ein guter Mensch war und dass er tatsächlich etwas verstanden hatte, was andere nicht begriffen. Deshalb fing ich im Herbst bei ihm an, um alles zu lernen, was ich nicht wusste.

Dieser Lehrer brachte mir bei, alle Wörter in einem Text durchzubuchstabieren. Dann musste ich alle Wörter durch Laute erkennen und alles zusammen hintereinander lesen. Am Ende konnte ich tatsächlich lesen und verstand sogar einen Teil dessen, was ich da las.

Als Übung bekam ich die Aufgabe, jeden Tag zweihundert Wörter zu lesen. Dabei spielte es keine Rolle, was ich las, ich musste nur so lange lesen, bis ich den Inhalt der Wörter verstand. Mein Bruder zählte mir zweihundert Wörter in der Tageszeitung ab und setzte sie in Klammern, und dann kämpfte ich. Erst buchstabieren, sodass ich alle Buchstaben erkannte, dann sie zu Wörtern zusammenlesen und dann zu ganzen Sätzen.

Wenn ich dann zum Lehrer kam, las er den Text durch, und ich musste den Inhalt mit eigenen Worten erzählen. Das war schwer, es tat furchtbar weh, und ich kriegte eine Angst, die mich die Wand hochgehen ließ, doch er saß einfach nur da und wartete, und korrigierte währenddessen Aufsätze. Er sagte niemals, dass ich etwas richtig oder falsch, gut oder schlecht gemacht hätte, sondern immer nur, dass es gut sei, dass ich weitermachte.

Zu Anfang schwamm ich meistens herum und bekam nur sehr wenig vom Inhalt zu fassen, doch damit gab er sich nicht zufrieden. Dann musste ich nach Hause gehen, alles noch mal lesen und mir Gedanken machen, was ich davon erzählen würde. Es durfte nicht wörtlich sein, sondern musste in meinen eigenen Worten geschehen. Ich brauchte ein halbes Jahr, um zu lernen, mich an den sachlichen Inhalt zu halten und nichts zu erfinden, hinzuzufügen oder wegzunehmen, und auch nicht zu raten, wenn ich mal nichts wusste.

Dann trug er mir auf, jeden Tag zweihundert Wörter zu schreiben. Ich verstand nicht, was das bringen sollte, doch dann erklärte er, ich dürfe nichts abschreiben, sondern müsste die Wörter aus meinem eigenen Kopf holen. Das verwirrte mich total. In meinem Kopf gab es nichts zu schreiben. Er meinte, ich könne mich ja an jemanden wenden und es wie einen Brief schreiben, wenn das leichter wäre. Also ging ich nach Hause, nahm mir eine »Kamratposten«, die Zeitschrift für Kinder und Jugendliche, in der fünfzig Kontaktanzeigen waren. Ich sortierte mir einunddreißig Stück heraus und schrieb jeden Tag einen Brief an eine der Adressen. Im Laufe von zwei Jahren bekamen sie einen Brief pro Monat von mir. Auf einige bekam ich eine Antwort, und zu einem habe ich sogar immer noch Kontakt, doch die meisten antworteten nie. Das machte mir nichts aus, wenn ich nur jemanden hatte, dem ich schreiben konnte. Wie diese Leute meine Hieroglyphen mit all den Rechtschreibfehlern und dem falschen Satzbau überhaupt deuten konnten, ist mir ein Rätsel, doch die meisten haben mir hinterher gesagt, dass sie das alles ganz in Ordnung fanden.

Dem Lehrer war es egal, ob ich richtig oder falsch schrieb, er fand vor allem wichtig, dass ich schrieb und dass ich es schaffte, eine lange Zeit dabeizubleiben. Ebenso verhielt es sich auch mit dem Lesen, doch nach ungefähr einem Jahr meinte er, nun sei es an der Zeit für mich, Bücher zu lesen. Das kam mir wie ein unüberwindliches Hindernis vor, und ich fragte erst einmal, woher ich die Bücher denn nehmen sollte. Er sagte, ich könne einfach nach Hause gehen und irgendein Buch nehmen, das dort im Regal stand, und anfangen zu lesen. Doch bei uns zu Hause standen keine Bücher im Regal; es gab niemanden, der las. Nur einer meiner Onkel las Westernkrimis, also lieh ich mir davon einen aus. Es war eine Buchreihe über zwei Freunde, Bill und Ben, die fanden, der Sheriff würde nicht hart genug durchgreifen, und deshalb das Gesetz selbst in die Hand nahmen.

Im Laufe eines Jahres arbeitete ich mich durch viele Western, und am Ende hatte ich richtig Spaß dabei. Jedes Mal, wenn ich ein Buch ausgelesen hatte, musste ich es dem Lehrer bringen, damit er es durchlesen konnte, und dann musste ich erzählen, was ich vom Inhalt verstanden hatte.

In der Mathematik ging es meist um ganz praktisches Rechnen. Ich sollte die Wahrscheinlichkeit einschätzen, ob es sich beim Preis für eine Ware um Kronen oder Öre, um Zehner oder Hunderter handelte, oder sollte beurteilen können, ob in einem Rezept wohl ein Deziliter oder ein Liter gemeint war. Er half mir, den Unterschied zwischen einem Meter, einem Kilometer, einer Meile und auch zwischen den kleineren Maßeinheiten zu begreifen. Wir schritten ab, fuhren Fahrrad, wogen und spielten Kaufladen. Er brachte mir bei, wie man Fachbücher liest und in Maßstäben zu denken, wenn ich auf eine Karte schaute. Er zeigte mir, dass die Mathematik eine Beschreibung der Wirklichkeit mithilfe einer besonderen Sprache ist, und so habe ich begriffen, was für einen Sinn es hat, Mathematik zu beherrschen. Das ist mir seither von großem Nutzen gewesen. Er brachte mir auch die Chronologie bei, die man für die Einordnung von historischen Daten braucht. Wir fingen bei den Königen an, und dann ging er zu allen möglichen anderen Parametern über, wie Kleidung, Lebensweise, Versorgungsweisen. Er brachte mir bei, den Unterschied zwischen hier und jetzt und früher und in Zukunft und den völlig unterschiedlichen Denkweisen, die das mit sich brachte, zu verstehen. Das war mir alles nicht klar gewesen.

Nach zwei Jahren meinte er, nun wüsste ich genug, um selbst weiterzumachen. Ich las zwar stockend und musste alles dreimal lesen, ehe ich den Inhalt begreifen konnte, doch andererseits behielt ich dann, wie er sagte, den Inhalt für den Rest meines Lebens, und das würde sich sozusagen ausgleichen. Ich konnte Wörter aus dem Kopf schreiben, auch wenn ich viele Fehler machte, doch dann wiederum gab es viele Leute, die gar nicht schreiben konnten, und da fand er es besser, wenn man überhaupt schrieb. Ich bekam ein Wörterbuch von ihm, und er verlangte, dass ich jedes Wort mehrere Male las und es dann zweihundertmal auf ein Stück Papier schrieb. Wenn ich das mit allen Wörtern in dem Wörterbuch machte, dann würde ich eines Tages verständlich schreiben können. Und das tat ich. Viele Jahre lang übte ich genau so, wie er es gesagt hatte, und tatsächlich lernte ich, die Wörter sehr oft richtig zu schreiben. Die Wortfolge jedoch war oft fehlerhaft, und meine Grammatik war eine reine Katastrophe, doch ganz allmählich wuchs mein Selbstvertrauen auf diesen Gebieten.

KAPITEL 3

Von der unbegreiflichen Welt, in der Iris lebte

Während meines Pädagogikstudiums an der Hochschule sollten wir eine Gruppenarbeit machen. Ich habe das mit diesen Gruppenarbeiten nie richtig verstanden. Man bekommt eine Aufgabe, und dann soll man sie aus irgendeinem unerfindlichen Grund zusammen mit jemand anders lösen. Alle suchten sich ihre Partner aus, und am Ende blieb einer für mich übrig. Er studierte eigentlich nicht mit uns, doch fehlte ihm ausgerechnet dieser kleine Kurs noch, und deshalb war er mit dabei.

Wir legten los. Er sagte: »Erst lesen wir das hier mal durch, dann entwerfen wir eine Struktur, und die füllen wir dann mit Inhalt.« Ich antwortete: »Leider kann ich so etwas nicht einfach nur durchlesen, sondern ich muss das mit nach Hause nehmen und brauche dann Zeit dafür. Aber wenn du es durchliest, dann machen wir einfach alles so, wie du willst.« Er stöhnte. Wir stritten uns über meine Legasthenie, über die Gruppenarbeit, und am Ende beschimpfte er mich und schrie mich an, ich wäre eine verdammte Autistin, mit der man einfach nicht zusammenarbeiten könne.

Da ich solche Ausbrüche gewohnt war und sie nie sonderlich übel nahm, fragte ich ihn, was denn ein »Autist« wäre. Er beruhigte sich ein wenig, sah mich misstrauisch an und fragte, ob ich so dumm sei, dass ich nicht einmal wüsste, was Autismus wäre. »Nein«, antwortete ich, »ich habe die Diagnose schon einmal gehört, ich glaube, dass wir das Thema in der Freizeitpädagogik einmal gestreift haben, aber ich habe nie verstanden, was genau es bedeutet.«

Er nahm meine Frage ernst und begann zu erzählen. Er studierte eigentlich Sonderpädagogik und hatte sich eben ein ganzes Semester lang mit Autismus beschäftigt. Er erzählte und erzählte, und am Ende sagte ich, das wäre gerade so, als würde er mir von meiner Jugend erzählen. Das interessierte ihn sehr, und nach ein paar Stunden schlug er mir vor, doch mal nach Göteborg zu kommen, damit er mich testen könne, denn er wollte unbedingt wissen, wie es sich anfühlt, in einem anderen Zustand zu leben als in der konkreten Beziehungswelt.

Also rollte ich nach und nach die ganze Geschichte von der unbegreiflichen Welt, in der ich von klein auf lebte, für ihn auf. Sehr viele Erinnerungsfragmente hatte ich selbst bewahrt, und einen großen Teil habe ich mir erzählen lassen, darunter vor allem die zahlreichen Verrücktheiten, die ich angestellt habe. Vieles habe ich gesammelt, indem ich noch lebende alte Menschen befragt habe, die mich schon als Kind kannten. Außerdem habe ich das Glück gehabt, auf unglaublich gute Therapeuten zu treffen, die mich dabei angeleitet und mir geholfen haben, das Bild von mir als Iris zusammenzusetzen. Die Puzzleteile fielen dann an die richtige Stelle und bekamen eine tiefere Bedeutung.

Nun gehe ich zurück und erzähle aus meiner neuen Perspektive heraus noch einmal die Geschichte von Iris.

Ich habe klare Erinnerungen an Iris. Iris, das war sie, das war das Mädchen. In ihrer Welt gab es keine Menschen als Menschen, es gab nur Dinge, und zwar immer nur ein Ding auf einmal. Manchmal stand es still, sodass man an ihm riechen, in es hineinbeißen, es festhalten oder wegwerfen konnte. Manchmal bewegte es sich und machte Geräusche – das war lustiger. Und wenn es sehr laut klang, dann gab es so ein schönes Licht um es herum, und die Lichtzungen bildeten schöne Muster, die sich die ganze Zeit in sich schlängelnden Formen bewegten. Es war wie ein Feuerwerk, und es war wie Farben, wenngleich es keine Farben waren, es war wie Licht, und war doch kein Licht, und es sah jedes Mal völlig anders aus, und doch war es für ein und dieselbe Person immer gleich, und das füllte alle Sinne von Iris aus. Jemand zog Iris weg, das durfte sie nicht machen, aber Iris machte das gern, es wurde schließlich so schön davon, und sie konnte es nicht lassen. Es spielte gar keine Rolle, dass man sagte, sie dürfe das nicht, denn das verschwand sofort wieder aus ihrem Kopf.

Das Mädchen liebte es, auf dem Rücken des Vaters zu sitzen. Da schaukelte es auf und ab. Der Vater redete ständig, aber nicht zu ihr. Er erzählte, antwortete dem Radio und redete mit den Kühen, mit der Katze und mit allem anderen. »Jetzt wollen wir mal sehen, ob Majros auch was besonders Gutes bekommen hat, sie frisst ja etwas langsam, und schließlich wird sie bald kalben, da müssen wir darauf achten, dass sie was abkriegt, auch wenn sie langsam ist.«

»Sieh mal einer an, da kommt ja die alte Katze, die habe ich schon einige Tage nicht gesehen, bestimmt war sie draußen und ist herumgelaufen, da ist es am besten, wenn wir ihr ein bisschen kuhwarme Milch geben und noch etwas Sahne extra dazu, das können wir uns schon leisten. Oje, wie verlaust sie aussieht … die arme Mieze.«

Dann setzte er sich neben den Fressnapf der Katze und streichelte sie, während sie die Sahnemilch in sich reinschlabberte und dabei schnurrte, wie es nur Katzen können.

Das Mädchen saß da, ihre Wangen wurden heiß von der Wärme des Vaters, und sie hörte die murmelnde Stimme. Sie befand sich in einem Rhythmus, einem Tanz, wenn er herumlief und sich bewegte und redete, und es wurde ganz hell in ihr drin. Die Atmosphäre um sie herum bekam ein besonderes Licht, und alles bewegte sich wie ein Meer, das sich sachte hebt und senkt. Es war wie ein Rausch. Sie schwebte darin und schwamm in etwas, das sehr angenehm war. Es war, als würde sie in einem Traum schweben, obwohl sie wach war. Alles, was den Wachzustand ausmacht, war da, doch es bedeutete nichts für sie. Das Einzige, was es gab, war das, in dem sie sich befand. Manchmal spürte sie die Wärme seiner Haut, manchmal einen Duft, einen Geruch, der in der Nase kitzelte, manchmal biss sie sich selbst in die Hand und bekam ein schönes Empfinden von Schmerz.

Manchmal ging der Vater ins Lager und mahlte Mehl. Dann wurde es weiß in der Luft, und es erschienen viele lustige Figuren. Das roch ganz anders und es war auf eine andere Weise kalt. Der Vater hatte eine andere Stimme, und das Mädchen lachte.

Das Mädchen hörte Geräusche, andere Geräusche als die gewöhnlichen, Geräusche, die das Gewöhnliche durchbrachen, die sie wiedererkannte und die zu ihr kamen, ins Ohr hineinsausten und in ihrem Innern zu etwas wurden. Sie liebte das. Sie begriff nicht, dass das Geräusch von ihr selbst kam, dass sie es war, die schrie oder die mit dem Kopf so an die Schranktür donnerte, dass es knallte. Sie merkte, dass alles andere verschwand, und dass sie innen drin hell und fröhlich wurde.

In der Welt des Mädchens hatte sich etwas verändert. Etwas hatte eine andere Bedeutung bekommen. Der Vater hatte eine Form bekommen, die das Mädchen wiedererkennen und über die es sich freuen konnte, wenn diese Form zurückkam. Sie konnte seine Form als etwas Besonderes unter all den Formen unterscheiden, die zwar auch besonders waren, aber nichts bedeuteten.

Meist war das Mädchen von einer Art dickem Nebel umgeben, der sie einsam machte, denn sie sah, hörte oder spürte dann nichts anderes als die auftauchenden Gespenster, die sich durch den Nebel schoben. Manchmal veränderte der Nebel die Form und wurde zu den schönsten Lichtbildern, die man sich nur vorstellen kann. Auf einer anderen Ebene sah, hörte und verstand sie viel mehr, als Kinder im Allgemeinen verstehen. Doch kein Außenstehender konnte das bemerken, und ihr selbst war es nicht bewusst.

In diesem Nebel war es so ruhig, schön und sicher, dass es ihr Schmerzen verursachte, wenn jemand versuchte, sich hindurchzudrängen. Das war paradox, denn sie fand auf eine andere Art Ruhe, wenn sich jemand einmal zu ihr hindurchgedrängt hatte.

Wenn der Vater das Mädchen nicht mitnehmen konnte, dann ließ er es bei Emma, der einarmigen alten Frau. Emma betrat ihre Sphäre, und der Nebel umschloss sie beide. Das Licht im Nebel ging von gräulich zu schimmernd Silber-Gold über. Emma erzählte von sich und vom Leben, und ihre Worte bildeten lange Ketten, die sich um die beiden schlängelten, und das war wunderschön. Das Mädchen lachte viel. Wenn Emma sagte, sie solle sich aufs Töpfchen setzen und ihr Geschäft verrichten, dann konnte sie das. Sie wusste genau, was Emma von ihr wollte, und dann war es ganz selbstverständlich, das auch zu tun. Emma konnte ihr auch die Haare waschen. Sie legte sich auf den Rücken, den Kopf über den Rand einer Wanne, und da blieb sie dann ganz still liegen. Emma wusch, spülte aus und kämmte, bis die Haare schön waren. Wenn die Mutter oder jemand anders dem Mädchen die Haare waschen wollte, dann gab es ein furchtbares Theater, sie schrie und wehrte sich die ganze Zeit, und man musste sie mit Gewalt festhalten. Danach dauerte es mehrere Stunden, bis sie aufhörte, mit dem Kopf gegen die Schranktür zu donnern und sich die Lippen kaputt zu zupfen oder zu kauen.

In der Welt des Mädchens wurde alles anders, wenn sie bei Emma war. Es war, als würde alles klar und deutlich, und das Mädchen konnte Emmas Gesicht sehen. Sie sah Augen. Da war etwas ganz anderes auf der Innenseite, es kamen Laute und Reaktionen, die es sonst nicht gab. Die sind viele Jahre später immer noch da. Emma ist der einzige Mensch, der Iris' Inneres bevölkert.

Der Vater kam auch oft in den Nebel des Mädchens und veränderte die Farben des Lichts. Doch mit ihm war es ein bisschen anders, denn er ging direkt auf sie zu, und manchmal fühlte es sich genauso an, wie es sein sollte, aber manchmal war er auch von einer Menge seltsamer Umständlichkeiten umgeben, die alles nur unangenehm machten, und dann war sie gezwungen, das abzuleiten, und das tat sie auf alle ihr möglichen Arten: mit den Händen fuchteln, den Kopf herumwerfen, kreiseln, den Mund einen breiten Strom Wörter hervorbringen lassen.

Das Mädchen hatte Angst vor der Dunkelheit, und wenn es dunkel wurde, dann rollte sie sich zusammen, saß da und wimmerte und schaukelte hin und her, bis sie in ihrer eigenen Welt landete. Stundenlang konnte sie so sitzen, bis irgendein Bedürfnis sie zurückholte, wenn sie zum Beispiel in die Hose machte oder müde wurde und einschlief.

Der Lieblingsplatz des Mädchens war die Schaukel. Dort saß sie am allerliebsten, und sie schaukelte Stunde um Stunde, wenn niemand kam und sie herunterholte. Dort ging sie ins Außen und begegnete der Richtigen Wirklichkeit. Sie saß wie festgeschnallt und scherte sich überhaupt nicht um die anderen Kinder, die um sie herum spielten.

Das Plumpsklo gefiel ihr auch. Der Vater hatte einen besonderen Sitz für sie gebaut, damit sie im Winter nicht festfror. Da konnte man auch gut sitzen. Es roch, und sie konnte den Geruch benutzen, um zu entfliehen und in die Richtige Welt zu kommen.

In der Scheune gab es Maschinen – Heuwender, Pferderechen, Mähmaschine, Ackerwalze –, die alle Sitze aus Metall hatten, die auf einer Federung saßen. Da konnte sie sitzen und sich stundenlang in ihre eigene Welt schaukeln.

Ein anderer Ort war die Kirche. Das Mädchen ging hinein und setzte sich mucksmäuschenstill hin und verschwand in irgendeinem Bild oder einer Ikone, mit der es in Kontakt kam. Oft stieg sie den Glockenturm hinauf und setzte sich in die Fensternische und machte die Luke auf. Sie verschwand in die Richtige Welt und spielte dort mit ihren Seelenverwandten.

Eine Lieblingsstelle war die Leichenkammer. Das Mädchen kletterte durchs Fenster hinein, und wenn ein Sarg mit einem Toten darin stand, dann stellte sie sich auf den Betstuhl und hing über dem geöffneten Deckel. Da konnte sie reden. Das war anders als alles sonst. Der dort lag, war so still, und die Atmosphäre war so fein. Dort gab es eine Menge Bilder, einige waren von Menschen und andere von Ereignissen. Das war wie ein Album, in dem man ein Bild nach dem anderen aufschlagen konnte. Das Mädchen schaute und schaute und berichtete dem, der da lag und nichts sah, von allem. Dann irgendwann hörten die Bilder auf, und sie kletterte wieder hinaus.

Das Mädchen konnte nicht spielen. Sie verstand die Regeln nicht und auch nicht, dass man sie befolgen musste. Wenn es möglich war, setzten die anderen sie auf den Milchtisch und spielten um sie herum. Da hatten sie sie unter Aufsicht und konnten frei spielen. Das Mädchen aber war auf seine Weise doch im Spiel. Sie sah alles, was um sie herum geschah. Sie konnte ins Außen kommen und ganz nah sein und in ihrer eigenen Welt mit im Spiel dabei sein. Sie liebte es, wenn alle um sie herumliefen. Das gab ein schönes Licht in unterschiedlichen Nuancen, das die schönsten Muster und Figuren bildete, und sie lachte oft, scheinbar ohne Grund. Doch wenn der Vater sah, dass die Kinder Iris auf den Milchtisch gesetzt hatten, dann begriff er nicht, dass sie trotzdem mit im Spiel dabei war, und dann griff er ein und sorgte dafür, dass sie Iris auf die normale Weise mitspielen ließen.

Iris liebte Wasser, hasste es aber, die Kleider ausziehen zu müssen. Sie rollte sich in jeder Pfütze, ganz gleich, wie dreckig sie war, und sie rannte hinaus, wenn es regnete, und stellte sich unter die Regenrinne. Da konnte sie sich dann die Kleider vom Leib reißen und nackt herumspringen, auch wenn es so kalt war, dass die anderen nicht einmal hinausgehen wollten.

Die Mutter musste jeden Abend einen Kampf mit Iris ausfechten, um sie dazu zu bringen, ihre Kleider auszuziehen. Frisch gewaschene Kleider verabscheute das Mädchen. Die Kleider waren eins mit ihr. Sie waren Iris, und man konnte sie nicht wegnehmen. Wenn sie nass wurden und klebten, dann schon, doch dann konnte man nichts anderes anziehen. Dann musste das Mädchen nackt sein. Das war schön, das war frei, das war kalt, und da fühlte sie etwas anderes. Für das Mädchen war es ganz schlimm, wenn jemand ihr die Kleider wegnehmen wollte, solange sie trocken waren. Es war, als würde sie auf dem Feuer in einem Kessel landen, und sie sah überall Hände. Lange schmale Finger mit Nägeln, und Hände, die hart waren und sie packten. Das war nicht auszuhalten, und sie riss sich los. Sie versuchte, dem zu entkommen, aber es waren überall Hände. Irgendwann kam dann Wasser, und dann verschwanden alle Hände, und es wurde wieder angenehm.

Dann kam etwas Fremdes. Das war etwas, in was sie hineingestopft werden sollte. Es roch fremd und war hart und unangenehm. Wieder kamen die Hände und waren überall. Es brannte wie Feuer auf ihrer Haut, und es saß an Armen, die sich schnell bewegten und denen man nur schwer entkommen konnte. Das Mädchen glitt unter den Tisch, aber die Hände kamen hinterher und zogen sie hervor. Das Mädchen versuchte, aus der Tür zu rennen, aber die Tür war geschlossen, und oft stand auch ein Mensch im Weg. Der hatte auch Hände, die sich bewegten und sie behinderten und packten und festhielten.

Manchmal gab es etwas, das angenehm war, und das wollte

das Mädchen dann auf seiner Haut haben. Das waren Flanellhemden, aber bei denen wollte sie die weiche Außenseite innen tragen. Also gab es wieder einen Kampf. Das Mädchen verstand nicht, warum die Hände so hart sein mussten, warum sie nicht weich und warm waren, warum man mit ihnen nicht spielen konnte, wie mit den eigenen Händen oder denen vom Vater. Die hier waren einfach nur wie seltsam verdrehte Stöcke, die brannten, scheuerten und an ihr zerrten.

Der Vater wusste, dass man sie dazu bringen konnte, sich allein anzuziehen, indem man Anweisungen in der Atmosphäre aussprach, immer nur eine auf einmal, und dann wartete, bis sie das richtige Kleidungsstück gefunden und angezogen hatte. Man durfte sich nicht auf sie konzentrieren, denn dann wurde sie ganz steif und entschwand, sondern man musste stattdessen mit jemand anders reden oder auch singen.

Das Mädchen war in der Diele. Da waren eine Menge Schatten. Sie war nackt, und es lagen viele Sachen da. Hinter der Tür hingen Stoffe, unter denen man sich verkriechen konnte, und auf dem Boden standen viele Stiefel und Schuhe. Sie trampelte zwischen denen herum und lachte. Dann sah sie etwas in der Luft, etwas, das zu den Füßen wollte und auf ihren Füßen wohnen sollte, und es kam mithilfe ihrer Hände auch da hin. Sie stieg auf die Treppe und saß eine Weile mit der Socke da. Dann kam sie dran, und dann kam etwas Neues geflogen. Sie fing es auf, schleuderte es herum, biss hinein, roch daran, und dann kam es dran. So ging es sehr lange, sie fand das lustig, doch irgendwann war es zu Ende, und da wurde es wieder völlig leer.

Essen war anstrengend. Das Mädchen kam nie aus eigenem Antrieb zum Essen, auch wenn es etwas gab, von dem alle wussten, dass sie es mochte. Es half auch nichts, zu rufen, jemand musste hingehen und dastehen und warten, während sie ihre Rituale ausführte und dann hinterhertrödelte. Sie ließ sich auf den Fußboden sinken und kroch unter den Tisch. Da saß sie schrecklich gern und betrachtete all die Beine um sich herum. Dann kam eine Hand mit etwas darin. Das nahm sie mit dem Mund und konnte es kauen und herunterschlucken. Es schmeckte nach nichts. Es war, als wäre einfach nur was im Mund, das in den Hals hinuntergehörte. Jemand goss etwas Milch in ein Glas und reichte es unter den Tisch. Die trank sie immer sofort, ganz gleich, wie viel oder wenig es war. Wasser trank sie nicht, nur Limonade und Saft, und die Mutter fand es besser, alltags Milch zu trinken.

Der Vater sagte: »Wenn ein Inder jahrelang mit ein paar Dezilitern Reis pro Tag auskommt, dann wird sie mit dem auskommen, was sie isst, sei nur zuversichtlich, liebe Mutter, und glaube mir.«

Das Mädchen liebte es, all den Lauten über dem Tisch zu lauschen. Sie wusste immer genau, wer redete, und sah die Bilder, die aus dem Gesprochenen entstanden. Das Radio redete auch, und oft sprachen die anderen Stimmen von dem, wovon das Radio gesprochen hatte. Einmal ging es um einen schrecklichen Krieg in Algerien, über den sich alle entsetzten. Daraus entstand eine seltsame Atmosphäre, die dazu führte, dass das Mädchen wie betäubt war und lange nicht zuhören oder essen konnte.

Andere Kinder konnten Iris als Puppe benutzen. Man konnte sie ausziehen, anziehen, hinlegen, hinsetzen und hin und her führen, wie man wollte. Sie ließ alles mit sich machen, und man konnte sie auch grob behandeln. Manchmal schlief sie völlig ohne Vorwarnung ein und wachte nach einer Weile wieder auf, und dann konnte das Spiel fortgesetzt werden.

Das Mädchen geriet in einen besonderen Sinneszustand. Sie sah und merkte, was die anderen mit ihr machen wollten. Das sah lustig aus. Ihr ganzer Körper war wie ein erleuchtetes Feld, das strahlte und Lichtscheine in die Atmosphäre um die Kinder warf.

Sie folgte den Mustern und hatte Freude daran, in ihnen herumzufahren. Dann hörte es auf, und sie wurde zurückgelassen. Es wurde leer, und sie begann zu schaukeln. So kam sie wieder in ihren gewöhnlichen Zustand. Der Vater sah sie und kümmerte sich dann um sie.

◆

Iris zu sein bedeutet, die Welt zu betrachten. Iris sieht die Welt, sieht den Vater, der darin ist, sieht die Mutter, die auch darin ist, und manchmal sogar andere, doch die bedeuten ihr nichts. Wenn jemand Kontakt zu ihr aufnimmt, dann ist es, als würde sich der Nebel ein wenig lichten und alles für einen Augenblick begreiflich werden. Iris ist ein Holzklotz, ein Stein, ein Hund, oder was auch immer. Es ist schwer zu erklären, was es bedeutet, zu sehen und zu sehen und zu sehen, und dennoch nicht dabei zu sein.

Während sie da sitzt und aussieht, als würde sie nichts tun, ist sie doch in Bewegung und nimmt an den Spielen der anderen teil. Sie ist in ihrer eigenen Welt, sie ist im Außen, und da gibt es die anderen nicht. Doch, es gibt sie, aber nur als irgendwelche beliebigen Gegenstände. Einige wenige Male kommt ein Kind zufällig in die Richtige Welt, und auch wenn sie keinen Kontakt zu ihm aufnehmen kann, kann sie es dann sehen. Manchmal kommt etwas von ganz woanders dazu, und dann verliert sie das Interesse an den Spielen der Kinder.

Meist sieht Iris ihre Hand oder ihr Bein oder ihre Kleidung oder irgendein anderes kleines Detail. Sie beschäftigt sich damit, das Detail zu betrachten, die Bewegung des Details fängt ihren Blick ein. Was still steht, gibt es nicht, das wird nicht gesehen, dafür interessiert sie sich nicht, das ist weg.

In ihrem Kopf ist Leere, so wie Luft, die einfach nur da ist. Manchmal kommt ein Wind, den man fühlen und bemerken kann, und dann nimmt der sie gefangen. Dann will sie fassen, fühlen, riechen und ganz tief hineinkriechen, aber das geht nicht, die Leute finden das unangenehm und entziehen sich ihr oder schieben sie weg. Dann hat sie nur noch das Bild im Kopf, und dann gerät sie in die Leerigkeit mit einem Bild, das noch da ist, aber langsam verblasst.

Tiere kann sie quälen, wenn sie sie festhält und umarmt, oder wenn sie an ihnen zieht oder auf sie einsticht. Das ist das Auffallendste an Iris, dass sie kein Gespür für das Lebendige besitzt. Für sie entstehen Gedanken und Verständnis ausschließlich aus Bewegung, und nicht aus Gefühl.

Der Vater schafft es, ihr Einhalt zu gebieten und sie von der Lust fernzuhalten, Gefühle in anderen hervorzurufen, indem sie ihnen Schaden zufügt, und mit der Zeit erlischt dieses Interesse vollkommen. Sie besitzt nur sehr wenig Aggressivität und ist nur selten verärgert oder frustriert, es sei denn, jemand versucht, sie anzupassen und dazu zu bringen, etwas zu tun, was sie in ihrer Welt nicht wiederholen kann.

Die Großmutter füttert sie mit in Butter gestampften Kartoffeln. Das schmilzt so lustig im Mund, wird wie Wasser und rinnt dann die Kehle hinunter, es kommt wieder und wieder, ganz lange, und das Mädchen macht den Mund weit auf.

Manchmal sitzt Iris hinter dem Stuhl des Großvaters, und es kommt ein guter Geruch, der sie umhüllt, Zigarrengeruch. Sie saugt ihn ein und wird ganz schwindlig im Kopf und genießt das.

Iris hat zwei Arten von Hören. Die eine ist, dass sie die Wörter hört und von ihnen eingefangen wird wie von lustigen Lauten, die man mit dem Mund formen und immer wieder sagen und hören kann. Manchmal geht der Mund los, und Laute und Wörter kommen ganz von selbst heraus. Dann hört sie, wie die Wörter in die Luft hinauskommen und im Ohr wieder aufgefangen werden, und das ist angenehm. Im Kopf drinnen wird das dann zu einem ganzen Konzert, und das ist schön und lustig. Manchmal sind überall Wörter, Menschen, aus denen Wörter kommen, Apparate, aus denen Wörter kommen, der eigene Mund, aus dem Wörter kommen, und sie hört und hört und hört.

Die andere Art zu hören ist so, als würde man sehen. Laute werden zu Farben, Formen und allem Möglichen, wie Muster in der Atmosphäre, mit denen das ganze All erfüllt ist.

Iris liebt Geräusche, manchmal kreischende, fiese Laute, wie zum Beispiel die Bremsen vom Auto der Nachbarn. Iris hört das Auto weit entfernt starten, rennt zur Hecke, steht da und wartet und springt dann im richtigen Augenblick vors Auto. Da kreischen die Bremsen, und sie fühlt Freude in ihrem Innern. Das ist wie eine ganze Serenade, als würde die Welt in dem Augenblick geschaffen und ganz deutlich, um sich dann schnell wieder zu verändern, weil jemand sie packt, und es kommen eine Menge Lichtblitze aus dem Mund, Schütteln im Körper und Wortlichter, die wie Bälle heraussausen und wie Ballons platzen und verklingen. Alles vermischt sich und wird zu einem Feuerwerk um sie herum, und sie ist mittendrin.

Wenn Iris sich auf das Gefühl fokussiert, ist sie übersensibel. Dann reagiert sie, indem sie hochspringt, sobald jemand sie anfasst. Es brennt wie Feuer, wenn jemand ihre Haut berührt. Je vorsichtiger und je loser, desto mehr brennt es. Das ist schrecklich unangenehm.

Wenn der Fokus nicht auf dem Gefühl ist, spürt sie überhaupt nichts, aber wenn fest genug zugefasst wird, dann tut es weh, und dann lacht Iris.

Sie liebt Schmerz, denn der fühlt sich wie Leben an. Wenn sie selbst etwas anfasst, dann hat sie Farbengefühle in ihrem Innern, das ist dann warm, kalt, schaudernd und schmerzhaft auf so viele unterschiedliche Arten und erzeugt eine Menge Bilder und Assoziationen. Oft spielt das Mädchen das. Fokus auf die Fingerspitzen, etwas berühren, den Blick fixieren, unterschiedliche

Schmerzempfindungen bekommen, indem man einklemmt, umarmt, zupft, reißt, schlägt, und dann in eine Kaskade aus Bild-Laut-Geruchs-Geschmacks-Empfindungen kommen.

Manchmal kann sie den Fokus nicht von den Gefühlen wenden, und dann bekommt sie Angst, denn dann kommen ihr die anderen Menschen viel zu nahe. Dann werden die Augen der anderen zu schwarzen Löchern, die sie ansaugen, die Stimmenwörter schlagen direkt in sie hinein und drehen ihr Inneres um. Dann kriegt sie einen Anfall. Wenn sie den Kopf schütteln oder an die Wand schlagen kann, oder wenn sie laut genug schreien kann, dann übertönt sie das, was in sie eindringt, und dann hört es nach einer Weile auf. Dann gibt es ein schönes Wirrwarr im Kopf, fast wie Euphorie, es tut »gut weh«, ein befreiender Schmerz, der alle hässlichen Eindrücke ausradiert, die auf sie eindringen.

Der Geruch ist wichtig für Iris. Sie riecht an allem. Sie ist gezwungen, alles anzufassen, was ihr begegnet, und es sich unter die Nase zu halten, oder die Nase in alles zu stecken, was ihr in den Weg kommt. Das stört die Umgebung. Ständig schämt sich jemand für sie und sagt: »Lass das«, »Hör auf«, »Das darfst du nicht machen«, »Du darfst nie wieder mitkommen, wenn du damit nicht aufhörst«. Aber sie kann damit nicht aufhören. Es ist, als würde etwas Unsichtbares sie dazu bringen, das zu tun. Auch wenn sie hört, was die Umgebung sagt, kann sie doch nicht aufhören. Es ist, als würde die Welt dann geschaffen, als bekäme sie Kontakt zum Leben und als würde das, was es um sie herum gibt, hell und sichtbar werden. Nicht nur das, woran sie riecht, sondern es ist vielmehr, als wäre das Riechen eine Brücke zu der Wirklichkeit, in der die anderen sich befinden. Sie hat dann das Gefühl, dabei zu sein. Sie hört sehr gut, was die anderen sagen, dass sie nicht alles anfassen soll, nicht alles nehmen soll, nicht daran riechen oder lecken soll, aber sie muss es tun, andernfalls würde sie ausgeschlossen und nicht dabei sein.

Für sie ist das selbstverständlich, und sie versteht nicht, dass andere es nicht verstehen. Sie kommt nicht einmal auf die Idee, dass sie anders sein könnte, diesen Gedanken gibt es nicht in ihrer Welt.

Jeder Geruch setzt Innen-Außen-Gefühle in Gang. Das ist wie ein Rummelplatz, auf dem sie Karussell fährt. Ein kurzer Rausch, der dafür sorgt, dass alles zusammenschnurrt, und dann ist es weg. Dann kommt ein neuer Geruch, und dieselbe Sache geschieht wieder und wieder. Manchmal gibt es keine Reaktion auf einen Geruch, doch dann muss man nur einen neuen aufnehmen, denn die Reaktionen stellen sich immer früher oder später ein. Manchmal entstehen Gefühle des Ekels, die ihr die Luft abschnüren, und auch das ist angenehm. Es fällt ihr leicht, sich zu übergeben, und zur Verzweiflung der Umgebung mag sie das Gefühl.

Manchmal liegt der Fokus auf dem Hören. Irgendetwas fängt ihr Interesse ein, und sie hört und hört. Wenn klassische Musik aus dem Radio kommt, dann füllt sich die ganze Atmosphäre mit den schönsten Farbbewegungen. Es ist, als würde man in ein lebendiges Kunstwerk geraten, wo man in alle Richtungen und Ecken gezogen wird und gute Laune bekommt. Dann macht jemand das Radio aus. Danach steht sie oft lange da und starrt auf den Apparat und versteht nicht, wohin das alles verschwunden ist. Manchmal kommt auch die Stimme von jemandem aus dem Apparat und wird zu einer schönen Farbbewegung, es kann aber auch etwas anderes sein, zum Beispiel das Motorengeräusch von einem Fahrzeug.

Stimmen sind lustig. Die können ulkige Bilder in der Luft erzeugen, sie können unterschiedliche Lichtfarben und Muster bekommen, die sich ständig ändern. Wenn es viele auf einmal sind, werden sie oft uninteressant, aber wenn es nur eine ist, dann kann das Mädchen stundenlang dasitzen und zusehen. Wenn sie unter dem Tisch sitzt, dann kann sie die Form von demjenigen sehen, der spricht. Jede Person im Haushalt hat ihre eigene besondere Form, die man wiedererkennen kann, obwohl sie sich ständig verändert. Das ist wie ein Gemälde, auf dem die nassen Farben in alle Richtungen ineinanderlaufen und neue Muster bilden, je nachdem, in welche Richtung man das Bild kippt.

Iris' Auffassung von der Welt sind isolierte Teile, in denen sie sich befindet, und die dann verschwinden. Manchmal liegt der Fokus auf dem Sehen, und dann sieht sie alles. Sieht kleine Dinge, die sie interessieren und mit denen sie sich unendlich lange beschäftigen kann. Es ist so schön, etwas anzuschauen, das sich verändert, sowie man es berührt. Das ist, als wäre man in einer besonderen Luft, in der nur das, was man ansieht, deutlich wird. Und dann ist es wieder verschwunden. Das Sehen erfüllt fast ihr gesamtes Dasein, und sie kann nicht umhin zu sehen. Manchmal wird es zu viel, und dann legt sie die Hände auf die Augen und schaukelt nur hin und her, manchmal stampft sie mit den Füßen oder kreiselt herum, um das Sehen auszuschalten. Aber das geht nicht. Im Großen und Ganzen ist nichts von dem, was sie sieht, mit Realitäten und der alltäglichen Wirklichkeit verknüpft. Was sie sieht, sind Gefühle, die herumsausen, sie sieht Gedanken, sie sieht Phänomene und Ereignisse. Sie registriert alles, was es dort gibt, wo sie sich bewegt; zwar kann sie nicht sagen, was es ist, doch weiß sie es, denn sie erkennt das einmal Registrierte wieder. Sie sieht, wie im Zimmer Dinge auf den Tisch gestellt werden, wie verschiedene Personen, die sie nicht als Menschen betrachtet, sondern als Dinge unter anderen Dingen, um einen Tisch sitzen, was aus jedem Einzelnen herauskommt, wie es vom einen zum anderen wandert, und sie sieht alles, was geschieht. Auf dieselbe Art, wie Iris »Iris« ist, ein Objekt, so besteht alles, was sie sieht, auch nur aus Objekten, die sie in Reihen und Haufen umgeben.

Wenn die Nichtsigkeit kommt und Iris die Innenkeit nicht in Gang bekommt, dann fällt der Fokus auf das Sehen. Jemand kommt ins Gesichtsfeld und damit die Lust, die Zähne hineinzuschlagen. Die Lust, etwas im Mund stark werden zu lassen, und zwar so stark, dass sie es nicht mehr steuern kann, sondern sich nach vorn wirft, es packt und hineinbeißt. Manchmal weiß das Mädchen intuitiv, dass das verboten ist. Und das bringt mit sich, dass sie unreflektiert dafür sorgt, dass niemand eingreifen kann. Sie wartet oder schiebt sich vorbei oder findet eine Strategie, das Begehrte zu erreichen. Dieses unreflektierte Verhalten geht von einem Übersinn aus, der ihre Handlungen steuert. Das hat nichts mit durchdachtem Bewusstsein zu tun, aber die Umwelt glaubt das oft. Das Mädchen wird bestraft, wenn sie ihre Zähne in etwas Unpassendes schlägt, zum Beispiel in ein kleineres Kind oder einen Erwachsenen, aber die Strafe ist sinnlos, weil sie nicht weiß, wofür sie bestraft wird. Das Mädchen hat keinen Bezug zu dem, was eben geschehen ist, das ist nur ein Weg für sie, Bewegung und Leben in ihr Inneres zu bekommen.

In Iris' Welt ist es meist hell, und sie ist nur in dem, was ist, und ist auch oft zufrieden damit. Es gibt so viel anzuschauen, die Atmosphäre ist niemals gleich, sondern verändert sich ständig. Sie sieht Wortbilder, Lautbilder, gewöhnliche Bilder, sprühendes Nordlicht, Feuerwerk und andere Farblichtphänomene, die sie gefangen nehmen. Alles ist Spiel und lustig, und sie lacht viel. Manchmal kümmert sich die Mutter um ihre Haare. Das zerrt und ziept und fühlt sich an. Dann wird das Mädchen froh und kann lange stillsitzen. Dann hört es wieder auf.

Episoden und Leerzeiten, so fühlt es sich an, Iris zu sein. Der Vater verbringt viel Zeit damit, zu Iris hineinzufinden. Manchmal gelingt es ihm, und dann wird alles völlig anders. Dann wird die Welt sichtbar und zusammenhängend, dann gibt es einen Raum und Dinge auf eine ganz andere Weise, plötzlich sind die verschiedenen Dinge durch Fäden miteinander verbunden, und man kann etwas verstehen, was es sonst für Iris nicht gibt. Der Vater erzählt, ebenso für sich selbst wie auch für Iris: Diese Kuh hier hat dieses Kalb geboren, sie hat es in ihrem Bauch getragen, der Papa dazu ist Hero. Iris hat die Kuh das Kalb auf die Welt bringen sehen, doch erst Vaters Beschreibung verbindet das Kalb mit der Kuh, erst da entsteht der Verknüpfungsfaden zwischen der Kuh und dem Kalb für Iris. Diesen Raum gibt es nur, solange der Vater sich mit ihr beschäftigt. Dann kehrt sie wieder zu Episoden und Leertransporten zurück.

Jemand bemerkt, dass Iris unter dem Tisch hockt, und zieht sie hervor. »Du sollst mit am Tisch sitzen.« Iris will nicht, sie wird zu einer gespannten Stahlfeder und windet sich wie eine Spirale, sie zischt durch die Zähne und presst unartikulierte Laute hervor. Wenn es möglich ist, beißt sie und kratzt die Hände und Arme, die sie festhalten. Sie will einfach nur loskommen. Das Herz rast, und im Kopf pocht es. Die Farben werden zu Feuerzungen, die sie verschlingen, und alles wird unerträglich. Dann kommt die Schwärze, die Dunkelheit, die sie von allem trennt. Da verschwindet alles Unbehagen, und man kann mit ihr machen, was man will. Dann wird sie auf den Schoß gehoben, wo sie völlig apathisch und willenlos sitzt.

Wenn man sie auf den Boden setzt, beginnen die Beine mechanisch zu laufen. Sie geht so weit, bis sie ein freies Stück Fußboden findet, wo man im Kreis laufen kann. Dann fängt sie an, rundherum zu wandern, und herum und herum, bis wieder jemand ihre Aufmerksamkeit einfängt.

Von sich aus tut Iris nichts anderes, als planlos und unendlich im Raum eine Acht zu gehen, oder unter der Spüle in der Küche zu sitzen, oder auf der Schaukel oder an einem anderen nicht einsehbaren Platz zu sitzen, oder sich in einem Schrank zu verkriechen. Ihr Körper und ihre Gefühle sind nicht miteinander verbunden. Es ist, als würden die Kontakte zwischen den verschiedenen Systemen fehlen. Es gibt nichts, woran man die gemachten Erfahrungen anknüpfen kann, und deshalb sind sie auch bei späteren Gelegenheiten nicht relevant. Die Handlung selbst hat keinerlei Bedeutung. Es gibt keine Zielgerichtetheit und keinen Plan, sondern nur Einfälle, die aus dem entstehen, worauf ihr Blick in diesem Moment zufällig fällt. Ein Geruch, ein Geschmack, ein Geräusch oder eine Bewegung können sie dazu veranlassen, sich wie mit Autopilot und ganz allein von den Zusammenhängen in ihrem Innern gesteuert zu bewegen. Deshalb wiederholt Iris dieselben Sachen unendlich oft und kann nicht aufhören, auch wenn ganz viele Leute versuchen, sie zu etwas anderem zu erziehen.

Das bedeutet, dass gewisse Verhaltensweisen ebenso plötzlich verschwinden, wie sie aufgetaucht sind, und ihr steht keine Konstante zur Verfügung, die es ihr ermöglicht, später eine Verbindung dazu herzustellen. Der Vater kann Iris dazu bringen, mit manchen Sachen aufzuhören und mit anderen anzufangen. Er nimmt sie zu sich, spielt mit ihren Armen und Beinen, lenkt sie spielerisch zu dem, was er möchte, und wiederholt das dann wieder und wieder. Er lässt sie los, um zu überprüfen, wie weit sie ist, und macht das dann noch mal und noch mal. Wenn sie zu ihren alten Bewegungen zurückkehrt, vollführt er wieder die neuen mit ihr, bis am Ende die alten ausgelöscht sind.

Iris liebt diese Übungen. Sie schaffen eine Substanz in der Leerigkeit, und das fühlt sich freudig an. Wenn andere als der Vater das machen, fühlt es sich unbehaglich an und tut weh, wenngleich Schmerz immer noch besser ist als die gewöhnliche Leerigkeit.

Überall um sich herum hört Iris das Wort »Iris«. Es wird auf viele verschiedene Arten mit unterschiedlichen Stimmen ausgesprochen und wird zu verschiedenen Farbzungen in der Atmosphäre. »Iris« ist bekannt, es hat Substanz und handelt von etwas, das nah ist und etwas Bestimmtes beinhaltet.

Iris sieht Iris. Sie kann im Innen sein und herausschauen, und sie kann im Außen sein und den Iriskörper von außen sehen. Sie kann mittendrin sein und beides sehen. In diesem Zustand flutet sie umher und bewegt sich frei in der Welt. Das ist angenehm und entspannt. Jemand kommt, und alles schrumpft zusammen. Es wird klein. Es kommen massenhaft Wörter, die sie ansieht und versteht. Dieser jemand erwartet, dass sie mit den Wörtern etwas tut. Aber es gibt nichts zu tun, denn es gibt nichts, dem man nachfolgen kann. Das Mädchen möchte etwas, dem sie nachfolgen kann.

Der Vater hängt einen Spiegel in den Schrank und übt mit Iris. Erst wird sie zu einem Aal, versucht sich zu winden, um der Situation zu entkommen, doch er hält sie stur fest. Er spricht beruhigend auf sie ein und beschreibt so lange, was er im Spiegel sieht, bis sie still wird.

Das Mädchen sieht im Spiegel einen grauen und unendlichen, kreisenden Taifun. Seine Mitte ist schwarz, da ist ein Loch, das alles ansaugt. Sie wehrt sich. Sie hört: »Iris, Iris – Iris, du, sieh nur«, und dann zeigt er. Dann kommt ein Bild von zweien, die da stehen. Sie echot: »Iris, Iris, hihihi …« Die Atmosphäre des Vaters ist hell und schön, und sie umarmt sich im Spiegel.

Dann ist es zu Ende.

Das Mädchen kommt in den Raum hinaus, und da ist wieder Leerigkeit. Der entkommt sie nur, indem sie sich vergisst, und das ist das Angenehmste, was sie kennt. Ständig versucht sie, sich zu vergessen, und es stört sie sehr, wenn sie es nicht tun darf. Dann gibt es Ausbrüche und verrücktes Verhalten, und die Menschen in der Umgebung sind unangenehm berührt. Sie rennt zur Schaukel, setzt sich dort hin und schaukelt und dann … ist sie im Außen.

Iris ist Iris und ist nicht in der Welt. Jemand versucht, Kontakt zu ihr zu bekommen. Da löst sich die Person auf und wird ganz schnell zu einem beliebigen Ding, und dann wieder nichts und unbeweglich und unsichtbar. Dann wieder die Leerigkeit und das Suchen nach dem Außen.

Es wird gesagt, Iris sei süß und niedlich. Sie hat langes, glattes blondes Haar, das die Mutter zu einem Pferdeschwanz oder Zöpfen zu frisieren versucht. Jemand kommt und fasst sie an. Sie reagiert sehr verstört, aufgebracht, kratzt sich die Arme auf und leckt und leckt, jemand versucht, sie daran zu hindern. Jemand ist unangenehm berührt, und die Atmosphäre wird finster. Da kratzt sie noch mehr und mehr, bis es anfängt, richtig wehzutun, und da endlich hört das Unangenehme auf, und sie lacht wieder.

Iris ist in Iris und nicht in der Welt. Jemand hegt Gefühle für sie, und die Gefühle kommen in den Raum hinaus. Sie sehen lustig aus und beschreiben ganz besondere Figuren. Es gibt da eine Botschaft, die sie nicht versteht. Die Botschaft besteht aus einem Bild, aber sie kapiert nicht, was sie damit anfangen soll. Und schon ist die Person aufgelöst. Alles um das Mädchen herum wird milchig, und sie ist ganz allein in dem Milchigen. Die Person wird zu einer Statue, die einfach nur unbeweglich dortsteht, und schon bald wird das Bild der Statue ausgelöscht. Sie ist wieder in ihrem Außen.

Wenn ein Mensch auf sie zukommt und sie anfassen will, hat sie Angst. Es ist, als würde jemand ihre ganze Welt in Stücke schlagen. Sie schreit, schlägt um sich, tritt und rennt weg, so schnell sie kann. Wenn sie entkommen ist, setzt sie sich mit klopfendem Herzen hin, und ihre ganze Welt ist ein einziges Chaos aus schrecklichen Lauten und Bildern. Sie hört Worte und Lachen, die ihr in den Kopf schneiden, es ist wie ein schlimmer Albtraum, und die Bilder sind wie Neonreklame mit schrecklichen Gesichtern, die heulen und Grimassen ziehen. Ihre Augen sind wie große, saugende Löcher, die versuchen, sie herunterzuziehen. Sie zittert und klappert mit den Zähnen, die Tränen laufen ihr herunter, aber sie fühlt nichts. Es ist so schlimm, dass das Mädchen einfach nur wegwill. Und dann löst es sich im Schaukeln auf, und sie kommt ins Außen.

Der Vater meint, dass es deswegen so anstrengend sei, weil Iris viel zu wenig physischen Kontakt erhält, zu wenig Berührungen und positive Aufmerksamkeit. Er entdeckt, dass sie sich manchmal auf einen einzigen Sinn fixiert. Wenn zum Beispiel jemand sie ansieht, dann tut ihr das weh, denn dann muss sie zurückschauen und bleibt dann im Sehen hängen. Das kann sie nicht selbst wieder lösen und gerät so an den Rand eines Ausbruchs. Aber der Vater hat gemerkt, dass ihre Fixierung verschwindet, wenn er dann sagt: »Hör mal, die Vögel!« oder: »Wie das riecht!«

Die Mitglieder des Haushalts sind daran gewöhnt und machen es schon von selbst, was dazu führt, dass die Anfälle viel seltener werden, doch jedes Mal, wenn eine neue Person dazukommt, entsteht das Problem wieder. Im Laufe der Zeit lernen aber die meisten, dem Mädchen zu helfen, wenn es hängen geblieben ist, und es wird immer leichter für sie, wenn neue Menschen dazukommen.

◆

Iris hatte keinerlei Bezug zum Geschmack, sondern griff nach allem, was man kauen und herunterschlucken konnte. Bis sie fünf Jahre alt war, konnte man alles vor sie hinlegen, und sie aß es. Sie empfand keinen Hunger, deshalb kam sie nur selten von sich aus zum Essen, doch es war leicht, sie zu steuern. Als sie fünf Jahre alt war, fixierte sie sich auf den Geschmack von Pfannkuchen, und danach konnte man nichts anderes mehr in sie hineinbekommen als Pfannkuchen und Kaffee. Am schlimmsten war die Frustration ihrer Mutter, die es mit allen Tricks versuchte. Sie ließ das Mädchen hungern, aber das hatte keinen Effekt. Das gefiel dem Mädchen sogar noch, denn dann konnte sie die ganze Zeit die schönen Farben der Mutter sehen, die in einer Kaskade aus Mustern herumtanzten und die mit nichts vergleichbar waren, was sie je gesehen hatte. Sie genoss das, wovon die Mutter glaubte, sie würde es nicht mögen, also gab die Mutter auf. Dann versuchte die Mutter es mit Belohnungen, indem sie ihr den Kaffee versagte und erst dann welchen gab, wenn sie ein Stück Brot, Gemüse oder etwas anderes aß. Daraufhin verlor das Mädchen das Interesse am Kaffee und verweigerte jedes Getränk, oder sie schluckte das, was die Mutter ihr gab, und spie es im nächsten Moment wieder aus. Die Mutter gab auf.

Iris besaß keine eigene Urteilskraft, und so konnte es passieren, dass ein kleiner harmloser Käfer sie in Angst und Schrecken versetzte, während sie, ohne Lebensgefahr zu empfinden, ganz nach oben auf einen verfallenen Turm kletterte.

Sie liebte es, beim Schwimmen vom Sprungturm zu springen, und zwar am liebsten vom Zehnmeterturm. Das sah lebensgefährlich aus, denn sie hielt sich nie gerade, wenn sie auf die Wasseroberfläche aufkam, und die anderen meinten dann, dass das doch wehtun müsse. Außerdem dauerte es eine Ewigkeit, bis sie wieder auftauchte, und dann machten sich alle Sorgen. Doch im Laufe der Zeit gewöhnten sich alle daran, dass sie schon klarkam, und sie durfte weitermachen. Das Mädchen stieg auf den Sprungturm und stand vorn an der Kante, die Tiefe sog an ihren Füßen, sie hüpfte los und lachte den ganzen Weg bis nach unten. Dann kam das Wasser wie eine blubbernde Masse, es wurde dunkel, sie sank immer tiefer, dann kam der Boden, sie kam auf und sauste wieder nach oben. Das Wasser berührte den Körper, und das tat überhaupt nicht weh, so wie wenn Hände ihn berührten. Manchmal tat es hinterher weh, an einem Arm oder einem Bein, es wurde rot, brannte und war unangenehm. Sie konnte dasitzen und dem Schmerz nachfühlen, bis er verschwand, und dann stieg sie wieder auf den Turm und sprang noch einmal. Das konnte sie, wenn niemand sie daran hinderte, einen ganzen Tag lang tun.

Der Bruder und seine Freunde benutzten sie manchmal, um auszuprobieren, ob gewisse Dinge machbar waren. Wenn eine Planke das Mädchen aushielt, dann auch andere Kinder. Wenn nicht, dann ließ man ein Seil herunter, an dem sie wieder hochklettern konnte. Oder man ließ das Mädchen ins Stroh hüpfen, und wenn das nicht zu hart zu sein schien, dann sprangen die anderen hinterher. Das Mädchen machte gern solche lustigen Sachen wie auf Planken über das Silo zu klettern, ins Heu oder Stroh zu springen, Leitern zu erklimmen, mit dem Flaschenzug unter das Scheunendach zu sausen und wieder runter, oder auf schwankendem Eis zu gehen und dabei so schnell zu sein, dass man nicht einbricht. Selbst fielen ihr solche Unternehmungen nicht ein, und deshalb freute sie sich, wenn andere sich das ausdachten.

Es machte auch Spaß, wenn eine Unternehmung nicht gelang, denn dann wurde die Atmosphäre lebendig, das Mädchen wurde fröhlich und lachte aus vollem Halse. Sie verletzte sich nur selten, und wenn das einmal geschah, dann war auch das lustig.

In Iris' Welt gab es in jedem Augenblick immer nur eine Sache. Etwas fing an, geschah und hörte auf, dann entstand Nichts und Leerigkeit, dann kam etwas anderes, das anfing, geschah und aufhörte. Manchmal sah sie alles, jedes kleinste Detail, und manchmal nichts außer einer Menge Umstände. Manchmal konnte sie eine Sache lange ansehen, und wenn sie sie berührte, dann veränderte sich alles in ihr. Dann entstanden völlig andere Farben und Formen, und die Sache bekam für eine Weile eine neue Bedeutung, um dann einfach wieder aus ihrer Welt zu verschwinden und Leerigkeit folgen zu lassen.

Geräusche konnten manchmal das sein, was sie waren, nämlich Wörter. Die Wörter bildeten Formen, die ihr manchmal bekannt vorkamen und manchmal nicht. Eine Reihe von Wörtern verursachten ihr Stöße, sodass sie dann etwas unternahm, andere waren einfach da und fluteten herum. Die Wörter wurden auch zu Bildern und sogar zu Filmen, die ihr vorgespielt wurden. Sie konnten etwas hervorheben, von dem sie wusste, dass es sich ereignet hatte, aber auch Dinge, die sich nicht ereignet hatten, die aber geschehen könnten. Sie hatte keine Ahnung davon, dass andere nicht dieselben Sachen sahen wie sie, denn für sie fand die Wirklichkeit in ihrer Welt statt, und so konnte es passieren, dass sie Wahrheiten über die Dinge, die sie sah, äußerte, die die anderen sehr bestürzten.

Manchmal nahm Iris' Mutter das Mädchen zum Nähkreis im Pfarrhaus mit. Iris konnte sehen, dass der Pfarrer sich heimlich vorstellte, wie eine der jungen Frauen wohl nackt aussähe oder wie sie in der Badewanne läge und er sie streichelte. Als die junge Frau aufstand, um auf die Toilette zu gehen, sah Iris, dass der Blick des Pfarrers ihrem Hinterteil folgte, und da sagte sie: »Der Herr Pfarrer guckt der Tante auf den Hintern.« Da wurde allen peinlich bewusst, was sie selbst gesehen hatten. Iris' Mutter aber fand nur, dass Iris sie ein weiteres Mal unmöglich gemacht hatte, entschuldigte sich damit, Abendessen machen zu müssen, und verließ die Veranstaltung schnell mit Iris.

Niemand glaubte, dass sie etwas begreifen würde, und noch weniger, dass sie an anspruchsvolleren Überlegungen teilhaben konnte, und für gewöhnlich war es auch so, dass sie keinen Anteil nahm. Doch manchmal konzentrierte sie sich auf jemanden, der sprach, und dann konnte sie alles verstehen, und das sogar oft besser als die anderen, die mit ihren eigenen Gefühlen zu dem Thema beschäftigt waren. So saßen einmal die Männer zusammen und sprachen darüber, wie schwierig es war, die Milchkanäle im Melkgeschirr sauber zu bekommen. Wenn man das nicht in den Griff kriegte, lagerten sich dort Fette und Bakterien ab. Da sagte das Mädchen: »Schickt einen Pelz durch, einen Pillt, flopp, tschong, tschong.« Das wiederholte sie mehrere Male einfach so heraus und gestikulierte dabei mit den Händen. Erst scherte sich niemand um sie, doch dann sagte jemand: »Ja, genau!« Die anderen fragten: »Was denn?« Er strich dem Mädchen über den Kopf und sagte: »Einen Pilz! Einen Schwamm! Danke!«, und rannte weg. Ein paar Jahre später wurde diese Idee überall benutzt.

In der Welt des Mädchens wurden die Wörter der Männer zu Filmen. Die Wörter der Frauen wurden zu Kunstwerken aus Formen und Farben, aber die Wörter der Männer hatten eine andere Bedeutung. Die Wörter der Männer öffneten auf irgendeine Weise den Himmel, und sie begriff, dass es noch mehr gab, etwas, das über das, was hier war, hinausging, und danach suchte sie, auch wenn sie nicht wusste, wie es aussehen könnte. Sie fand heraus, dass man Dinge sagen konnte und Männer dann manchmal Interesse zeigten und anfingen, ihr etwas zu erzählen. Vielleicht sprachen sie nicht so sehr mit ihr, doch redeten sie gern für sich selbst oder miteinander, und dann durfte sie etwas abseits auf dem Fußboden sitzen und an dem Schauspiel teilhaben, das für sie zu Bildern und Filmen wurde.

Das Mädchen liebte diese Gelegenheiten, wenn ein paar Stimmen Wörter aussprachen, die zu Filmen wurden. Das geschah vor allem bei bestimmten Herren, die über ernsthafte Dinge wie Politik, Wirtschaft oder gesellschaftliche Themen sprachen. Da saß das Mädchen dabei und verfolgte, was sie redeten, und das wurde dann zu Bildern und Filmen. Die Filme kamen aus den Körpern der Männer und wurden ihr vorgespielt. Dann kamen die fremden Wörter, die sie noch nie zuvor gehört hatte: »Rentabilität«, »Kreditwürdigkeit«, »Verbrauchssteuer«. Nun wurden sie gesagt und rauschten in den Raum hinaus und sorgten dafür, dass der Film weiterging.

Sie redeten davon, dass nach dem Krieg Autos so teuer waren, dass niemand sich leisten konnte, eines zu kaufen, dass aber die Verbrauchssteuer auf Autos wegfallen sollte, und dass die Industriearbeiter dann genügend Geld übrig hätten und die Fabriken die Autos nur so ausspucken würden. Sie sagten aber, dass bald eine andere Steuer an die Stelle der Verbrauchssteuer treten würde. Als sie fertig geredet hatten, erzählte ihnen das Mädchen, dass sie Kaskaden von fahrerlosen Autos aus der Fabrik kommen sehe. Eins nach dem anderen fiel neben verschiedenen Familien, Kindern, Erwachsenen und irgendeiner alten Tante nieder, und sie jubelten und fielen einander um den Hals, setzten sich in die Autos, kurbelten die Scheiben herunter, und dann fuhren die Autos davon. Außerdem sah sie eine Fontäne aus Geld, lauter Scheine, die in alle Richtungen flogen. Dann beschrieb sie, wie die Scheine in den Trichter eines Fleischwolfs gelenkt wurden, von der Steuer vereinnahmt, und dann von einer großen Wendel direkt in einen Kassenschrank geschraubt wurden.

Alle sahen sie an, und da wurde alles um sie herum milchig, die anderen wurden zu Statuen, sie wurden ausgelöscht und waren verschwunden. Das Mädchen befand sich im Hellen, es war glücklich, und es war mit dabei, seine Welt war von denen bevölkert, die gesprochen hatten, und zwar nicht als Personen, sondern als Persönlichkeiten, die im Raum umherschwebten. Da war es vollkommen zufrieden und konnte noch lange dasitzen.

Iris konzentrierte sich oft auf ihre Fingerspitzen, die sie über einen Gegenstand gleiten ließ, an denen sie roch oder leckte oder die sie bewegte, damit es in der Atmosphäre ein Bild oder eine Bewegung ergab. Das geschah oft, und damit konnte alles zu den erstaunlichsten Geschichten werden. Es war, als würden Märchen aus sich selbst heraus mit höchster Dramatik abgespielt. Sie konnte mit dem Gegenstand ganz still stehen und nur das Riechen, das Lecken und die Berührung mit den Fingerspitzen wiederholen, und die Kreationen setzten sich immer fort. Manchmal wurden sie zu nichts, und dann war alles nichtsig, aber manchmal gelang es.

Sie saß da und befühlte Schotter und Steine. Sie erlebte, dass es Dinge gab, die sehr klein waren, dann aber wuchsen und riesig wurden, und dann wieder klein, und sie lernte, dass dies das ganze Universum war, und dass es darüber hinaus nichts gab. Und das wurde mit dem Wort Schöpfung verbunden.

An der Straße stand eine Eiche. Dorthin setzte sie sich, knibbelte ein Stück Borke ab und hielt das in der Hand. Sie sah, wie es in der Umgebung der Eiche vor langer Zeit ausgesehen hatte, lichter Trollwald, am Boden Gras und moosbedeckte Steine. Sie sah, wie ein Stein sich öffnete und ein Wesen herauskam, das wie ein Baumstumpf mit Augen, Nase und Mund aussah. Und plötzlich rührte sich noch mehr im Wald. Hängeranken auf einem Ast wurden zu Haaren, und ein Wesen, ein Waldgeist wuchs daraus. Überall im Wald wuchsen kleine, knubbelige, graue Kinderwesen. Doch plötzlich verdichtete sich die ruhige Stimmung, Unruhe entstand, und alle Wesen hatten mit einem Mal Angst vor etwas Unsichtbarem. Sie suchten Schutz, und niemand wusste, was so furchterregend war. Am allermeisten fürchteten sich die Kinder, sie versuchten, aus dem Wald zu finden, um nach Hause zu gehen, aber sie fanden den Weg nicht, sondern stolperten über Trolle und knotige Wurzeln. Fliehen, fliehen, fliehen. »Hörst du nicht, wenn man dich ruft?« Jemand zerrte an ihrem Arm. »Du solltest schon längst zu Hause sein!«

Der Vater begriff, dass das Riechen bei Iris irgendetwas ersetzte. Oft versuchte er, das zu verhindern, indem er sie festhielt, hoch in die Luft hielt, Verstecken spielte, mit ihr stritt oder sie kitzelte. Manchmal funktionierte das, sie hörte auf zu riechen und machte mit, was der Vater tat. Doch sowie er aufhörte, fiel sie meist wieder in ihr Verhaltensmuster zurück, und dann fühlte er sich gescheitert und mutlos. Er meinte, das ständige Riechen hindere sie daran, Kontakt zu anderen zu bekommen. Gleichzeitig war es ihm eine Hilfe, denn wenn er dieses Verhalten ausschaltete, meinte er, Kontakt zu ihr zu bekommen.

Während der Schulzeit brachte der Vater dem Mädchen bei, etwas zu befühlen, was sie in der Tasche hatte, und dann an ihren eigenen Fingern zu riechen, um die Lehrerin nicht zu sehr zu stören. Das funktionierte manchmal, doch die Lehrerin neigte dennoch dazu, sie mit plötzlichem Erziehungsehrgeiz zu überfallen. Sie konnte schließlich nicht wissen, dass alles früher schon viel schlimmer gewesen war.

Das Mädchen steckte sich oft Dinge in den Mund, anfangs sogar alles, was sie greifen konnte. Die Mutter fand Reißzwecken, Stecknadeln und vieles andere im Topf, was durch ihren Körper gewandert war. Manchmal kamen auch kleine Haarbollen heraus, denn das Mädchen kaute auf ihren langen Haaren. Die Mutter flocht ihr oft Zöpfe und steckte sie hoch, damit sie nicht daran kaute, doch das half kaum.

Iris liebte es, etwas im Mund zu haben, und zwar nicht wegen des Geschmacks, sondern weil sie dann etwas fühlte. Ein Stein, Gras, Haare oder irgendetwas anderes füllte den Mund. Sie stopfte es nicht hinein, um es hinunterzuschlucken. Aber manchmal rutschte es doch die Kehle hinunter, und dann musste das Mädchen nach etwas anderem suchen. Es konnte auch vorkommen, dass es in all den wunden Stellen im Mund brannte, und das war schön. Dann spürte sie, dass sie lebte, und ihre Welt wurde hell.

Iris sah eine schöne, dunkelblaue Marmelade auf dem Tisch. Sie nahm einen Löffel und rührte darin herum und sah, dass die Marmelade ganz flüssig war. Sie fand die Farbe so schön, dass sie mehr davon sehen wollte. Also kletterte sie mit dem Löffel in der Hand auf die Stühle und schüttete in jede der weißen Tassen ein wenig von der Marmelade, und zwar immer auf den Rand der Tasse, damit das Dunkelblau in schönen Mustern in die Tassen rann. Als die Mutter sah, was sie da gemacht hatte, wurde sie ungeheuer wütend. »Du böses Kind! Du weißt doch, dass du das nicht tun darfst!«

Die Onkel des Mädchens kamen herzu, sie hörten, wie wütend die Mutter war, und sahen, was Iris getan hatte. Einer von ihnen ging zu ihr hin, riss ihr den Löffel aus der Hand und hob sie vom Stuhl. »Mein Gott, was stellst du nur immer an«, sagte er. Ein anderer sagte: »Was sollen wir bloß machen mit ihr?«, und dann fingen sie empört an, über die anstrengende Iris zu diskutieren. Da sah Iris, dass die Empörung dazu führte, dass sie bei sich waren, und damit wurde die Atmosphäre harmonisch ruhig und schön.

Glück war für Iris gleichbedeutend mit den Gefühlen anderer, und Gefühle waren gleichbedeutend mit den Reaktionen der anderen, und wenn es die gab, war sie zufrieden. Da wurde plötzlich alles so unglaublich schön zwischen ihnen, es entstand eine Ordnung, die aber trotzdem nicht vorhersagbar war. Alle waren mit ihrer Erregung beschäftigt, und niemand scherte sich um das Mädchen, und da hatte sie Raum genug, in den gewöhnlichen Zustand zurückzufallen. Sie rutschte auf ihren üblichen Platz unter dem Tisch, wo sie in Ruhe gelassen wurde. All der sonstige Kontakt, den sie mit anderen hatte, wenn sie auf ihr herumhackten, sie zu erziehen oder zu steuern versuchten, war verschwunden. Das bewirkte, dass ihre inneren Krämpfe aufhörten und sie in den Geist hineinfliegen konnte, der im Raum herrschte.

Das Wort »nicht« konnte das Mädchen nicht verstehen, das gab es in ihrer Welt einfach nicht. Sie hörte nur die anderen Wörter und konzentrierte sich auf die und machte damit genau das, was sie nicht tun sollte. »Lauf nicht auf die Straße.« Straße, Straße, Straße, sang es in ihrem Kopf, und dann sah sie die Straße und rannte los. Damit wollte sie nicht trotzig oder dumm sein, sondern das lag einfach nur daran, dass jemand das Wort erwähnt hatte.

Das Mädchen liebte die Schule. Zunächst einmal saß sie gern Tag für Tag neben dem Bruder und betrachtete all die schönen Szenarien, die vor ihr auftauchten: Bilder, Wörter, Musik, Gymnastik. Und dann mit Milch und Butterbrot im Garderobenraum sitzen! Sie kannte alle Buchstaben, sie wusste, wie sie aussahen und wie sie hießen. Das war aber schon alles – in ihrer Welt waren Bilder nichts anderes als Bilder, das ging gar nicht anders.

Das Mädchen lernte Psalmen. Die standen auf der Tafel und wurden zu Kunstwerken, die sie betrachten konnte. Nach einer Woche, wenn die Lehrerin den Psalm auswischte, konnte sie ihn schon auswendig. Wenn sie die Augen schloss, konnte sie sehen, wie das Bild aussah, und wenn man es von ihr verlangt hätte, hätte sie den ganzen Psalm abschreiben können, denn sie konnte sowohl Melodie als auch Text auswendig. Sie konnte in ihrem Innern nichts hören, wenn sie selbst sang, aber wenn sie die anderen hörte, konnte sie fast richtig mitsingen.

In ihrem Innern spielte sie mit den Wörtern und den Texten, und wenn sie mit ihrer Großmutter in die Kirche gehen durfte, dann kam es vor, dass dort einige von den Psalmen gesungen wurden, die sie gelernt hatte, und dann konnte sie mitsingen. Irgendjemand wies immer darauf hin, dass sie etwas falsch sang, aber sie wusste nicht, was das Wort »falsch« bedeutete, und so dachte sie, das sei etwas Schönes.

Sie konnte viele Psalmtexte aufsagen, aber das mit dem Gott im Himmel und wie er der Vater von jemandem auf der Erde sein konnte, das konnte sie in ihrer Welt nicht verstehen. Symbolik gehörte nicht gerade zu ihren Stärken, es sei denn, es gab Bilder in der Atmosphäre, die konkret für sie wurden, und das geschah einfach nicht mit Gott und seinen Anhängern.

Der Pfarrer mochte sie und ihre Art, aus völlig eigenen Interpretationen heraus die Texte zu dramatisieren und in eine komplett andere Handlung zu verwandeln, als sie in der Bibel stand. Zum Beispiel erzählte sie, dass Jesus als Zehnjähriger in der

Stadt an einen Ort gekommen sei, an dem Sexhandel betrieben wurde, und er habe sich zwischen die Frauen gestellt und mit den Männern gestritten und ihnen gesagt, dass sie das nicht tun dürften, sondern sich stattdessen verheiraten sollten, und dann hätte er die Händler aus dem Tempel getrieben. Die Großmutter aber fand, dass sie gottlos und sündig sei, und sagte: »So darf man mit dem Wort Gottes nicht umgehen«, und dabei erhob sie den Zeigefinger und sah streng aus. Das mochte das Mädchen sehr, denn dann sah die Großmutter aus wie eine richtige Hexe, so wie Iris sie in einem Märchenbuch über Hänsel und Gretel gesehen hatte.

Iris hatte inzwischen Routine darin, morgens aufzustehen, sich ihre Kleider anzuziehen, zu frühstücken und ihr Vesper einzupacken, im Garderobenraum in der Schule Jacke und Schuhe auszuziehen, in das Klassenzimmer zu gehen und sich in ihre Bank zu setzen. Wenn die Lehrerin einmal etwas anders machte, war sie verwirrt, doch meist war alles ruhig, und sie war einfach dabei.

Der Vater hatte ihr auch etwas völlig Neues beigebracht: Sie hatte gelernt, innen drin zu zucken. Früher war es so gewesen, dass ihre Hände oft zum Gesicht hinaufgefahren waren und gefuchtelt hatten. Dann hatte der Vater ihr vor dem Spiegel beigebracht, sie unten zu halten, sodass sie, während sie zuckten, gerade herunterhingen. Nach vielem Üben war das möglich. Aber es störte das Fräulein in der Schule immer noch, und da sagte der Vater resigniert: »Kannst du nicht stattdessen innen drin zucken?« Und das Mädchen entdeckte, dass es das konnte.

Das Mädchen saß in der Schulbank, dann geschah etwas Unbegreifliches und Unbehagliches. Es zuckte in den Armen, brannte auf den Innenseiten der Hände, und sie schloss die Augen, um sich auf das Zucken zu konzentrieren. Dann ging es weiter um das Herz herum, in der Atmung, im Kopf, in den Beinen und den Armen. Das Mädchen saß mucksmäuschenstill und ganz konzentriert, und dann hörte der Spuk auf, und sie sah sich wieder um.

Die Lehrerin störte sich daran, dass sie die Augen schloss und stocksteif dasaß. Sie sprach mit dem Vater, dass sie fürchte, das Mädchen habe Epilepsie bekommen. Das hatte sie nicht, und der Vater wusste das, also versuchte er, die Lehrerin zu beruhigen. Er wusste, was das Mädchen da machte.

Das Mädchen saß da und war in allem, was geschah. Dann stellte ihr die Lehrerin noch eine Frage. Sie hörte sie und sie kannte die Antwort, doch es kam nichts aus ihrem Mund. Dieser Zustand in ihrem Innern, wo sich für sie nichts verknüpfte, obgleich sie genau wusste, was die anderen von ihr haben wollten, das war schwer. Es spielte im Kopf, und sie wollte kreiseln und tanzen. Doch ein Augenpaar war direkt auf sie gerichtet. Sie hörte ihren Namen. Es wurde dunkel, und der Schmerz kam. Sie sah die Augen, und alles verschwand. Das ging eine Weile so, und dann verschwanden die Augen und die Frage, und alles wurde wieder wie immer.

Das veränderte sich, als sie ihren Lehrer bekam, denn der besaß eine Atmosphäre, die es ihr ermöglichte, auf eine andere Weise dabei zu sein. Sie vermochte zwar nicht zu antworten und im direkten Kontakt zu sein, aber sie konnte Dinge sagen und tun, die ihm klarmachten, dass sie es wusste, und das war auf eine ganz neue Weise unterhaltsam.

Einen Satz zu finden, darüber nachzudenken und ihn dann dem Lehrer zu erzählen. Und immer weiterzuerzählen, ohne zu wissen, wovon, und daraus eine Geschichte entstehen zu lassen, ganz gleich, was für eine, und sie mit Wörtern zu sagen, weil jemand dasitzt und schreibt – das war so schön. Das wurde zu einer ganz besonderen Wirklichkeit und machte das Mädchen glücklich. Dann durfte sie das abschreiben, was der Lehrer geschrieben hatte, und das machte Spaß. Sie machte es, so schön sie konnte. Es wurde nicht ganz gleich, aber doch gut genug.

Das Mädchen freute sich auf jeden Tag, an dem sie in die Schule gehen durfte. Es war, als würde das Leben eine neue Substanz erhalten. Sie wollte bei dem Lehrer oder in seiner Nähe sein, und sie lernte, nicht zu stören. Sie lernte auch, zu tun, was der Lehrer wollte, denn er sagte es auf eine Weise, die sie darüber nachdenken ließ, wie sie es tun konnte.

Wenn Prüfungen waren, durfte das Mädchen allein mit dem Lehrer in einem kleinen Abstellraum sein, und das war etwas Besonderes. Er redete und erklärte, und sie durfte erzählen. Er hörte geduldig zu, und manchmal schrieb er etwas. Oft dachte er an das Thema der Prüfung, und sie konnte Bilder sehen und auf richtige Antworten kommen. Dann durfte sie das, was er geschrieben hatte, auf einem anderen Papier, das er bereithielt, abzeichnen. Oft kam sie gerade bei diesen Gelegenheiten auf wichtige Sachen, und darüber redete sie dann mit dem Lehrer. Er nahm sich auch nach der Schule immer Zeit für sie, und dann musste sie nach Hause laufen, denn der Bus fuhr direkt nach dem Unterricht. Während sie nach Hause lief, redete sie immer noch mit ihm, auch wenn er schon nicht mehr dabei war. Sie konnte »hören«, was er antwortete oder welche Kommentare er gab, und das war so inspirierend, dass sie oft Freudenrufe ausstieß und der Heimweg mehrere Stunden in Anspruch nahm.

Diese Jahre waren in vieler Hinsicht die glücklichsten ihres Lebens, sowohl in der Schule als auch zusammen mit den Mädchen und Jungen, für die sie sich zu interessieren begonnen hatte.

Der Vater lebte sein ganzes Leben lang in der Normalen Welt, und das Mädchen konnte schon sehr früh feststellen, dass er vollkommen blind für das war, was in anderen Menschen vor sich ging. Sein ganzes Leben lang kämpfte er darum, Menschen, die anders waren, dazu zu bringen, sich mit sich selbst zu versöhnen.

Aber er begriff das Dunkle, das in ihnen war, nicht, denn er selbst war so hell. Das Mädchen akzeptierte er vollkommen, ohne jemals zu verstehen, warum sie das tat, was sie tat.

Ein Mann hielt krampfhaft die Zügel eines Pferdes fest, und tat das doch scheinbar so, wie alle ein Pferd festhalten. Das Pferd begann zu schwitzen und hochzugehen. Das Mädchen sagte zum Vater: »Das Pferd bekommt Angst, weil der Onkel böse ist.« Doch der Vater sah nur ein Pferd, das hochging. Er vermochte die Kommunikation zwischen dem Mann und dem Pferd, die das Mädchen sah, nicht zu erkennen, aber er sagte: »Was du alles so mitkriegst. Ja, vielleicht ist es so.« Das Mädchen merkte, dass er selbst nichts sah, und dennoch bestätigte er das Mädchen. Oft kommentierte er ein solches Ereignis mit den Worten: »Ja, du bist wirklich etwas Besonderes.«

Als derselbe Mann das nächste Mal die Zügel ergriff und das Pferd wieder hochging, sagte jemand, der dabeistand: »Was ist nur mit dem Pferd los, dass er es so festhalten muss?«

Ohne nachzudenken antwortete der Vater wie selbstverständlich: »Der Mann ist böse, deshalb wird das Pferd nervös.«

Jemand anders erwiderte verärgert: »Wo hast du das denn her? Was sind das nur für Dummheiten? Wer hat dir das gesagt?« Sie fürchteten sich vor allem Übernatürlichen, vor allem, was nicht anfassbar und konkret war. Der Vater aber war in einer misslichen Lage, denn er wollte Iris natürlich nicht bloßstellen, aber trotzdem zu dem stehen, was er gesagt hatte. »Ich fand einfach, dass es so aussieht«, erwiderte er nur. Doch so war es nicht. Er konnte es selbst nicht sehen, doch er akzeptierte, was Iris gesagt hatte.

Der Vater schützte Iris ständig vor der Angst, die die anderen vor ihr hatten, wenn sie merkten, dass Iris durchaus Recht mit dem haben konnte, was sie sagte. Sie fürchteten, dass Iris nicht nur einfach verrückt sein könnte, sodass man sie ins Irrenhaus oder eine Anstalt sperren konnte. Er sagte oft zu ihr: »So etwas kannst du mir erzählen, aber du darfst es nicht den anderen sagen.« Nur leider konnte sich das Mädchen niemals merken, welche Sachen sie erzählen durfte und welche nicht.

In der Welt der Lutheraner, in der das Mädchen aufwuchs, war alles Übernatürliche, Okkulte und alles Erotische verboten, durfte nicht vorkommen und nicht erwähnt werden. Wenn es einmal zur Sprache kam, dann nur als schändlich und schlimm. Das größte Problem, das die Menschen mit Iris hatten, bestand darin, dass sie ständig das Schändliche und Schlimme offenbarte. Die Menschen empfanden ihr eigenes Verhalten aber erst als sündig, wenn es bloßgestellt wurde.

»Du ziehst uns alle in die Schande«, sagte einmal jemand zu ihr. Zur lutherischen Moral gehörte es, gut, ruhig, besonnen, ausgeglichen und vernünftig zu sein. »So kann man auf einem reinen Gewissen ausruhen.« Doch sie mussten sich eingestehen, dass Iris sie mehrmals täglich in Affekt, Wut oder Grobheit versetzte. Wenn ihre Mutter sagte: »Du machst mich wahnsinnig«, dann meinte sie das wirklich.

Um diese Verstöße gegen ihre eigenen Moralvorstellungen zu rechtfertigen, erklärten sie Iris für eigensinnig, seltsam und abartig. Man tröstete sich, indem man sagte: »Mach' dir nichts draus, es ist doch nur Iris.« Und so konnte man vor Gott reingewaschen werden.

Der Vater kämpfte sein Leben lang damit, für diese Ignoranz um ihn herum Verständnis aufzubringen. Er wusste nicht, was es für ein Wissen war, das er selbst in sich trug, aber er wusste, dass die Werte der anderen und die Betrachtungsweise anderer Menschen nicht sein Ding waren. Alle Menschen in gut und böse, wertvoll und wertlos einzuteilen, das erschien ihm eine zu einfache Methode, sich nicht mit Problemen auseinandersetzen zu müssen, und ihm taten alle leid, die sich nicht mehr für die

Geheimnisse interessierten, die das Leben bereithielt. Sein einziger Trost war, dass es dem Mädchen nach und nach gelang, mit der Normalen Welt klarzukommen. Zwar tat sie es auf eine verschlungene und ungewöhnliche Weise, doch es freute ihn zu sehen, wie sie sich nach ihren eigenen Regeln entwickelte und dabei gut zurechtkam. Und als sie später anfing, mit drogenabhängigen, kriminellen und psychotischen Menschen zu arbeiten, erfüllte es ihn mit tiefer Freude, dass sie da weitermachte, wo er aufgehört hatte.

KAPITEL 4

Außerhalb des Normalen, im Richtigen

Der Wert des äußeren Lebens, an das man normalerweise denkt, wenn man vom Leben spricht – die Dinge, die die meisten Menschen gemeinsam haben, wie zum Beispiel essen, schlafen, in die Schule gehen, eine Familie gründen und in der Zivilisation leben –, war mir während meiner ersten zehn Lebensjahre unbewusst. Ich habe dieses Leben die Normale Wirklichkeit oder die Normale Welt genannt.

Ich war jedoch an einem anderen Ort zu Hause. Das war ein Zustand, der hell und reich an Farben war, und dort war ich überall ich selbst. Ich nannte diesen Ort das Außen oder die Richtige Wirklichkeit, die Richtige Welt oder das Immaterielle.

Als ich begann, meine Erlebnisse in der Richtigen Wirklichkeit mit Worten zu beschreiben, war ich schon über fünfunddreißig Jahre alt. Ich lernte einen Freund kennen, Göran Grip, der mir Fragen stellte, die es mir möglich machten, von der Richtigen Welt zu erzählen. Für mich war die Richtige Welt immer genauso selbstverständlich gewesen wie das Atmen, doch jetzt wurde sie ganz plötzlich zu etwas, was viel reicher war als das. Er regte mich an, mich zu erinnern und zu erzählen, und ich werde hier versuchen, einen Bruchteil dieser Richtigen Wirklichkeit zu schildern.

Ich saß auf der Schaukel. Erst habe ich sehr hoch geschaukelt und war schnell und bin einfach der wunderbaren Schaukelbewegung gefolgt. Dann wurde die Schaukel langsamer, und in dem Moment entstand eine Bewegung, die bewirkte, dass ich selbst von Iris losgelöst wurde. Und als ich erst einmal auf diese Weise losgekommen war, genügte es schon, wenn ich das Wort »Außen« sagte, um davonzufliegen, hochzusausen und in die Atmosphäre hinauszukommen.

Da waren meine beiden Freunde Slire und Skydde. Die waren Wesen so wie ich. Und sie waren Bewegungen, die sich überallhin versetzen konnten. Wir waren wie schöne Seidentücher, die federleicht durchs Universum flatterten.

Die beiden waren Jungen, auch wenn sie nicht wie gewöhnliche Jungen aussahen. Slire war hell und leichtsinnig und konnte sich alles Mögliche ausdenken, was wir beiden anderen dann einfach nur mitmachen mussten. Er liebte es, zu spielen und uns in die Spiele mit hineinzuziehen. Skydde war dunkel, ernsthaft und sehr klug. Er vermittelte uns eine Menge Wissen und brachte das in die Spiele ein. Ich selbst war einfach nur dabei.

Iris saß immer noch auf der Erde, und ich selbst war mit Slire und Skydde zusammen, doch manchmal war meine Aufmerksamkeit mitten dazwischen und konnte beides gleichzeitig sehen. Das war lustig. Ich selbst wäre am liebsten zusammen mit Slire und Skydde im Herumfliegen geblieben, doch es gab immer irgendetwas, was dazu führte, dass ich zu Iris zurückgezogen wurde. In Iris war alles so schwer. Das, was in mir selbst so leicht war, wurde in der Wirklichkeit der Normalen Welt kompliziert.

Die Normale Welt ist wie der Wind, sie ist der Wind. Wenn der Wind bläst, dann spürt man ihn oder erkennt seine Wirkung in den Blättern an den Bäumen, die man rascheln hört. Man kann seinen Luftzug im Gesicht spüren und kann damit gewiss sein, dass der Wind da ist. Wenn es ruhig ist, spürt man ihn nicht, weiß aber dennoch, dass es den Wind gibt, und man weiß, dass er jederzeit zu einem Orkan anwachsen kann.

In meinen Erlebnissen gibt es nichts Wahres oder Falsches, es sind nur Phänomene, die erlebt werden. Genauso wenig, wie man sagen kann, dass das Wetter wahr oder falsch ist, kann man behaupten, Erlebnisse des Immateriellen – der Richtigen Wirklichkeit – seien wahr oder falsch. Sie sind einfach nur. Menschen, die offenen Sinnes sind, kann man davon erzählen. Einige von ihnen können die immaterielle Welt sehen und wissen etwas davon, andere nicht.

Es haben viele von mir gesagt, dass ich psychisch krank sein müsste, da ich solche Fantasien, wie sie es nannten, hätte. Doch Vater sagte nur, ich könnte durchaus zwischen dem, was er die Äußere Wirklichkeit nannte, und dem, was in mir sei, unterscheiden, und er bat mich, das zu tun. Ich tat das nicht automatisch, aber ich wusste immer, ob das, was ich erlebte, in der Normalen oder in der Richtigen Welt geschah.

Dieses innere Erleben, das ich die Richtige Welt nannte, unterscheidet sich von der Normalen Welt vor allem dadurch, dass mein Wissen in jener Welt viel größer war, als die Leute im Allgemeinen begriffen. Mein Problem war hierbei dreierlei: Zum Teil konnte ich mein Wissen aus der Richtigen Welt nicht in die Normale Welt übertragen, zum anderen verstand ich nicht, dass den anderen die Richtige Welt nicht bewusst war, und zum Dritten war ich selbst kein wirklicher Teil der Normalen Welt. Das führte dazu, dass die Menschen in meiner Umgebung meine Erlebnisse als »Fantasien« bezeichneten, die für sie unbegreiflich und furchterregend waren. Vater bat mich, nicht überall und jedem von der Richtigen Welt zu erzählen, das müsse eine Innenwelt sein und bleiben. Ich nannte diese Welt »Außen«, und er sagte »Innen« dazu, aber ich wusste doch, dass wir von derselben Sache sprachen, und es spielte keine Rolle, dass sie verschiedene Namen hatte. Ich begriff jedoch nicht, in welchen Situationen ich nicht reden sollte, also plapperte ich die ganze Zeit vor mich hin, und deshalb hörte sowieso niemand auf mich.

Großmutter sagte: »Hör auf, so dummes Zeug zu reden. Gott hört und sieht alles, und er wird dich bestrafen.« Aber ich wusste, dass es sich in der Richtigen Welt nicht so verhielt. In der Richtigen Wirklichkeit hatte alles einen Sinn, ganz gleich, wie richtig oder falsch es auch in der Normalen Welt war. Ich musste mich auch nicht anpassen, denn wenn ich im Kontakt mit der Richtigen Welt stand, dann half sie mir, in der Normalen Welt zu funktionieren. Und wenn ein Mensch noch so schwierig war und in der Normalen Welt noch so viele Dummheiten anstellte, dann war er doch nicht böse. Es sei denn, er war blind und tat verzweifelt das Einzige, was er konnte, um zu überleben: Diebstahl, Totschlag und Lügen.

Das Paradoxon, dass ich in meinem Innern einen solchen Reichtum besaß, der nicht vermittelbar war, während ich gleichzeitig in der Normalen Wirklichkeit unwissend und nichtsig war, führte dazu, dass ich mich der Umwelt gegenüber seltsam verhielt. Zum Beispiel war einfach nicht zu begreifen, warum ich so oft lachte.

Hierbei geht es um das primäre Denken, das vor dem sekundären kommt. Das primäre Denken geschieht ohne Worte und Sätze, es ist eine Art Wissenschaft, die schon fix und fertig ist und die sich wieder und wieder in unterschiedlichen Erscheinungsformen zeigen kann, doch geht sie niemals automatisch in Worte über. Das Primäre gilt, wenn sonst nichts gilt. Will man das primäre Denken in die Normale Wirklichkeit übertragen, dann muss man das in einer Form tun, die genau in die Zeit und an den Platz passt, an dem man zufällig lebt. Diejenigen, denen man etwas erzählen will, besitzen eine bereits fertig geformte Sprache, sie haben soziale Normen und kulturelle Rituale, bestimmte Ansichten davon, was richtig und was falsch ist, darüber, was es gibt und was es nicht gibt. Das führt dazu, dass das primäre Denken in dem Moment, wo man es anderen vermitteln will, schon eingeschränkt und verstümmelt und in eine besondere zeitgebundene und kulturgebundene Schublade gesteckt wird.

Das Primäre ist sich immer gleich und verändert sich dennoch die ganze Zeit. Das, was sich immer gleich bleibt, verschwindet nicht, auch wenn es verändert wird. Die ganze Zeit ist alles vorhanden und hängt zusammen, auch wenn es sich ständig verändert. Nichts steht still, denn dann ist es tot; stattdessen ist alles ständig in Bewegung, denn das ist es, was das Leben ausmacht. Das ist das Lebendige, und das ist es auch, was der Mensch als lebendig empfindet, wenn er auch die ganze Zeit nach dem Toten strebt. Es ist, als wäre das Tote das Höchste und als wolle er das erreichen, obwohl dann doch das Leben, das Lebendige verloren geht.

In meiner Welt konnte ich die Erzählung vom Paradies sehen. Das Paradies war ein und dasselbe, und das, was die Hölle genannt wurde, war nichts anderes als das, was sich bewegte, das Leben, das Unvollständige, das dafür sorgte, dass das Paradies mit Leben erfüllt wurde. Das Paradies ist auch immer da, auch wenn es sich in einem Inferno der Bewegung befindet, und in diesem Beweglichen ist das Unvollständige, das Zusammenbrechen, wie zum Beispiel Krankheit und Tod. Dieser Kampf dient dazu, dass das Leben lebendig wird, und man kann ihn nicht anders aus der Welt schaffen, als ihn so lange auszufechten, bis es Frieden gibt. Und dann beginnt er auf einem anderen Schlachtfeld, denn das macht nun einmal das lebendige Leben aus.

Viel Streit ist nur egoistisch und dient nur dazu, im Sekundären etwas zu gewinnen, und gehört damit auch nicht zum richtigen Kampf.

Es war Sonntag, und die Kinder hatten die Erlaubnis bekommen, mit den Fahrrädern zum See runterzufahren, um zu baden. Wie üblich entspann sich ein Streit um unsere Fahrräder, weil eines davon etwas leichtgängiger war. Mein Bruder und eines der

Sommerkinder stritten sich ständig um dieses Fahrrad. Das war ein reiner Ego-Streit, ein Status-Streit, der für mich vollkommen unbegreiflich war. Bei so einem Streit geht es überhaupt nicht um das leichtgängige Fahrrad, sondern darum, zu siegen und zu beherrschen. Das ist ein Streit, der nicht das Geringste mit dem eigentlichen Kampf zu tun hat.

Im richtigen Kampf gewinnen alle für einen Moment lang Frieden, im normalen Ego-Streit gibt es einen, der Sieger zu sein glaubt, und andere, die meinen, verloren zu haben. Wenn jemand auf Kosten eines anderen gewinnt, dann haben beide verloren. Das ist, als würde man in die Hose machen – erst ist es warm und schön, doch gleich darauf wird es kalt, nass und eklig.

Dieser Dimension, der Richtigen Wirklichkeit, fehlt eine konkrete Verankerung in unserer Zivilisation. Man kann sie nicht ins Sekundäre übertragen, denn dann geht sie verloren. Das Immaterielle spielt Fangen mit der Normalen Wirklichkeit und hat viel Spaß dabei. Ganz oft verschwenden die Menschen nicht einen einzigen Gedanken an diese Welt, sondern konzentrieren sich allein auf das Materielle und das, was Ergebnisse bringt. Wie viele denken schon daran, was für ein Wunder und was für eine Freude es ist, dass es etwas zu essen gibt? Die meisten überlegen bloß, was um Himmels willen sie morgen Abend essen sollen. Es ist schön, dass es uns in unserer Zivilisation so gut geht, dass wir uns über unsere Existenz keine Gedanken machen müssen, doch das führt gleichzeitig dazu, dass wir veräußerlicht und eingeschränkt sind, und das ist nicht sonderlich schön. Dabei geht ein Reichtum verloren, der durch nichts anderes ersetzt werden kann.

Es gibt einige Religionen, die sich bei der Richtigen Welt bedienen und daraus Dinge stehlen, die sie dann als ihre eigenen ausgeben. Das darf man nicht tun. Die Richtige Welt gehört allen, und alle können direkten Kontakt zu ihr aufnehmen, und man kann sie nicht mit Schildchen versehen, worauf steht, dass eine gewisse Verhaltensweise bedeutet, dass man Christ ist, und eine andere, dass man Moslem oder Buddhist oder Sikh ist. Man kann auf das Primäre kein Copyright erheben. Religionen verleiten den Menschen dazu, zu glauben, dass das Leben, das Unvollständige, Sünde und Elend sei, und dass man warten soll, bis man nach dem Tod zu Gott und ins Paradies gelangt, wo es dann schön sein wird. Das ist ein Betrug, denn es gibt alles immer die ganze Zeit über, und das Einzige, was einen Unterschied macht, ist, ob ich selbst in einen Körper geschüttet worden bin, sodass ich hier lebe, oder nicht.

◆

Ich sitze auf der Schaukel. Es ist Sommer und warm. Die Sonne schimmert durch die Blätter. Die Strahlen bahnen sich einen Weg durch das Laub, und ich sehe die Wassertropfen im Gras. Es ist früh am Morgen, auf dem Gras liegt Tau, und ich werde in meinem Innern froh. So früh wird keines der anderen Kinder auf dem Hof aufwachen und mich stören.

Erst schaukle ich sehr hoch und werde schnell und mache einfach die glückliche Schaukelbewegung mit. Das fühlt sich an, als würde ich durch die Luft fluten. Der Wind umhüllt mich, und es kitzelt im Bauch. Ich höre das leichte Knarren des Baumes und das Prasseln des Laubs. Mir wird im ganzen Körper warm, und ich lasse die Schaukel langsam ausschaukeln.

Still, still, vollkommen still. Ich fühle in meinen Körper hinein. Es fängt an, in den Zehen und den Fingerspitzen zu zucken. Das Wohlbefinden breitet sich im ganzen Körper aus. Schon bald bin ich wie in einer Art Rausch und löse mich vorsichtig von Iris. Ich gehe ins Außen. Ich drehe mich langsam um und sehe Iris dasitzen. Alles ist in Ordnung. Iris lächelt. Es herrscht Frieden. Sie sieht aus, als würde sie in tiefes Nachdenken versunken dort sitzen. Ich bin im Außen.

Zunächst bewege ich mich ein wenig planlos umher. Ich schwebe ein paar Meter über dem Boden. Dann sehe ich ins Haus und sehe die Menschen dort in der Küche sitzen. Ich sause über den Hof und begegne der Welt. Ich weiß und spüre alles, und doch fühle ich nichts. Wenn ich froh bin, dann weiß ich das, aber ich verspüre keine Freude wie im normalen Körper. Ich kenne alle meine Gefühle genau, nein, nicht nur meine Gefühle, sondern alle Gefühle, die es nur geben kann, aber es ist, als würde ich sie nur denken, ohne sie zu spüren. Mein physischer Körper ist auf irgendeine Weise für sich, und ich selbst bin etwas anderes. Etwas Immaterielles, aber dennoch ein Körper. Dieser immaterielle Körper ist genauso wie Iris, wenn auch durchsichtig, wie eine Art von Licht. Der Körper hat alles, was Iris hat, doch er ist nicht zu sehen, wenn er nicht auf irgendeine Weise von der Gegenwart hervorgerufen wird. Der immaterielle Körper ist wie Geheimtinte, die immer da ist, aber nur sichtbar wird, wenn sie aufgewärmt wird. Auch der immaterielle Körper ist für sich, und ich selbst bin die Gegenwart, und die Gegenwart kann den immateriellen Körper verlassen und sich zwischen ihm und dem materiellen Körper aufhalten, der immer noch auf der Schaukel sitzt. Es ist so angenehm, im Außen zu sein; alles ist auszuhalten, und es gibt keine Bedrohung. Was auch geschieht, ich kann nicht untergehen. Hier gibt es mich, und ich bin ewig, unendlich und alles gleichzeitig.

Nach einer Weile wird mein immaterieller Körper zu einem Schweben, wie ein Schleier aus Seidentüchern, die durch die Richtige Welt schweben können. Wenn man in der Richtigen Welt ist, dann kann man ungehindert zu Gegenständen und lebendigen Wesen in der Normalen Welt gleiten. Nur Menschen sollte man nicht berühren, denn die können dann unangenehm und ängstlich reagieren.

Zwei wohlbekannte Gestalten sind zu sehen. Wir begegnen uns. Es sind Slire und Skydde. Sie kommen näher und immer näher, und wir sind zu dritt. Wir sehen uns an, bilden einen Kreis, fluten immer im Kreis herum und sind einfach nur. Wir sprechen nicht mit Worten, so wie die normalen Leute, denn wir können unsere Gedanken sehen. Wir können mit den Gedanken herumspielen, wie wir wollen, können sie verstecken und verschränken, sodass die anderen beiden sie wie Rätsel erraten können. Wir können sie auf links drehen und ihnen eine völlig andere Bedeutung verleihen. Zwei warten, während der Dritte versteckt. Manchmal wird das völlig verrückt und verrücktspaßig.

Für mich bedeutete das Wort »Weidenkätzchen« Katzen, die weinen. Ich werfe das Wort zu Slire hinüber, der es nimmt und dreht und wendet: Katzenweinen, Heulkatze, Jaulkatze, Katzenkratz, Weide, Ast. Er wirft die Wörter zu Skydde rüber. Der wiederum sondert ganze Sätze ab: Die Katze jault unter dem Busch. Der Ast kratzt die Katze. Die Katze ist in der Schale. Die Schale sitzt auf dem Ast. Ich sage Weidenkätzchen und sehe den Haselnusszweig und die Schale und die pralle Knospe. Slire und Skydde sausen kreuz und quer herum und verbeugen sich, um zu zeigen, dass ich auf der richtigen Spur bin. Und wenn ich erkenne, dass die pralle Knospe das Weidenkätzchen ist, dann bleiben sie stehen und zittern und vibrieren, um zu zeigen, dass das Rätsel gelöst ist. Ich habe gelernt, dass Weidenkätzchen keine weinenden Katzen sind.

Mein Onkel Anders kommt vom Stall und geht zu seinem Zimmer. Kleine Melodieschnörkel und eine schön gekleidete Frau treten in die Atmosphäre ein. Er denkt an den Tanz, auf dem er am Samstag war, und er freut sich schon auf den Tanz am nächsten Samstag. Eigentlich denkt er überhaupt meist ans Tanzen. Slire schmeißt mir das Wort Weidenkätzchen hin und fordert mich auf, es Anders zuzuwerfen. Wir sausen zu Anders hin und warten auf den passenden Moment. Solange nichts von ihm aus in die Atmosphäre kommt, müssen wir warten. Doch genau in dem Augenblick, als hell goldrote, leicht glitzernde Freude aus ihm kommt, ist es an der Zeit. Ich werfe ihm das Wort Weidenkätzchen zu. Er befindet sich noch in seinem Bild vom Tanz, aber plötzlich taucht ein Busch auf. Er wischt ihn weg, um sich wieder seinem behaglichen Sinneszustand hingeben zu können. Ich warte auf die nächste Gelegenheit. Eine lächelnde Frau, die seine Aufforderung zum Tanz annimmt, tritt in die Atmosphäre. Ich werfe wieder das Wort Weidenkätzchen hinein. Die lächelnde Frau wird von einem Busch weggewischt. Anders wird ärgerlich und flucht und murmelt etwas. So mache ich weiter, bis alle seine Gedanken voller Büsche sind. Der Tanz ist verschwunden, und er hat vergessen, was er eigentlich wollte. Und das Einzige, was es jetzt noch in ihm gibt, ist ein gestrüppartiges Buschgeraffel. Er bleibt stehen, flucht vor sich hin und versucht, sich daran zu erinnern, wohin er eigentlich unterwegs war. Dann macht er auf dem Absatz kehrt und geht zurück in den Stall.

Das Spiel verändert seine Form, und es geht um die Frage, was wir in der Welt machen sollen. Slire hat immer eine Idee. Er würde am liebsten immer alle Ideen auf einmal verwirklichen, aber wir führen sie doch eine nach der anderen aus. Er ist eifrig und ungeduldig, hat hellblaue Augen, die stets glitzern. Skydde ist dunkel und hat braune, ernste Augen. Seine Augen sind voll Wehmut und Klugheit, als würde er das ganze Elend der Welt kennen, aber dennoch an das Leben glauben. Er ist warm, nachdenklich und strahlt Sicherheit aus. Ich liebe ihn, denn er hilft mir, mich zu sammeln. Wenn ich mit Slire und Skydde zusammen bin, weiß ich, dass das Leben ganz und richtig ist. Dann verstehe ich alles, und nichts ist unangenehm. Alles ist klar, nichts falsch oder schief, und es ist, als würde alles Sehnen und alles Vermissen verschwinden. All das, was wehtut, ist in Iris' Körper und jetzt gerade nicht da. Ich selbst weiß zwar, dass es das gibt, aber jetzt macht es mir nichts aus, alles ist genau, wie es sein sollte.

Ich weiß, dass andere Menschen, vor allem die, die Angst bekommen, Dinge gegen mich sagen oder tun und mir in meinem

Körper Schmerzen zufügen können. Das wird wie ein unerträglicher Brand, als würde ich gesprengt, als würde der ganze Körper in Stücke gerissen. Dann kommt die Hysterie, ich schreie, trete, beiße, werfe mich auf den Boden, schlage den Kopf auf den Boden und versuche, den Körper zur Ruhe zu bringen. Das geht am besten, wenn ich ein Weilchen schaukele. Dann komme ich ins Außen, und dann ist die Welt wieder gut.

Wir sausen herum, stolpern herum, spielen Bilderrätsel mit Gedanken.

»Nichts«, werfe ich ins Feld.

Slire schnappt das Wort auf und sagt: »Wenn man nichts sagt, dann muss es etwas geben, was um das Nichts herum ist, denn sonst gibt es kein Nichts.«

Skydde sagt: »Nichts kann auch ein Ergebnis sein. Wenn Nichts ein Ergebnis ist, dann ist es etwas, wovon man gedacht hat, dass es etwas sei, und das sich hinterher als etwas erweist, das nichts ist, und dann ist das Ergebnis Nichts.«

»Das Ergebnis ist das, was bleibt, wenn alles fertig ist«, fährt Skydde fort.

»Nein, das Ergebnis ist nichts, was bleibt, das Ergebnis hat es ja nur in dem Moment gegeben. Dann verschwindet es auch.«

»Was macht das für einen Sinn, von Ergebnissen zu reden, wenn sie nicht das sind, was bleibt?«

»Man kann trotzdem darüber reden, es ist doch nur so, dass man etwas in einem bestimmten Moment anhält, und dann kann man es Ergebnis nennen.«

Und dann fangen wir einen neuen Faden an.

»Kindheit.«

»Kindhaft.«

»Verhaftete Kinder.«

»Verbürgte Kinder.«

»Verbürdete Kinder.«

»Kinderbürde.«

»Was soll das denn sein?«

»Das Kind ist eine Bürde, wenn man es trägt.«

»Nein, nein, nein, Kinderbürde ist, wenn ein Kind geboren wird«, berichtigt Skydde.

»Gebären.«

»Geboren werden, was ist das?«

»Das ist, wenn man auf die Erde plumpst.«

»Woher denn?«

»Komm, das weißt du doch, dass der Papa einen Anteil hat und die Mama.«

»Aber dann plumpst man doch wohl nicht auf die Erde.«

Wir sausen so hoch hinauf, dass Iris wie ein winzig kleiner Punkt aussieht, und dann tauchen wir hinab, sodass sie wie ein Riese wird, und dann wieder zurück, sodass sie normal groß wird. Hoch und runter, hoch und runter. Wir jagen einander und fangen uns, torkeln herum, rollen uns zu Kugeln ein und ziehen uns zu langen Strichen. Manchmal fängt Slire einen Gedanken von jemandem auf der Erde ein und wirft ihn mir zu.

Meine beiden Onkel gehen über den Hof und sprechen über Sterne und Planeten. Es hat gerade eine Sonnenfinsternis gegeben. Slire taucht hinab und kommt mit dem Wort »Planet« zurück und wirft es Skydde zu.

Der macht eine Menge Kugeln daraus und wirft mir die Kugeln und das Wort Planet zu.

Ich sause ein wenig herum und verteile die Kugeln, sodass es ein Szenario gibt, und frage: »Was ist das hier?«

Dann kann ich sehen, wie die Kugeln herumsausen und aussehen wie ein Mond und eine Sonne und eine Erde. Sie bewegen sich umeinander herum. Wir sausen alle drei auf die Erdkugel zu und direkt hinein.

»Hier haben wir einen Planeten«, sagt Skydde.

Ich begreife etwas, was ich zuvor nicht kapiert hatte, und es macht so viel Spaß, immer noch mehr zu lernen.

In der Normalen Welt hatte ich einmal in einem Comic-Heft ein Schild vor einem Haus gesehen, auf dem »For Sale« stand. Ich las falsch und dachte, dort würde »Für Saul« stehen. Saul kannte ich, denn Großmutter hatte mir von dem König in der Bibel erzählt. Aber ich konnte nicht begreifen, warum dieses Haus für ihn sein sollte, und warum das auf einem Schild stehen musste. Also hatte ich einen meiner Onkel gefragt, warum dort nicht »Für Paulus« stand, aber er war nur ärgerlich geworden und hatte geantwortet: »Was redest du nur für ein dummes Zeug!«

Jetzt saust Slire los und fängt das Wort selbst vom Schild »For Sale« und wirft es mir zu. Ich fange es auf und erkenne die ganze Geschichte von Saul, die Großmutter mir erzählt hat. Das gibt mir den Impuls, das Wort weiter zu Skydde zu werfen. Skydde wirft es wieder zurück zu mir, und da kommt es richtig an. Saul wird zu »Sale«, und das bedeutet Verkauf. Das Haus, das für Saul war, wird »zum Verkauf«, und ich kapiere, dass jeder es kaufen kann, der will.

Wenn Slire etwas denkt, wird alles so klar und leicht zu begreifen. Skydde zeigt mir die Gedanken auf eine andere Weise, und ich weiß, dass es nur eine Antwort gibt.

Slire sagt leichthin und kindlich: »Die Sonne wärmt und strahlt.«

Mir wird bewusst, dass die Sonne wärmt und strahlt.

Skydde sagt: »Aber es gibt noch mehr Geheimnisse. Die Kraft, die von der Sonne kommt, die kann der Mensch so verwandeln, dass er sie nutzen kann, wenn sie nicht scheint. Und das nennt man Energie.«

Wir bleiben noch ein Weilchen im Wissen.

Skydde zeigt auf Iris da unten. Die Rückkehr ist unaufschiebbar. Ich bin unwillig und versuche zu bleiben, ich will nicht zurück, ich gehöre da nicht hin, ich gehöre hierher. Vorsichtig schiebt er mich zu Iris hin und zeigt, dass der Körper etwas braucht. Er zeigt mir, dass ich willkommen bin, wenn ich wieder will, dass ich jetzt aber zurückmuss. Iris zuckt zusammen, und dann ist die Welt wieder normal.

Aber ehe ich wirklich zurückkehre, muss ich noch ein bisschen rumspielen. Ich hüpfe in Iris' Körper und betrachte den anderen, den durchsichtigen Körper. Dann hüpfe ich wieder in den durchsichtigen Körper zurück und sehe den von Iris da auf der Schaukel sitzen. Manchmal befinde ich mich mitten zwischen den beiden Körpern, und das ist, als wäre man nur ein Bewusstsein, eine Gegenwart. In dem Zustand kann ich nicht verharren, sondern er ist nur ein Übergang, aber es ist eine andere Leichtigkeit darin als in den Körperzuständen. Skydde weist mich wieder darauf hin, dass ich zu Iris zurückmuss.

Auf dem Hof gibt es ein paar Lieblingsstellen. In Iris' Welt bin ich ständig auf der Suche nach ihnen. Die Schaukel, das Plumpsklo, in der Scheune an verschiedenen Plätzen, bei den Sachen für die Pferde, unter dem Flaschenzug, wo im Heu ein leerer Fleck entsteht, unter dem Schreibtisch des Pfarrers im Außenzimmer, unter dem Küchentisch, im Küchenschrank, in der Schmiede hinter der Feuerstelle, in der Fensternische im Kirchturm.

Diese Plätze haben eine besondere Bedeutung bekommen. Es sind friedliche Orte, an denen ich leicht ins Außen gelangen kann. Das funktioniert auch an anderen Stellen, aber da sind eine Menge Rituale und Vorbereitungen vonnöten. Ich kann solche friedlichen Plätze aber auch an neuen Orten, die ich besuche, finden.

Diese Plätze stellen eine Karte dar, ein Muster, dem ich folge und in dem ich mich befinden kann. Man kann nicht ins Außen gehen, wenn jemand anders in der Nähe ist, aber dann gibt es immer noch einen anderen Platz auf der Karte, an den ich gehen kann. Die Karte ist ein Muster, eine Liste, die sich in Iris' Kopf befindet, und die kann ich hervorholen und ansehen. Wann immer es in der Normalen Welt nichtsig und leerig wird, erscheint die Karte und leitet mich zu einem dieser Orte.

Es ist Herbst. Die Sonne scheint, und es riecht nach reifem Korn. Hinter der Scheune steht der alte Pferde-Gabelwender, den man benutzte, um das Heu zu Strängen zusammenzurechen, damit es leichter auf Reiter gesteckt werden konnte.

Als ich einmal dasaß und damit fuhr, sauste ich raus ins ... Eigentlich wollte ich das gar nicht erzählen, aber jetzt ist die Geschichte doch aufgetaucht.

Der Gabelwender hat eine Sitzschale, die auf einem festen Metallblech montiert ist. Der Sitz kann hoch und runter wippen. Ich liebe es, darauf zu sitzen, denn es schaukelt so wunderbar. Auf dem Pferd sitze ich auch gern, denn es läuft, und dann rollt alles, die ganze Zeit.

Wir haben vier Pferde: Svea, Doris, Blända und Kochteroggen. Kochteroggen heißt so, weil er als Fohlen einen aufgeblähten Bauch bekam. Deshalb kochte man Roggen für ihn, damit er die Blähstoffe loswerden konnte und der Bauch nicht platzte. Es klappte, und er überlebte, und danach konnte man ihn nicht mehr anders nennen.

Svea ist das älteste Pferd. Sie ist hinterhältig und kann jeden Augenblick beißen. Keines der Pferde mag Iris besonders gern, sie schnappen gern mal schnell zu, wenn sie können, aber nur Svea beißt richtig. Blända ist am jüngsten und frischesten und auch am freundlichsten, sodass man Iris ohne Bedenken auf ihren Rücken setzen kann.

Wenn Iris in die Nähe der Pferde kommt, fangen sie an zu schwitzen, legen die Ohren an, werfen die Köpfe hin und her und stampfen. Das sie umgebende Feld wird ein wenig eingezogen und dunkler. Iris tut nichts, aber dennoch reagieren die Pferde so. Wenn sie aber eine Weile dort gestanden hat, dann lassen die Reaktionen der Pferde nach, und sie werden wieder ganz normal.

Es ist eine Woche vor Mittsommer und brüllend heiß. Das Heu soll so schnell wie möglich eingeholt werden, und dazu wird es erst mit dem Gabelwender gewendet und dann mit dem Heurechen zusammengerecht. Es ist viel zu tun, und alle auf dem Hof bewegen sich geschäftig in ungewöhnlicher Geschwindigkeit. Das gibt lustige Figuren in der Atmosphäre, denn normalerweise bewegt sich niemand schnell in meiner Nähe, außer vielleicht Mutter, aber das ist etwas anderes. Die Gegenwart wird von einer Menge von Lichtern und Geräuschen gefärbt, die sich bewegen und umeinander herumschlingen und schöne Figuren in die Luft zeichnen.

Iris sitzt auf Bländas Rücken und einer der Onkel auf dem Sitz. Jedes Mal, wenn der Gabelwender angehoben wird und das zusammengerechte Heu loslässt, geht ein Ruck durch den Sitz. So verschwinde ich aus der Normalen Wirklichkeit …

Slire und Skydde werden sichtbar. Wir sind Bewegung und spielen »Um die Pferdebeine sausen, während es läuft«. Das funktioniert so, dass wir versuchen, so nahe um das Pferdebein zu fluten wie möglich, ohne durch einen Teil davon hindurchzugehen. Das ist nicht einfach, denn das Pferd bewegt sich die ganze Zeit, und wir sollen so nahe wie möglich fluten. Wir wissen, dass wir die Haut des Pferdes nicht berühren dürfen, denn dann bekommt es Angst, fängt an zu schwitzen und geht unter Umständen durch. Wenn wir von dem Spiel genug haben, wenden wir uns dem Gabelwender zu.

Am Gabelwender sitzen lange Metallforken dicht beieinander, die in Form eines Halbkreises gebogen sind, so wie bei einem Rechen. Sie schieben das Heu zusammen und dann wird es gewendet, indem die ganze Gabel in die Luft hochfährt. Wir werfen uns vor die Gabel und lassen uns mit dem Heu, das sich unter den Gabeln sammelt, herumrollen. Dann kommt es darauf an, sich behände an einer Gabel festzuhaken und damit hoch in die Luft zu sausen, sodass man nicht in dem abgeworfenen Heu

216

bleibt. Dann kann man sich wieder runterfallen lassen und mit der nächsten Wende rollen. Das betreiben wir einige Stunden lang. Es macht so viel Spaß. Man kann das auch noch auf mehrere Arten variieren, sodass es eine Art Fangenspiel wird.

Diesmal ist Slire der Anführer, und ich folge. Aber es macht keinen Spaß, immer nur hinter Slire herzusausen. In der Richtigen Welt kann ich immer sehen, was Slire oder Skydde gerade vorhaben, und sie können ihre Absichten auch nicht vor mir verbergen. Damit das Spiel also spannend wird, muss Slire absichtlich unterlassen, im Vorhinein über das nachzudenken, was er machen wird, denn dann würde ich es ja sofort wissen, und dann wäre das Spiel viel zu einfach. Slire streckt die Hände aus, um die Gabeln des Gabelwenders zu packen, und saust mit ihnen nach oben. Ich strecke auch meine Hände aus. Im letzten Moment überlegt er es sich anders, lässt die Gabel los und bleibt stattdessen in den zusammengerechten Heuhaufen liegen. Wenn ich mit der Gabel hochfahre, dann habe ich verloren, also muss ich selbst blitzschnell meine Richtung ändern und auch im Heu bleiben. Ich darf versuchen herauszufinden, wie man das macht, es ist so herrlich, und ich würde am liebsten ewig weitermachen, aber …

Das Pferd bleibt stehen. Iris spürt, wie ein paar starke Arme sie packen und herunterheben. Der Onkel sagt: »Aber Iris, jetzt hast du ja schon wieder in die Hose gemacht, ohne Bescheid zu sagen. Warum kannst du nicht wie die anderen Kinder sagen, wenn du pinkeln musst, damit ich dann anhalte?«

Iris antwortet: »Ich habe mit Slire und Skydde gespielt.«

Der Onkel: »Du und deine Fantasien. Wenn du doch einfach nur lernen könntest, was jedes kleine Kind kann, dann hätte man nicht so viel Ärger mit dir.«

Iris erzählt oft von ihren Erlebnissen und benutzt alle Wörter, die sie gesammelt hat, und sie glaubt, dass ihre Erlebnisse und Erzählungen wirklich sind, aber oft sagen die Menschen zu ihr, dass sie wirklich »verrückte Ideen« habe und dass das alles nur ein Haufen Fantasien seien.

Nach einer Weile darf Iris wieder auf dem Pferderücken sitzen, mit dem unbemannten Gabelwender hinter sich. Es droht zu regnen, und alle Erwachsenen werden gebraucht, um die Ernte einzubringen, ehe das Unwetter kommt, und deshalb hat niemand Zeit, auf dem Sitz zu sitzen. Das Pferd kennt seine Runden, doch weigert es sich, zu laufen, wenn niemand die Zügel hält. Aber wenn Iris auf dem Pferderücken sitzt, dann läuft es. Das Pferd macht von sich aus kehrt und geht brav die Furchen auf und ab, und obwohl Iris nicht weiß, welchen Nutzen es bringt, wenn sie da oben sitzt, tut sie es doch gern.

Ich schaue über die Welt. Hinten auf dem Acker wächst etwas, das ist grün und wogend, wie ein Wasser. Es zieht mich dorthin. Ich fließe mit in der wogenden Bewegung. Es rauscht in den Ohren, der Wind streicht über mein Gesicht, und ich fahre leicht, ganz leicht, über das Feld. Die Luft flimmert und ist ganz blau. Es ist, als wäre alles in Silber getaucht, glänzend, strahlend, und es glitzert und schimmert.

Dann tauchen meine Wesenfreunde auf. Der eine aus der einen Richtung wie ein kleiner Taifun, der zweite aus der anderen Richtung wie ein langer, fließender Strich. Im Licht kann ich sie unterscheiden: Der Taifun ist dunkel, das ist Skydde, das Fließende ist leingelb, das ist Slire. Sie kommen durch das wogende Gras geflutet, und ich hake mich bei ihnen ein. Wir sausen los, alle drei, und es ist, wie wenn man in einer Achterbahn fährt. Wir fliegen Seite an Seite mit ausgestreckten Armen und Beinen. Wir lassen die Bewegung das frische Grün auf dem Acker berühren, und das kitzelt schön. Die Welt ist offen, und wir sind drin. Hochzufahren und wieder heruntergeworfen zu werden, hochzufahren und in eine kitzelnde herrliche Bewegung heruntergeworfen zu werden, das lässt uns vor Entzücken kreischen, und dann ...

Eine Stimme ist zu hören: »Was schreist du denn so, du machst ja dem Pferd Angst. Bist du von einer Bremse gestochen worden, oder was?«

Einer der Onkel hat mich gehört und ist besorgt. Iris verstummt, und das Pferd trottet mit Iris auf dem Rücken weiter. Es dauert nicht lange, da kommt schon etwas Neues in ihren Blickwinkel, und sie taucht hinein.

Die Normale Welt verschwindet, und ich bin wieder im Außen. Wir sausen zu den Wolken hinauf. Sie sind kleine Wollknäuel, durch die man einfach durchwischen kann. Drinnen verändert sich das Licht, denn da gibt es kein Sonnenlicht. Oft schweben wir oberhalb der kleinen Wolken und rollen von ihnen herunter und fluten ins Sonnenlicht hinaus.

Iris fällt vom Pferderücken, rollt auf den Boden und bleibt liegen. Blända bleibt stehen und scharrt mit dem Huf. Ein Onkel kommt angelaufen. »Was machst du denn für Sachen? Bist du eingeschlafen?«

Ich erzähle, dass ich gerade von einer Wolke gerollt bin, und dass es so weich war, dass ich einfach nicht mehr aufhören konnte, und dann habe ich vergessen, dass ich ja wieder aufstehen musste.

»Jetzt sitz aber ordentlich und fall mir nicht noch mal runter, wir haben keine Zeit für solche Sachen.« Er geht, und ich bin bald wieder auf dem Weg in die Richtige Welt.

Schaukeln, schaukeln in sanftem Schwung, die Welt verändert sich, es ist, als würde man von Luft umgeben und davongetragen werden. Alles um mich herum bekommt eine andere Bedeutung. Blända schimmert. Ich sehe sie ruhig und sicher dahintrotten, aber es ist, als würde sie ein klein wenig über dem Boden schweben. Sie wird durchsichtig wie ein Pferd im Märchen. Ich betrachte meinen immateriellen Körper. Er tanzt herum, wirbelt herum, wie ein kleiner Taifun. Das sieht lustig aus. Der Taifun beginnt wie ein kleiner grauer Streifen auf der Erde und weitet sich dann zu einem Kreis aus. Ich bin mittendrin. Der immaterielle Körper ist wie ein Gesicht, das stillsteht und einfach nur strahlt, und ein dünner Umhang aus Atmosphäre um den Körper. Der Umhang kreiselt auf dieselbe Weise herum wie der Taifun. Alles andere steht still. Es ist hell, sehr hell und blau, schön und betörend. Der Taifun schwebt über die Landschaft, und die Landschaft verändert die ganze Zeit ihren Charakter. In einem Moment ist die Erde flach, Wiesen und Äcker mit der ein oder anderen Birkenlichtung. Dann entstehen große dunkle Wälder, Berge und Täler, viel tiefere Farben und mehr dunkler Ernst. Dann kommt das Meer und die Klippen, es schimmert und glitzert in allen rot-lila Farbnuancen, die man sich nur denken kann. Es ist leicht drinnen, und der Körper kichert zufrieden. Jemand ruft: »Iris, Iris, wo bist du? Du siehst aus wie ein Gespenst, wo bist du denn? Bist du ganz verschwunden?« Und schwupps bin ich wieder zurück in Iris. Jemand spannt Blända aus, und sie findet allein nach Hause.

Ich sitze noch auf ihrem Rücken. Ich höre, dass jemand pfeift und singt. Um mich herum bilden sich eine Menge Lichtzungen, das ist schön, und viele Muster entstehen. Sie verschwinden, und ich werde vom Pferd gehoben. »Geh in die Küche, es gibt was zu essen.«

Iris steht da, wo sie steht, und begreift nicht, dass das, was aus dem Mund des Onkels kam, etwas mit ihr zu tun hat. Nachdem er das Pferd versorgt hat, fängt er an, mit ihr zu schimpfen, weil sie immer noch dasteht. Das gibt dunkle, tiefer gefärbte Lichtzungen um ihn, und sie steht da und schaut. Dann macht sie wieder in die Hose. Das ist warm und schön um die Beine und fast so, als würde man ein wenig in die Luft gehoben. Sie steht einfach nur da und fühlt es. Der Onkel wird sehr ärgerlich, und das Lichtmuster wird noch faszinierender. Er hört abrupt damit auf, packt sie am Arm und schleift sie mit rein.

Er sagt: »Es hat schon wieder ein Unglück gegeben.«

Mutter nimmt Iris mit in die Waschküche und reißt ihr mit harten Händen alle Kleider herunter. Die ganze Zeit murmelt sie, dass sie einfach nicht schlau wird aus Iris, dass sie es nicht mal geschafft hat, ihr beizubringen, dass man Bescheid sagt, wenn man aufs Klo muss.

Die Leute sind so seltsam, sie beschäftigen sich mit einer Menge Dinge und versuchen, mich dazu zu bringen, es ihnen nachzutun, aber ich weiß doch nie, was oder wie, sondern nur, dass da viele Leute sind, die manchmal auch im Weg stehen, die lustig sein können und die meine Welt hell machen. Die Menschen haben ebenso wie die Tiere eine besondere Dynamik, eine Kraft, die sich bewegt und mich auf eine andere Weise erfüllt als die Dinge. Die Dinge stehen still, und auch sie haben ein Licht um sich, manche sehen auch sehr ansprechend aus, andere wieder sind bedeutungslos, aber sie stehen doch einfach nur da und sind ein unbewegliches Bild, das ganz oft uninteressant ist.

Um mich herum gibt es so viele Farben, dass mein Bewusstsein, ohne dass ich etwas dafür tun müsste, ständig mit neuem Stoff versorgt wird.

Mutter will mich vor dem Essen waschen. Sie stellt mich in den Waschzuber im Keller und überschüttet mich mit Wasser.

Wenn ich dastehe, während das lauwarme Wasser über mich rinnt, wird die Welt voller Glitzer. Es ist, als würde ich zwischen den Sternen sein. Ich wische herum und fange einige, werfe sie wieder weg und, und …

Slire kommt auf einer Rakete angefahren, und Skydde taumelt herab, als hätte er in einem Fallschirm gehangen. Ich fange kleine Sterne ein, werfe sie weg und fange sie wieder auf. Wir fangen an, die kleinen Lichtpünktchen zu fangen und zu werfen, und sie bilden Fäden am Himmel, die dann wiederum Muster ergeben. Die Strahlen sind rund, und wir können auf ihnen laufen und uns nach oben ziehen und dann herunterrutschen. Wir werfen uns auf die Seite und sausen ganz weit hinaus und kommen dann wieder zurück, als würden wir an einem Gummiband hängen.

Mutters Ärger färbt die Atmosphäre dunkel. Ich spüre ihre harten Hände, und die Bürste, mit der sie mich schrubbt, kratzt auf meiner Haut. Schmerz, Schmerz, wunderbarer Schmerz, der trägt mich fort, fort, fort von Mutter … es ist wie ein langer, hellroter Tunnel, in dem ich vorwärts flute, und schnell geht das, alles wird warm und fühlt sich schwindelnd an … und wir taumeln in ein Meer aus Glitzer, das sich ausbreitet, als wären wir in einen tiefen, warmen, angenehmen Ozean gefallen.

Mutters Stimme: »Kannst du nie lernen, zu tun, was man dir sagt?« Die Stimme bildet Lichtzungen, die herumwischen, dann kommen neue, die die alten wegwischen. Sie fließen in mich hinein, und ich fange sie und binde sie zusammen. Das gibt nette Rosetten mit einer Menge durchbrochener Farbenbänder. Die lösen sich jedes Mal auf, wenn neue Lichtzungen aus ihrem Mund kommen. Ich lache, sie wird immer wütender, und das gibt noch mehr Bänder, die man zusammenknoten kann. Mutter ruft nach Vater. Sie schreit mit gellender Stimme: »Jetzt komm her und kümmere dich um dieses Teufelskind, denn sonst vergehe ich mich noch an ihr.«

Ich stehe nackt im Zuber. Vater kommt herein, er sieht mich mit warmem Blick an, nimmt ein Handtuch und wickelt mich ein. Er setzt sich mit mir auf dem Schoß auf die Treppe und flüstert mir ins Ohr: »Kleine Iris, süße, kleine Iris, du musst Kleider anhaben, jetzt werden wir die Kleider anziehen.«

Und dann tut er das. Meine Arme, Beine und mein Kopf sausen in alle Richtungen. Das gibt so lustige Figuren, und ich liebe es, wenn meine Arme und Beine zwischen den Kleidungsstücken und Vaters Armen herumzucken. Er hält mich, manchmal ganz fest, um einen Arm in einen Ärmel und ein Bein in ein Hosenbein zu bekommen. Ich lache und kreisele herum, so gut ich kann, aber er ist immer stärker. Manchmal sagt er: »Stopp!«, und dann bin ich eine Statue in einem Eisberg. Da ist es kalt, und Mengen von Eiszapfen hängen da. Die sind groß und schön, und um mich herum hallt es. Alles ist so still und feierlich, eisblau, und ein Thron ist da, auf dem König Winter sitzt, genau wie im Märchen, und ich bin als Statue dort. Und dann wieder ist es Gott, der da sitzt, das weiß ich. Es ist tot und schön.

Vater nimmt mich, hebt mich hoch in die Luft, schüttelt mich und bringt mich in Kontakt. Er sagt: »So, so, jetzt bist du wieder hier bei mir, hüpf auf meinen Rücken, damit ich dich in die Küche tragen kann.«

Vater setzt mich neben sich an den Tisch, aber ich lasse mich unbemerkt unter den Tisch gleiten, und jemand anders kommt und setzt sich auf den Stuhl.

Da unten, mit all den Beinen um mich herum, kann ich gut sein. Ich gehe ins Außen, sause zur Decke hinauf und sehe auf alle herunter, die da sitzen. Aus ihren Mündern strömen Worte, wieder Worte, die zwischen sie gehen, die von jemandem eingesogen werden und zu anderen Worten verwandelt werden, die wieder herauskommen. Die Atmosphäre verändert sich ständig. Es ist mir vertraut, und doch immer wieder neu. Etwas ist verändert, aber man kann nicht begreifen, was. Dann sehe ich eine Hand, die unter den Tisch kommt. Es ist etwas darin, und ich sehe, dass ich den Mund aufmachen und es nehmen soll. Manchmal geht das sogleich, und dann wieder auch gar nicht. Die Hand verschwindet, und ich bin wieder unter der Decke.

◆

Auf dem Hof gab es viele verschiedene Tiere, und Iris war viel in ihrer Nähe. Es gab Schweine, Kühe, Kälbchen, Färsen, Hühner, Puten, Enten, Katzen und zwei Hunde. Iris' Welt wurde von diesen Tieren bevölkert. Sie hatten eine eigene persönliche Atmosphäre. Erst waren es ganze Tierarten, die ein besonderes

Bild hatten, dann hatte jedes Tier sein eigenes Bild, und dann gab es sogar ein veränderliches Bild bei jedem Tier, je nachdem, was um das Tier herum geschah. Wenn Iris in der Nähe war, dann sah das Bild anders aus, als wenn zum Beispiel der Vater in der Nähe war. Das Tier selbst bedeutete nichts für Iris, ebenso wenig wie die Menschen, aber die Bilder waren wichtig. Sie bildeten Muster, die zusammenflossen und ständig neue Bilder ergaben, und da konnte das Mädchen mitmachen.

Der Mensch hatte kein Art-Bild, wie die Tiere es hatten. Jeder Mensch hatte ein bestimmtes Bild, doch hingen diese niemals mit denen der anderen als zu einer Art gehörig zusammen. Außerdem kollidierte das Bild eines Menschen oft mit dem eines anderen, und dann entstanden seltsame Gegensätzlichkeiten, die dazu führten, dass Menschen Feinde wurden. Iris sah viele verschiedene Gefühle aus den Menschen strömen, und die bildeten schöne Lichtfarben in der Atmosphäre, doch manchmal entstand daraus auch ein explosives Unwetter.

Ein Teil der Menschen hatte so attraktive Lichtbilder, dass es völlig unmöglich war, sie so zu verlieren, wie Iris es sonst immer tat. Sie wurde dann wie versteinert und hielt sich, so lange es ging, in der Gegenwart dieser Person auf. Der Pfarrer Karlsson, der jede dritte Woche im Außenzimmer saß und seine Predigten schrieb, war eine solche Person, und der Lehrer aus der fünften und sechsten Klasse ebenso.

Es war, als wäre der Geist dieser Menschen anders als der anderer. Er färbte die ganze Atmosphäre, und alle wurden in sie hineingezogen, ob sie es wollten oder nicht, und konnten sie nicht verlassen, solange diese Person in der Nähe war.

Iris saß an ihrem üblichen Platz unter dem Küchentisch und hörte einen Nachbarn, der auf dem Stuhl vor der Außentür saß, über die jüngsten Neuigkeiten berichten: »Und da habe ich doch tatsächlich das Mädel von Nilsson zusammen mit diesem Taugenichts von Margaretelund aus der Scheune kommen sehen. Und es ist ja wohl klar, was die da drinnen miteinander zu schaffen hatten. Da kann man mal sehen, wie es redlichen Leuten gehen kann, die solchen Bösewichten Glauben schenken, wenn ...« Es klopfte an der Tür, und der Mann verstummte augenblicklich, als Pfarrer Karlsson hereinkam. Es war an der Zeit für ihn, sich ins Außenzimmer zu setzen und seine Predigt zu schreiben, und er bat darum, ein wenig Wasser mitnehmen zu dürfen. Der Nachbar verwandelte sich mit sofortiger Wirkung in einen scheinheiligen Sünder. Der Blick flackerte, er lächelte verwirrt und schuldbewusst und wechselte schnell das Gesprächsthema.

»Schönes Wetter heute, Herr Pfarrer«, sagte er, und die falsche Güte umstrahlte ihn.

Der Pfarrer sah ihn erstaunt an und sagte dann schleppend: »Ja-a, so kann man diesen Regen auch nennen.«

Iris konnte nur die Beine der Mutter sehen. Die eilten zur Spüle, und Iris hörte, wie sie die Karaffe des Pfarrers nahm und das Wasser laufen ließ, bis kaltes kam. Es ärgerte sie, dass das so langsam ging. Dann eilte sie mit Karaffe und Glas zu ihm, und der Nachbar erhob sich gleichzeitig, scharwenzelte um den Pfarrer herum und stieß die bereits halb geöffnete Tür für ihn auf und buckelte brav, als er vorüberging.

Der Einzige, der nicht in diese Atmosphäre einging und davon verändert wurde, war Vater. Es war, als sei er da völlig immun, und zwar nicht verärgert oder dagegen eingestellt, sondern er wurde einfach nicht hineingezogen, und deshalb konnte er auf eine andere Weise als die anderen reden und aus sich heraus antworten. Das war lustig zu sehen. Der Vater bekam einen völlig anderen Kontakt mit diesen Personen, und damit auch eine völlig andere Bedeutung für sie. Iris konnte sehen, dass vom Pfarrer etwas ausging, was an Unsicherheit erinnerte, aber das Wort dafür war nicht Angst, sondern Respekt. Für den Pfarrer war der Vater eine rätselhafte Person. Er glaubte nicht an Gott und war damit zweifelsohne gottlos, doch leider erfüllte er alle Kriterien eines guten Menschen. Die Atmosphäre, die vom Pfarrer ausging, strömte normalerweise gleichmäßig und ohne Störungen um die Personen in seiner Umgebung herum und füllte den ganzen Raum aus. Doch in Vaters Gegenwart erlitt die Atmosphäre des Pfarrers Unterbrechungen, sie wirbelte herum, kehrte zum Pfarrer zurück und kam wieder heraus, um dann ganz anders auszusehen.

Manchmal konnten eine Stimme oder Geräusche, die aus dem Radio kamen, denselben Effekt auf die Menschen haben. Das Geräusch erfüllte den ganzen Raum, und alle wurden von der Atmosphäre, die sich daraus bildete, umfangen. Es machte Spaß, dabei zu sein, denn dann wurden die anderen Menschen auf eine besondere Weise lebendig.

Im Kino geschah dasselbe, wenn jemand im Film etwas machte oder redete oder sang, oder wenn andere Dinge geschahen. Der Raum wurde von der Atmosphäre erfüllt, die den Figuren auf der Leinwand entströmte und den ganzen Geist im Raum färbte. Es machte großen Spaß zu sehen, wie die Leute, die dort saßen, einer nach dem anderen in diesen Geist gehoben wurden. Ein paar Leute gab es immer, die ausgeschlossen waren, manchmal auch Paare, die sich nur in ihrer eigenen Atmosphäre aufhielten. Sie wussten es nicht, aber sie hätten dabei sein können, wenn sie nur mit dem aufgehört hätten, was sie gerade beschäftigte.

Die Mutter besaß eine seltsame Atmosphäre. Wenn sie zu Hause auf dem Hof war, war sie stark und vor Farben sprühend, aber sowie sie sich auch nur ein Stück weit von zu Hause entfernte, verschwand die Atmosphäre in ihr und war nicht mehr zu sehen. Sie wurde auf eine seltsame Weise unsichtbar, und manchmal war es sogar so, dass die Leute gar nicht merkten, dass sie anwesend war. Wenn sie jemandem begegnete, den sie kannte, kam ihre Atmosphäre heraus und traf gegen die andere, sodass sie zusammenzuckte und oft etwas ausrief oder anfing zu lachen. Dann vermischten und verflochten sich die beiden Atmosphären miteinander, doch war es immer die der anderen Person, die dominierte, und wenn mehrere Menschen in der Nähe waren, dann verschwand die Atmosphäre der Mutter ganz schnell wieder.

Wenn viele Menschen versammelt waren, konnte die Mutter aus ihrer zurückgezogenen Position ihr Feld auswerfen, sodass alle auf sie aufmerksam wurden. Dann kamen Worte aus ihrem Mund, und alle hatten plötzlich helle Farben in ihrem Feld, und das konnte einen ganzen Abend so gehen. Da breitete sich Zufriedenheit aus, und wenn die Leute nach Hause gingen, strahlten sie und lächelten. Dann sagten sie, dass es ein gelungener Abend gewesen sei.

Das Wort »gelungen« flutete auf eine besondere Weise in der Atmosphäre herum. Iris kroch unter den Tisch und hielt das Wort fest. Sie wiegte sich mit dem Wort im Schoß und dann … ins Außen.

Meine Wesensfreunde kamen, und ich warf das Wort in die Luft. Slire fing es auf und ließ es groß werden, bis es den ganzen Himmel über uns bedeckte. Es waren rote Buchstaben, die unglaublich groß waren. Wir fluteten hoch und um die Beine der Buchstaben herum, und die Beine wurden rund. Gelungen, gelungen, gelungen, das war gelungen, und das war gelungen, gelungen war es, gelungen war es. Es sang mit einer wundersamen Stimme und einer wundersamen Melodie, ein wenig eintönig und gleichzeitig sehr suggestiv.

Die Mutter nahm Iris am Arm und sagte: »Jetzt ist aber mal Schluss mit dem Spaß, jetzt ist es Zeit, nach Hause zu gehen.«

Manchmal ärgerte Iris' Bruder sie, wenn sie unter dem Tisch saß. Er brachte sie so weit, dass sie einen Anfall bekam und ohrenbetäubend laut schrie, und dann nahm sie jemand, brachte sie in ein anderes Zimmer und machte die Tür zu. Dort lief das Mädchen dann unendlich in ein und demselben Rhythmus eine Acht und ließ alles ein wenig klingen, und dann kam sie ins Außen.

Ich machte mich von Iris los und saß an der Seite dabei, wenn sie immer weiter im Kreis lief. Sie machte einfach gleichmäßig weiter, und alles war genau so, wie es sein sollte. Ich floss los, durch die Wand, und die Wand verschwand. Dann waren Slire und Skydde da. Wir verwandelten uns in verschiedene Tiere und rieten, welche es waren. Skyddes Tiere waren leicht zu erraten, die von Slire waren diffuser. Meine Tiere hatten Formen wie jene, die ich vom Hof kannte, und deshalb errieten die anderen sie sofort. Wir gingen dann dazu über, den Geist verschiedener Tiere, die wir kannten, darzustellen. Erst war da eine Atmosphäre, die »Pferd« sagte, und dann gab es für jedes einzelne Pferd eine Atmosphäre, und die Kunst war es, herauszufinden, für welches. Man konnte nicht nur die Pferde vom Hof auswählen, sondern auch die von den Nachbarhöfen. Der nächstgelegene Hof hatte Warmblüter mit schlanken Beinen, die lang und zierlich waren. Oft ritt jemand auf ihnen, und dann ergab das eine völlig andere Atmosphäre, denn der Reiter vermischte seine Atmosphäre mit der des Pferdes. Ich wurde mit der Zeit immer besser darin, richtig zu raten und mehr und mehr von den verschiedenen Geistwesen zu sehen, die es gab.

Die Tür ging auf, der Vater kam herein und hob Iris hoch, nahm sie mit in die Küche und setzte sie wieder auf den Stuhl neben sich. Dann stellte er Essen vor sie hin. Mechanisch fing sie an, in sich hineinzustopfen, was auf dem Teller lag. Der Vater achtete darauf, dass sie in sich zu Hause war, und sprach warm und fürsorglich von dem, was sie da aß. Im Mund des Mädchens gab es keinen Geschmack, nur etwas, was beweglich war, was man kaputt kauen konnte, was man teigig und so flüssig machen konnte, dass man es schlucken konnte. Oft genug schluckte Iris mit vollem Mund alles in großen Stücken, wenn man sie ließ, doch das durfte sie nicht. Jetzt wurde gekaut, und alles musste flüssig gemacht werden.

Wenn Iris eine Wasserpfütze sah, dann musste sie sich einfach hineinstürzen. Meist hielt jemand sie fest, damit sie das nicht tun konnte, aber im ersten unbeobachteten Augenblick riss sie sich los, rannte weg und warf sich besinnungslos in die Pfütze. Sie tat das und alles andere, was ihre Umgebung nicht verstehen konnte, nur, um in die Richtige Welt zu kommen.

In der Pfütze kommt etwas Kaltes ins Gesicht. Es sickert durch die Kleider, etwas juckt und drängt in den Körper hinein. Ich bin in etwas verschwunden, und Slire und Skydde sind auch da. Wir sind umeinander herumgerollt, und Iris hat sich gelöst. Sie ist in der Pfütze zurückgeblieben und hat sich herum- und herumgewälzt. Wir sind direkt in den dunklen, kalten Schlamm getaucht und sofort in etwas anderes hinausgesaust. Das war rot und sah aus wie eine runde Blase. Wir sind an den Rändern der Blase vorbeigewischt, und sie hat sich wegbewegt, als wir sie berührt haben. Wir haben versucht, durch die Wand der Blase zu kommen, aber das ging nicht, sie war wie elastisch und ist dabei nur weiter geworden. Wir sind direkt dagegengesaust, und sie hat sich unendlich ausgedehnt.

Ein Rucken am Arm. Iris wird aus der Pfütze gezogen. Jemand schimpft und es sprüht wieder Licht um die Person. Iris ist zufrieden.

Im Herbst wurden alle Maschinen in einen Teil des Wagenschuppens gestellt. Iris kroch hinein. Es war halb dunkel, kalt und staubig. Iris hat den Gabelwender oder den Heuwender gefunden, ist hinaufgeklettert und hat angefangen, auf dem Sitz zu wippen.

Ich habe Slire gerufen. Er kam wie ein Wirbelwind angefahren und wollte »Verwandeln« spielen. Wir haben uns auseinandergezogen und wurden riesig breit, wir haben uns langgezogen und wurden wahnsinnig lang, wir haben uns aufgeblasen und wurden große, runde Bälle, wir haben aneinander gezogen, bis wir schief und krumm waren, und wir haben Muster nach den Gefühlen gebildet, die wir um uns herum eingefangen haben. Das war wie der Kristallsalon in Liseberg, aber es waren nicht die Spiegelbilder, die verrückt aussahen, sondern wir selbst. Skydde kam und machte mit, aber es war, als würde er sich nicht verändern, obwohl er doch seine Form änderte. Wir haben ihn beide aus unterschiedlichen Richtungen gezogen, und er ist mitgekommen, als wir ihn langgezogen haben, und trotzdem veränderte er sich nicht. Das hat Spaß gemacht, und wir haben es wieder und wieder gemacht.

Eine Sache war sehr seltsam, und zwar, dass ich in der Richtigen Welt ganz genau wusste, wie alles aussah und wie alles in Wirklichkeit war. Aber in der Normalen Welt fehlte mir dieses Wissen, und ich konnte nichts mehr so sehen, wie es war. Es ist schwer zu erklären, dass dies gleichzeitig möglich war, aber so war es. Außerdem führte das Wissen von der Richtigen Welt nicht dazu, dass ich bewusste Handlungen ausführen konnte.

Ein Pferd hatte sich am Huf verletzt, und in die Wunde war Schmutz gekommen. Der Knecht brauchte Alkohol, um die Wunde zu säubern, und ging deshalb zum Nachbarn.

»Ich müsste von dir etwas Alkohol ausleihen, für das Pferd.«

Der Nachbarn antwortete: »Ich habe keinen Alkohol.«

Der Knecht erwiderte: »Natürlich hast du welchen, du hast an allen möglichen Stellen Alkohol versteckt.«

»Nein, ich habe keinen Alkohol.«

»Du lügst.«

»Willst du behaupten, dass ich lüge?«

»Ja, du lügst.«

»Da irrst du dich, ich lüge nicht.«

»Es ist eine Sünde zu lügen.«

Für mich war der Streit zwischen dem Knecht und dem Nachbarn in der Normalen Wirklichkeit eine vollkommen sinnlose Diskussion über richtig und falsch und Wahrheit und Lüge. In der Richtigen Wirklichkeit konnte ich sehen, dass der Knecht recht hatte: Überall gab es versteckten Alkohol, in der Hundehütte, in der Scheune, am Rand vom Misthaufen vergraben. Ich kannte alle Stellen. Aber ich wusste, dass auch der Nachbar recht hatte, dass er die Wahrheit sagte. In der Richtigen Welt konnte ich sehen, dass in seinem Kopf der ganze Alkohol schon verplant war, und deshalb war es, als hätte er keinen.

Iris ging hin und stellte sich zwischen die beiden und sagte zum Knecht: »Es geht nicht, dass du von dem Alkohol etwas bekommst.«

Der Knecht sagte: »Dann gibt es also doch Alkohol. Wusste ich es doch. Dann kann ich doch ein wenig davon bekommen.«

Ich sagte wieder: »Es geht nicht, dass du von dem Alkohol etwas bekommst.«

Da sagte der Bauer verärgert: »Sie lügt. Ich habe keinen Alkohol. Noch nie habe ich so etwas Dummes gehört.«

Der Knecht sagte wütend zu mir: »Wenn du weißt, wo der Alkohol ist, dann geh doch und hol mir was davon.«

Da verschwand alles, was ich aus der Richtigen Welt wusste, und es wurde wie Milch um Iris und sie war ganz allein in dem Milchigen. Der Knecht und der Bauer wurden zu Statuen, die regungslos dort standen, und schon bald wurde das Bild der Statuen ausgelöscht.

Die Allgemeinplätze, diese allgemeinen Werte und Auffassungen, zum Beispiel dass der Nachbar log und es eine Sünde war zu lügen, konnte ich nicht akzeptieren, denn sie waren nicht richtig. Es fiel mir schwer, zu erklären, dass sowohl der Knecht als auch der Nachbar recht hatten, denn das passte nicht zu den Allgemeinplätzen in der Normalen Welt. Indirekt war mir klar, dass die anderen die Richtige Welt nicht verstanden, denn dann würde ein solcher Streit darum, wer recht und wer unrecht hatte, gar nicht entstehen. Wie konnte das aber sein? Warum verstanden sie nicht?

Das konnte ich wiederum nicht begreifen, und doch war es eine Realität. In der Iriswelt konnte ich die Richtige Welt nicht benutzen, und in der Richtigen Welt stimmte fast nichts mit dem überein, was in der Normalen Welt herrschte. Slire, Skydde und ich spielten manchmal damit, aber sie schubsten mich immer in das Normale zurück, und da war ich einsam. Ich wollte mit ihnen zusammen sein und gleichzeitig in der Normalen Welt. Ich wollte, dass die beiden Welten sich verbänden. Aber das taten sie nicht.

Es dauerte lange, bis ich das Paradoxe begreifen konnte, dass tatsächlich beides geht, dass es die beiden Welten gleichzeitig gibt und dass der Wechsel in uns selber stattfindet. Zu wechseln heißt, die Bedeutung eines Zusammenhangs in der Richtigen Welt zu sehen, und dann umzuschalten und das Richtige mit den Augen der Normalen Welt zu sehen. Der Knecht hatte recht: Der Nachbar log. Der Nachbar hatte auch recht: Er log nicht.

Zu wechseln heißt, fast gleichzeitig in beiden Welten sein zu können. Ich bin immer nur in einer, aber ich kann so oft und so schnell umschalten, dass ich aus beiden Welten gleichzeitig einen Vorteil ziehen kann.

Oft flutete ich herum und war auf meine eigene Art in der Umgebung. Ich konnte mich bei jedem einhaken, konnte sehen, was Siehn gerade machte, welche Gedanken und Gefühle ins Feld hinausströmten, und mich davon einfangen lassen. Das machte Spaß. Bei dem einen meiner Onkel, der viel an Musik dachte, hörte und sah ich in seinem Feld die Musik, und ich tanzte danach. Ich liebte den Takt und folgte ihm auf den Fuß.

Ein anderer Onkel dachte fast immer an den Tanz am Samstag. Oft dachte er an all die, mit denen er tanzen würde, und dass er sich darauf freute, einen zu trinken. »Einen trinken« kannte ich nicht, aber ich wusste, was tanzen war. Er dachte an die

Damen, und es tauchten oft Bilder davon auf, wie er tanzte. Ich tauschte mich gegen die Damen aus und tanzte mit ihm, und das war herrlich. Wir fluteten wie auf einem Glasboden dahin, und manchmal, wenn wir im Freien waren und es kalt war, dann war es auch ein Eisfußboden.

Ein dritter Onkel dachte meistens an seine Sorgen über alles und jeden. Da gab es nichts, womit man spielen konnte, keine Laute, keine Bilder oder Menschen oder Ereignisse, sondern nur Worte, und manchmal waren es Worte, die ich noch nie gehört hatte. Die sammelte ich, um zusammen mit Slire und Skydde damit zu spielen.

Der Vater merkte sofort, wenn das Mädchen sich in seine Gedanken einhakte, und stellte sich ihr dann so in den Weg, dass sie nicht umhinkonnte, mit ihm in der Normalen Welt zu sein. Er sprach von einem Phänomen, von der Maul- und Klauenseuche, und erzählte dann völlig wertfrei: »Ich frage mich, ob das etwas ist, was es in der Luft oder im Wasser gibt, oder was es sonst sein kann.« Weil das, was er sagte, frei von Wertvorstellungen und Ansichten war, konnte ich mitmachen, und ich antwortete: »Wenn sie atmen.« Meine Replik ließ ihn erkennen, dass ich begriff, wovon er sprach, und dass ich trotz allem nicht geistig behindert sein konnte.

Die Mutter wurde nur wütend und wollte das Mädchen weghaben, denn es störte sie so sehr, dass sie aggressiv wurde.

Der Bruder und die anderen ließen sich für kurze Augenblicke einfangen, aber dann fingen sie meist an, das Mädchen zu necken, und dann war es vorbei. Beim Pfarrer und beim Küster August ging es gut, ebenso bei Fil.

Die Familie war im Vergnügungspark Liseberg. Der Vater nahm das Mädchen mit in alle Karussells, und sie mochte es. Hoch und runter, hoch und runter, und rundherum und rundherum, das ähnelte ihrer Welt und machte sie froh. Sie fuhren Geisterbahn mit viel Schreien und Lichtreflexen wie ein Feuerwerk, und Iris meinte, in der Richtigen Welt zu sein. Dann fuhren sie wieder heraus, alles war zu Ende, sie sah die Wagen und sagte: »Noch mal, noch mal«, der Vater kaufte neue Karten und sie fuhren viele Male. Er fand, sie dürfe so lange fahren, bis sie nicht mehr »noch mal« sagen würde, aber nach ein paarmal konnte er nicht mehr. Doch das Mädchen war zufrieden und lief die ganze Zeit mit, ohne die üblichen Rituale durchführen zu müssen.

Als sie ein anderes Mal in Liseberg waren, verschwand ihr Bruder. Es gab einen Riesenaufstand. Normalerweise hing er am Rockzipfel der Mutter und ließ sie nicht aus den Augen, doch diesmal hatte er die Spielhalle entdeckt und war dort zurückgeblieben. Alle liefen wie aufgescheuchte Hühner herum und suchten, man rief seinen Namen, redete mit dem Ordnungspersonal und wurde sehr besorgt.

Das war spannend. Plötzlich war die Atmosphäre voll von verschiedenen Persönlichkeiten und einer Menge sprühender Gefühlsfarben. Ich sauste in die Luft hinauf und fing an, um alle herumzuwischen. Die meisten Leute im Park liefen herum und lachten, ganz im Gegensatz zu denen, die mit unserer Gruppe unterwegs waren. Der Name meines Bruders flog in die Luft, hoch und klar, er war wie ein rotes Band am Himmel, das einen Kringel bildete. Es kam heraus, flog eine Weile herum und verschwand, kam dann wieder aufs Neue, flog herum und verschwand.

Jemand zog die ganze Zeit an dem Mädchen, sodass es vorwärts stolperte, und dann zog wieder jemand sie an den Beinen. Sie versuchte loszukommen, aber das ging nicht. Da gab sie nach, und jemand hob sie hoch und setzte sie in eine Art Wagen, und sie spürte das Ruckeln der Räder. Außen, Außen, Außen …

Skydde kam zuerst, er kam herunter und holte mich. Wir sausten ein wenig über die Köpfe der Leute, und dann kam Slire. Erst sausten wir im Kreis in die eine Richtung, dann in die andere. Slire übernahm die Führung und wir sausten zur Geisterbahn, tauchten hinein und schwebten herum, hakten uns bei einem Wagen ein und drehten eine Runde damit. Das Lustige war, dass alle Schreckfarben, die da waren, von denen stammten, die in den Wagen saßen. Es war eine neue Farbmischung mit Schreckensfreude. Sie breitete sich im ganzen Raum zwischen den Skeletten und den üblichen Lichteffekten aus. Wir sausten zwischen den Gefühlsfarben herum und bewarfen sie mit Feuerklumpen. Das war ein Spiel, das Slire oft spielte. Er formte einen Farbklumpen wie einen Ball, und den warf er dann auf etwas, sodass es explodierte und sich dann wie Strahlen in alle Richtungen ausbreitete. Wir machten dasselbe, und dann schauten wir, wie lang die Strahlen wurden, und wenn sie verschwanden, entstand etwas, das einen neuen Lichtball produzierte.

Das Mädchen in der Normalen Welt zuckt zusammen. Jemand ruft: »Steh auf! Beeil dich! Wir haben ihn gefunden!«

Er stand am Eingang und weinte, die Tränen liefen nur so über sein Gesicht. Das Mädchen hatte ihn noch nie weinen sehen, und alles um ihn herum wurde so schön. Es war wie kleine Sterne, als hätte er einen ganzen Himmel mit ganz vielen Sternen um sich herum. Die Mutter schimpfte mit ihm und sah gar nicht, wie viel Angst er hatte, denn sie selbst war noch viel ängstlicher; der Vater hob ihn in die Luft und umarmte ihn, und da verschwand der Sternenhimmel um ihn herum, und alles war so wie immer.

Es war zu Ende. Alle gingen, und die Mutter hielt den Bruder fest an der Hand. Sie sah sehr böse aus, und er sah sie an und versuchte, nett auszusehen. Das ging vorüber, und alle marschierten zur Straßenbahn. Das Mädchen saß neben dem Vater, und der Wagen quietschte und rumpelte. Wieder ins Außen ...

Zu Hause war die Großmutter im ersten Stock. Sie hatte ein lustiges Licht um sich. Heute weiß ich, dass sie fast immer nervös und unruhig war. Sie dachte, sie sei eine Sünderin, und die

Umgebung würde sie verurteilen. Deshalb hatte sie immer solche Angst, nicht rechtzeitig fertig zu sein, die falschen Dinge zu sagen, oder jemand hätte etwas an ihr auszusetzen. Es machte Freude, in einer Ecke ihrer Küche zu sitzen und all die schönen Muster anzusehen. Sie veränderten sich, wenn jemand zu ihr kam; dann wurden die Muster lebendig, wie Schlangen, die sich umeinander schlängelten. Das sah manchmal warm aus, manchmal aber auch kalt, je nachdem, was ihr in den Weg kam.

Die ganze Atmosphäre füllte sich mit netten Schlangen. Ich sauste mit ihnen herum und tauchte unter Stühle und Tische, zur Decke hinauf, kreiste um die Lampe und um Großmutters Beine. Slire zog sich auch so lang wie eine Schlange, Skydde und ich versuchten dasselbe, aber wir waren nicht so geschmeidig wie Slire. Am meisten Spaß machte es um die Lampe und das Radio. Die Lampe verströmte konstant Lichtstreifen, und oft sprühten Sterne heraus, fast wie bei einer Wunderkerze. Aus dem Radio kamen Laute, und die wurden zu unterschiedlichen Farblichtmustern, die man einfangen und mit sich durch die Lüfte ziehen konnte.

Ich wiegte mich und wiegte und ... zwischen Großmutters Schlangen. Ich kreiste herum und tauchte hinein. Plötzlich veränderte sich alles, und ich sauste zur Decke hinauf. Es gelang mir, von einer Lichtschlinge gefangen zu werden, und das war am allerlustigsten. Da konnte ich mich einhaken, die Schlinge bewegte sich langsam und träge, doch dann kam der Turbo und es war, als würde man in einem Karussell herumfahren und in alle Richtungen geschleudert werden. Einfach nur mitfahren, sich leiten lassen, nicht wissen, was passieren oder welche Form das alles bekommen würde, das war spannend. Ich sah mich um. Slire und Skydde waren auch eingefangen worden, und wir wurden in einem berauschenden Wirrwarr mitgezogen.

»Du sollst runtergehen und essen.«

Die Großmutter packte das Mädchen am Arm und murmelte giftig etwas davon, dass sie hier säße, als wäre sie festgewachsen, und sie solle doch sofort gehorchen, wenn sie etwas zu ihr sagte, und man sei zu nichts nütze, wenn man nur wie eine Salzsäule dasäße, und das Mädchen solle lieber mit den anderen Kindern spielen. Die Großmutter hatte ein schlechtes Gewissen und ärgerte sich darüber, dass das Mädchen sie in diese Situation gebracht hatte.

Die anderen Kinder waren sehr dankbar, wenn Iris bei der Groß-mutter war oder wenn jemand anders sich um das Mädchen kümmerte, denn dann konnten sie in Ruhe spielen.

Der Bruder kam jeden Tag mit mindestens zehn Freunden aus der Schule nach Hause, manchmal waren es auch mehr. Sie spielten groß angelegte Spiele, die sich über Wochen hinzie-hen konnten und ein sehr kompliziertes Regelwerk hatten. Oft wurden die Regeln entworfen, während das Spiel schon lief. Sie spielten, aber wenn irgendetwas keinen Spaß machte, dann ver-sammelte sich die Gruppe und beratschlagte, probierte andere Strategien aus und verwarf die meisten wieder. Wenn sie eine Strategie gefunden hatten, die funktionierte, dann spielten sie weiter. Das Mädchen wurde an einen gut einsehbaren Platz ge-setzt. Sie durfte ein Teil des Spieles sein, und man teilte ihr eine besondere Rolle zu, die so angelegt war, dass sie das Spiel selbst möglichst wenig störte.

Ich wuselte hinter allen her, die um mich herumliefen. Sie kreischten, und das machte Bilder in der Luft, die ich sehen konnte. Sie lachten, fielen hin, stolperten und krochen herum. Das gab ein seltsames Wirrwarr aus all dem Lichtlicht, das von den vielen Kindern sprühte, das fing mich ein und ich taumelte darin herum. Slire, Skydde und ich spielten in der Luft unsere eigenen Spiele, und es gab ständig neue Muster, mit denen wir spielen konnten.

Slire hakte sich bei einem rennenden Jungen ein und fuhr unter sein Hemd, fuhr mit, hüpfte hoch und runter, ließ wieder los und blieb zurück. Dann kam Skydde und übernahm, er hielt sich innerhalb des Hemdes, achtete aber darauf, die Haut nicht zu berühren, denn dann hätte er das Spiel verloren. Er fiel raus, und ich übernahm. Wir fanden verschiedene Personen, und unser Spiel hing davon ab, was sie gerade machten, aber sich einfach einzuhaken war am schönsten. Wir holten auch ein paar Wörter heraus und warfen sie den anderen Kindern zu. Meist brachte das das Kind dazu, innezuhalten, und damit erhielt derjenige, bei dem wir uns eingehakt hatten, Gelegenheit zu flüchten.

Das hier war das Leben für mich, zusammengekauert und eingehüllt dazusitzen und dabei zu sein. Alle rannten um mich herum und lachten, purzelten herum, fielen hin, krochen auf dem Boden herum. Sie lösten eine Kaskade aus Licht und Lauten, Farben und Mustern in der Atmosphäre aus. Es entstanden schöne Formationen, in die ich ununterbrochen sanft hineingesogen wurde. Schnell war ich dabei, ich sauste herum, hakte mich bei einem vorüberrennenden Jungen am Hemdenkragen ein und wurde in einen wilden Tanz verwickelt. Es war so herrlich, das Wischen der Bewegungen zu fühlen und manchmal um den Jungen herum auf die andere Seite zu sausen und in eine neue Situation zu geraten, wieder zurück, hin und her. Oft warf ich mich zwischen die Jungen. Das war, als würde ich über Eisschollen springen, immer von der einen zur anderen, vor und zurück, wieder zum anderen hinüber und wieder, sich an den Hosenbeinen anheften oder in den Schnürsenkeln einhaken, in den Haaren oder den Armen, herumkreisen, rundherum und rundherum, loslassen und losschwingen, wieder zurücktauchen und an einem neuen Ort einhaken, und das Wichtigste: sich von Slire und Skydde inspirieren zu lassen.

Einmal sahen wir, dass die Kinder Verstecken spielten, und es war klar, dass sie das Spiel schnell leid sein würden, und da beschlossen wir, »Stören« zu spielen, und versuchten, für sie eine neue Regel, die wir uns bereits ausgedacht hatten, einzuführen.

Bei unserem Spiel ging es darum, eines der Kinder dazu zu bringen, den anderen diese Regel vorzuschlagen, und wir wetteten, welches von den Kindern wir dazu würden bringen können. Viel Auswahl hatten wir allerdings nicht, denn manche Kinder waren völlig gefühllos, während andere leichter zu beeinflussen waren. Mit meinem Bruder ging es am leichtesten, es war also nicht sonderlich sportlich, sich auf ihn zu stürzen, sondern man musste einen der anderen auswählen. Sie durften nicht ihren eigenen Kopf durchsetzen wollen, denn dann hatten unsere Bemühungen keinen Erfolg, ihre Impulse konnten wir nur beeinflussen, wenn sie zu einer intuitiven Reaktion imstande waren. Es gab einige Kinder, die eine großartige Empfindsamkeit besaßen, die mit langen Tentakeln ausgestattet waren, und da konnten wir mit unseren Impulsen ansetzen. Das war ein spannender Wettkampf. Unter den fünfundzwanzig Kindern, die sich zum Spielen eingefunden hatten, waren drei geeignete Kandidaten. Wir warteten auf den richtigen Moment, wenn etwas von den Kindern in die Atmosphäre hinauskam, und dann warfen wir ihnen die Idee dieser Regel zu. Das machten wir so lange, bis eines der ausgewählten Kinder das Spiel unterbrach und sagte: »Ich habe eine Idee. Können wir es nicht stattdessen so machen: Wenn der, der suchen muss, jemanden gefunden hat, dann kann er nicht einfach laufen und ihn anschlagen, sondern er muss erst zu dem Versteckten hin und ihn berühren. Und der, der gefunden ist, kann nicht selbst loslaufen und sich freischlagen, ehe er von dem Suchenden berührt worden ist?« Das war die Regel, die Slire, Skydde und ich uns ausgedacht hatten. Die anderen Kinder gingen auf den Vorschlag ein, und plötzlich hatte dieses alte Spiel eine neue und verwickeltere Strategie erhalten.

»Wo ist Iris?« Der Bruder stand auf und sah sich um. Er hatte die Schwester schon eine ganze Weile vergessen. Dann zeigte er auf ein Bündel, das in einem Busch lag. »Da!«

Vater sagte ihm, er sollte die Schwester holen und mit ihr zum

Essen kommen. Er hasste das, außerdem störte Iris immer alle Spiele. Er warf mit Erdklumpen nach ihr, und sie wurde brutal in die Normale Wirklichkeit zurückgestoßen.

Als der physische Schmerz in meine Wirklichkeit eindrang, und ich nicht wusste, woher er kam, bekam ich Angst, und da wurde die Atmosphäre schwarz und bedrohlich und voller fieser Würmer, die mich böse angrinsten. Das war so schrecklich, dass Iris laut losbrüllte und einen heftigen Anfall erlitt, und die Umgebung musste viel Zeit und Kraft aufwenden, sie daraus zu befreien.

Niemand begriff, warum Iris so reagierte, denn es konnte ja keiner sehen, wie sich die Atmosphäre veränderte. Aber als der Vater kam und das Mädchen seine Stimme hörte, konnte sie ihr folgen, und da kehrte in ihrem Innern wieder Ruhe ein.

Alle Kinder spielten auf der Tenne. Als Iris an der Reihe war, versteckte sie sich so, dass niemand sie finden konnte, oben in der Rinne in einem Hohlraum zwischen den Heuballen. Ich ging ins Außen, und da kamen auch schon Slire und Skydde. Es waren da ganz viele Strohhalme, die auf dem Weg runter in die Häckselmaschine waren, die in vollem Gang war. Slire, Skydde und ich fuhren Rutschbahn und machten gleichzeitig Rückwärtspurzelbäume die Strohhalme hinunter. Es galt die Regel, dass man ganz kurz vor dem Rad, das die Halme zerhackte, kehrtmachen und wieder nach oben sausen musste. Doch einmal geriet Slire versehentlich in das Rad und wurde in kleine Teile gehackt, dann weitersausten, in die Luft hinauf, aus der Scheune hinaus, und dann auf den ein paar Meter entfernten Hügel fielen. Wir drei waren vollkommen konsterniert, denn das war alles andere als normal. Skydde und ich standen oben und sahen zu ihm hinunter, wo er in Einzelteilen auf dem Boden lag. Es dauerte eine Weile, bis er sich von dieser Überraschung erholt hatte, sich sammelte, wieder ganz wurde und sich wieder bewegte.

Obwohl er da zerhackt gelegen hatte, wusste ich, dass er nicht verletzt war, aber das Ganze ließ mich doch daran denken, dass Menschen in der Normalen Welt verschwinden konnten. Ich hatte schon mal von jemandem gehört, der von einem Stier auf die Hörner genommen worden war und dann starb. Also rannte ich in die Küche und schrie: »Slire ist in die Häckselmaschine gefallen und in Stücke geschlagen worden, aber er ist trotzdem nicht gestorben.«

Vater hörte solche Erzählungen von mir genauso an, wie man ein Geschichtenprogramm im Radio hört. Es waren Märchen oder Geschichten von einem entfernten Planeten, die nichts mit der Wirklichkeit zu tun hatten, aber dennoch interessant und faszinierend waren.

Der Großvater wurde oft beauftragt, das Mädchen bei sich zu behalten. Seine Aufgabe war es, den Küchengarten zu jäten, den Kiesweg zu harken, Obst zu sammeln, Kartoffeln zu holen und allerlei andere praktische Dinge für die Küchenarbeit zu verrichten. Er band auch Reisigbesen, mit denen man die Treppe fegte, reparierte Holzschuhe und stopfte Strümpfe. Wenn das Mädchen bei ihm war, war es leicht, denn er vergaß sie oft. Er war in seiner Welt und trällerte und sang, und ...

Slire und Skydde waren um mich herum. Wir wischten in die Melodiefarben, die Trällerfarben und in Großvaters Bewegungen hinein. Wir rannten im Kreis und bildeten ein Wischen um ihn. Vom Boden hoch in den Himmel hinauf und wieder zum Boden und noch einmal hinauf. Es war ein herrliches Gefühl, wie in weicher Baumwolle zu landen, umzudrehen und dann wieder runterzurutschen. Und wieder und wieder und ...

»Iris, steh auf, du sollst nicht hier sitzen und träumen.« Der Großvater sprach mit ihr, und sie stand auf und ging mechanisch hinter ihm her.

Der Großvater hatte auch seine eigene Welt. Er war hell und

war immer von einem sehr warmen Feld umgeben. Oft ging er und summte eine traurige Melodie. Er war weder böse noch verärgert, aber manchmal hatte er Angst, wenn auch nicht auf eine erschreckende Weise. Am meisten Angst hatte er vor Großmutter. Die Wörter, die sie zu ihm sagte, waren oft so hart und pieksig, dass sie seine ganze Liebe in Stücke schlugen. Die lagen dann, nachdem er ausgeschimpft worden war, lange zu seinen Füßen herum. Er schaute das Mädchen mit zerknirschtem Blick an, doch sobald er ihr Gesicht sah, fügten sich all die einzelnen Teile wieder zusammen und er strahlte wieder voller Liebe.

Er war ein von Grund auf zufriedener Mensch, zufrieden damit, sein strebsames Leben gelebt zu haben, Großmutter an seiner Seite zu haben, dass sieben seiner Kinder überlebt hatten, die er in seiner Nähe hatte, dass er es geschafft hatte, etwas zustande zu bringen, sodass die Familie nicht hatte Hunger leiden müssen, und dass sie sogar noch Platz für andere arme Menschen hatten. Er freute sich, dass er alt werden durfte, dass er sich zurückziehen durfte und seine Söhne nun übernahmen, dass er weiter auf der Erde laufen und sie bestellen durfte, dass er dasitzen und seine Zigarre rauchen und den Rauch in Großmutters Blumen pusten durfte, sodass die Blattläuse kaputt gingen, dass er sich einen Klaren genehmigen konnte, weil er erkältet war oder weil er einen Gast hatte. »Weißt du, mein Mädchen, das ist das Leben, das sind die Freuden des Lebens.«

Das Mädchen saß oft unter seinem Stuhl, wenn er dasaß und »grübelte«. Die anderen meinten, er würde nachdenken, wenn so still und abwesend war, doch das tat er nicht. Er flutete in seinem eigenen Gefühlsraum, den ich mit ihm teilen konnte. Er bemerkte mich nicht, aber ich konnte ihn die ganze Zeit sehen. Er war wie ein schönes Märchenwesen. Kreideweißes Haar, dunkle Augenbrauen und hellblaue Augen. Er war schlank, fast mager, knochig, aber stark und sehnig. Dann trug er einen durchsichtigen, orangefarbenen Umhang. Manchmal änderte der Umhang die Farbe und wurde blassgelb, und dann war er noch schöner. Er war so anders, denn es tauchten bei ihm keine Gedanken auf, bei denen man sich einhaken konnte, und man konnte ihm auch nichts zuwerfen. Man konnte nur mit ihm zusammen sein, und das war so schön. Slire, Skydde und ich konnten ihn umgeben, durch ihn hindurchwischen, und wir versuchten oft, ihn dazu zu bringen, mitzumachen, aber das gelang uns nie. Er war einfach da und schwebte herum wie ein fliegender Teppich.

Als Großvater starb, blieb seine Geisteswesenatmosphäre noch lange zurück. Manchmal, wenn ich mich unter seinen Stuhl setzte, dann konnte ich noch lange darin herumschweben. Zu der Zeit hatte ich schon den Unterschied zwischen der Normalen Welt und der Richtigen Welt verstanden, doch ich konnte nicht zusammenbringen, dass er tot sein sollte, wenn er doch da war und ich ihn sehen konnte. Mit Großmutter war es genauso. Sie war ein halbes Jahr vor Großvater gestorben, und ihre Stimme war immer noch zu hören, wenn er etwas machte, wovon sie immer gesagt hatte, dass man es nicht tun dürfe.

Großvater sammelte immer Pflaumen für uns Kinder. Großmutter aber verbot ihm, uns welche zu geben, denn sie brauchte sie für Kompott und Marmelade. Er versprach das auch, aber wenn er das Gras unter den Obstbäumen zusammenrechen sollte, dann stieß er immer an den Baum, und ganz viele Pflaumen fielen herunter. Dann duckte er sich hinter die Himbeerbüsche und rechte die Pflaumen zusammen, steckte sie in die großen Taschen seines Blaumanns, marschierte dann pfeifend hinter die Knechtstube und rief nach uns Kindern.

Die Menschen in der Richtigen Welt konnten sich jede Minute verändern. Ich konnte Großmutter anschauen und sie dazu bringen, ein junges Mädchen zu werden oder ein Kind oder die Mutter eines Kindes, oder sie wurde zu einer Melkerin oder einer alten Tante. Sie konnte auch zu einem Gefühl werden – Wut, Angst –, aber dann war sie immer noch als Großmutter erkennbar. Ich war es, die diese Veränderungen an ihr hervorrief, aber sie waren doch alle ein Teil von Großmutter, und es war einfach so, als würde ich einzelne Puzzlesteine von ihr zusammensuchen. In der Normalen Wirklichkeit war das unmöglich. Dort veränderten sich die Menschen nie.

Manchmal war es möglich, veränderliche Menschen aus der Richtigen Wirklichkeit zwischen den normalen, lebendigen Menschen zu sehen. Sie waren unter Umständen völlig anders gekleidet, ohne dass irgendjemand das bemerkte. Ihre unmodernen Kleidungsstücke waren manchmal Lumpen, aber manchmal auch feine Seidenkleider. Vater fragte mich danach, und ich erzählte und erzählte. Oft war er dann damit zufrieden und fragte nicht weiter.

Aber unter den normalen Menschen gab es manche, die anders waren. Mein Lehrer in der fünften und sechsten Klasse war ebenso konstant wie alle normalen Menschen. Aber wenn er zum Beispiel sagte: »Ich weiß, dass irgendetwas an dir *falsch* ist, Iris, aber ich habe nicht die geringste Ahnung, was das sein könnte. Doch ich werde alles in meiner Macht Stehende tun, damit du alles das lernst, was die anderen auch lernen«, dann konnte ich die Anführungszeichen um das Wort »falsch« sehen und ich sah, dass er ein Zwischenmensch war. Ohne dass er selbst es wusste, war er doch mit der Richtigen Welt verbunden. Wenn er mit mir zusammen war, öffnete er sich der Richtigen Welt auf eine Weise, dass er und ich einander begegnen konnten.

Emma gehörte mir. Wir waren in derselben Welt. Sie nannte mich ihr kleines Goldherz, und daraus entstand solch eine schöne Atmosphäre. Sie wurde mich nie leid und versuchte nie, mich zu verändern. Wir waren im selben Feld, in derselben Atmosphäre, gleichzeitig in der Richtigen und in der Normalen Welt. Sie war ganz anders als alles, was ich kannte. Sie war eine

244

bewegliche Substanz wie Slire und Skydde, aber gleichzeitig war sie ein Mitglied der Normalen Welt und konnte mit dem Vater und der Mutter reden. Sie war groß und warm und nahm mich in ihren einen Arm. Sie war ein Wesen, das meine Welt bevölkerte und an das ich mich die ganze Zeit erinnern konnte. Mit ihr konnte ich spielen. Sie nahm mich, hob mich hoch, setzte mich auf den Schoß, und das war, als würde man in einem Bassin mit warmem, blubberndem Wasser landen. Ich wälzte mich darin, rollte herum, dabei umfing mich ihre heisere und brüchige Stimme, ich rollte und rollte und gluckste vor Vergnügen. Das ergab eine besondere Art von Musik.

Die ganze Welt wurde auf eine besondere Weise erfüllt. Alles war erfüllt, innen wie außen. Es war, als würde alles eins werden, und ich war ein Teil darin. Das war völlig anders als alles, was es sonst gab. Wir waren in einem … was? … Einfach in einem. Emma sah mich, und sie lachte, wenn sie mich sah, wir begegneten uns und sie war da. Ich wälzte mich darin, rollte darin herum, ihre Stimme umschloss mich, und es war wie Wogen, in denen ich floss. Ihre Augen sahen mich an, ich sah in sie hinein, verschwommen und gleichzeitig so deutlich, ich warf mich in ihren Blick, und es war, als fahre man durch einen langgestreckten durchsichtigen Strahl. Natürlich fiel ich irgendwann wieder heraus, aber dann direkt in ein Meer aus Tentakeln, die mich wie auf ein Rosenbett hoben, wie Samt und Seide, und mich hinlegten.

Ich sah Arme und Beine umherfahren, die mich griffen, mich zu meinem Körper zurückbrachten, und dann fuhr ich durch einen anderen Strahl und erlebte Neues, und Arme und Beine brachten mich zurück. Emma sang etwas, und das wurde zu einem Sternenhimmel, wie eine Wunderkerze, ein Feuerwerk, so als wäre man von einer Menge Funken umgeben, und ich sah ihren Mund, aus dem das alles herauskam. Ich ging hinein und wurde von den Lauten rausgeworfen und sauste ins All hinaus. Ich drehte um, kämpfte mich zurück, tauchte wieder hinein, um sofort wieder herausgeworfen zu werden. Emma warf mich in die Luft und ich lachte. Aus dem Laut wurden Lautfunken, die sich versprühten und sich mit denen von Emma mischten und wieder neu wurden.

Das Mädchen zuckte zusammen. Sie hörte Emma sagen, dass es Schlafenszeit sei. Sie wusste nicht, was Schlafenszeit war, aber sie wusste, dass Emma sie an der Hand nehmen und sie beide zum anderen Haus hinübergehen würden. Sie wusste, dass jetzt etwas sehr Unangenehmes kam, und wollte nicht zur Schlafenszeit gehen, aber Emma führte sie vorsichtig dorthin, und am Ende musste sie sich fügen.

Jemand nahm das Mädchen und fing an, ihr die Kleider vom Leib zu reißen. Das Mädchen schrie und wehrte sich. Jemand fand, dass das Mädchen dankbar sein sollte, wo sie jetzt so lange bei Emma hatte sein dürfen. Das Mädchen verstand nicht, was es bedeutete, dankbar zu sein, und noch weniger, dass man, wenn das Schreien da war, einfach auch nicht hätte schreien können. Die Hände wurden härter und härter, und die Stimme wurde immer gellender, es wurde dunkel. Es war, als würde man in einer dunklen Grotte landen, kalt und unfreundlich, es gab Salz und Warmfeuchtes im Gesicht, an den Händen und Füßen. Etwas wurde geknetet, hart und unfreundlich, es war, wie in Dunkel zu versinken. Nach einer Weile wurde es völlig leer, nichtsig, nichts und ruhig, und da war es schön, einfach loszulassen, mit den Händen zu fuchteln, zu gehen und zu gehen, und dann war das Mädchen im Außen … Slire und Skydde kamen und umgaben mich. Wir sausten in einer Wolke und betteten uns so, dass wir nichts sahen und hörten, einfach nur waren, dann wurde alles wieder gut.

Warme Hände umschlossen das Mädchen. Es landete in einer vertrauten Umarmung und wurde davongetragen. Nun war sie wieder vollkommen zufrieden. Jetzt war alles, wie es sein sollte, und das Mädchen ließ wieder los und bewegte die Hände vorm Gesicht.

Eine große Unruhe war in mir, Emma war fort. Sie war nicht da, so wie sie immer da gewesen war. In der Luft war es wie leer. Keine Stimme, in der man fließen konnte, keine Hände, die sich ganz besonders anfühlten, und nichts von dem, was mit ihr zusammenhing. Kein Strahl, dem man folgen konnte, keine Hand, die mich nahm und eine eigene Welt darstellte.

Manchmal war Emma in der Atmosphäre, aber nicht so wie früher. Früher war sie in beiden Welten gleichzeitig gewesen. Außer Vater gab es niemanden, der in beiden Welten mit mir war.

Es war so seltsam, als ob jetzt in der Welt eine Leere entstanden wäre. Das war neu für das Mädchen, und sie wurde unruhig. Sie begann zu weinen und den Kopf zu schütteln, mit den Händen zu fuchteln, sich zusammenzukauern und mit dem Kopf an die Wand zu schlagen. Da wurde es etwas ruhiger im Innern des Mädchens, und sie konnte wieder ins Normale zurückkommen.

Die Kirche war ein spannender Ort für das Mädchen. Sie liebte das alte Gebäude aus dem 12. Jahrhundert, in dem man so gut sitzen und die Linien der unebenen Steine mit dem Blick verfolgen konnte. In der Kirche waren so schöne Fenster. Als das Mädchen klein war, kam einmal ein Mann dorthin und klopfte das Mauerwerk ab. Das machte ein nettes Geräusch, und unter dem Mauerwerk traten Bilder zum Vorschein. Er sagte, das seien Bleimennige-Bilder von der Art, wie man sie im 16. Jahrhundert gemalt hätte. Das Mädchen ging hinein und kroch in eine Fensternische. Die Nischen fielen nach außen hin ab, aber der Küster hatte einige davon mit Holzgeländern versehen, damit man Blumen und Kandelaber hineinstellen konnte. Dort konnte man sitzen und schaukeln.

Das Glas bildete Prismen und die Sonne machte Regenbögen, und die Welt glich einer beweglichen Masse, die kam und ging. Ich sauste in die bewegliche Welt hinein. Sie war glasgrün und schön, so als würden sich in alle Richtungen Kristalle ausbreiten. Erst kam Slire. Er wirbelte herum und machte lange, silbergrüne Striche, die am Himmel Achter bildeten. Er rief: »Komm und folge mir.« Dann kam Skydde, und er wartete auf mich. Ich fuhr zwischen die beiden. Die Welt wurde gefärbt, eisgefärbt, in allen Schattierungen, durchsichtig wie Eis, aber nicht kalt; wir konnten direkt hindurchsausen, und es gab massenhaft Kristalle, die zusammenschmolzen und neue Muster bildeten, als wir an ihnen vorbeikamen. Hinaus, hinein, hindurch, neu gebildete Muster und Farben, vor und zurück. Slire packte mich und warf mich hindurch. Auf der anderen Seite war Skydde und warf mich zurück. Auf beiden Seiten des Glases gab es silbergrüne Striche, einen neuen Strich für jedes Mal, das ich hindurchsauste. Wir lachten alle drei, standen auf, nahmen neuen Anlauf, warfen uns hinein und hindurch, und das viele, viele Male, bis ich ein paar Hände spürte, die mich packten.

Ein paar Hände nahmen das Mädchen, hoben es hoch und bürsteten den Steinstaub von ihm ab. »Jetzt komm, ich werde ein Grab graben. Du musst doch nicht hier drinnen im Dunkeln sitzen, wenn draußen so schönes Wetter ist.«

Er setzte das Mädchen auf ein paar Planken, die er an den Rand des Grabes gelegt hatte. Das sei das Kopfende, sagte er, da würde der Stein stehen, und da sollte er keine Erde aufgraben. Die anderen Planken waren dafür da, dass er sich aufstützen konnte, wenn er fertig gegraben hatte.

Ich saß zusammengekauert da und schaukelte. Er war von einer schönen Atmosphäre umgeben. Er dachte die ganze Zeit, und seine Gedanken und Fantasien waren ganz deutlich zu sehen. In seinem Innern war er ein glücklicher Mensch, doch er passte nicht sonderlich gut in die Gesellschaft. Es wurde gesagt, er würde so furchtbar lügen, dass er seine Lügen schon selbst glaubte. Jemand sagte: »Vielleicht nicht wirklich lügen, aber er geht mit der Wahrheit nicht sehr sorgfältig um.« Außerdem trank er heimlich. In vielen Winkeln bei der Kirche, in der Mauer, im Schrank in der Sakristei, in der Gerätekammer und an einigen anderen Stellen hatte er seine kleinen Lager. Seit seine Frau tot war, lebte er bei seinem Sohn, und die Familie des Sohnes, allen voran die Enkelin, hatte es sich zur Aufgabe gemacht, ihn »zur Räson zu bringen«, und dazu gehörte, dass er nicht mehr trinken sollte. Deshalb hatte er überall die kleinen Schnapslager. Ab und zu genehmigte er sich auch einen Schluck vom Messwein, aber das wusste niemand außer mir.

Oft erzählte er seine Geschichten von den Leuten, die in den Gräbern lagen, und wir sausten in den Geschichten herum. Da gab es massenhaft Tiere und Orte und Menschen. Die Menschen waren auf eine Weise durchsichtig, wie es die normalen Menschen nicht waren, und außerdem viel lebendiger. Sie redeten miteinander, und ich konnte ihre Sätze sehen. Wir waren dabei, wenn auch für die anderen unsichtbar. Vor unseren Augen spielten sich viele Ereignisse ab, und wir standen dabei und sahen zu. Es ging sehr dramatisch zu, wie in einem Film, und doch nicht wirklich. Wir waren nur als Zuschauer in dem Film. Ich erkannte das Dorf wieder, alle Höfe, die auftauchten, aber die Häuser sahen unterschiedlich aus, sowohl drinnen als auch draußen. Die Menschen kannte ich auch, aber sie waren nicht so, wie die Menschen in der Normalen Welt jetzt waren. Oft waren es Eifersuchtsdramen, verbotene Liebschaften, jähe Todesfälle, Morde und andere Schrecklichkeiten. Oft tauchten Zigeuner auf, die feurig tanzten und junge Mädchen aus gutem Hause verführten. Die wurden dann schwanger und wurden weggeschickt, und es wurde dunkel um sie. Alle aßen sehr viel und tranken noch mehr. Viele Feste und jede Menge Abenteuer. Die Schicksale aller endeten mit jähem Tod und mit Beerdigungen, die Möglichkeiten zu neuen Konspirationen und Festen eröffneten.

Seine Erzählungen konnten alle möglichen Formen annehmen, und es war ganz leicht, ihnen zu folgen und zuzusehen. Ich liebte diese Momente. Ich lebte mit allen, ohne dass mich jemand angriff, und Slire und Skydde waren an meiner Seite.

Seine Stimme drang zu mir durch. »Iris, ich bin jetzt fertig. Du sollst mit mir reingehen, deine Mama lädt mich zum Kaffee ein, und du wirst etwas zu essen bekommen.«

Das Mädchen wurde auf die Beine gestellt, er strich ihr zärtlich übers Haar und sagte: »Du bist wirklich ein kleiner Engel, du. Die anderen sagen, du wärest anstrengend, aber das verstehe ich gar nicht.«

An einem anderen Tag saß das Mädchen im Chor und betrachtete das Altarbild. Da war ein Mann, der an einem Kreuz hing. Es war eine ausgemeißelte Holzfigur, die auf ein Kreuz gespannt war, dann angemalt und auf ein Bild gesetzt, auf dem ein Berg und im Hintergrund eine Stadt abgebildet waren. Um das Kreuz standen leidende Menschen, und auf der Figur und dem Bild selbst war in langen Strichen Blut aufgemalt.

Ich wiegte mich in das Bild hinein und hörte all das Weinen. Das wurde zu einem tiefen Klagegesang, der an den Bergen schön widerhallte. Ich sauste in den Klagegesang hinein und wurde in das Innere vieler Menschen gesogen. Da war so viel warmes Leiden. Einige waren erleichtert – das waren nicht die, die den Kreuzen hingen –, andere wollten lieber da hängen, als auf der Erde zu gehen, einige hängten sich aneinander und waren in gehobener Stimmung, doch alle waren sie im Klagegesang. Diejenigen, die am Kreuz hängen wollten, waren in ihrem Innern schwarz und leer, sie wünschten sich Farbe und Bewegung. Niemand sah sie oder hörte ihnen zu, und sie litten. Sie hatten leere Löcher, in denen Sog war. Und vor ihnen nahm ich mich in Acht. Wenn man ihnen zu nahe kam und in sie hineingesogen wurde, dann wurde die Welt erschreckend und hässlich, und da wollte ich nicht sein. Wenn ich in ihnen drin war, dann war es, als könnten wilde Tiere mich packen und in Stücke reißen, und wenn das geschah, war es immer so schwer, sich wieder zu sammeln.

Jedes Mal, wenn ich in das Altarbild ging, erlebte ich neue Dinge, die manchmal noch lange danach meine Gedanken beschäftigten. Ich war auf eine andere Art verschwunden, als wenn ich ins Außen ging. Es war, als würde das Leben eines anderen in mich einziehen. Manchmal konnte sich jemand hineinzwängen und Kontakt zu mir bekommen, und das war erstaunlich, denn dann gab es Reaktionen in meinem Körper, die fremd und erschreckend waren und die ich nicht als meine eigenen begriff. Ich erlebte, wie der Wille des anderen sich aufdrängte, und ich konnte ihn nicht begreifen. Jemand in dem Bild versuchte, mich mit einer Nachricht zurückzuholen, die Unbehagen verursachte, eine andere Art schmerzhaften Unbehagens, das mit dem Körper zu tun hatte. Es war etwas, woran ich mich anpassen musste, obwohl mir das nicht möglich war. Es war, als würden mich wilde Tiere anfallen, gegen die ich mich nicht wehren konnte. Ich wurde ganz verrückt und schlug um mich, trat, biss, kratzte, schrie und versuchte wegzukommen.

Der Küster hörte sie und sagte: »Jetzt hat sie wieder einen Anfall!«, und dann nahm er sie und hielt sie fest. Sie fuchtelte völlig unbegreiflich herum und schrie, als würde sie etwas Gefährliches erleben. Doch um sie herum war nichts, was sie erschrecken konnte, deshalb begriff der Küster nicht, was los war. Er war nur erstaunt.

Wenn jemand starb und begraben werden sollte, wurde der Sarg in der Leichenhalle aufgestellt. Dort sollte er mit offenem Deckel stehen, bis es Zeit für die Beerdigung war. Die Leichenhalle war geschlossen, doch meist stand ein kleines Fenster offen. Das Fenster befand sich an der langen Seite zur Kirchenmauer und zum Geräteschuppen hin, der einen Meter entfernt stand und die Sicht versperrte. Weil ich oft mit dem Küster unterwegs war, hatte ich das schon bemerkt, und ich wusste, wenn das Fenster offen stand, gab es einen Sarg in der Leichenhalle. Ich konnte sehr vorsichtig sein. Zwar hatte ich keine Angst davor, gesehen zu werden, doch sehr oft vermied ich es einfach. Hinter dem Geräteschuppen stand eine kleine Leiter, die der Küster früher benutzt hatte, um für die Messe die Gesangbuchnummern auswechseln zu können. Doch inzwischen hatte er eine neue, schöner geschnitzte Leiter bekommen, und die alte war hinter dem Schuppen gelandet. Ich zerrte die Leiter heraus und kletterte in die Leichenhalle.

Vorsichtig kroch ich auf die Kante des Sarges, setzte mich und betrachtete die Leiche. Ich saß da und schaute unverwandt. Dann fing ich an zu reden, lange Wörter und Sätze, die nur so aus mir herausströmten, alle Wörter, die ich kannte, und ich spielte mit ihnen in allen Formen. Sie tauschten die Plätze miteinander und wurden zu neuen Mustern. In meinem Innern gab es ununterbrochen neue Bedeutungen, und das war ein Fest. Die Person im Sarg erhielt ein geistiges Leben, sah auf, lächelte, wurde durchsichtig und war bei mir. Es wurde ein Leben entrollt, das Leben, das diese Person gelebt hatte. Ich war in der Gegenwart des anderen Menschen, in den Erlebnissen der Siehn, und die Situation war wie ein Film, der mir vorgespielt wurde. Die Person im Sarg und ich waren Zuschauer einer ganzen Rhapsodie von Ereignissen, und gleichzeitig waren wir dabei, als das alles geschah. Ich betrachtete das, was sich abspielte, als Freundin dieser Person. Erst sahen wir ein kleines Kind, dann wuchs die Person und wurde größer. Wir wanderten im Lebensfilm weiter, und neue Ereignisse tauchten auf: Konfirmation, Hochzeit, Feste und Begräbnisse. Das alles waren Gefühle – Freude, die eine bestimmte Ausdrucksform annahm, Trauer, die anders aussah, ein wenig Zorn, doch der drehte sich oft herum, ohne einen Ausdruck anzunehmen, und Angst. Die Angst war etwas Besonderes, denn sie rief Gespenster auf den Plan, die schlimmsten Bilder, die nicht in meine Vorstellungswelt gehörten, aber dennoch alles und alle prägten. Und da drang ein Laut aus der Normalen Welt herein.

Das Mädchen zuckte zusammen, und ihr wurde bewusst, wo sie sich befand. Dann schlich sie ebenso leise heraus, wie sie hereingekommen war, kroch an der Mauer entlang und richtete sich nicht eher auf, bis sie beim Wohnhaus war. Intuitiv wusste sie, dass sie dort in der Leichenhalle nicht sein durfte, und deshalb verbarg sie sich, damit niemand sie entdeckte.

Oft ging sie in den Kirchturm hinauf. Da oben war es schummrig und es gab viele Fledermäuse, die umherflogen und einem um den Kopf sausten. Sie öffnete die Luke und kauerte sich in die Fensternische. Dann hängten sich die Fledermäuse an die Balken an der Decke. Sie hingen wie grauschwarze, ovale Bälle in Klumpen zusammen. Manchmal klatschte es, und ein Flügel schlug in der Luft.

Ich ließ los und flutete zu den Fledermäusen hinauf. Sie waren meine Freunde, und es störte sie nicht, dass ich da war. Sie waren wie eine große Gemeinschaft. Sie waren meine Freunde, und ich hatte Worte für sie. Ich redete zu ihnen, und nach einer Weile fingen sie an, um mich herumzusausen. Sie wurden zu kleinen, dunklen Wolken, die um mich fuhren. Alle Fledermäuse bildeten einen Teppich, auf dem ich lag. Slire und Skydde kamen. Die Fledermäuse wurden zu einem Gitter, sie hängten sich aneinander mit Löchern in den Zwischenräumen. Wir sausten durch ein Loch hinein und durch ein anderes hinaus. Wir fädelten gefärbte Fäden durch die Löcher, die Muster bildeten. Dann brachen die Fledermäuse aus dem Muster aus und sausten davon, und es waren nur noch die gefärbten Muster übrig, die den Teppich bildeten. Wir balancierten darauf, krochen um Ecken, Knoten und Knäuel durch die Öffnungen und fingen einander. Wir flochten die Farben zusammen und wickelten einander ein, zogen an einem Faden, und einer von uns rollte wie eine Spule in der Luft. So entstanden Wirbel und neue Muster der Farbfäden.

Dann fuhren wir mit dem Teppich hoch nach oben und sahen

die Erde unter uns. Die Welt bestand aus Farben, die ineinanderflossen, und aus kleinen Punkten und Vierecken, die unter uns stillstanden, während der Teppich weiterzog. Wir spielten, nahmen etwas aus der Luft, das wir Sichtbarkeiten nannten, warfen es einander zu und ließen es sich verändern, und warfen es dann zurück. So entstanden neue Sichtbarkeiten, und wir machten immer weiter, bis alles voller Sichtbarkeiten war und wir sie zu Mustern zusammensetzen konnten, die verständlich waren.

Rumms … eine Tür schlug zu. Ich zuckte zusammen und war wieder im Turm.

Das lustigste Spiel im Turm war, in der Nische zu sitzen und über die Landschaft zu schauen. Das war so hoch oben, dass es an den Füßen sog. Es sah so verlockend aus und fuhr mit dem Blick immer wieder hoch und herunter, bis ich ins Außen glitt. Slire und Skydde kamen, und wir schickten Gedanken. »Wir spielen Purzelbaum an der Kirchenwand hinunter.« Das war das schönste Spiel, das es gab.

Wir rollten durch das Nischenfenster und rollten an der Wand entlang, je mehr Umdrehungen, desto besser, doch es mussten die denkbar kunstvollsten Bewegungen sein, und so flossen wir in einen sanften Kreis hinaus und dann wieder nach oben. Einer von uns machte neue Muster, und die anderen machten sie nach. Dann tauschten wir, sodass jemand anders führte und die anderen es ihm nachmachen mussten. Wir sammelten uns zu einem Haufen auf dem Hügel und fuhren wieder hoch, teilten uns, drehten Pirouetten in der Luft, dann zurück zur Fensternische, und dann purzelten wir wieder hinunter. Manchmal sausten wir bis zur Turmspitze hinauf und rollten von dort herunter. Es gab einen Blitzableiter, der über das ganze Dach verlief und dann im Erdboden verschwand. Auf dem rutschten wir herunter und kreiselten wie Spiralen um ihn herum.

Die Treppe knarrte, der Vater kam herauf und strich dem Mädchen über die Wange. »Hier sitzt du also! Ich soll läuten, da kannst du mir helfen und den Block auffangen.« Der Block war ein Holzstück, das den Klöppel an seinem Platz hielt, damit er erst dann an die Glocke schlug, wenn sie genug Schwung für einen vollen Klang hatte. Der Vater hob das Mädchen hoch und trug sie hinein.

Auf dem Nachhauseweg hatte der Vater einiges zu tun, und als er an der Schaukel vorbeikam, setzte sich das Mädchen dorthin. Die Abendgeräusche kamen wie eine Serenade, die Schaukel wiegte und ich kam ins Außen. Das Prasseln des Windes bildete Lichttropfen, die Fangen spielten, das entfernte Bellen eines Hundes wurde zu blauem Licht, wie Zungen im All, das Knirschen der Holzschuhe, als die Männer über den Hof gingen, wurde zu Meeresleuchten, und die Worte, die sie zueinander sprachen, hatten einen roten Schimmer. Alles zusammen bildete ein Lichtspiel und eine Serenade in meiner Welt. Es war wie eine einzige Gegenwart, ein Bewusstsein, das meinen Sinn lockte und erfreute.

Der Vater kam und holte sie, und sie gingen in die Küche. Die Mutter wies sie an, die Hände zu waschen. Sie sah auf ihre Hände. Die spielten Fangen, wanden und verdrehten sich. Sie sagte: »Hände, Hände.« Sie sahen so lustig aus. Die Mutter packte das Mädchen und schob es in die Waschstube. Sie fasste fest an und ihre Worte waren wie Nägel, die in die Luft geschlagen wurden. Die Seife schäumte und machte schöne Blasen. Ich klopfte darauf und versuchte, sie ins Wasser zu drücken, aber das ging nicht, denn sie hüpften die ganze Zeit wieder heraus. Das Wasser lief in Rinnsalen, die wie glitzernde Perlenstränge aussahen, über die Hände. Ich folgte ihnen, und sie legten sich um meine Füße. Die Blasen folgten auch den glitzernden Perlenbändern. Immer mehr Wasser war auf dem Fußboden, und ich trampelte darin herum. Das machte Spaß.

»Was stellst du nur wieder an!« Die Mutter riss an ihr und wischte den Fußboden auf. Das Mädchen sank zu Boden und rutschte unter den Tisch.

Nach dem Essen nahm der Vater das Mädchen mit ins Bett, um ein wenig zu ruhen. Er legte sich hin und legte das Mädchen auf Augenhöhe neben sich.

Sein Blick drängte sich in meine Sinne, und ich wurde in etwas geführt, wo ich sonst nie war. Es war wie eine andere Wirklichkeit. Es war, als würde ich mit völlig anderen Augen sehen, mit ganz anderen Ohren hören, auf eine ganz andere Weise riechen und schmecken und spüren. Das war sowohl angenehm als auch unangenehm. Der Körper veränderte sich, fühlte sich anders an. Vaters Hand berührte meine Haut, und erst brannte es, aber dann wurde ein angenehmes Gefühl daraus, wie ein Wind, der über die Haut bläst. Vaters Worte erreichten mich, ließen mich Dinge sehen, anfassbare Dinge, wie Stuhl, Tisch, Uhr. In meiner Welt waren das lediglich Substanzen, die ohne Sinn herumflossen, doch in dem Moment, in dem ich in Vaters Blick war, wurden sie hart und anfassbar, wie Materie, und bekamen eine ganz andere Bedeutung. Es war, als würde ich mit seinen Augen sehen. Der Vater nannte sie Realitäten. Er sagte: »Du musst die Realitäten verstehen, sonst wirst du im Leben nicht zurechtkommen.«

Der Vater verwandte jeden Tag Zeit darauf, um das Mädchen in der Realitätswelt zu halten und ihm Wissen zu vermitteln. Er musste oft herzlich lachen über ihre Art und Weise, die Welt zu interpretieren und zu erklären, was sie sah und verstand.

Er erzählte, dass Luther seine Thesen an die Kirchentür heften wollte. Für das Mädchen waren Thesen dasselbe wie Buchstaben und Wörter, und es begriff nicht, dass die Wörter auf Papier standen. Stundenlang sprach sie mit ihm darüber, wie Luther es denn geschafft hatte, die Buchstaben zu Wörtern zusammenzufügen, und wie er es dann, völlig ohne Klebstoff, schaffen sollte, die Wörter an der Kirchentür festzumachen, und wie denn all die vielen Wörter auf einer einzigen kleinen Kirchentür Platz finden sollten. Die Mutter hörte die Ausführungen des Mädchen in der Küche und machte eine lustige Geschichte daraus, wie unglaublich dumm und unbegabt Iris war, dass sie etwas so Dummes denken konnte, und als sie es ihren Freundinnen beim Kaffeeklatsch erzählte, da lachten sie alle zusammen darüber und fanden es sehr lustig. Das war nicht böse gemeint, sondern eher erstaunt.

Solche Geschichten ließen ein gewisses Interesse für das Phänomen Iris entstehen, und sie begünstigten ihre Entwicklung im sozialen Alltag.

Des Morgens, wenn es noch ganz still war, war es leicht, unters Dach zu verschwinden. Ich drehte mich herum und sah mir alles Wohlbekannte an. Ich wischte herum und berührte jeden Gegenstand. Nichts konnte kaputt gehen, und nichts war verboten. Nur die Menschen durfte man nicht berühren, denn die konnten das unangenehm finden und Angst bekommen. Es gab viele Nippesgegenstände, kleine hübsche Figuren, die Kinder sonst nicht anfassen durften, aber wenn ich im Außen war, konnte ich über sie fallen, um sie herumwischen, durch sie hindurchgehen und alles tun, was ich wollte. Ich wurde klein und hing an ihnen, als würde ich in einen Baum klettern, ich tanzte um sie herum und bewegte mich durch alle Hohlräume, die es gab, und schaute aus ihren Augen heraus.

Slire kam und nahm die Jagd auf. Er sauste vor und zurück, unter und über mir, sodass ich mich ganz verlieren konnte. Er spielte, verschwand und kam dann an den unmöglichsten Stellen wieder heraus und überraschte mich. Skydde kam und blieb an meiner Seite. Er zeigte mir viele Wörter, die in der Atmosphäre spielten, Wörter, die aus Menschen kamen, aber auch Wörter, die es einfach gab. Es gab Wörter, die ich schon von Menschen gehört hatte, und welche, die ich sie hatte denken sehen. Es waren starke Wörter, so wie »tot, krank, im Stich gelassen, gefangen, erschossen«, aber auch warme Wörter wie »Liebe, Glück, Wärme, Fürsorge«, es gab böse Wörter wie »verdammt, zum Teufel, verflucht« und eine Menge Ausrufe, die die Menschen benutzten, wenn sie Angst hatten.

Wenn die Menschen Wörter sagten, strahlten die eine Substanz aus, die nett oder auch giftig sein konnte. Es gab jede Menge unterschiedlicher Mischungen, und Skydde half mir zu unterscheiden, was was war und wie ich die unterschiedlichen Substanzen einzuschätzen hatte. Wenn etwas unehrenhaft war, konnte die Substanz rußig und mit irgendetwas überzogen sein. Skydde formte etwas aus den Wörtern und hängte sie in Bildern auf. Das konnte ein Acker sein, an dem er ein Pferd anheftete. Es konnte ein Herd sein, und dort heftete er einen Holzkloben an. Es konnte eine Wiese sein, auf der ein Mensch unbeweglich lag, und dann heftete er einen Friedhof und einen Sarg an. Es konnte ein großes Krankenhaus sein, an das er weiße Kittel heftete, die in den Fluren herumliefen. Es konnte ein Haus mit Gitterfenstern sein, und daran heftete er Gefangene. Ich hatte damals viel vom Algerienkrieg gehört, konnte aber nicht begreifen, was Krieg war, abgesehen davon, dass es traurig und schrecklich war. Skydde zeigte mir Uniformen, die herumliefen und schossen. Er zeigte mir, wie ein paar auf der anderen Seite fielen. Er zeigte mir, wie manche in den eigenen Reihen fielen. Das, was traurig und schrecklich gewesen war, wurde konkret, und er zeigte mir, wie sie ein Massengrab gruben.

Das Mädchen fuhr zusammen. Jemand beugte sich über sie und sprach mit ihr: »Hast du so schlecht geträumt? Du bist ja ganz nass geschwitzt und hast schlimm geschrien.« Das Leben wurde wieder normal.

Das Mädchen schlief selten. Sie schlief nicht vor den anderen ein und wachte auf, ehe alle anderen wach wurden. Sie hatte eine kleine grüne Nachtlampe, und wenn die nicht angezündet war, jammerte sie ununterbrochen, und das Geräusch konnte die Mutter nicht ertragen.

Ich richtete den Blick auf die Lampe und sank in den hellen Grünschimmer ein, und dann war ich in einer anderen Dimension. Da war alles wie Wasser und Luft, wie Wind und Bewegung. Ich schwebte nur darin, und schwebte wie auf einem Teppich. In diesem Grün war es voll und gleichzeitig nichts, es war nicht leer, aber auch nicht fest, sondern es änderte die ganze Zeit die Form, und ich war in dieser Form, sodass es zärtlich sanft um mich herum war, und ich wurde in einen herrlichen Wirbelstrom hineingesogen.

Der Blick richtete sich auf das Fenster. Erst war es schwarz und dann grauer und noch grauer und allmählich hell. Ich wurde zu Vater gezogen, der dabei war, aufzuwachen.

Der Vater stand auf und ging in die Küche und setzte Kaffee auf. Er zündete den Ofen an. Das Mädchen tappte hinterher und kauerte sich an die Ecke des Ofens und saß da und wiegte sich.

Als ich in die Pubertät kam, veränderte sich die Situation. Zum einen wurde meine Welt viel dunkler und erschreckender. Es kamen schwarze, dämonische Bilder und erschreckende Laute und Lichter dazu. Zum anderen hatte Vater mich mit seinen Bemühungen, mich für die äußere Wirklichkeit zu interessieren, zu sich gelockt. Vater bat mich darum, in der Normalen Wirklichkeit zu sein, und nicht in meiner. Er sagte, ich würde anderen so fremd sein, dass niemand mit mir zusammen sein wolle, wenn ich nicht in der Normalen Welt wäre. Er sagte, er könne keinen Kampf für mich führen, wenn ich ständig in meiner eigenen Welt verschwände. Er wollte, dass ich mit ihm zusammenarbeitete, damit er mir alles beibringen konnte, was er von der Normalen Welt wusste. Er sagte, da gäbe es so viel Spannendes und Freudvolles, dass ich sicher mit der Zeit ein Gefühl und ein Erleben dafür bekommen würde.

Das habe ich dann nicht so bekommen, wie er es mir ausgemalt hat, aber ich habe vieles andere bekommen, und ich bin froh, dass er diesen Kampf so lange durchgehalten hat, dass ich mich auf sein Verlangen hin in die Normale Wirklichkeit begeben habe.

KAPITEL 5

Auf der Friedhofsmauer

Als Iris zwölf Jahre alt war, entdeckte sie, was der Tod ist. Vorher hatte es für sie keinen Unterschied zwischen dem Materiellen und dem Immateriellen gegeben. Tod war, wenn ein Mensch aus dem Körper ins Außen ging und nicht mehr in den Körper zurückkehrte. Dann wurde er in einem Sarg auf dem Friedhof begraben und wohnte nicht mehr in seinem Zimmer. Allmählich kam ihr auch ein Wissen um den Anfang, und dass es überhaupt einen Anfang gab. Der Anfang war, wenn ein Kalb geboren wurde, es war neu, und dann gab es das Kalb, und wenn es starb, dann war es zu Ende. Tiere wurden geschlachtet und aufgegessen, aber Menschen wurden eingegraben. In jener Zeit starben Iris' Großeltern beide innerhalb eines halben Jahres, und ebenso starben vier ältere Nachbarn. Iris fing an, sich für den Tod zu interessieren. Es war schon seltsam, wenn ein Mensch aufhörte, da zu sein. Die Menschen, die um den Toten herum waren, weinten und wurden außen ganz schwarz, und man durfte eine ganze Weile nicht lachen, nicht schreien und nicht laut reden. Dann war es vorbei, als hätte es den Menschen nie gegeben.

Ihr Inneres beschäftigte sich eine lange Zeit mit dem Tod, sie redete vom Tod, saß da und schaute auf den Friedhof, auf die Grabsteine, und versuchte die Sache zu ergründen. Die Menschen und das Menschliche wurden ihr immer bewusster, sie begriff, dass Menschen etwas anderes waren als alle anderen Dinge, und dass man bei ihnen in anderen Kategorien denken musste. Diese Erkenntnis erstaunte sie. Sie wusste nicht, woher sie kam, und noch weniger, wie sie sich dazu verhalten sollte. Es war schwer und verwirrend und schmerzhaft und unangenehm, und doch zog diese besondere Welt sie an.

Ab und zu gab es eine Beerdigung in der Kirche, und dann war sie oft dabei. Sie liebte das. Zum einen natürlich, weil der Küster August da war. Sie war oft schon bei ihm gewesen, als er Gräber schaufelte, und erinnerte sich an seine Erzählungen von den Toten. Zum anderen wurden Menschen bei einer Beerdigung eins mit sich selbst, wurden klar und weinten auf eine schöne Art. Der Pfarrer ließ sie dabei bleiben, denn er meinte, es würde ihr in der Zukunft schon irgendetwas bringen. Die Großmutter aber verbot ihr, zu den Beerdigungen Fremder zu gehen. Sie hatte furchtbare Angst vor dem Tod und meinte, das Mädchen würde sich versündigen, und außerdem wäre es pervers, bei solchen traurigen Sachen dabei sein zu wollen.

Das Mädchen lag auf der Friedhofsmauer und betrachtete alles, was bei der Beerdigung geschah. Dort waren viele Menschen um den Sarg versammelt, der auf zwei Böcken stand. Die Undurchsichtigen waren immer schwarz gekleidet und standen da, wo sie standen. Die Durchsichtigen waren in verschiedenen Farben gekleidet und hatten hochgesteckte Haare und gingen zusammen mit dem Toten herum. Der Pfarrer und die Schwarzgekleideten scherten sich nicht um sie, sondern sie bewegten sich nur miteinander und mit dem Toten. Die Schwarzgekleideten befanden sich in der Atmosphäre des Pfarrers. Das war immer ein Höhepunkt für das Mädchen, denn dann weinten sie und wurden dadurch begreifbar.

Als die Beerdigung zu Ende war und die Leute sich auf den Weg nach Hause machten, setzte sich das Mädchen an das Tor und sah sie an. Erstaunt sah sie, dass nur noch ein paar wenige da waren, die Schwarzgekleideten nämlich, und sie fragte sich, wohin all die anderen, die bei der Beerdigung dabei gewesen waren, wohl gegangen waren. Sie lief zu ihrem Vater in den Stall und fragte: »Wo sind all die Leute?« Der Vater verstand nicht, was sie meinte. Er sah sie freundlich an und sagte: »Ja, du hast deine eigenen Einfälle!«

Dann eines Tages verstand sie, was Tod war. Sie saß auf der Friedhofsmauer. Hinter ihr waren all die Gräber, und da lagen all die Toten. Vor sich hatte sie den Hof, und da waren ihr Vater und die Onkel, und sie lebten alle. Da wurde ihr plötzlich klar, dass die Toten in der Erde lagen und moderten und verschwanden, und dass die Lebenden auf der anderen Seite der Friedhofsmauer wuchsen und älter wurden und sich veränderten und sich bewegen und reden konnten. Und sie dachte: »Genau, die in der Erde liegen, können nicht reden und sich nicht bewegen. Aber die da drüben auf dem Hof können es, und sie können einander verstehen.« Ihr wurde klar, dass man sich im Leben verändern konnte, im Tod jedoch nicht. Und da begriff sie, dass alle, die im Außen waren, die zusammen mit dem Toten auf der Beerdigung gewesen waren und durchsichtig waren, sich nicht veränderten. Sie hatten keine geerdete Substanz, die verändert werden konnte. Als sie das erkannte, dachte sie: »Aha! Das also ist der Unterschied zwischen Leben und Tod, dass der physische Teil in der Erde landet und sich nicht mehr bewegen kann. Solange man auf der Erde ist und sich bewegen kann, ist man am Leben.« Und sofort musste sie denken: »Aber warum sind die Menschen einander dann feind und reden nicht mehr miteinander, wenn sie doch wissen, dass sie sterben und diesen Kontakt verlieren werden?«

Sie entdeckte überall Feindseligkeiten und wunderte sich, dass sich die meisten mit irgendjemandem überworfen hatten. Sie sagten Worte, die dem anderen wehtaten, das konnte sie sehen. Manchmal sah sie, wie die Person innen ganz schwarz wurde, und manchmal rot, manchmal ganz nichtsig und verschwunden. Und sie begriff, dass sowohl derjenige, der solche Sachen sagte, wie auch der, der sie hörte, davon innen drin ganz krank wurde.

Manchmal wurde jemand schwarz, ohne dass das beabsichtigt war, und dann entstand daraus eine Feindschaft, aber oft gab es schon von Anfang an etwas, was zu einer Feindschaft führte, und das war so unverständlich.

Zum Beispiel damals, als zwei von den Geschwistern der Mutter mit ihren Familien aus Göteborg gekommen waren, um sie zu besuchen und ihre Kinder als Sommerkinder auf dem Hof zu lassen. Iris' Tante, Tuttan, kam zur Mutter in die Küche; sie war von überbordender Herzlichkeit, entgegenkommend und fröhlich. Sie sprach von ihrem eigenen Haar, das sie in derselben Farbe gefärbt hatte wie Mutters natürliches, schönes, kastanienbraunes Haar. Das Mädchen, das sich in einen verborgenen Winkel der Küche gekauert hatte, um nicht Gefahr zu laufen, von der Tante geherzt zu werden, sah, dass das Fröhliche der Tante auf Höhe des Gesichtes in die Atmosphäre kam, dass aber weiter unten, ungefähr auf Höhe des Bauches, etwas Schweres und Dunkles war, das strahlte und pulsierte und böse war und nur darauf wartete, sich auf etwas zu stürzen. Das Dunkle drückte nach oben zu dem fröhlichen, runden Gesicht. Das Mädchen sah, dass das Helle und Frohe bei der Mutter eine Spannung erzeugte, ein Unbehagen. Es war faszinierend zu sehen, dass das Gespräch nicht eindeutig war, sondern dass mehrere Dinge gleichzeitig passierten.

Die Mutter war gerade dabei, Teig für Zimtschnecken zu machen. Sie holte ein großes Stück von der selbst gemachten Butter aus dem Butterstampfer und tat es in die Teigschüssel. Dann ging sie in die kühle Speisekammer. Aus dem Milchnapf seihte sie mit dem Seihlöffel viel dicke Sahne von der Morgenmilch ab und schüttete sie auch zu dem Teig.

Das Mädchen sah, wie das Dunkle nun alles Helle von der Tante verdrängte. »Schämst du dich nicht?«, fragte die Tante. »Richtige Butter und Sahne in einen Teig zu tun! Es schickt sich einfach nicht, dass ihr Bauern kiloweise Butter und literweise Sahne ins Essen tun könnt. Denk doch nur an die hungrigen Kinder, die auf den Straßen in Göteborg herumlaufen und denen sogar das Salz zum Haferbrei fehlt. Und die Leute in der Stadt müssen Margarine kaufen und haben nur einen einzigen Deziliter Kaffeesahne zum Nachtisch am Sonntag. Für die ganze Familie!«

Das Mädchen sah, wie die Mutter erwog, die Sache einfach auf sich beruhen zu lassen. Es wusste sehr wohl, dass Mutters einziges Problem mit der Sahne darin bestand, dass sie ausgeschimpft wurde, wenn sie nicht alle Sahne benutzte, die da war. Die Mutter sagte: »Aber das hilft doch den Kindern in Göteborg nichts, wenn ich keine Butter und keine Sahne mehr für den Teig nehme.«

Das wusste die Tante auch, also wechselte sie das Thema. »Du solltest dich schämen, dass du es so gut hast und auf diese Weise kochen kannst. Wir zum Beispiel, wir anderen Geschwister, wir mussten früh in die Welt hinaus und anfangen zu arbeiten. Aber du bist verwöhnt worden, du durftest im Krankenhaus liegen, und dann hat sich Großvater um dich gekümmert. Und übrigens haben wir es ja dir zu verdanken, dass wir alle die Mutter verloren haben. Jetzt hast du auch noch in Wohlstand eingeheiratet. Du solltest doch eigentlich wissen, wie übel es uns ergangen ist, und dich nicht auf ein hohes Ross setzen.«

Das Mädchen sah, wie die Atmosphäre der Mutter verschwand, und dass es aschgrau um sie wurde. Wie immer war sie völlig am Ende und bekam kein Wort mehr heraus.

Ihr Bruder Otto kam, von der verärgerten Stimme alarmiert, in die Küche. Tuttan legte nur die Hand auf die Stirn und sagte: »Ah, ich kann hier nicht sein, davon bekomme ich nur Kopfschmerzen!«

Otto sah die Mutter vorwurfsvoll an: »Hast du Tuttan wieder mal verärgert?«

Sie verschwanden aus der Küche, und es wurde still.

Das Mädchen hatte kein Mitgefühl mit der Mutter, doch diese Art von Streit, der schon in der Atmosphäre war, ehe überhaupt etwas auftauchte, worüber man streiten konnte, war ein unbegreifliches Phänomen für sie. Und es erstaunte sie, dass Worte eine solche Macht über Menschen haben konnten, dass die Mutter allein durch Worte völlig vernichtet wurde.

Die Mutter hatte aufgehört, den Teig zu rühren, und stand ganz still und regungslos da. Sie ging in die Speisekammer und machte die Tür hinter sich zu. Wenn die Mutter nicht wusste, wohin sie sollte, wenn ihre Atmosphäre schwarz oder verschwunden war, dann stellte sie sich gern in die Speisekammer. Das war ein kleiner Raum mit ordentlichen Regalen, der gegen die Wärme des Sommers und die eisige Kälte des Winters isoliert war. An der Tür saß innen eine Klinke und außen ein Nagel, damit die Kinder nicht hineinkommen und naschen konnten. Sie stand drinnen und betrachtete die Regale, rückte ein paar Sachen zurecht und genoss es, das ganze Essen ordentlich aufgereiht zu sehen. Das hier war ihr Königreich, hier herrschte sie, und hier gab es niemanden sonst, der bestimmte oder der sie angreifen konnte. Als sie wieder froh war, kam sie heraus und widmete sich erneut dem Teig.

Als das Mädchen so auf der Friedhofsmauer saß, fand es, es gäbe doch keinen Grund, dass die Menschen einander anfeindeten und nicht mehr miteinander redeten, solange sie lebten. Schließlich war es nur eine kurze Zeit, ein so kleiner Teil der Ewigkeit, in dem sie miteinander in Kontakt sein konnten. Die Ewigkeit war für Iris das, woher man kam und wohin man ging. Die Ewigkeit war die Richtige Wirklichkeit, die hinter der Normalen Wirklichkeit lag.

In dem Augenblick kam der Vater zu ihr und sagte: »Nun, worüber denkst du nach?« Sie fragte, warum man geboren wurde, wenn man doch sterben musste, und da lachte er und sagte, dass zwischen diesen beiden unvermeidlichen Zuständen ein langes Leben und viele Erfahrungen liegen würden.

Er sagte: »Man entsteht, weil zwei Menschen einander mögen

und daraus Kinder werden, und man geht, weil der Körper es nicht mehr schafft, sich zu erneuern. In der Zwischenzeit ist man ein Mensch aus Fleisch und Blut, und da hat man die Möglichkeit, zu denken, zu fühlen und Dinge zu tun; man kann sich satt essen und ein Dach über dem Kopf und Kleider am Leib haben, aber vor allem kann man mit anderen Menschen zusammen sein, so wie wir es hier auf unserem Hof sind. Das ist das Glück«, erklärte er. Er seufzte und fuhr fort: »Ich wünschte, du könntest hier in dem Normalen bleiben, und würdest dich nicht mehr in dich selbst zurückziehen. Denn dann bist du den anderen Menschen so fremd, dass sie keinen Kontakt zu dir aufbauen können.«

Da erzählte ihm Iris, dass sie begriffen habe, was der Tod war. Das verstand er. Iris fragte: »Aber warum sind sich die Menschen dann feind und hören auf, miteinander zu reden? Warum sind sie nicht miteinander, wo sie doch wissen, dass sie sterben werden?«

Der Vater antwortete: »Weil sie es nicht verstehen. Wenn sie es verstanden hätten, dann wüssten sie, dass es Blödsinn ist, nicht mehr miteinander zu reden. Dass *du* begreifst, dass man stirbt, heißt keineswegs, dass sie das *auch* begreifen. Warum sagst du es ihnen eigentlich nicht?«

Er ging davon, und das Mädchen blieb auf der Friedhofsmauer sitzen. Erst dachte sie an das, was der Vater gesagt hatte: Dass du begreifst, bedeutet nicht, dass sie das auch begreifen. Das war ein aufwühlender Gedanke. Bis dahin hatte sie immer gedacht, dass alle Menschen das verstanden, was sie verstand, und dass die anderen darüber hinaus noch viel, viel mehr wüssten. Dass sie etwas verstehen konnte, was die anderen nicht auch begriffen, war vollkommen außerhalb ihrer Vorstellungswelt gewesen.

Dann dachte sie an die Richtige Welt, die ihr vertraut war und in der sie immer sein konnte und wo alles ruhig und so war, wie es sein sollte. Es wäre sehr viel einfacher, immer im Außen zu sein, als an dem Denken der Menschen teilzunehmen. So saß sie da und dachte darüber nach, dass sie die Wahl hatte, immer in der Richtigen Welt zu sein und sich nicht um die Normale Welt zu kümmern, mit all ihrem Tod und den Menschen.

In der Richtigen Welt ist alles geklärt. Sie kann durchaus schwer und kompliziert sein, aber sie ist geklärt und deutlich, und es gibt dort keine geheimen Pläne. In der Richtigen Welt, zusammen mit Slire und Skydde, funktionierte das, wovon sie glaubte, es sei Gemeinschaft. Die ganze Zeit zu spielen, herumzusausen, das war das Leben, das war das Richtige. Wenn sie in der Richtigen Welt war, wurde es hinterher immer schwieriger, in die Normale Welt zurückzukehren. Es war, als würde sie sich in einem Traumzustand befinden und wollte nicht aufwachen. In diesem Zustand wurde es immer schmerzhafter, loszulassen und wieder ins Normale zurückzufallen, aufzustehen und auf die Toilette zu gehen und sich mit all dem Erdenhaften und Physischen zu befassen. Am Ende wurde der Übergang in die Normale Welt zum Albtraum. Es war, als würde sie in einen Trichter fahren, um dann im Körper zu landen. Und wenn sie in der Normalen Welt war, wurde die Richtige Welt zu einem Traum, zu etwas, das ganz anders war.

Gleichzeitig hatte die Normale Welt eine ungeheure Anziehungskraft, da sie so unvorhersehbar und voller schockierender Überraschungen war. Die Menschen reagierten so unerwartet, sie sagten und taten Dinge, die faszinierend waren.

Ihr Vater hatte gesagt, sie solle in der Normalen Welt sein und nicht in der Richtigen, sie solle sich mit Menschen umgeben und sich für die Normale Welt entscheiden, denn sie habe eine Aufgabe, nämlich allen zu erzählen, dass sie nicht aufhören dürften, miteinander zu reden, denn am Ende käme ja der Tod.

Es war andererseits überhaupt nicht verlockend für Iris, in der Normalen Welt zu sein. Die war so schwierig, sie begriff nicht, wie alles zusammenhing, und sie verstand die Wertvorstellungen der Normalen Welt nicht. Die waren wie etwas Künstliches, wie ein Pullover, den man richtig herum anziehen musste, mit der richtigen Seite nach außen, und man sollte jemand anders sein, als man war, jemand, der hineinpasste. Sie rang mit dem Gedanken und wog das Bekannte, Leichte gegen das Schwierige, Komplizierte, Anstrengende, Unbegreifliche ab. Und das sehr lange.

Sie saß auf der Friedhofsmauer. Sie spürte, dass sie eine Aufgabe hatte. Am Ende dachte sie: »Ja, wenn er meint, dass das gut ist, dann ist es gut, und dann entscheide ich mich dafür.«

Sie entschied sich dafür, solange sie lebte, in der Normalen Welt zu sein, und sich nicht länger um die Richtige zu kümmern. Sie verabschiedete sich. Sie dachte an Slire und Skydde und an ihre Spiele, und wie gut sie es miteinander gehabt hatten. Sie bedankte sich dafür; das war schön gewesen, das war das Leben. Und jetzt war es zu Ende.

Sie entschied sich dafür, den Leuten zu sagen, dass sie sterblich waren, damit sie aufhören konnten, sich voneinander abzuwenden. Denn das mussten sie noch früh genug tun, wenn sie starben. Sie hatte eine Mission. Normal zu werden, um mit normalen Menschen reden zu können.

KAPITEL 6

Normal werden

Es war für Iris immer albtraumhaft, umständlich, widersinnig und quälend gewesen, in der Normalen Welt sein zu müssen.

Wenn sie nun normal werden wollte, würde sie auf alle Rituale, auf alle Fluchtstrategien verzichten müssen. Man konnte sein Hemd nicht einfach auf links und verkehrt herum tragen. Man konnte nicht unter dem Tisch sitzen. Man konnte sich keine Seife in die Augen oder Salz in die Wunde auf der Oberlippe schmieren. Man konnte vor dem Weggehen nicht noch viermal die Verandatreppe hochgehen, bevor man bereit war.

Das Erste, was Iris lernte, um sich anzupassen und normal zu werden, war das gedankenfreie Reden. Sie hatte beobachtet, dass normale Menschen in einem Gespräch oft über etwas anderes sprachen als über die Gedanken, die sie gerade beschäftigten. Wenn Iris mit ihrer Mutter in der Stadt war, wo sie einer alten Bekannten begegneten, fragte Mutter begeistert: »Und, wie geht es bei euch so?« Die Bekannte antwortete: »Doch, ganz gut. Und bei euch?« Mutter erwiderte: »Ja, jetzt ist ja Frühling, also sind alle draußen beim Säen.«

Iris fragte sich, wie dieses gedankenfreie Reden funktionierte, und wollte das gerne lernen. Sie versuchte mit dem Denken aufzuhören und wiederholte im Stillen jedes Wort, das die beiden redeten, um genauso zu klingen. Doch damit war sie nicht sehr erfolgreich.

Sie übte auch die Gesprächseröffnung. Eine mögliche Variante war: »Wohin gehst du?«, oder: »Kommst du mit zu …«, oder: »Und was machen wir jetzt?«, oder: »Wie findest du …?«

Damit hatte sie viel mehr Erfolg. Denn wenn sie erst einmal ein Gespräch eröffnet hatte, musste sie nur noch dastehen und den anderen reden lassen.

Problematisch wurde es, wenn sie eine Gegenfrage erhielt. Sie lernte, aus solchen Gegenfragen herauszukommen, indem sie anfing, von irgendetwas zu erzählen. Sie hatte bemerkt, wie lange genau sie reden durfte, ehe es für den anderen störend wurde. Sie fragte dann immer, ob der andere es eilig habe, denn dann musste sie das, was sie zu erzählen plante, kürzen.

Wenn der andere seinerseits angefangen hatte, etwas zu erzählen, dann verstand Iris in der Regel gar nichts. Alles in dem gedankenfreien Reden des anderen war für sie ohne Substanz, und sie konnte keine festen Punkte darin entdecken. Wenn der andere dann aufgehört hatte zu reden, stellte Iris eine Frage über den Inhalt, wie etwa: »Du hast da etwas über ... gesagt ...«

Die Leute liebten es, mit dem anzugeben, was sie wussten, und ein guter Anfang war zu sagen: »Hast du was von ... gehört?« Auf diese Weise konnte sie dem anderen ein Gespräch entlocken. Bei manchen Leuten funktionierte das nicht, aber bei anderen umso besser. Sie fing an, gezielt Leute aufzusuchen, mit denen sie auf diese Weise reden konnte. Dann sammelte sie alles Neue, was sie erfahren hatte, und verknüpfte es mit dem Alten; so entstanden nach und nach Bilder und Filme in ihrem Kopf, die sie abrufen konnte, wenn es erforderlich war.

Wenn der andere nicht aufhörte zu reden, wurde es irgendwann peinlich, und dann benutzte Iris ihre neu eingeübten Schlussphrasen: »Schön, dich gesehen zu haben«, oder: »Apropos ...«, oder: »Übrigens muss ich ...« Auf diese Weise konnte sie dann ein Gespräch abschließen.

Um normal zu werden, übte sich Iris auch in Allgemeinbildung: Was nannte man »bäh« und »igitt«, und was »gut« und »richtig«. Wenn das, was die anderen sagten, die Begriffe »Steuer«,

»Politik« oder »Nachbarsfrau« enthielt, konnte man fast immer »Mist« oder »Das ist doch furchtbar« antworten. Was mit Wissenschaft zu tun hatte und »Sie haben herausgefunden« oder »Medizin« enthielt, beantwortete man mit »gut« oder »Ist das nicht fantastisch«. Iris wurde Expertin darin, die anderen dazu zu bringen, von Dingen zu sprechen, auf die man »Mist« oder »igitt« erwidern konnte.

Die meisten Probleme machte ihr das gedankenfreie Reden. Wenn sie von etwas zu reden begann, das nicht gedankenfrei war, von etwas, das für sie wesentlich war, dann wurde der andere ärgerlich, hatte es plötzlich eilig und verschwand.

Iris dachte viel darüber nach, woher das Erste, was man zu jemandem sagt, kommt. Wenn sie jemandem begegnete, wollte sie sich nur hinstellen, den Siehn ansehen und darauf warten, dass ein Wort oder ein Satz im Innern entstand, den sie dann zu dem andern sagen könnte. Doch das funktionierte nie, sondern sie stand einfach nur da und starrte den anderen an. Nach einer Weile fühlte dieser sich dann von Iris' schweigender Aufmerksamkeit gestört und sagte: »Was glotzt du so?« Und auf diese Frage konnte sie dann sehr konkret antworten: »Ich glotze dich an, weil ich glaube, dass du eine interessante Person bist.« Der andere antwortete dann vielleicht: »Du bist doch nicht normal«, oder manchmal auch interessiert: »Ach so? Und was genau siehst du da?« Und dann war das Gespräch in Gang.

Wenn die Person Iris' Interesse nicht bemerkte, sondern einfach ging, dann befand der Siehn sich oft noch mehrere Stunden danach in Iris' Bewusstsein.

Ansonsten bestand das Leben darin, dass Iris versuchte, sozial zu sein. Sie unternahm etwas mit den Mädchen, mit denen sie aufgewachsen war, versuchte Jungen kennenzulernen, ins Kino zu gehen und zu tanzen. Damit kam sie ganz gut zurecht, aber sie war allen unterschwelligen Aussagen gegenüber so unsensibel, dass sie sich oft lächerlich machte. Witze und Ironie gingen an ihr vollkommen vorüber. Sie bemerkte es nicht einmal, wenn die anderen Scherz mit ihr trieben oder über sie schimpften. Körperliche Berührung war auch ein Problem. Sie hatte gelernt, dass sie nicht weglaufen durfte, sondern stattdessen reden sollte, und das tat sie. Sowie jemand ihr nahe kam, fing sie an, alle denkbaren Fragen zu diskutieren, was die Jungen oft ermüdete, und dann hatte sie ihre Ruhe.

Iris beschäftigte sich viel mit den Vorstellungen der Leute, was man wie zu finden hatte. Sie hatte begriffen, dass man verschiedene Sachen unterschiedlich bewertete. Man sollte es schön finden, süß zu sein, man musste begeistert sein und lächeln, wenn die Leute sagten, man sei süß. Das musste man einfach tun, da gab es keine andere Möglichkeit. Man durfte es nicht mögen, wenn junge Mädchen sich schminkten oder in langen Hosen herumliefen, und man sollte Vergnügen und Dinge, die man hätte genießen können, ablehnen. Aber Iris hatte diesbezüglich überhaupt kein eigenes Empfinden. Ihr Problem war, dass man mit dem Gesicht und dem ganzen Körper ausdrücken sollte, was man empfand. Aber Iris sah immer gleichermaßen zufrieden aus. Wenn sie also, um normal zu wirken, aufs Geratewohl sagte, dass ihr irgendetwas nicht gefiel, dann glaubte ihr niemand. Ebenso wurde ihre Ernsthaftigkeit infrage gestellt, wenn sie behauptete, dass ihr etwas gefiel. Das größte Problem für sie war, die richtigen Sachen zu mögen beziehungsweise abzulehnen, und so scheiterte sie auf diesem Gebiet eigentlich ständig.

Um normal zu sein, musste sie auch die Uhr lernen. Nach einer Weile konnte sie die Zeiger ablesen: zehn vor vier, halb fünf. Aber sie vermochte das, was auf der Uhr stand, nicht damit zu verbinden, dass es Zeit war, zu essen oder in die Schule zu gehen. Und sie bekam keinen Impuls, in die Schule zu gehen, auch wenn sie wusste, dass sie »um acht Uhr« in die Schule musste. Das gelang ihr nicht, und sie dachte deshalb lange Zeit, sie sei dumm und ein nutzloser Mensch. Wenn man die Uhr nicht lesen konnte, hatte man wirklich keine Berechtigung, dabei zu sein. Schließlich sorgte sie einfach dafür, dass es immer andere Menschen in ihrer Umgebung gab, die ihr sagten, was sie wann zu tun hatte.

Die Iriswelt war auf eine gewisse Weise – vor allem von außen betrachtet – sehr kompliziert, und innen drin dann doch wieder ganz simpel. Dieses Paradoxon ist nur schwer zu beschreiben und zu verstehen. Auf der einen Seite war sie körperlich gut entwickelt, sah ganz normal aus und beherrschte die meisten Dinge, doch auf der anderen Seite gab es immer etwas, was anstrengend war und was ihr die selbstverständlichsten Dinge und normalsten Handlungen, die jeder zu beherrschen schien, unmöglich machte.

Sie konnte viel verschlagener sein und mit besseren Lösungen aufwarten als andere, und dann wieder konnte sie völlig dumm dastehen und die einfachsten Anweisungen nicht begreifen. Manchmal wusste sie Dinge, ehe sie geschahen, und konnte vorbeugen und sich auf eine äußerst kluge Weise dazu verhalten. Dann wieder passierte es ihr, dass sie sich in einer ganz einfachen Situation denkbar ungeschickt verhielt.

Manchmal besaß sie ein Verständnis, mit dem sie anderen Menschen half, Kontakt zu ihrem innersten Innern aufzunehmen, sodass sie aus schweren Problemen herausfinden konnten, dann wieder konnte sie völlig plump sein und lachen, wenn es jemandem wirklich schlecht ging.

Eine Nachbarin saß am Küchentisch und erzählte, dass ihr Sohn jetzt eingeschult werden sollte. Er trug eine Brille und war ein wenig »hinterher«, wie man sagte, und außerdem hing er noch am Rockzipfel seiner Mutter.

»Wenn ihn die andern nun aber auslachen?«, sagte sie besorgt. »Und er hat gar kein Ballgefühl, was, wenn er im Sport nicht klarkommt?« Die Frau steigerte sich immer mehr hinein, bis sie am Ende ganz hysterisch war.

Das Mädchen hörte zu und sagte: »Aber ist das jetzt so schlimm?«

»Und wahrscheinlich wird er niemals Lesen und Schreiben lernen, und das wird ein Skandal werden«, fuhr die Nachbarin fort.

»Aber ist das jetzt so schlimm?«, fragte das Mädchen und sah sie unverwandt an.

Die Nachbarin hielt inne.

»Aber ist das jetzt so schlimm?«

»Nun ja …«, erwiderte die Nachbarin und verlor etwas den Faden.

»Ist das jetzt so schlimm?«

»Nein«, sagte die Nachbarin und entspannte sich ein wenig. »Eigentlich nicht. Ich kann schließlich mit der Lehrerin reden. Und ich kann ihn ja auch begleiten, wenn es notwendig ist. Und außerdem hat er ja noch den ganzen Sommer, ehe es losgeht.«

In der Welt des Mädchens war alles einfach. Es gab immer nur das, was es jetzt in diesem Moment gab. Nichts anderes störte das Jetzt, und deshalb war immer alles genau so, wie es war. Das Mädchen war der Meinung, dass die anderen alles konnten und alles wussten, sodass sie von ihnen lernen konnte. Sie lernte gern, es machte ihr Spaß, immer mehr zu wissen, Dinge in sich zu sammeln und Listen zu machen. Die Dinge auf ihren eigenen Karten anzuordnen und sich dann daran zu halten. Sie glaubte, dass das, was sie konnte und wusste, auch alle anderen konnten und wussten, deshalb erklärte sie nichts, wenn niemand danach fragte. Außerdem konnte sie auf ihr Wissen niemals zurückgreifen, wenn nicht gerade jemand darüber nachdachte oder über etwas sprach, was auf ihrer Liste stand. Wenn das allerdings der

Fall war, dann konnte sie in ihrem Kopf suchen und den Film oder das Bild oder die Liste hervorholen und alles sehen, was da stand – ganz so wie die Suchmaschine am Computer.

Je älter sie wurde, desto mehr sammelte sie an, benannte es mit Worten, konnte darüber reden und Dinge verknüpfen, sodass sie völlig neue Erkenntnisse daraus gewann. Sie hörte gern Radio, vor allem die Programme, in denen es um Wissenschaft oder menschliche Probleme ging.

Es war aber mehr als das Hören. Wenn bestimmte Personen im Radio sprachen, war es für das Mädchen so, als hätten sie eine riesige Bibliothek bei sich; dann konnte das Mädchen in dieser Bibliothek herumgehen und herumsuchen. Sie konnte dann ein Buch aufschlagen und sehen, was in dem Buch stand – und zwar nicht nur das, was die jeweilige Person begriffen hatte, sondern auch Dinge, deren sich die andere Person gar nicht bewusst war. Das machte ihr Spaß. Sie spielte damit und versuchte, so viel wie möglich von anderen Menschen einzufangen.

Manche Menschen, darunter auch oft diejenigen, die in ihrer Umgebung lebten, hatten nur eine Menge Müll in ihrer Bibliothek – Gemeinheiten, dummes Gerede, Sensationen, nackte Frauen. Die waren uninteressant. Andere hatten nur solche Dinge dabei, die es sowieso in der näheren Umgebung zu sehen gab, und die waren auch uninteressant. Aber manche Leute hatten etwas ganz anderes.

Der Küster August war ein solcher Mensch, der viele spannende Sachen in sich trug. Wenn er ein Grab schaufelte, saß Iris am Rand und sah zu. August schielte auf den Grabstein und sagte den Namen von jemandem, der dort schon seit langer Zeit ruhte. Und dann nahm er auch manchmal einen Knochen oder einen Schädel in die Hand und begann zu erzählen. Er beschrieb das Leben derjenigen, die dort lagen. Da war viel Dramatisches dabei, Armut, Entbehrung, unglückliche Liebe und wie es früher so war. Das Mädchen sah, dass er kein persönliches Wissen von dem hatte, was er da erzählte, aber es erkannte auch, dass er das, was er sagte, aus der Atmosphäre sog, und dann floss es durch ihn und bekam die Form seiner Erzählung.

Später berichtete das Mädchen dem Vater und allen möglichen anderen davon, und dann sagten sie: »Der August ist großartig im Erfinden von Geschichten, das ist er wirklich.«

»Das ist einer, der sehr großzügig mit der Wahrheit umgeht«, sagte einer von Iris' Onkeln. Das konnte sie nicht verstehen, denn sie hatte genau gesehen, dass alles, was August erzählt hatte, in der Richtigen Wirklichkeit vorhanden war.

Dann kamen die Sommerferien, und alle Kinder, die sich immer auf dem Hof aufhielten, waren zu Jugendlichen geworden, aus der Großstadt kamen die Sommerkinder, und solche, die ein wenig in Konflikt mit dem Gesetz geraten waren, kamen auch. Das Mädchen betrachtete sie mit ganz anderen Augen. Sie sah eine Person, ein Individuum, einen Menschen. Sie hatte gelernt, wie man miteinander redete. Und sie hatte eine Reihe von Gesprächseröffnungen gelernt, sodass es einen Anfang gab, und dann antwortete der andere, und dann kam das Gespräch in Gang. Das machte Spaß, und alles andere, was sie bisher unternommen hatte, musste erst einmal dahinter zurückstehen. Sie hatte lange geübt, auf tausend unterschiedliche Arten »Hallo« zu sagen, und sie hatte vor dem Spiegel gestanden und sich selbst beobachtet und geübt, bis sie es so hinkriegte, dass es gut aussah.

Das Mädchen liebte es, zu üben. Sie wollte nicht mehr für sich sein, sondern wollte am liebsten ständig all die neuen Sachen ausprobieren, die sie verstanden und eingeübt hatte. Sie wollte mit den andern zusammen sein und reden, reden, reden. Manchmal waren die anderen das leid, sie fanden sie so umständlich und anstrengend, aber das machte nichts, denn es gab immer neue Leute, mit denen sie sich umgeben konnte.

Dieser Sommer wurde anders als die zuvor, denn es wurde nicht mehr gespielt. In Iris' Innerem war die Welt plötzlich wie neu. Zwar war die alte Welt nicht verschwunden, aber es fühlte sich an, als wäre sie doch neu. Sie wusste nicht, was es war, und sie war durcheinander und verwirrt. Früher hatte sie sich ein stilles Eckchen gesucht, eine Schaukel oder einen Platz, von dem aus sie alles beobachten konnte, wo sie dabei sein konnte, ohne doch wirklich etwas zu tun, aber das ging jetzt nicht mehr. Das war nicht mehr interessant. Es war, als würde sie von einem Magneten immer weiter in dieses Verwirrende, Chaotische und Schmerzhafte gezogen, das nicht auszuhalten war und in dem man nicht bleiben, aus dem man aber auch nicht entfliehen konnte.

Die Jugendlichen saßen in kleinen Gruppen zusammen und taten etwas, was das Mädchen nicht verstand. Früher waren sie alle in derselben Atmosphäre gewesen, und jetzt war es plötzlich so, als hätte jeder seine eigene. Früher hatte das Mädchen die Muster erkennen können und war darin gewesen, obwohl sie auf dem Milchtisch oder in einem Heuhaufen gesessen hatte. Das funktionierte jetzt nicht mehr. Alle waren um sie herum, jeder in seiner eigenen Atmosphäre, und sie wusste nicht, wohin sie sich wenden sollte.

Dann entdeckte Iris zwei Atmosphären, die sich begegneten. Zwei von den Jugendlichen standen bei der Friedhofsmauer. Der Junge sah das Mädchen an, und seine Atmosphäre verdichtete sich bei ihr. Das Mädchen erwiderte den Blick, und ihre Atmosphäre sammelte sich ebenfalls und richtete sich auf den Jungen. Dann kamen Worte aus ihm und aus ihr, und die gingen hin und her und sie schienen einander zu verstehen. Sie lachten zusammen und wurden gleichzeitig ernst.

Das war etwas völlig Neues für das Mädchen. Woher kam das, was er sagte? Und woher wusste sie, was sie antworten sollte? Plötzlich war die Welt wieder anders, und es gab etwas vollkommen Neues, das sie noch gar nicht kannte.

Wieder und wieder kam Iris zum Stall und fragte den Vater: »Was machen die da?«

Er wusste nicht, wer »die« waren, und verstand überhaupt nicht, was sie meinte. Und sie selbst konnte es nicht erklären.

Vierzehn Tage brauchte er, um herauszufinden, was sie meinte. Als sie einmal bei der Friedhofsmauer stand und ihr lakonisches »Was machen die da?« sagte, folgte er ihrem Blick und sah zwei verliebte Jugendliche, die dastanden und miteinander schmusten. Als er das sah, wurde er sehr froh, denn er wusste, dass sie etwas von dem Menschlichen begriffen hatte, für das sie sich früher überhaupt nicht interessiert hatte.

Der Vater wurde eifrig und fing an, von Blumen und Bienen, von Sexualität und Beziehungen zu erzählen. Doch mitten in seinen Ausführungen wiederholte Iris nur noch einmal lakonisch: »Was machen die da?« Da sah er ein, dass er sie auf der falschen Ebene ansprach. Er hielt inne und dachte nach.

Dann sagte er: »Sieh doch, wie das Mädchen aussieht. Dann gehst du rein und siehst in den Spiegel, ob du genauso aussiehst wie sie. Wenn das nicht so ist, dann ist etwas falsch mit dem, was im Spiegel ist, und dann kannst du das ändern.«

Was sie gesehen hatte, war, dass es zwischen den beiden Jugendlichen etwas gab – ihre Verliebtheit nämlich. Der Junge sagte etwas, und dann geschah etwas bei dem Mädchen. Sie antwortete ihm, und da geschah etwas bei ihm. Und dann gerieten sie in ein gemeinsames Feld, ein Gefühlsfeld.

Iris hatte Gefühle entdeckt.

Sie war glücklich. Sie stellte sich vor den Spiegel und starrte sich selbst an, bis sie etwas anderes sah als Iris. Sie starrte so lange, bis sie sich in die Augen schaute und eine Person sah. Sie bekam Angst. Das war fremd. Lange saß sie auf dem Fußboden und zitterte.

Dann stellte sie sich wieder vor den Spiegel. Schaute, starrte. Und dann sah sie wieder dieses fremde Bild von sich selbst. Die bekannte Iris verschwand, und etwas anderes war zu sehen. Was genau das war, konnte sie nicht sagen, aber es war etwas anderes.

Sie erkannte, dass sie dem Mädchen an der Friedhofsmauer nicht im Geringsten ähnlich sah, dass sie es aber hinkriegen konnte, so auszusehen wie das Mädchen. Und das war das allererste Mal, dass sie einen Vergleich anstellte.

Sie hatte gesehen, wie das verliebte Mädchen lächelte, und wie ihre Augen blitzten und sie rosa im Gesicht wurde. Vor dem Spiegel nun verzog Iris den Mund, damit er so aussäh wie ihrer, aber es wurde nur eine böse Grimasse daraus. Da begriff sie, dass in dem verliebten Mädchen etwas vorging, was ein Lächeln entstehen ließ und keine Grimasse, und dass ihre Augen nicht so aussahen wie wässrige Schweinsäuglein, dass die Farbe in ihrem Gesicht lebendig wurde und aussäh wie Samt, anders als bei Iris, die einfach aussäh, als wäre ihr heiß. Der Vater hatte gesagt, wenn sie üben würde, so auszusehen wie das Mädchen an der Friedhofsmauer, dann würde sie auch dieselben Gefühle bekommen. Sie übte, so viel sie konnte, doch die Gefühle stellten sich nicht ein. Am Ende begriff sie, dass man dafür eine bestimmte Situation in seinem Innern brauchte, und so musste sie versuchen, diese Situation in sich zu erzeugen.

Sie übte ein Jahr lang. Sobald sie ein Mädchen sah, das einen Jungen anschaute, lief sie hin und starrte die beiden an. Die wurden dann meist ärgerlich, aber sie schaffte es immer noch, vorher den Gesichtsausdruck des Mädchens zu erhaschen.

Dann ging sie ins Haus zu ihrem Spiegel und übte. Sie übte, ihr Haar anzusehen und es zu kämmen. Sie übte, ihren Mund anzuschauen, obwohl der nicht schön war mit den vielen Narben unter der Lippe.

Sie würde aufhören, die Haut wegzuzupfen. Das war eine schwere Übung, aber es ging. Sie konnte den Mund verziehen und lächeln. Oft sah das wie eine Grimasse aus, aber es war möglich, den Mund zum Lächeln zu bringen.

Nun übte sie jeden Tag mehrere Stunden. Sie hatte Spaß dabei, und ihre Welt veränderte sich.

Nach einem Jahr fand der Vater, jetzt wäre es an der Zeit, rauszugehen und das Erlernte in der Wirklichkeit zu erproben. Das Mädchen erhielt die Aufgabe, ihr Lächeln bei Jungen in ihrer Nähe auszuprobieren, und das tat sie. Die stöhnten aber nur und fragten sich, was sie denn jetzt für neue verrückte Ideen habe. Einmal hatten sie auf dem Hof Besuch von einer Familie. Da war auch ein junger Mann dabei, und sie zog alle Register. Er hatte Interesse, und so »spielten« sie eine Weile, aber dann wollte er sie einfangen und küssen, und da kehrte ihr schwieriges Verhalten wieder zurück. Sie hatte Schritt eins gelernt, aber nicht, was man machte, wenn Schritt eins funktionierte.

Das Gefühl war also nicht dadurch zu finden, dass man danach suchte.

Eines Tages kam ein neuer Freund ihres Bruders zu ihnen nach Hause, der sie nicht kannte. Er sagte auf eine Weise »Hallo« zu ihr, die so wirkte wie die Art, in der ein Jahr zuvor die beiden Jugendlichen an der Friedhofsmauer miteinander gesprochen hatten. Sie ging zu ihm, um nachzusehen, was das war, und da geschah plötzlich etwas mit ihrem Körper. Mit einem Mal war er erfüllt von etwas, wovon sie nicht wusste, was es war. Die übliche Spannung, die sonst immer in ihr herrschte, ließ nach, und es wurde warm und pulsierte im ganzen Körper. Plötzlich spürte sie ihren Körper wie noch nie zuvor, und begriff im selben Augenblick, dass es das war, was sie bei den beiden Jugendlichen gesehen hatte. Da machte sie auf dem Absatz kehrt und rannte zu dem Schrank, an dem ihr Spiegel hing, und noch ehe sie dort ankam, wusste sie, dass sie jetzt so aussah wie damals das verliebte Mädchen.

Sie stellte sich vor den Spiegel und sah nach, ob ihre Augen blitzten und ob das Lächeln ein Lächeln war, und wie ihre Gesichtsfarbe aussah. Das Einzige, was erkennbar anders aussah, war das Lächeln. Plötzlich hatte ihr Lächeln einen Sinn, es kam etwas aus dem Lächeln, das sie noch nie zuvor bei sich gesehen hatte.

Sie war sehr zufrieden und lief lange mit diesem Lächeln auf den Lippen herum. Ihr Bruder sah das und fragte: »Warum grinst du denn so blöd?« Aber für sie war es kein blödes Grinsen.

Vierzig Jahre später besuchte ich ein Dorftreffen in meinem Heimatort. Ein grauhaariger Mann sprach mich an und sagte. »Bist du nicht Iris?«

»Ja, das bin ich. Kennen wir uns?«, fragte ich.

Er erwiderte: »Ja, aber sicher erinnerst du dich nicht an mich.«

Er erzählte, dass er als Zwölfjähriger in meinen Heimatort gezogen und am ersten Tag in der neuen Schule mit meinem Bruder zu uns nach Hause gekommen war. Als er in unsere Küche kam, hatte ich dort gestanden. Er hatte sich mir zugewandt und ein gewöhnliches »Hallo« gesagt. Und da hatte sich plötzlich mein gesamtes Aussehen verändert. Ich sei zu ihm gegangen, hätte auch »Hallo« gesagt, erzählte er, und dann wäre er völlig perplex gewesen und hätte nicht mehr gewusst, was er tun sollte. Doch dann hätte ich plötzlich auf dem Absatz kehrtgemacht und sei verschwunden, und er hätte nicht gewusst, was er falsch gemacht hatte.

»Du kannst dir nicht vorstellen, wie viele Nächte ich von dir geträumt habe«, sagte er. »Du hast eine lange Zeit mein ganzes Inneres besetzt gehalten. Ich wagte nicht, mich dir zu nähern, und wurde schüchtern und verklemmt. Und du hast gar nichts gemerkt.« Und damit hatte er recht. Er lachte und sagte: »Du warst tatsächlich die erste Liebe meines Lebens.«

Obwohl Iris entdeckt hatte, dass es etwas speziell Menschliches gab, was den Menschen von Pflanzen und Tieren unterschied, konnte sie sich selbst immer noch nicht so betrachten, wie sie andere Menschen sah.

Sie erfuhr bewusst, dass es Kommunikation gab. Jemand sagte etwas zu ihr, und das betraf ihren ganzen Körper. Sie sah eine Brücke und kam in das kleine Feld, in die Normale Welt, ohne das Gefühl zu haben, sie würde ertrinken.

Für sie war das Leben einfach so. Sie hatte keine Vergleichsmöglichkeiten und konnte auch nichts Allgemeingültiges erkennen. In ihrer Welt hielt sie nicht inne und dachte bewusst über etwas nach. Die Gedanken kamen vielmehr an und steuerten sie auf irgendeine Weise so, dass alles wurde, wie es wurde. Ein kleines Detail konnte ihr ganzes Interesse einfangen, und dann befand sie sich in eben diesem Detail und konnte auf nichts anderes schauen, ehe das Interesse von selbst erlosch. Die Umgebung war nur die Umgebung, Iris war darin nicht gegenwärtig, sondern sie war eins mit der Atmosphäre, die sie umgab und die für sie die richtige Welt war. Das führte dazu, dass sie die Situation ganz anders definierte als andere, und deshalb war ihre Reaktion nie vorhersehbar, sondern sie konnte im Grunde auf alles völlig unerwartet reagieren.

Ein Mann vom Jugendamt in Göteborg kam, um ein Sommerkind zu bringen. Er sagte zum Vater: »Wie nett, Ihre Tochter kennenzulernen.«

Iris antwortete: »So bin ich einfach!«

Der Mann wurde rot, es war ihm peinlich, und er sagte etwas Entschuldigendes zum Vater. Ihm war nicht klar, dass der Vater nicht gemerkt hatte, worauf Iris geantwortet hatte. Sie hatte nämlich nicht auf seine Worte geantwortet, sondern auf den Gedanken, den er dachte, während er sagte, dass es nett sei, Iris kennenzulernen: Oje, was für ein anstrengendes und hässliches

Mädchen. Ob das hier ein gutes Zuhause für ein Sommerkind ist? Die sollte wirklich mal lernen, sich zu benehmen.

Eine Nachbarsfrau kam zu Besuch. Der Vater sagte zu ihr: »Ah, du hast eine neue Frisur!« Sie antwortete: »Hör bloß auf, es sieht überhaupt nicht so aus, wie ich wollte.«

Iris sah, dass die Nachbarin ihre Frisur überhaupt nicht missraten fand, sondern dass sie das nur sagte, um vom Vater noch mehr Lob dafür zu erhalten. Aber Iris hatte gelernt, dass man nicht auf das antworten sollte, was die Menschen dachten, sondern nur auf die gesprochenen Worte selbst. Also antwortete sie: »Ja, es sieht wirklich nicht gut aus.«

Und wieder war es falsch.

Das Mädchen war verwirrt. Sie ging zum Vater und fragte, woher man denn wusste, wann man auf die Worte und wann auf das, was die Leute in der Atmosphäre dachten, antworten sollte. Der Vater sagte, sie solle eine Mischung nehmen und eine Antwort geben, die in der Mitte lag.

Das Mädchen brauchte ein Jahr und tausend Misserfolge, um herauszufinden, wie man antworten sollte. Doch nach und nach wurde sie immer besser darin. Sie durfte nicht über das hinausgehen, was die anderen sagten, sondern musste sich innerhalb eines Feldes halten, das von den Worten der anderen abgesteckt war.

Ein paar Jahre später erzählte ein Lehrer von den bösen Jugendlichen an der Erziehungsanstalt Margretelund. Die seien verdorben und würden Gottes Gebote nicht befolgen, sie hätten keine Daseinsberechtigung, sollten am besten vom Erdboden verschwinden, und alle, die mit ihnen in Berührung kämen, wären besudelt.

Das bescherte Iris einen inneren Konflikt. Eines Abends, als sie auf dem Weg zum Bahnhof gewesen war, hatte sie beobachtet, wie eine Freundin von ihr von zwei ganz gewöhnlichen Jungen, die sie vergewaltigen wollten, in ein Hoftor gezogen worden war. Da war einer der Jugendlichen von Margretelund, von denen der Lehrer da gerade sprach, auf sie zugekommen; sie hatte nur »Hilfe!« gesagt und auf die Freundin gezeigt.

Der Jugendliche sah, was da gerade geschah, verprügelte die Jungen und begleitete Iris und ihre Freundin zum Bahnhof.

Dieses Erlebnis ließ sich für Iris nicht mit dem vereinbaren, was der Lehrer da gerade sagte. Sie sah, dass der Lehrer in dem kleinen Feld von Wertvorstellungen festsaß und das große Feld, das frei davon war, nicht erkennen konnte. Zudem widersprach seine Ansicht, diese Jugendlichen sollten vom Erdboden verschwinden, der Auffassung, dass man das Leben wertschätzen solle. Das hatte der Vater ihr beigebracht, damit sie aufhörte, ihre sadistischen Spiele mit Tieren zu spielen. Am Ende sagte Iris mit Nachdruck zu dem Lehrer: »Der Herr Lehrer täuscht sich.«

Und da sah sie, dass er in seinem Gedankengang vollkommen unterbrochen wurde, und sie konnte erkennen, wie das, was er gesagt hatte, in der Atmosphäre aussah, und dass er in eine Situation geraten war, in der er sich für das schämte, was er gesagt hatte, dass er es aber nicht zurücknehmen konnte.

Deshalb wurde er jetzt wütend auf Iris. Er schickte sie in die Garderobe hinaus, die Schulbank warf er gleich hinterher, und dann schlug er die Tür zu. Sie stellte die Bank auf, brachte alle Dinge darauf in Ordnung, und dann ging sie nach Hause.

Solche Ereignisse waren es, die ihr klarmachten, dass Menschen nur einen sehr kleinen Teil der Wirklichkeit sahen, und dass sie den Hintergrund, auf dem eine Situation beruhte, nicht erkannten, dass sie den größeren Zusammenhang nicht sahen.

Im Laufe der Jahre lernte sie, wie man Menschen, die in einem kleinen Feld von Wertvorstellungen gefangen waren, auf das große Feld der Phänomene locken konnte, sodass ihre Fixierung auf den engen Kreis gelockert wurde und sie einen Gesamtzusammenhang sehen konnten. Dadurch lösten sich ihre Affekte, und plötzlich konnten sie ganz anders über ihre Situation sprechen und das Problem wirklich lösen.

Man sollte sich eigentlich in dem großen Feld aufhalten – in der Richtigen Welt –, aber wenn das Ego oder die eigenen Wertvorstellungen eines Menschen das Kommando übernehmen, dann fällt er unweigerlich in das kleine Feld zurück – in die Normale Welt –, so wie der Lehrer es getan hatte.

Bei Tieren und Pflanzen gab es keinen Bruch zwischen dem Materiellen und dem Immateriellen. Aber beim Menschen konnte es auf viele seltsame Arten zu einem solchen Bruch kommen. Es entstanden dann leere Löcher in den Menschen, aus denen Destruktives strömte. Aber sie konnte auch sehen, dass der Körper es war, der Angst bekam, und dass der eine Reaktion in Gang setzte, die mit der Vernunft nichts zu tun hatte, sondern jeden willkürlichen Ausdruck annehmen konnte. Und sie sah auch, dass der Körper diese Reaktion, wie falsch sie auch immer sein mochte, vollführte, um zu überleben. Was im Kopf war, stimmte nicht mit den Impulsen überein, die den Körper lenkten.

Wenn aber die Person bereit war zu spielen, dann konnte der Bruch geheilt und überwunden werden. Sie wusste, dass Personen, die die Fähigkeit besaßen zu spielen, das kleine Feld ihrer Vorstellungen, in dem sie festsaßen, verschieben konnten, sodass sie in ihrem tiefsten Innern verändert werden konnten. Allerdings kamen sie selbst niemals auf die Idee, das zu tun. Doch wenn jemand Iris gefragt hätte: »Was soll ich tun?«, dann hätte sie es ihm zeigen können.

Die Mutter, die im Sanatorium aufgewachsen war und ihre Großeltern zum ersten Mal gesehen hatte, als sie sieben Jahre alt war, hatte einen Vater in Skåne. Im Alter von sechzehn Jahren hatte sie ihn zusammen mit ihrem Großvater einmal für etwas mehr als eine Stunde gesehen. Bei der Gelegenheit war er mit dem Großvater aneinandergeraten, es gab Streit, und der Vater war seither verschwunden. Von ihren Geschwistern hatte sie gehört, dass er einsam wie ein Eremit lebte und mit niemandem Kontakt hatte. Er arbeitete als Tagelöhner auf Bauernhöfen. Doch dann plötzlich schrieb er ihr, er wolle, dass sie ihn besuche.

Als die Mutter und der Vater frisch verheiratet waren, fuhren sie mit dem Fahrrad hin und besuchten ihn. Er fing sofort damit an, die Mutter wegen ihres Aussehens niederzumachen. Er kränkte sie und erzählte ihr die übelsten Geschichten von ihrer Mutter. Nach nur ein paar Stunden machten sie kehrt und radelten wieder nach Hause. Viele Jahre später schrieb er einen Brief, in dem er um Entschuldigung bat und seinem Wunsch Ausdruck verlieh, dass die Familie doch noch einmal kommen und ihn besuchen möge.

Die ganze Familie, Vater, Mutter, Bruder, ein Cousin und Iris, radelte auf einem Tandem nach Skåne. Der Vater hatte Rahmen, Gepäckträger und den Vordersitz verstärkt. Als sie ankamen, war der Großvater wieder schlecht gelaunt, kritisierte die Mutter und machte deren Mutter schlecht. Diese üblen Geschichten waren gar nicht wahr, doch die Mutter brach völlig zusammen, und da machte der Vater sogleich kehrt und fuhr mit seiner Familie zu einem Bekannten, bei dem sie übernachteten. Am nächsten Tag fuhren sie mit dem Fahrrad im Zug nach Hause.

Als sie das dritte Mal dort waren, war Iris zwölf Jahre alt, und der Großvater lag im Krankenhaus. Er hatte ein Blutgerinnsel und es ging ihm sichtlich schlecht.

Als sie ihn ansah, sah sie eine Schale mit einem schwarzen Innern. In ihm war es vollkommen dunkel, und aus allen Löchern, aus den Ohren und aus dem Mund kamen seltsame Dämonen. Er war wie ein Käse mit ganz vielen Löchern, und überall drangen Sprechblasen aus ihm heraus. Sie sah, wie die anderen Personen im Raum wütend, verletzt, gekränkt waren und fast explodierten. Sie sah die Lust, ihn zu erwürgen, damit er endlich Ruhe gäbe. Niemand begriff, wie schlimm es in ihm selbst aussah, und Iris, die es erkannte, konnte es ihnen nicht deutlich machen. Sie wusste, was er brauchte und wie man ihn dazu bringen könnte, hell zu werden, aber sie verspürte keinen Impuls, das zu sagen oder etwas zu tun.

Sie glaubte, dass die Mutter es auch wüsste, aber zu ängstlich wäre, und dass der Vater zu wütend wäre, weil der Alte die Mutter verletzte und verängstigte, und deshalb hätte er kein Verständnis für diesen gemeinen Menschen.

Iris war es egal, dass dies ihr Großvater war, und eigentlich interessierte sie sich auch nicht für ihn als Menschen. Sie interessierte sich vielmehr für das Phänomen, dass er so große Löcher in sich hatte, wie das bei Tieren nie vorkam. Tiere konnten böse oder ängstlich oder neugierig sein, und waren dabei immer in sich selbst, immer ganz. Es gab einige Menschen, die auf dieselbe Weise ganz waren wie die Tiere, aber die meisten waren mehr oder weniger perforiert. Es gab viele seltsame Dinge bei den Menschen, die ihren Grund offenkundig in ihrer Art zu leben hatten und darin, wie sie von anderen beeinflusst worden waren und nach welchen Wertvorstellungen sie lebten. Und es gab sehr seltsame Ängste: Die Menschen konnten vor sich selbst Angst haben oder vor dem Schmerz, sie konnten vor Sachen Angst haben, von denen Iris wusste, dass sie nicht gefährlich waren, aber sie lebten, als wären sie lebensgefährlich; und deshalb bekamen sie in ihrem Innern Löcher.

Iris setzte sich neben dem Krankenhausbett ihres Großvaters auf den Fußboden und konzentrierte sich intensiv darauf, Kontakt zu bekommen. Sie sah, dass seine Atmosphäre dunkel und bedrohlich und auch erschreckend für ihn selbst war. Sie sagte und tat nichts, ließ aber zu, dass sich ihre Atmosphäre mit seiner vermischte, und das machte seine Dunkelheit heller. Er wurde ruhig und hörte auf, alles und alle zu beschimpfen, zu kritisieren und zu streiten. Damals wusste sie nicht, dass das, womit er kämpfte und wovon er zerrissen wurde, Angst genannt wurde, aber der Zustand ließ langsam nach, und der Großvater wurde in allem, was er sagte, freundlicher.

Für Iris war es bedeutsam zu sehen, dass Menschen so unterschiedlich sein konnten. Einige waren so schwarz wie er, andere so hell wie der Vater. Das erstaunte sie. Sie konnte den Gedanken nicht loswerden, dass dieser Mann ein so erschreckendes inneres Leben hatte, und dass es möglich war, dies zu ändern. Bis dahin hatte sie nicht begriffen, dass es auf der Innenseite der Menschen etwas gab, was sie dazu brachte, sich so unterschiedlich zu verhalten. Außerdem war sie erstaunt, dass die Mutter so heftig auf seine Worte reagierte. Das waren doch nur Worte. Natürlich sagte er gemeine Sachen, aber was brachte sie dazu, deshalb zusammenzubrechen? Was trafen diese Worte, und wie konnten sie sie zum Weinen bringen? Warum wurde der Vater so furchtbar wütend, dass er die Mutter schnell mit aus dem Zimmer nahm und sie im Arm hielt, während sie nicht aufhören konnte zu weinen? Das war ein sehr dramatisches Ereignis, wie Iris es noch nie erlebt hatte. Das Ganze war ein Mysterium für sie, etwas, das sie überhaupt nicht verstand, aber sie war sehr neugierig und wollte der Sache gerne auf den Grund gehen.

Während der Heimreise erzählte die Mutter dem Vater davon, wie es war, keinen Vater zu haben und dann einen zu bekommen, der so gemein war wie dieser Mann. Mit Schaudern dachte sie daran, dass ihre drei Geschwister ihre Kindheit mit ihm verbracht hatten, so lange, bis sie selbst geboren worden und die Mutter gestorben war. Ihr war klar, dass die Geschwister Schaden genommen haben mussten, aber es fiel ihr schwer zu verstehen, dass sie das an ihr ausließen, wo ihre Wut doch eigentlich dem Vater hätte gelten müssen. Je näher sie ihrem Zuhause kamen, desto fröhlicher wurde die Mutter, und als sie wieder zu Hause waren, da war sie wieder ganz sie selbst – praktisch, humorvoll und Herrscherin in ihrem Revier, der Küche.

Iris konnte Beziehungen nicht verstehen, sie kannte dieses innere Band zu anderen Menschen nicht, das bewirkte, dass man etwas für andere empfand und dass es einen Unterschied machte, ob jemand einem freundlich oder abweisend begegnete.

Der Vater hatte Iris beigebracht, sich so zu programmieren, dass sie immer eine Liste im Kopf hatte. Sie durfte sie nur eine kurze Zeit behalten, sonst funktionierte sie nicht, dann erstellte sie die nächste und die nächste, sodass sie immer eine im Kopf hatte, nach der sie sich richten konnte. Das war schwer und ging oft schief, aber dadurch konnte sie wenigstens auf eine neue Weise mit anderen zusammen sein, denn die hatten ihrerseits immer Listen, denen sie leicht folgen konnte. Vor allem das Mädchen, das sich immer mit ihrer Freundin stritt und dann lieber mit Iris zusammen sein wollte. Die hatte immer gute Listen, lustige Listen, und dann konnte Iris ihre eigenen loslassen. Das war angenehm.

Der Herbst kam und die Schule begann. Alles war wie immer, und irgendwie doch nicht. In ihrem Innern gab es etwas völlig Neues, etwas Unbegreifliches, das sie die ganze Zeit in die Felder anderer hineinzog. Das war unangenehm und erschreckend. Ihre Welt, die hell gewesen war, wurde von schwarzen und furchterregenden Dämonen bevölkert. Sie legte neue Verhaltensweisen an den Tag, hatte immer wieder Anfälle, war schwer zugänglich und nicht mehr imstande, ihr Verhalten zu steuern.

Das Feld des Herrn Magister in der Schule dagegen war so schön, so sicher, so entspannt. Er stand da, und die Worte strömten aus seinem Mund, Worte, die die schönsten Bilder und Muster schufen und die ihr ganzes Inneres erfüllten. Worte, die auch für sie etwas bedeuteten, deren Substanz aber mager und manchmal fehlerhaft war. Aber sie lernte jetzt neue Nuancen und Tiefen kennen.

Die Pausen waren auch anders. Alle gingen immer noch hinaus, sie auch, aber draußen fanden jetzt diese Jungen-Mädchen-Spiele statt, in denen die Mädchen sich zusammenrotteten und die Jungen geneckt wurden, und das war sehr schwierig für sie. Also ging sie zu den jüngeren Jungen. Die spielten immer noch in Gruppen, kickten, und sie konnte auf ihre Weise dabei sein, während die anderen um sie herum spielten. Die Jungen hatten gemerkt, dass sie gut Tore werfen konnte, also platzierten sie sie beim Handball in der Mitte am Kreis, spielten ihr Pässe zu, und sie warf die Tore.

Der Lehrer fragte das Mädchen: »Wo ist meine Brille?« Das Mädchen hörte die Frage des Lehrers und wusste, wo die Brille war, doch sie wusste nicht, was sie mit der Information anfangen sollte. Der Lehrer hatte gesagt: »Wo ist meine Brille?« Sein Fokus war auf der Brille und nicht auf ihr, und deshalb kam es ihr nicht in den Sinn, etwas zu antworten. Hätte er gefragt; »Weißt *du*, wo meine Brille ist?«, dann hätte sie gehen und sie holen können, oder sie hätte sagen können: »Die liegt im Materialraum.«

Wenn jemand etwas zu dem Mädchen sagte, dann musste sie den Zusammenhang kennen, wenn sie darauf antworten sollte. Der andere musste in dem, was er sagte, anwesend sein, sonst war es ihr unmöglich, etwas damit anzufangen.

Der Vater hatte das gelernt. Er sagte zum Beispiel: »Es ist richtig kalt draußen, und da muss man sich warm anziehen. Mal sehen, was für Winterkleider wir haben, die passen könnten. Geh mal und hole deine warmen Sachen.« Das verstand das Mädchen, und dann konnte sie fragen: »Welche Jacke soll ich anziehen?« Der Vater antwortete: »Am besten passt die dunkle.« Dann ging das Mädchen und holte sie. Er dachte dann laut: »Jetzt werden wir rausgehen und das Auto nehmen, und dann ins Dorf fahren und einen Sack Futter kaufen.«

Das Mädchen wurde immer besser darin, antworten zu können, und sie tat es gern. Doch manchmal kam ihr einfach kein Wort über die Lippen, obwohl sie wusste, was sie antworten sollte. Sie wusste aber, dass es darauf ankam, das aufzunehmen, was jemand sagte, es in die Luft zu werfen, dann das herauszuholen, was die Erinnerung schon bereithielt, das auch hochzuwerfen und beides durch den Kopf herunterfallen und aus dem Mund strömen zu lassen. Das ergab zwar oft keine direkte Antwort, doch sie konnte drumherum reden und auf die Weise irgendwann auch das produzieren, was die Antwort darstellte. Und der Lehrer verstand sie.

Eine Art, zu lernen, wie man sein sollte und wie man sich verhalten sollte, war, ins Kino zu gehen. Dort auf der Leinwand wurden alle denkbaren menschlichen Verhaltensweisen vorgespielt. Das Mädchen saß immer ganz vorn und folgte jeweils einer Person. Diese Person hatte ein Manuskript gelesen, hatte geprobt und übertrieb jetzt das, was sie ausdrücken sollte. Das konnte das Mädchen sehr gut erkennen, sie konnte alles verstehen, sich merken und dann selbst vor dem Spiegel üben. Das Mädchen hatte keinen Widerstand in sich, nichts, was sich widersetzte, sondern alles war neu und machte Spaß. Oft schaute sie sechs Filme in der Woche. Die kleine Stadt hatte vier Kinos, und zwei davon wechselten in der Mitte der Woche das Programm.

Iris war den Platzanweisern bald bekannt, und oft durfte sie den Film umsonst gucken, wenn sie dafür hinterher Papier und anderen Müll einsammelte, während die Platzanweiser in ihrem Büro saßen und Kaffee tranken. Das Mädchen mochte es, mit dem Fahrrad in die Stadt zu fahren, den Film zu sehen, den Müll einzusammeln und gleichzeitig laut davon zu berichten, was sie gesehen hatte, ohne dass jemand zuhörte, dann nach Hause zu kommen und zu üben, um es dann später in der Wirklichkeit auszuprobieren.

Ihr Bruder und seine Freunde schüttelten die Köpfe über ihre theatralischen Vorführungen, aber sie lernte viel dabei, und allmählich erarbeitete sie sich ein ganz neues Spektrum, in dem sie sich bewegen konnte.

Für das Mädchen war eine Zeit des Umbruchs gekommen. Zum einen war sie körperlich gewachsen, hatte Brüste bekommen und die Menstruation, zum anderen hatte sich ihr Bewusstsein erweitert. Der Vater hatte Angst, dass sie sexuell ausgenutzt werden könnte, denn er wusste, wie Jungen in dem Alter waren. Dem beugte er vor, indem er dafür sorgte, dass immer jemand auf sie aufpasste.

Das Mädchen wollte wissen, woran man merkte, dass man mit jemandem schlafen sollte. Das hatte sie alle möglichen Leute gefragt, und viele unbegreifliche Antworten bekommen. Nur die Mutter hatte die erlösende Antwort: Wenn sie sich vorstellen könnte, jemanden für den Rest ihres Lebens an ihrem Küchentisch zu ertragen. Daran konnte sie sich halten.

Als sie dann schließlich jemandem begegnete, mit dem zu leben sie sich vorstellen konnte, fragte sie die Mutter, was man denn machte, wenn man es wüsste. Da erzählte die Mutter ihr alles über Sexualität, Kinderkriegen und was immer ihr einfiel, wovon sie glaubte, dass es wichtig war. Dann bat sie Iris, den Jungen mit nach Hause zu bringen, denn dann könnte der Vater ihn kennenlernen, und sie könnten ihm erklären, was für eine Art Problem Iris hatte.

So kam es dann auch. Einmal kam er mit nach Hause. Der Vater nahm ihn mit in die Scheune, und da blieben sie viele Stunden und unterhielten sich. Danach gab es keine Probleme mehr. Ein Jahr später verunglückte er tödlich, sodass sie tragischerweise nicht ein Leben lang zusammen sein konnten.

Das Mädchen hatte keine sexuellen Gefühle. Sie verstand, was das war, dass es etwas war, was man zum Spaßvergnügen tat, und später dann, um Kinder zu bekommen. In ihrer Welt war das nicht von Bedeutung. Hingegen war es wichtig geworden, an der Seite eines Jungen zu sein und mit ihm zu reden, zu turteln und zu schmusen und nette Sachen zu sagen. Das machte so eine schöne Atmosphäre, und sie lachte und redete viel. Sobald der Junge ihr zu nahe kam, zog sie sich zurück. Sie hatte mehrere Methoden, die Sache abzuschließen, wenn sie ihr unbehaglich und zu intim wurde. Meist behauptete sie dann, sie müsse nach Hause radeln oder nach ihrer Freundin suchen oder ihren Bruder treffen, oder sie gingen irgendwohin, wo andere waren.

Als Iris neun Jahre alt war, hatte sie einen kleinen Bruder bekommen, um den der Vater sich gekümmert hatte. Als er ein Baby war, hatte Iris ihn beißen wollen, doch der Vater legte das kleine Kind auf ihren Schoß und hielt ihren Kopf so lange fest, bis die Stereotypien und das Unbehagen verschwanden. Zu der Zeit hatte sie noch kein direktes Gefühl oder eine Beziehung zu dem Kind, aber sie begann, sich für das Phänomen zu interessieren, das da auf ihrem Schoß lag. Das Kind wuchs, und Iris ahmte es nach. In gewisser Weise war sie ein Zwilling dieses kleinen Kindes, denn sie war in derselben Atmosphäre, sah ihn in Formen und Farben, und das öffnete etwas Neues in ihr. Später konnte sie das Kind nehmen, es tragen, mit ihm singen und spielen, und auch das war etwas völlig Neues. Das Mädchen fing an, sich für Kinder zu interessieren, und dieses Interesse ist nie ganz verschwunden.

Ihr Bewusstsein begann sich immer mehr und anders als früher auf andere und das soziale Leben zu richten. Sie verstand jetzt neu, dass es im Leben um Gefühle ging, sie verstand aber auch, dass sie diese Fühlgefühle nicht künstlich erzeugen konnte. Sie übte das Fühlen, aber es blieb leer in ihr. Wissensgefühle konnte sie hervorrufen, und sie kannte alle Ausdrucksformen der verschiedenen Gefühle, aber sie konnte sie nicht fühlen. Es kam einfach nichts. Sie konnte die Gefühle anderer sehen und sie konnte andere dazu bringen, ihre Gefühle auszudrücken, sowohl in Worten wie in Reaktionen, doch selbst blieb sie unberührt.

Als ihr kleiner Bruder vier Jahre alt war, bekam er eine Blutvergiftung. Er hatte hohes Fieber, und plötzlich krampfte er. Seltsame Laute entrangen sich ihm, er verdrehte die Augen, und die Lippen wurden blau. Der ganze Körper zuckte und zitterte. Die Mutter packte ihn, schüttelte ihn und schrie: »Hilfe, Hilfe, er stirbt, er stirbt!«, tat aber nichts, um ihm zu helfen.

Iris begriff, dass er vielleicht sterben würde und dass das für die Mutter schlimm sein würde, doch für sie selbst hatte das keine größere Bedeutung. Wenn er starb, dann starb er.

Iris sagte ruhig: »Nimm das Telefon und ruf den Notarzt.« Sie selbst konnte die Nummer im Telefonbuch nicht finden, und von der Notfallnummer wusste sie nichts. Aber die Mutter schrie einfach nur weiter.

»Geh und hol Vater aus der Scheune«, sagte Iris. Die Mutter ließ Iris mit dem krampfenden Bruder allein und rannte in die Scheune. Gleichzeitig kam durch eine andere Tür einer der Onkel hereingelaufen. Ebenso ruhig wie vorher sagte Iris zu ihm: »Ruf den Notarzt!«

Sie selbst nahm das Kind aus dem Bett und ging in die Kälte hinaus. Der Kleine schnappte nach Luft, konnte aber nicht richtig atmen; da blies sie ihm ins Gesicht, damit er wieder Luft holte, und schließlich kam die Atmung wieder in Gang. Dann blieb sie ruhig auf der Treppe stehen, bis der Notarzt kam.

Sie wusste, dass die Reaktionen der anderen normal waren und dass sie selbst von etwas ausgeschlossen war, was sie nicht kannte. Zu der Zeit hatte sie schon begriffen, dass man auch auf andere Weise sterben konnte, als von einem Stier zu Tode getrampelt zu werden, aber die Hysterie, das Entsetzen und den Schrecken konnte sie nicht begreifen. Wenn man starb, dann starb man eben.

Sie zwang sich selbst zu Nähe. Sie zwang sich, im Hier und Jetzt zu sein, anstatt sich in die Innenwelt zu begeben, die sie früher das Außen genannt hatte. Zum ersten Mal hatte ihr Leben eine Richtung bekommen, die mit anderen zu tun hatte, aber diesmal wurde sie nicht mehr von den anderen gesteuert, sondern sie war bei sich. Das war etwas ganz Neues, und sie merkte, dass sie sich durch ihr Verständnis von der Welt und der Wirklichkeit veränderte.

Im Laufe der Jahre hatte sie ihre Fähigkeit, die Atmosphäre zu sehen, weiterentwickelt. Sie konnte die Gefühle anderer in der Atmosphäre sehen und dachte lange, dass alle das könnten. Jetzt konnte sie sehen, dass andere Menschen ständig etwas wollten, ständig auf dem Weg irgendwohin waren, und dass es die Gefühle waren, die ihre Wahl des Weges bestimmten. »Oh, das wäre schön!«, oder: »Oje, wie anstrengend.« Das Mädchen suchte unermüdlich in sich selbst, in der Hoffnung, Freude oder Sehnsucht zu finden. Aber sie fand nichts. Stattdessen hatte sie sich in die Wünsche und den Willen anderer eingeklinkt und dachte lange, dass sich Gefühle so anfühlten. Dann begriff sie, dass sie sich anstelle von Fühlgefühlen nur Wissensgefühle angeeignet hatte, Gefühle, deren Namen sie kannte und von denen sie wusste, wie man sie verbal ausdrücken sollte: »Ja, genau, das könnte zu mir passen«, oder: »Wenn es um Essen geht, komme ich gerne mit.« Ein paarmal versuchte sie sogar, die Gefühle zu gestalten, sie zu spielen, aber dann lachten die anderen Menschen nur und fanden sie komisch, deshalb hörte sie damit auf.

Früher hatte sie völlig unbewusst gelebt, und die Wirklichkeit hatte sie immer wieder heimgesucht. Aber jetzt hatte sie die Wissensgefühle entdeckt, und mit ihrer Hilfe konnte sie zumindest an einer Form von Gemeinschaft teilhaben, auch wenn sie nicht so fühlte wie andere. So begann für Iris eine neue Phase im Leben.

KAPITEL 7

Ein vollkommenes Leben,
allen Mängeln zum Trotz

Als ich mich dazu entschloss, »normal« zu werden, war mir klar, dass es so viel gab, was ich nicht konnte, und ich beschloss, das auf irgendeine Weise zu lernen. Es fing damit an, dass meine Mutter und ich einen Kurs in englischer Konversation im ABF, der Erwachsenenbildungsorganisation des Schwedischen Arbeiterverbandes, besuchten. Sie durfte lesen und schreiben, und ich redete. Wir übten gemeinsam, und ich lernte die Grundbegriffe. Dann besuchten wir mehrere Jahre lang die Fortsetzungskurse, und ich fing Stück für Stück an, Englisch zu verstehen. Buchstabieren konnte ich nicht, und das ist bis heute so, doch verstehen konnte ich.

Danach besuchte ich Kurse in so gut wie allem in verschiedenen Fortbildungsinstituten. Ich lernte Nähen, Stricken, Häkeln, Weben, Lampenschirmnähen, Batiken, Zeichnen, Schnitzen, Schweißen, Schmieden. Jeder Kurs umfasste zehn Abende von je zwei Stunden, und ich glaubte, das sei die Zeit, die man habe, um etwas zu lernen, also übte ich stundenlang zu Hause, um alles perfekt zu beherrschen, ehe der Kurs zu Ende war. Ich besuchte vier verschiedene Kurse in der Woche, von Montag bis Donnerstag jeden Abend einen. Freitags und samstags nahm ich mir frei von der Kursarbeit, aber den ganzen Sonntag lang ging ich die »Unterrichtsstunden« der vorhergegangenen Woche durch.

Ein halbes Jahr nachdem ich die Schule abgeschlossen hatte, fing ich als Lehrling bei einem Damenfriseur an. Dort durfte ich mehrere Jahre lang Lockenwickler zureichen und zusehen, ehe ich irgendwelche eigenen Leistungen vorweisen musste, und das war eine ideale Lernsituation für mich. Alles andere, was dort von einem Lehrling gemacht werden musste, übernahm Mutter. Sie kam an den Abenden in den Laden, sodass ich mit ihr üben konnte, und sie schrieb Zettel, die ich ansehen und mich so erinnern konnte, was ich zu tun hatte.

Es ist furchtbar, wenn man in eine Situation gerät, in der von einem erwartet wird, dass man eine Arbeit verrichtet, und es tauchen dann nicht von selbst die Erinnerungen oder Gedanken auf, die einem sagen, was man zu tun hat; vielmehr steht man dann nur wie ein Idiot da und starrt vor sich hin, und alles bleibt unverständlich. Deshalb hatte ich mir zu der Zeit bereits eine Menge Strategien zurechtgelegt, dieses Problem zu umgehen, und ich war dabei meist erfolgreich. Vater und Mutter waren meine Schwierigkeiten außerdem sehr vertraut, und sie machten mir vieles leichter, sodass nach außen hin nicht sichtbar wurde, dass ich nicht immer Schritt hielt.

Es gehörte zu den Aufgaben des Lehrlings, den Laden ordentlich sauber zu putzen, und Mutter wusste, dass ich nicht sah, ob es sauber war oder nicht, sondern nur machte, was man mir sagte, ohne das Ergebnis beurteilen zu können. Einen Sonntag im Monat kam Mutter mit ihrer besten Freundin in den Laden und machte Großputz. Sie fegten die Spinnweben aus den Ecken, wischten alle Fußböden, Stühle und Spiegel und putzten alle Fenster. Dann wuschen sie Handtücher und Bürsten. Wenn sie den Friseurladen verließen, war alles so sauber, dass man den Laden als Operationssaal hätte benutzen können. Sie machten darüber immer ihre Witze und sagten, ich sollte einfach lernen, dass erst fertig geputzt wäre, wenn alles so sauber wäre wie in einem Operationssaal. Nach zwei Jahren hatte ich tatsächlich eine Art Auffassung davon gewonnen, was damit gemeint war, wenn man sagte, dass es nach dem Putzen sauber sein sollte.

Ich hatte einen großen Vorteil, und der war, dass ich nicht

mehr als vier Stunden Schlaf benötigte, und auf diese Weise konnte ich wirklich viel üben. Die Tage beim Friseur gingen von neun bis sechs und am Samstag von acht bis vier, und die Fahrt dorthin mit Zug und Fahrrad nahm jeden Tag anderthalb Stunden in Anspruch. Im Zug las oder schrieb ich, damit ich die Fähigkeiten nicht wieder verlor, und während ich Fahrrad fuhr, erzählte ich in die Landschaft, wovon die Bücher handelten, die ich gerade las. Ich wiederholte auch in meinem Gedächtnis alles, was ich in den Kursen gelernt hatte, bis ich alles ordentlich in meinen Listen verstaut hatte.

Als ich zwölf Jahre alt war, hatte mein Vater mir beigebracht, Traktor zu fahren. Er fand, dass ich sonst zu lange würde üben müssen, wenn ich irgendwann mal einen Führerschein machen wollte. Ich durfte auch Großvaters altes Moped übernehmen und damit fahren. Das Problem war nur, dass ich die Verkehrsregeln nicht beherrschte, und auch nicht wusste, wo rechts und wo links war. Mein Vater löste dieses Problem, indem er auf die Seite des Lenkers, die zum Wegesrand zeigen musste, einen roten Handgriff setzte. Mit fünfzehn durfte ich das etwas modernere Moped meines Bruders übernehmen, denn er kaufte sich ein leichtes Motorrad und machte einen Führerschein dafür. Er musste mir das Fahrlehrbuch laut vorlesen, und ich versuchte zu begreifen, was da stand. Das war äußerst schwierig, ich kapierte die Übungsfragen nicht, vor allem, wenn drei, vier oder fünf Alternativen angeboten wurden, von denen unter Umständen mehrere richtig waren. Das war zu schwer für mich, das schaffte ich nicht.

Als mein Bruder den Führerschein gemacht hatte, nahm ich das Buch und ging zu meinem Lehrer, der mir früher schon geholfen hatte, und bat ihn, mir das alles so zu erklären, dass ich es begriff. Und das tat er. Ein halbes Jahr lang arbeiteten wir daran. Er erklärte mir, wie Bremswege funktionieren, warum die Gesetze so waren, wie sie waren, und warum man sich, ganz gleich, ob sie sinnvoll waren oder nicht, daran halten musste. Straßenschilder waren am leichtesten für mich, denn das waren Bilder. Wenn er einmal erklärt hatte, was sie bedeuteten, entging mir keines davon. Am schwierigsten war für mich, wenn ich die Höhe von Brücken in Relation zu Lastwagenhöhen, Achsendruck und Anhänger ausrechnen musste.

Am Ende konnte ich das ganze Buch auswendig, dazu alle denkbaren Varianten zu den Fragen, und man konnte mich nicht mit Fangfragen aufs Glatteis führen. Das war das Schwierigste, was ich bis dahin gelernt hatte, aber es ging, und mit achtzehn habe ich meinen Führerschein gemacht.

Dafür übte ich mit Vater auf unserem Grundstück, denn Vater war klar, dass es keinen Fahrlehrer gab, der mir das Fahren hätte beibringen können; zudem hätte es ein Vermögen gekostet. Er fand, dass er da lieber ein paar Blechschäden in Kauf nahm. Die Theorie bestand ich mit null Fehlern, aber ich rauschte durch die erste Fahrprüfung, weil ich nach links abbog, als der Prüfer rechts sagte, und weil ich am Berg mit einer nicht erlaubten Methode anfuhr. Das zweite Mal schaffte ich es. Da hatte ich einen Prüfer, der nicht nur auf das Technische schaute, sondern sah, dass ich keine Gefahr für den Straßenverkehr darstellte, und er ließ mich bestehen.

Wie funktioniert Kommunikation, und worauf baut sie auf?

Es gibt eine Atmosphäre um uns, eine Art immaterielle Gemeinschaft, die eine Sicherheit garantiert, ein Vertrauen, in dem man geben und nehmen und im selben Augenblick einen Austausch mit anderen haben kann. Und damit findet Begegnung statt und Nähe, das, was unsere grundlegenden Bedürfnisse nach Gemeinschaft und Aufmerksamkeit befriedigt.

Wenn man nun mit einer einzelnen Person kommunizieren will, sammelt man diese Atmosphäre und richtet sie auf die Person, mit der man gern Kontakt hätte. Der andere tut dasselbe, und so trifft man sich in einer gemeinsamen Atmosphäre. In diesem Augenblick verändert sie sich vollkommen, und man muss die Situation neu definieren.

In der Welt meiner Kindheit war ich mit der allgemeinen Atmosphäre sehr vertraut. Sie war sehr gehaltvoll, und ich verbrachte so viel Zeit wie möglich darin. Im Alter von elf Jahren entdeckte ich, dass sich die Atmosphäre zwischen anderen Jugendlichen verändert hatte. Ihre Atmosphäre war jetzt nur noch aufeinander gerichtet, und um mich herum entstand ein farbloses Vakuum. Ich bekam Angst und versuchte herauszubekommen, was das war. Ich ging zu Vater und fragte, was sie taten.

In langen Übungen vor dem Spiegel brachte ich mir bei, so zu funktionieren wie die anderen Mädchen. Das gelang mir allmählich, aber ich machte viele Fehler und musste außerdem ständig darüber nachdenken, wie ich die Hände bewegte, wie ich stand, wie ich aussah, wie ich den anderen zuhörte, wie ich antwortete und welcher Ausdruck auf mein Gesicht trat.

Der Damenfriseur war nun eine ideale Schule für mich. In den Jahren, in denen ich dabeistehen und zusehen durfte, konnte ich mir jedes Detail genau einprägen, sodass ich lernte, mich richtig zu benehmen.

Ich lernte, wie Kommunikation geschieht und wirkt. Erst einmal muss Kommunikation eingerichtet werden, und zwar am besten in einer förderlichen, guten Atmosphäre. Beim Damenfriseur ging das so zu, dass man die Kundin willkommen hieß und sie zu ihrem eigenen kleinen Tisch bat. Dort fragte man, wie es ihr ging, sprach vom Wetter, der Jahreszeit, von der Arbeit oder einem anderen aktuellen Thema.

Es war vorteilhaft für mich, dass ich hinter der Kundin stand. So sahen wir uns nur flüchtig im Spiegel an, ich konnte mich auf das Haar konzentrieren und wurde so nicht von der Unmittelbarkeit der Begegnung beeinträchtigt. Diese Unmittelbarkeit führte sonst nämlich dazu, dass mein Denken blockiert war und ich die Kontrolle über meine Impulse verlor, sodass meine Stereotypien ausgelöst wurden.

Ich übte den unmittelbaren Kontakt sehr lange, und das war zu Anfang äußerst schmerzhaft. Später ebbte der Schmerz ab und ging in Unbehagen über, und mit fortgesetztem Training schaffte ich es schließlich, im Denken zu bleiben und mich nicht zu verlieren.

Ich hatte schon früh gelernt, Aura zu sehen, vor allem bei Kälbchen. Ich wusste, ob ein Kälbchen Lebenskraft besaß oder nicht. Ich hätte nicht sagen können, worin dieser Unterschied bestand, aber es gab einen. Während meiner Zeit beim Damenfriseur lernte ich nun, diesen Unterschied auch bei Menschen zu sehen, und ich merkte, dass man eine schwache Lebenskraft stärken bzw. mehr Kraft freimachen konnte. Darauf konzentrierte ich mich, und die Frauen mochten das und kamen speziell zu mir – nicht, weil ich eine gute Friseurin war, sondern weil es so angenehm und kräftigend war, wenn ich mich um ihre Haare kümmerte.

Viele Jahre später reflektierte ich all die Erfahrungen, die ich in den zehn Jahren meiner Arbeit beim Damenfriseur gemacht hatte, doch es dauerte lange, ehe ich begriff, dass Kommunikationsatmosphäre und Kommunikationsfeld Begriffe waren, die die anderen gar nicht kannten, und dass sie dazu erzogen waren, so etwas als »reine Fantasie« abzutun und stattdessen lieber etwas Richtiges, Reelles und Ordentliches zu lernen.

Als mir klar geworden war, dass der Mensch sich von allem anderen unterschied, und dass er die besondere Fähigkeit besaß, die Atmosphäre zu benutzen, nahm mich diese Erkenntnis völlig gefangen. Ich fing an, mich für Kinder zu interessieren. Mit Kindern war es so leicht, weil sie folgsam und zugleich hemmungslos neugierig waren, was bedeutete, dass man in der Immateriellen Welt mit ihnen spielen konnte.

Als mein kleiner Bruder geboren wurde, legte mein Vater ihn in meinen Schoß. Erst reagierte ich mit Unbehagen, aber nach einer Weile »fing er mich ein«, und wir hatten einen immateriellen Spielkontakt. Mein kleiner Bruder hatte eine schwache Lebenskraft um sich herum, weshalb ich sie immer wieder herauslocken musste. In seinen ersten Lebensjahren war er sehr kränklich, und mit jeder Krankheit wurde seine Lebenskraft noch schwächer, aber sobald er aus dem Krankenhaus nach Hause kam, fingen wir wieder von vorn an. Dieser ungleiche Kampf ging so lange, bis er in die Schule kam.

Als ich Friseurlehrling war, kümmerte ich mich mehr um mein Äußeres. Ich musste lernen, wie man Farben kombiniert, wie man Kleidung beurteilt und Stilrichtungen versteht und weiß, was »out« oder »in« ist. Ich trug mein Haar anders, neue Farbe, neue Frisur, mein Kleidungsstil veränderte sich und wurde moderner. Wenn es um mich selbst ging, besaß ich immer noch kein Gefühl für Kleider, Frisuren, Schminke und dergleichen, doch entwickelte ich eine große Sensibilität, was die Kundinnen betraf. Indem ich einen Teil ihres Feldes wahrnahm, konnte ich ihnen eine zufriedenstellende Antwort darauf geben, was genau zu ihnen passte.

Es kamen oft Menschen und baten um Rat in verschiedenen Modefragen, zum Beispiel bei Haarfarbe, Brillenrahmen und Kleidungsstil, und ich hatte großen Spaß daran, ihnen mit meinen Ideen helfen zu können. Ich wusste nie, woher ich diese Ideen nahm, aber ich wusste, dass es gut werden würde, und das genügte mir – und den Kundinnen ebenso.

Meine Chefin, eine junge, schöne Frau mit den schönsten natürlich goldroten Haaren, die ich in meinem ganzen Leben gesehen habe, fand, ich sei hübsch genug, um die Luciakönigin der Stadt zu werden, und so meldete sie mich zum Wettbewerb an. Ich wurde in die Gruppe der Kandidatinnen aufgenommen, und dadurch bekam ich ein Selbstbild, das ich bis dahin nicht gehabt hatte. Über hundert Mädchen mussten sich einer Jury präsentieren, und aus dieser Menge sollten sieben ausgewählt werden. Wir flanierten auf und ab und wurden betrachtet. Am Ende wurden die meisten mit der Lüge hinausgeschickt, dass sie in den nächsten Tagen Bescheid bekämen, während wir, die bereits ausgewählt waren, so lange in einen anderen Raum geschickt wurden.

Dort wartete eine stilvolle Bekleidungsfirma, die uns alle mit denselben Blusen und Röcken einkleidete, eine Friseurin, die uns die Haare kämmte, und ein Fotograf, der Porträtbilder machte. Wir bekamen unsere Sterne mit den Nummern und durften dann damit vor den Journalisten der Lokalzeitung posieren.

Dieses Ereignis brachte es mit sich, dass ich herumreisen und mich auf verschiedenen Veranstaltungen zeigen durfte. Wir verdienten dabei Geld für einen wohltätigen Zweck und fungierten als lebendige Reklame für die Bekleidungsfirma, das Fotoatelier, die Friseurinnung und andere. Ich begriff, dass die Zivilisation so funktionierte, so war es, am modernen Leben teilzunehmen – man stand vor einem Laden und war freundlich, begrüßte alle und verkaufte ihnen Lose. Mir machte das Spaß, ich war fasziniert und fühlte mich wichtig und wertvoll. Es war ein vollkommen neues Gefühl für mich, solche Aufmerksamkeit zu bekommen und von Bedeutung zu sein, und ich war ganz berauscht!

Diese Geschichte machte mir bewusst, wie das Äußere bewertet wurde, dass man von anderen betrachtet und als tauglich oder untauglich angesehen wurde, als schön, charmant oder nett. Also versuchte ich herauszufinden, woher man wusste, was schön und was hässlich war, denn ich hatte keinerlei Gefühl dafür. Ich fragte mich durch und erfuhr, was andere dachten, und dann sammelte ich die Meinungen, um herauszufinden, was die Mehrheit dachte. Auf diese Weise konnte ich relativ sicher sein, dass ich mich richtig verhielt und richtig aussah.

Bis dahin hatte meine Mutter alles, was mein Äußeres betraf, bestimmt, und sie hatte einen ausgesuchten, sehr ausgebildeten Geschmack, weshalb ich nicht sonderlich auffiel. Sie stellte immer mit großer Dramatik dar, wie sehr sie sich schämte oder was ich ihr antat, wenn ich mich nicht richtig kleidete.

In diese äußere Welt, die Sekundäre Welt, einzutreten, das war von entscheidender Bedeutung für mich, wenn ich ein richtiger Mensch werden wollte, und nicht nur ein Papagei. Das Problem damit ist nur, dass man der Sekundären Welt so leicht anheimfällt und sich von ihr verführen lässt zu glauben, sie sei das Primäre. Dann meint man, den Wert eines Menschen oder die persönliche Befriedigung aus ihr ableiten zu können, und man meint, eine äußere Sicherheit erwerben zu können, die einem auf wunderbare Weise erspart, den ständigen inneren Kampf auszufechten. Doch das ist nicht so. Das Einzige, was man damit erreicht, ist, dass man ein Opfer des Äußerlichen wird und sein Selbstvertrauen verliert, und das kann nur böse enden.

Nach den Jahren beim Damenfriseur fing ich an, auf der Kinderstation eines Krankenhauses zu arbeiten. Dort entdeckte ich, dass schwerkranke Kinder oft ganz entspannt waren, und dass sie keine Todesangst hatten. Sie fanden, ihr Leben wäre genau so, wie es sein sollte, auch so lang, wie es sein sollte, und sie meinten nicht, etwas zu verlieren, wenn sie als Kinder sterben würden. Lediglich ihre Umgebung war verzweifelt; Eltern und andere Erwachsene verhielten sich, wenn die Kinder krank waren, als würde ihr eigenes Leben zu Ende gehen. Ich verbrachte viel Zeit damit, die negative Atmosphäre der Erwachsenen in eine positive umzuwandeln, damit es etwas leichter und heller für sie würde, aber auch, um sie für ihre Kinder zugänglicher zu machen.

Auf der Kinderstation kam ich auch in Kontakt mit einem Mädchen, das unter Anorexie litt. Sie war so dünn, dass sie schon durchsichtig aussah, aber sie war recht fröhlich und tapfer. Eine

Zeit lang war sie künstlich ernährt worden, dann musste sie Nähr-
lösung trinken und Eis mit Eiweißzusatz essen. Unsere Aufgabe
war es, ihr alle zwei Stunden etwas zu geben, zu überwachen,
dass sie aß und trank, und dann eine Stunde mit ihr zusammen-
zusitzen, damit sie das Essen nicht wieder ausspucken konnte.

Ich merkte, dass sie furchtbare Angst hatte, und meinte, niemand würde sie mögen, dass auch ihre netten und fürsorglichen
Eltern im Grunde ihres Herzens enttäuscht von ihr wären und
sie nicht wusste, wie sie sie zufriedenstellen konnte. Sie fand
sich selbst von Grund auf böse und gemein, was sie aber glaubte
geheim halten zu müssen, denn wenn es herauskäme, würde die
Welt untergehen. Immer wieder musste sie Zwangsrituale wiederholen, um zu verhindern, dass in ihrem Innern Chaos aus-
bräche und sie unterginge.

Ich konnte sehen, dass sie von einem sehr empfindsamen Feld
umgeben war. Die Felder der anderen ergriffen sehr leicht von
ihrem Feld Besitz, vor allem, wenn die anderen etwas von ihr
wollten. Dann fühlte sie sich sofort schuldig und versuchte, die
Bedürfnisse ihres Gegenübers zu befriedigen, und wenn sie das
tat, verlor sie den Kontakt zu sich selbst. Wenn sie mit anderen
zusammen war, war sie eine Niemand-Person. Deshalb entschloss
ich mich, mein eigenes Feld ungeladen sein zu lassen, damit sie
in meiner Gegenwart keine Wünsche oder Ansichten darüber,
wie sie zu sein habe, ablesen konnte. Mit etwas Übung funktionierte das recht gut. Wenn ich mit ihr zusammensaß, nachdem
sie gegessen hatte, wurde sie eine Jemand-Person und entdeckte
dadurch völlig neue Möglichkeiten. In ihr wurden neue Gedanken wach, und wir konnten reden und lachen, und sie traute sich,
eigene Ansichten auszuprobieren.

Wir saßen in einem kleinen Zimmer mit zwei Sesseln und
einem Tisch zwischen uns, auf dem einige Zeitschriften lagen.
Manchmal hatte sie ein Eiweiß-Getränk neben sich, und ich hatte eine Tasse Tee bekommen. Ich sorgte dafür, dass es nichts an

mir gab, dem sie sich anpassen musste – keinen Wunsch, keine Erwartung, keine Forderung. Nur Wärme im ganzen Raum.

Sie war Expertin darin, Situationen so hinzudrehen, dass sie sich ihnen anpassen musste, und ich musste alle Aufmerksamkeit aufwenden, um da nicht hineinzurutschen.

Etwas verärgert sagte sie:

»Worauf warten wir denn? Was machen wir jetzt?«

»Warten«, antwortete ich etwas vage und ließ die Wärme wieder in den Raum kommen, sodass es ganz ruhig um sie wurde.

»Wie lange bleibst du?«

»Wir haben alle Zeit der Welt. Das ist einfach so«, antwortete ich ebenso vage.

Sie nahm das Glas mit ihrem Getränk und erwartete in dem Moment, dass ich mich freute und wünschte, sie solle es austrinken. Ich aber ließ das Interesse an ihrem Glas vollkommen los und beschäftigte mich stattdessen leicht zerstreut damit, etwas Zucker in meinen Tee zu tun und umzurühren. Auf diese Weise konnte sie trinken oder es bleiben lassen. Und da tauchte ein Wunsch in ihr auf.

»Ich hätte Lust, spazieren zu gehen«, sagte sie. Dann hielt sie inne. »Was sage ich denn da?«, fragte sie sich selbst erstaunt.

»Du hast gesagt, dass du Lust hast, einen Spaziergang zu machen.«

Da begann sie wieder mit ihrer Anpassungsarbeit. »Aber ich weiß ja nicht, ob das passt. Und ich weiß nicht, wie lange du bleiben wirst. Und vielleicht wollen die hier auch, dass ich irgendetwas mitmache.«

Ich brachte den Fokus wieder auf ihre Person. »Aber wenn du Lust hast, einen Spaziergang zu machen, dann hast du Lust dazu. Und dann ist egal, was daraus wird. Wenn du Lust hast, hast du Lust.«

»Ja, ich habe Lust. Ich habe Lust, einen Spaziergang zu machen.«

Nach und nach wagte sie es, etwas zu haben, was ganz ihr gehörte, und auch daran festzuhalten.

Ich brachte ihr auch bei, wie sie denken musste, um eine Jemand-Person zu bleiben, auch wenn andere ihr bedrohlich vorkamen. Als wir aus dem Zimmer gingen, kam eine Krankenschwester und fragte: »Hast du dein Glas leer getrunken?«

In diesem Moment war sie drauf und dran, sich wieder anzupassen, sie bekam Angst und konnte sich nicht erinnern, ob sie ausgetrunken hatte oder nicht; sie hatte auch vergessen, das Glas mitzunehmen, und eigentlich hätte sie es doch in die Küche bringen sollen. Es war lebensgefährlich für sie, wenn sie die Forderungen der Krankenschwester nicht bis ins kleinste Detail erfüllte und diese voll und ganz zufrieden mit ihr war.

Ich konnte sehen, wie sich all das in ihr abspielte. Also legte ich ihr die Hand auf die Schulter und sagte: »Bleib mal hier. Jetzt sehen wir uns das in Ruhe an. Bleib in dir, bleib dort bei deinem Bewusstsein und deinem Körper.« Die Krankenschwester sah, was geschah, und ging, ohne verärgert zu sein, davon.

»Sieh dich um und spüre dem nach. Geht es hier um Leben und Tod? Nein. Wenn der andere verletzt oder gekränkt ist, ist das schlimm? Nein. Wenn ich einen Fehler mache, löse ich mich dann in Luft auf? Nein. Im Grunde ist das hier alles völlig ungefährlich. Es fühlt sich lebensgefährlich und scheußlich unangenehm an, es verwirrt und lähmt dich, aber es ist ungefährlich. Nimm dir alle Zeit, die du brauchst, um in dieser Sache zu kreisen, damit dein Körper spüren kann, dass es ungefährlich ist.«

Sie lernte es innerhalb von acht Wochen. Dann hieß es, sie sei geheilt, und sie durfte nach Hause.

Ein paar Jahre später begegnete ich ihr in der Stadt, und sie sah strahlend gut aus. Sie besuchte das Gymnasium, hatte gute Noten und war schlank, aber nicht mager. Sie erzählte mir, dass sie immer noch die Augen zumache und genau das befolge, was wir zusammen geübt hatten. Wenn sie in eine kritische Situation geriet, verschob sich ihr Fokus wieder auf das Essproblem, aber inzwischen konnte sie damit umgehen. Sie hatte auch die Angst überwunden, dass ihre Eltern sie nicht lieben könnten. Während ihrer Krankheit hatten die Eltern aufgehört, Erwartungen zu hegen und sie für alles zu loben, sodass sie jetzt nicht immer noch besser sein musste. Auf diese Weise wurde auch mir der Unterschied zwischen Bejahen und Loben deutlich.

Einige Kinder wurden mit hässlichen blauen Flecken eingeliefert und hatten seltsame Unfälle gehabt. Oft musste ich feststellen, dass die Felder ihrer Eltern große Löcher hatten, und dass sie heftig und hart reagierten. Ich sah, dass sie Angst hatten und vom Gefühl getrieben waren, sich ständig verteidigen zu müssen. Manchmal konnte ich einen Kontakt zu den Kindern herstellen und ihnen helfen, einen geschützten Platz in sich selbst zu finden, und ich brachte ihnen bei, auf der Hut zu sein. Das führte zwar dazu, dass sie mit ihrem Ursprungsmilieu haderten, doch konnten sie einen kurzen Moment der Sicherheit empfinden und zusammen mit mir zufrieden sein.

Nach meiner Zeit in der Kinderklinik arbeitete ich in der Langzeitpflege auf der Palliativstation. Die meisten Patienten dort hatten Krebs im Endstadium, und die ganze Station war von ihrer Todesangst geprägt. Ich spürte, dass die Personalgruppe das unangenehm fand. Wenn jemand ständig läutete, ärgerte man sich und fand die Person »anstrengend«. Hier herrschte eine bestimmte Atmosphäre, die ansteckend war. Alle erledigten geschäftig eine Menge Dinge, ob sie nun nötig waren oder nicht. Nach einer Weile durfte ich in der Nachtschicht arbeiten, und da war viel Zeit übrig, sich um die Patienten zu kümmern.

Wenn ein Patient unruhig oder ängstlich war, blieb ich, nachdem ich meine Runde gedreht und meine Aufgaben erfüllt hatte, bei ihm. Ich setzte mich hin, nahm seine Hand und erzählte vom Immateriellen. Diejenigen, die noch sprechen konnten, fragte ich, wie es in ihrer Angst aussähe, und erhielt auf diese Weise viele Beschreibungen von der Hölle und den verschiedenen Phasen, die der Mensch durchleben kann. Das Schlimmste war, dass so viele Menschen glaubten, nicht fertig gelebt zu haben, dass ihr Leben nicht gut gewesen sei und sie nicht das bekommen hätten, was sie haben wollten – als ob es etwas Bestimmtes gäbe, das man aus dem Leben herausholen muss, damit es zu einem »fertigen Produkt« wird. Alle meinten, sie seien nicht mutig genug und zu sehr an Pflichten gebunden gewesen. Dieses Gefühl schlug schnell in Verbitterung um, die sich dann auf das Personal richtete, denn die Pflegerinnen waren schließlich gesund und hatten noch Zeit.

Für den Sterbenden war dieser Neid ganz schlimm. Er konnte nicht anders als gemein und anstrengend sein, und gleichzeitig wurde sein schlechtes Gewissen immer größer. Ich sah das Hamsterrad, in dem sie gefangen waren, und spürte, wie gern sie von ihrem Leben erzählen wollten, um eine Form von Gemeinschaft zu erlangen, die sie durch ihre Todesangst hindurchtrüge. Ich setzte mich hin und bat sie leise, von ihrem Leben zu erzählen, und zwar ebenso von den Licht- wie von den Schattenseiten. Oft saßen sie auf der Schattenseite fest und brauchten viel Zeit und viele Seelenqualen, um herauszukommen. Ich fragte sie, welche Erfahrungen sie dabei gemacht hatten, was die Qualen sie gelehrt hatten und ob sie etwas Zufriedenstellendes in dem Ganzen entdecken könnten. Manchmal fiel ihnen etwas ein, und nach und nach erhellte sich ihr Gemüt, und wir hatten es nett miteinander.

Außerdem machte ich etwas mit ihnen, was ich heute Primäre Gedankenarbeit nenne. Wenn sie fertig erzählt hatten, fasste ich alle ihre Erzählungen zusammen und machte ein Märchen daraus. Ich bat sie, die Augen zu schließen und sich eine Geschichte anzuhören. Dann spielte sich das ganze Leben noch einmal ab, die Patienten kamen in Kontakt mit ihrem Lebensgefühl und konnten die Gefühle ausleben, die dabei auftauchten, und schließlich auf eine andere Weise als zuvor von ihrem Leben sprechen. Manchmal habe ich die Primäre Gedankenarbeit auch schon über das Sterben und darüber, wie es nach dem Tod ist, gemacht, und dann verschwand die Angst der Menschen vor dem Tod oft.

Schließlich waren alle, bevor sie geboren wurden, schon einmal in dem Zustand, der wie der Tod ist, weshalb es also, wenn man die Todesangst bekämpfen will, darauf ankommt, den Menschen dorthin zurückzuführen und ihn das wieder erleben zu lassen.

Danach kam ich wieder auf die Kinderstation. Damals wurde neu eingeführt, dass man, um im Krankenhaus arbeiten zu dürfen, eine zusätzliche Pflegeausbildung benötigte, und als ich das hörte, war ich drauf und dran, sofort zu kündigen. Ich hatte in der Volksschule nicht Lesen und Schreiben gelernt. Inzwischen konnte ich mich notdürftig durch einen Text arbeiten und einigermaßen leserlich schreiben. Aber bei einem Kurs mit elf Wochen Theorie mitzukommen erschien mir völlig unmöglich.

Unsere Oberschwester erklärte, sie sei die Leiterin des Kurses und wisse sehr wohl, was ich könnte: ich sei tüchtig und könnte sowohl Kinder als auch Eltern auf souveräne Weise »nehmen«. Sie wollte, dass ich den Kurs besuchte, und sagte, wenn ich es mir noch überlegen würde, sei ein Platz für mich frei.

Das waren die schlimmsten Qualen meines Lebens. An dem Tag, als der Kurs anfing, ging ich nervös auf und ab, dann ging ich den halben Weg hin, kehrte aber wieder um. Am Ende stand ich zwei Stunden zu spät vor der Tür. Es war Pause, und meine Oberschwester entdeckte mich, holte mich herein, wies mir meinen Platz zu und stellte mich auf so selbstverständliche Weise vor, dass ich sofort dabei war. Wir lernten viel über den Körper des Menschen, Biologie, Mikrobiologie, Pflegekunde und Psychologie. Oft schaffte ich es nicht, alles zu Hause durchzuarbeiten, aber die anderen erzählten es mir, und die Lehrer kannten mein Problem und gaben sich große Mühe, mir alles zu erklären.

Zu meinem großen Erstaunen stellte ich fest, dass mir das Lernen leichtfiel. Alles, was ich erfuhr, wurde »gespeichert«, und wenn mir eine Frage gestellt wurde, konnte ich es leicht hervorholen. Leider war das bei schriftlichen Prüfungen nicht der Fall, denn da bekam ich keine Assoziationen und mein Gehirn war wie tot. Zum Glück konnte man als Dyslektiker die Erlaubnis bekommen, eine mündliche Prüfung abzulegen, und so schaffte ich den Kurs.

Das stärkte mein Selbstvertrauen enorm und eröffnete mir eine völlig neue Dimension im Leben. Bisher hatte ich mir nicht einmal träumen lassen, dass das möglich wäre.

So stellte ich auch fest, dass manche Leute leichter lernen als andere. Zuvor hatte ich keinen Gedanken darauf verschwendet, dass es diesbezüglich individuelle Unterschiede geben könnte, und jetzt entdeckte ich, dass ich gut im Erklären war. Zwar erklärte ich alles ein wenig anders, aber es funktionierte.

Wenn komplizierte Fakten gepaukt werden mussten, las mir ein Kommilitone das vor, und dann erklärte ich das Gehörte auf eine einfache und verständliche Weise für alle. Mit dieser Methode erhielt unsere Gruppe die höchsten Noten, die je bei einem Pflegekurs vergeben worden waren.

Und hier entwickelte ich die Fertigkeit, die ich auch später in Prüfungen so oft anwandte: Wenn ich nicht wusste, was ich auf eine Prüfungsfrage antworten musste, dann bat ich den Lehrer, die Frage anders zu stellen, und während er überlegte, wie er es neu formulieren sollte, fing ich einen Gedanken-Impuls von ihm auf, und schon kannte ich die Antwort. Manchmal klappte das zu gut, und ich antwortete so wortgetreu, dass der Lehrer misstrauisch wurde. Ich lernte, diese Methode nur im Notfall anzuwenden, und so habe ich das auch während meiner gesamten Studienzeit gehalten.

Als ich 24 Jahre alt war, wagte ich es, auf dem zweiten Bildungsweg einen höheren Schulabschluss zu machen. Das war eine harte Zeit. Ich lernte anderthalb Jahre lang zwölf verschiedene Fächer und erhielt dann einen Abschluss, der dem der neunjährigen Hauptschule glich. Dann machte ich zwei Jahre Kurse fürs Gymnasium mit Ausrichtung auf Wirtschaftswissenschaften und Buchführung, dazu Maschineschreiben und Stenografie. Stenografie lernte ich nie, das war einfach zu schwer. Während dieser Jahre studierte ich in Abendkursen Schwedisch, Englisch, Mathematik und Geschichte, um dann auf die Hochschule gehen zu können, und außerdem arbeitete ich irgendwann Vollzeit in einem Jugendhaus. Das hatte abends und an den Wochenenden geöffnet, sodass ich nebenher studieren konnte. Diese Arbeit hatte sich auch ganz nebenbei ergeben. Eine Zeit lang war ich Kassiererin im Schwimmbad und kam dort in Kontakt mit den Gemeindevertretern, darunter auch mit dem Jugendhausleiter. Er kam ein paarmal zu mir und sprach mit mir und fragte, ob ich nicht Lust hätte, Kurse im Jugendhaus zu geben. Er meinte, man bräuchte jemanden, der den Jugendlichen etwas über Haarpflege und Hygiene beibringt, denn er fand sie so ungepflegt, dass man sie nicht unter die Leute lassen könne. Außerdem wusste er, dass ich mich schon um einige Kinder gekümmert hatte, die eine besondere Unterstützung durch Erwachsene brauchten, und diese Jugendlichen hatten ihm von mir erzählt.

Ohne groß nachzudenken, sagte ich zu und begann im Herbst. Die Arbeit passte ganz ausgezeichnet zu mir. Zum ersten Mal stellte jemand existenzielle Fragen, die ich beantworten konnte. Ich erhielt die Möglichkeit, all das, wo ich mich selbst hindurchgegrübelt hatte, darzustellen und in Worte zu fassen. Ich wurde mit neuen Problemen konfrontiert, nämlich mit Jugendlichen, denen es ziemlich übel ergangen war und die richtige praktische Hilfe benötigten. Ich musste dysfunktionale Erwachsene aufsuchen, um den Kindern und Jugendlichen helfen zu können. Das bedeutete Besuche in Gefängnissen, psychiatrischen Kliniken, Heimen, Missbrauchsmilieus und allem, was man auf der Schattenseite der Gesellschaft so antrifft. Ich musste mit Sozialbehörden, Vormunden und Bewährungshelfern verhandeln. Und ich begriff, dass man diesen jungen Menschen nicht würde helfen können, wenn man nicht auch denen half, mit denen sie zusammenlebten.

Das brachte mit sich, dass ich mit dabei war, als die »Aufsuchenden Tätigkeiten« und die Nachbarschaftsarbeit entwickelt wurden, die dazu führten, dass man heute in der Sozialarbeit Streetworker einsetzt. Wir entwickelten außerdem offene Freizeitheime, die dann zu Jugendhäusern wurden. Darüber hinaus entstanden noch eine ganze Reihe anderer Jugendprojekte um die Musikclubs herum, die organisierten Halbstarken und Motorradrocker, die Protestgruppen und die Kiffergruppen. Daraus wurden dann drogenfreie Tanzabende und drogenfreie Kulturveranstaltungen. Es waren fünfzehn intensive Jahre mit Jugendlichen und ihrem Umfeld, mit ihrem Schulbesuch, den Verhältnissen zu Hause, ihrer Arbeit, Ausbildung und Freizeit. Hier ging es darum, sie in einer konstruktiven Zivilisation nachhaltig zu sozialisieren, ohne dass sie zu Ausgestoßenen oder Outsidern wurden.

Diese Arbeit hatte einen vorbeugenden Effekt. Die am schlimmsten Vernachlässigten bekamen so viel Hilfe wie möglich, und das führte dazu, dass sie viel seltener selbst Missbrauch übten oder kriminell und asozial wurden, als es geschehen wäre, wenn es nicht dieses dichte, starke Schutznetzwerk gegeben hätte. Es war eine Arbeit, die nur sehr wenige Jugendliche betraf, doch das waren diejenigen, die es am meisten brauchten. Hier war jede Minute unseres Einsatzes viel wert, denn jeder dieser Jugendlichen hätte sonst wahrscheinlich als Erwachsener viele andere Leben beeinträchtigt oder zerstört.

Das brachte mich auf das Feld der Therapie. Ich arbeitete

therapeutisch, lernte eine Reihe von therapeutischen Methoden und versuchte, all die schrecklichen Geschichten, die die Jugendlichen mit sich herumtrugen und die ihr Tun bestimmten, kennenzulernen.

Auf diese Weise lernte ich immer mehr von dem, was man lernen konnte, aber leider gelang es mir niemals, Gefühle zu durchleben, die das Leben und das Lebendigsein spürbar machten. Ich begann eine Therapie, zunächst eine zwei Jahre dauernde Psychoanalyse, dann eine zweijährige Gestalttherapie, dann zwei Jahre Transaktionsanalyse. Ich lernte unglaublich viele Dinge und konnte die Welt und die Wirklichkeit in psychologischen Begriffen betrachten, und doch gelang es mir nicht, Gefühle und Kontakte in meinem Innern zu etablieren. In mir herrschte immer noch derselbe Stillstand, auch wenn ich jetzt eine Riesenmenge Listen besaß, die alles zwischen Himmel und Erde enthielten.

Während jener Zeit lernte ich viele interessante Menschen kennen. Viele von ihnen hatten die allergrößte Bedeutung für meine Entwicklung, wenn auch nicht immer in der Weise, in der sie selbst es erwarteten. Der wichtigste, Göran Grip, der vor vielen Jahren in seinem Buch *Allting finns* (Alles existiert) von der Entstehung dieses Buches hier berichtet hat, war ein wichtiger Eckpfeiler für mich, als es darum ging, das, was ich als kleines Kind »das Außen« genannt habe und die Atmosphäre und das Immaterielle enthält, zu reflektieren.

Seit Beginn meines Studiums an der Universität habe ich eigentlich nie wieder aufgehört, Neues zu entdecken. Ich lerne ständig dazu und entdecke neue Perspektiven, aber es macht mir große Schwierigkeiten, dass diese Kurse niemals Zeit und Raum zum Nachdenken bieten, sondern eine Form von Anpassung voraussetzen, mit der ich mich schwertue.

Weil ich es nur selten schaffte, alle Literatur zu lesen, denn ich lese so langsam, habe ich einen Kommilitonen gebeten, sich mit mir gemeinsam das Inhaltsverzeichnis anzusehen und mir dann ein wenig davon zu berichten, was er da gelesen hatte. Wenn jemand von etwas erzählt, was er gelesen hat, dann taucht alles, was diese Personen gelesen hat, in der Atmosphäre auf, und ich kann es blitzschnell erfassen und eine Auffassung davon bekommen, wovon das Buch handelt. Das dauerte dann ungefähr eine Minute und ersparte mir vierzig Stunden Lesen. Danach ging ich nach Hause, sah mir das Inhaltsverzeichnis noch einmal an, schrieb alles auf, woran ich mich erinnern konnte, und dann konnte ich alles wiederholen. Auf diese Weise konnte ich mithalten, ohne sonderlich viel lesen zu müssen.

Wenn man so ein Handikap hat wie ich, kann man ein Attest bekommen, das einem das Recht gewährt, Prüfungen zu Hause oder mündlich abzuleisten, und dieses Attest bekam ich. Bei mündlichen Prüfungen wandte ich dann eine ausgefeilte Art des Schummelns an. Ich bat meinen Lehrer, die Fragen, die schriftlich vor mir lagen, nochmals auf eine andere Art zu stellen, denn meist begriff ich nicht vollends, worauf die Fragen zielten. Das brachte den Lehrer dazu, selbst über die Frage nachzudenken, und dann tauchte das in der Atmosphäre auf, und ich wusste direkt, was ich antworten sollte. Es war wichtig, einen kühlen Kopf zu bewahren, damit ich nicht wortwörtlich so antwortete, wie der Lektor gedacht hatte, denn dann wäre er misstrauisch geworden. Also nahm ich mir die Zeit, die Antwort mit meinen eigenen Worten zu formulieren. Manchmal dauerte das allerdings zu lang, sodass der Lehrer erschöpft war und einfach nur dasaß und über die neuen Tapeten für sein Haus nachdachte – dann bekam ich keine gute Note.

Dieses Schummeln ist nie entdeckt worden, und ich weiß nicht mal, ob man es überhaupt Schummeln nennen kann. Ich finde es komisch, dass man einander bei Prüfungen nicht helfen darf, sondern den Menschen die Möglichkeit zur Zusammenarbeit nimmt, indem man das als Betrügen klassifiziert. Das passt nicht zu meiner Vorstellung vom Allermenschlichsten, der Gemeinsamkeit, die doch der Grund für Geborgenheit ist. Was gewinnt man denn dadurch?

Während der Zeit, in der ich einer höheren Ausbildung nachging, bin ich immer auf der Jagd nach einer Art Wissenschaft oder Erkenntnis gewesen, die auf dem aufbaut, was gilt, wenn nichts anderes mehr gilt – ich nenne es das Primäre. Ich habe viel studiert und gelernt, doch in keiner Fakultät konnte ich das finden. In einer Reihe von Kursen, die ich besucht habe, waren Fragmente davon eingebaut, doch waren die Lehrenden sich dessen nie bewusst. Wenn ich nachfragte, bin ich oft einem tiefen Interesse begegnet, und man erklärte mir, dass man darüber noch nicht nachgedacht habe, denn das sei Wissen und nicht Wissenschaft, und es sei nicht so einfach, dies in akademische Kenntnisse zu verwandeln.

Das hatte zur Folge, dass ich mich auf dieses wenig beachtete Feld konzentriert habe, und ich habe erkannt, dass es sehr wichtig ist, vor allem in einer Welt, in der die Zivilisation voll und ganz auf dem Sekundären aufbaut und man die Sprache für das Primäre, das ja allem zugrunde liegt, verloren hat. Das führt nämlich dazu, dass Menschen oft nicht dafür gerüstet sind, den Konflikten in sich selbst oder in ihren Beziehungen zu begegnen, und sie können sich auch wenig um dysfunktionale Menschen, die in ihrem Innern dunkel sind, kümmern.

Da einige von den Lehrenden an der Universität sich für mein Bewusstsein für das Unreflektierte interessierten, wollten sie Anleitung von mir bei der Lösung menschlicher Probleme wie Konflikten, Beziehungsproblemen oder Mobbing. So begann ich meine Tätigkeit als Coach. Was zunächst als Einzelberatung begann, dehnte ich später auf Betriebe aus, und dann auf die Arbeit in Institutionen für Drogenabhängige, psychisch Kranke und andere dysfunktionale Menschen, deren größtes Problem ihr Kommunikations-Handicap darstellte.

◆

An einem Tag im Jahre 1982, als ich an der Universität studierte, stand ich da und sah auf meine Uhr. Es hat für mich nie eine Verbindung zwischen dem, was das Zifferblatt der Uhr darstellt, und der Wirklichkeit gegeben. Ich habe kein Gefühl für die Uhrzeit gehabt, für die ungefähre Zeit hingegen schon – Morgen, Mittag, Nachmittag und Abend waren mir durchaus bewusst. Damit bin ich ganz gut klargekommen, aber wenn es darum ging, pünktlich zu sein, hatte ich eine Jugendfreundin, die immer anrief und mir sagte, wann es an der Zeit war, loszugehen und mich an den richtigen Ort zu begeben.

Die Uhr an der Wand tickte. Ich sollte zu einem Treffen und sah auf die Uhr, und sie zeigte acht. »Acht, genau, dann muss jetzt die Zeit sein, zu der ich losgehen muss, um rechtzeitig anzukommen.« Ein seltsames Gefühl. Ich ging los und kam pünktlich, und mein ganzes Inneres erkannte, dass ich etwas verbunden hatte, was bis dahin unbegreiflich für mich gewesen war. Das fühlte sich an, als hätte sich mir die Welt geöffnet.

Mit dem Kalender war es schwieriger. Ich konnte nicht verbinden, dass das Datum, das auf dem Papier stand, mit einem bestimmten Tag zu tun hatte. Ich konnte mich nicht vorbereiten, wenn mir niemand sagte, dass etwas Besonderes an eben diesem Tag stattfinden sollte. Das Leben ist ein Fluss für mich, ein fließender Zustand, und das hat nichts mit Abgrenzung zu tun.

Ich fing an zu üben, jeden Tag in den Kalender zu schauen und das Datum des Tages, den Wochentag, die Woche, den Monat und das Jahr laut zu verkünden. Ich verband es mit dem Wetter, dem Sonnenaufgang, dem, was in der Landschaft wuchs, oder welche Vögel ich hören konnte. Allmählich gewann das alles eine gewisse Struktur für mich, sodass ich in den Kalender sehen und den Tag mit der Wirklichkeit verbinden konnte, aber ich habe nach wie vor kein Gefühl dafür – das ist lediglich eine technische Fertigkeit. Das genügt voll und ganz, das Problem ist nur, dass ich alles aufschreiben muss, denn entweder kann ich ohne Kalender leben und auf meine alte Weise ohne Vorbestimmung, welche Sachen an welchen Tagen geschehen, funktionieren, oder ich muss ohne fließende Zeit Punkt für Punkt einem Kalender folgen.

Das Problem ist, dass die Menschen im Allgemeinen auf beide Arten leben. Die Arbeitszeit haben sie gut einsortiert im Kalender, während sie in der Freizeit machen, was sie im Kopf geplant und nicht aufgeschrieben haben. Das nennt man spontan. Wenn ich den Kalender benutze, schreibe ich jedes Treffen, jede Begegnung und jede kleine Aufgabe auf, die ich im Zusammenhang mit einer Person tun werde. Das bedeutet, dass mein Kalender andauernd aus der Tasche geholt wird und ich alles sehr sorgfältig darin verankere. Das stellt keine Belastung dar, denn ich schaue gern in meinen Kalender und vergewissere mich, was als Nächstes geschehen wird. Ich stelle mich mit offenen Erwartungen darauf ein und denke: »Es wird spannend zu sehen, wie dieses Treffen werden wird.« Leider verletzt das einige meiner Freunde. Sie wollen nicht nur eine Zeit im Kalender sein, sie finden, dass dabei die Spontaneität verloren geht, und bedauern, dass ich niemals plötzlich anrufe oder vorbeikomme oder auch außerhalb der verabredeten Zeiten zugänglich bin. Viele finden diese kühle Strukturierung unangenehm, doch für mich ist es fantastisch, einer Struktur folgen zu können, und das hindert mich auch keinen Augenblick, in einem wirklichen Treffen ganz zugegen zu sein. Ich halte mich niemals in vergangenen Zeiten oder in dem, was kommen mag, auf, sondern bin ständig in der Gegenwart. Nur in dem kleinen Moment, in dem ich in den Kalender schaue, befinde ich mich in einer Art Übergang.

Die Welt, so sehe ich das, ist ganz gegensätzlich, und ich sehe, wie viele darunter leiden, dass sie sich ständig im Übergang zu einem »Später« befinden, oder sich in etwas Vergangenem verhakt haben. Ihnen fällt es schwer, hier und gegenwärtig zu sein, sich in Nähe zu begegnen, zufrieden zu sein und im Jetzt Zugang zu ihren Sinnen zu haben.

Heute beherrsche ich Zeit und Raum im Großen und Ganzen recht gut, auch wenn ich manchmal noch schwerwiegende Fehler mache. Es kann mir passieren, dass ich eine Stunde oder einen Tag zu früh oder zu spät fahre, oder dass ich am richtigen Tag, aber im falschen Monat oder Jahr komme. Inzwischen ist das zu putzigen kleinen Ereignissen in meinem Dasein geworden, und die Leute können hinterher oft herzlich mit mir darüber lachen. Mein Arbeitspartner Lennart aktualisiert meinen Kalender ständig und vergewissert sich, dass ich die richtige Verbindung hergestellt habe. Somit gibt es nur noch sehr wenig Fehlsteuerungen, und dafür bin ich sehr dankbar.

Eine Person mit Kommunikationsstörungen unterscheidet sich von einer anderen dadurch, dass sie die Annahme bzw. Wahrnehmung von Gefühlen und Impulsen anderer aktiv »in Gang setzen« muss. Ich habe das so lange geübt, dass ich nicht mehr darüber nachdenken muss, dass ich mich jetzt ausstrecken und den anderen in den Arm nehmen muss, sondern es ist wie beim Autofahren – wenn man lange genug geübt hat und oft genug gefahren ist, dann hat man das im Blut und macht einfach nur noch, was man hinterm Lenkrad tun muss. Das funktioniert oft ohne Probleme, aber manchmal vergesse ich mich, und dann gibt es Schwierigkeiten. Manchmal fühlen sich die Menschen abgewiesen und sind gekränkt, manchmal höre ich nicht, was sie sagen, und das verletzt sie, dann wieder bedenke ich nicht, dass ich höflich sein soll, und dann wird es nicht gut.

Ich habe keinen automatischen Kontakt zu anderen Menschen, und vieles geht an mir vorbei, aber ich habe mein Beobachtungsvermögen und meine Kapazität, über alles und jeden nachzudenken, trainiert, sodass ich manchmal trotz meiner Einschränkungen gut funktionierende Menschen um Längen schlage. Man muss aber auch sagen, dass ich nicht von einer Menge Vorstellungen und Werten belastet bin, die mich hemmen und einschränken könnten, wenn es um Nähe geht. Ich habe gelernt, was in der Normalen Wirklichkeit wichtig ist, aber ich habe doch die Freiheit, das nur so lange zu befolgen, wie es mir passt, und wenn es nötig ist, kann ich Normen je nach Situation maßschneidern. Das könnte man fehlende Moral nennen. Es ist nicht so, dass ich gegen das Gesetz lebe oder mich selbst unterjoche, sondern ich passe mich einfach an die geschickteste Daseinsform an.

Ich merke oft, dass andere Menschen Angst, ein schlechtes Gewissen, Schuldgefühle oder das Gefühl, nicht weiterleben zu können, bekommen, wenn sie gegen einen Kodex verstoßen. Sie kommen sich wie Schurken vor. Das ist bei mir gar nicht so. Ich empfinde nicht mehr als »Huch, da habe ich scheinbar eine heilige Kuh geschlachtet«.

Meine Mutter findet, ich sei das am wenigsten erzogene Etwas, das in einem Paar Schuhe herumläuft, und ich denke, sie hat recht. Ich habe keine Informationen darüber aufgenommen, wie man sich höflich und anständig verhält, ehe ich so alt war, dass es sich nur noch in die Vernunft, nicht aber ins Gefühl eingraben konnte, und somit konnte ich rational bestimmen, was ich davon behalten und was ich rauswerfen wollte. Andererseits fällt es mir sehr leicht, mich dem Willen anderer zu fügen. Ich habe nur selten Kontakt zu einem Willen in mir selbst, und finde es oft praktisch, das zu wollen, was die anderen wollen. Ich muss gründlich damit sein, herauszufinden, was die anderen wollen, sodass ich, wenn sie nachfragen, das antworten kann, was sie wollen, als ob es mein eigener Wille wäre. Sonst kann es sie stören, dass sie immer bestimmen müssen, und sie finden dann völlig unnötigerweise, dass es ungerecht sei, wenn ich nie Verantwortung übernehme.

Ich habe viel mit solchen allgemeinen Vorstellungen davon gekämpft, was man tun solle und was nicht, dass man grüßen soll, wenn man kommt, dass man fragen soll »Wie geht es dir?«, ehe man mit seinem eigentlichen Anliegen kommt, usw. Einmal hatte Mutter beschlossen, ich solle beim Sonntagskaffee mit ihren Freundinnen dabei sein. Alle hatten sich schon in der Fliederlaube versammelt. Als ich gerade hinausgehen wollte, bat Vater mich, Mutter zu fragen, wo das Rezept liege, das er mit in die Stadt nehmen sollte. Ich ging zur Fliederlaube und stellte mich hin und wartete auf eine Gesprächspause, um mein Anliegen vorzutragen. Ich hatte gelernt, dass ich nicht reden sollte, ehe es still war. Aber es wurde nie still, denn die Damen waren bereits ins Plaudern gekommen.

Am Ende hielt eine doch ein wenig inne, und das war die Gelegenheit für mich, die Frage nach dem Rezept unterzubringen.

»Aber Iris! Du musst um Entschuldigung bitten, wenn du das Gespräch so unterbrichst. Und außerdem sollst du Guten Tag sagen, wenn du kommst.«

Ich ging sofort herum und gab allen die Hand, als eine Nachbarin böse sagte: »Wenn du jetzt grüßt, nachdem du dazu aufgefordert worden bist, ist es nichts wert. Das hätte aus dir selbst heraus kommen müssen. Nun solltest du um Entschuldigung bitten, dass du nicht Guten Tag gesagt hast.«

»Aber ich habe doch Guten Tag gesagt«, erwiderte ich verwirrt.

»Und du darfst nicht widersprechen!«, sagte sie und wurde noch ärgerlicher. »Was hast du zu deiner Verteidigung zu sagen?«, fragte sie vorwurfsvoll.

Ich kapierte gar nichts.

In der Stille, die nun entstand, erklärte Mutter, wo das Rezept lag. Ich nahm einen Kuchen und drehte mich um, um Vater das auszurichten, denn der wartete ja. Mutter sagte: »Man nimmt nicht, bevor jemand einen dazu aufgefordert hat.«

Ich legte den Kuchen zurück.

»Und wenn man etwas vom Teller genommen hat, dann darf man es nicht zurücklegen.«

Ich nahm den Kuchen wieder und ging.

»Und wenn man den Tisch verlässt, sagt man Danke!«

Ich sagte Danke.

»Aber du musst es spontan sagen!«

Das alles habe ich nie verstanden. Die gestörten Jugendlichen, die zu uns kamen, waren auch »unerzogen«, aber die wurden schnell und scheinbar ohne weitere Anstrengung zu vollkommenen Heuchlern und lernten, die Regeln zu befolgen, die für mich so rätselhaft waren. Ich konnte sehen, dass sie mit ihrem »Entschuldigung« und »Danke« und »Guten Tag« nichts meinten, aber die Erwachsenen akzeptierten diese wertlosen Phrasen, als wären sie ernst gemeint. Ich begriff nicht, dass Erwachsene so blind sein konnten, dass sie das nicht durchschauten, oder ob ihnen bewusst war, dass sie selbst auch heuchelten.

Gerechtigkeit ist ein anderer Begriff, mit dem ich viel zu kämpfen hatte. Ich habe immer gefragt, welchen Maßstab Personen anlegten, wenn sie sagten, dass etwas gerecht oder ungerecht sei. Oft erhielt ich zur Antwort: »Das sagt einem doch der gesunde Menschenverstand, dass das ungerecht ist.« Ich besitze keinen solchen gesunden Menschenverstand, und ich weiß auch nicht, wo ich den herbekommen sollte. Für mich ist alles, was geschieht, so, wie es ist, weder gerecht noch ungerecht. Wenn man sich dann ein System mit Gradabstufungen denkt, dann kann man aus diesen Gradunterschieden etwas gewinnen, was gerecht oder ungerecht ist. Aber nur, wenn das System auch gilt.

Einige Jahre meines Lebens war ich als Kontakt-Ombudsmann gewerkschaftlich aktiv, und in der Zeit hatte ich Lohnverhandlungen zu betreuen. Ich brachte mir bei, wie das System aufgebaut war, und stellte fest, dass es eine vorgegebene Hierarchie gab, und dass es innerhalb dieser Hierarchie wichtig war, dass jede Gruppe vom Lohn her einen gewissen Abstand zur nächsten wahrte, sonst sank ihr Status, und das durfte nicht sein. Es musste grundsätzlich ein eingearbeiteter Unterschied da sein, damit Gerechtigkeit herrschte. Also: Es muss Unterschiede geben, damit Gerechtigkeit herrscht! Dann gab es Lohnabstufungen, die fließend waren und die gerecht nach Verdienst verteilt werden sollten. Das bedeutete, dass wir bestimmen mussten, wer sie verdiente, und das musste dann so mit dem System korrelieren, dass alle es gerecht fanden. Wenn das nicht möglich war, musste man einen Mehrheitsbeschluss einholen und sich darauf stützen.

Ich vertraute darauf, dass es in der Zentrale in Stockholm schon jenen Meterstab geben würde, wie es ihn in Frankreich gibt, der das Ausgangsmaß für alle Meterstäbe der Welt darstellt und damit die Norm ist.

Einmal erhielten wir eine neue Arbeitskategorie, die nicht zentral lohnverhandelt war, sondern auf einem passenden Niveau eingependelt werden sollte. Ich rief in Stockholm an, um herauszubekommen, was gerecht wäre, und erfuhr, dass wir das lokal regeln müssten. Also rief ich verschiedene Gemeinden an, um zu fragen, welche »passenden Niveaus« sie so hatten, mit denen man diese Arbeiten bewerten könne, aber niemand wusste es. Also rief ich wieder in Stockholm an und fragte nach dem Grundmaß, denn ich wollte wissen, wovon man bei den Lohnverhandlungen auszugehen habe. Ich dachte, wenn ich die Eckdaten bekäme, dann würde ich sicher ausrechnen können, was passend sei.

Erst musste ich warten, denn sie wussten nicht, wovon ich sprach, und dann wurde ich immer weiter nach oben verwiesen. Es zeigte sich schließlich, dass es keine solchen Kriterien gab, sondern dass die Einordnung nach der »Verantwortung« geschehen sollte. Der mit der meisten Verantwortung sollte den höchsten Lohn bekommen. Also fragte ich nach den Kriterien für Verantwortung. Die gab es auch nicht, denn »das würde doch wohl jeder selbst begreifen, was damit gemeint sei, und wer die meiste Verantwortung trüge«.

Ich wurde nicht schlau daraus, wie um Himmels willen die Leute wissen konnten, was gerecht war und was nicht, wenn es doch nichts gab, wovon man als Referenz ausgehen konnte. Schließlich echauffierten sich doch die Menschen oft über Ungerechtigkeiten und waren verletzt oder gekränkt und wollten Genugtuung.

Ebenso ging es mir mit der Verantwortung. In meiner Welt übernahm jeder, so gut es ging, Verantwortung, und niemand wurde weniger geachtet, weil er die schwierigen Dinge vielleicht nicht stemmen konnte. Hier aber war es so, dass man sich die Verantwortung teilen sollte, und dass dann der, der die größte hatte, den meisten Lohn bekam.

Ich rief noch einmal bei verschiedenen Gemeinden an und fragte, ob sie die neuen Arbeitskategorien schon umgesetzt hatten. Da traf ich auf einen Mann, der sagte: »Mal sehen, wir orientieren uns da an XY. Das wird etwas zwischen Freizeitguide und Sozialgehilfe, das sollte o.k. sein.« Seither hatten mehrere Leute deshalb angerufen, und alle hatten die Arbeitskategorien auf demselben Niveau eingeordnet und sich aufeinander bezogen. »Auf dem Niveau liegen diese Tätigkeiten in allen Kommunen, es ist also nur gerecht, wenn Sie das auch bekommen.«

Wenn also jemand guten Gewissens einen Vorschlag durchgesetzt hat, dann verwendet man den im Anschluss daran als Maß, und dann sollte es an allen Orten so sein, damit Gerechtigkeit herrscht.

Jemand erklärte mir Gerechtigkeit so, dass, wenn nicht alle etwas bekommen könnten, niemand es kriegen sollte, wenn nicht besondere Gründe vorlägen. Da musste ich daran denken, dass – da nun einmal nicht alle Menschen auf der Welt Eis bekommen können – es um der Gerechtigkeit willen für niemanden Eis geben dürfte. Doch als ich diese These verkündete, fanden die Leute mich lächerlich. So könne man doch nicht argumentieren, man müsse sich auf Schweden beschränken. Dann behauptete ich, da nun mal in Norrland keine Pflaumen wüchsen, dürfte niemand in Schweden Pflaumen haben, oder zumindest sollten alle Pflaumen auch mit den Leuten in Norrland geteilt werden. Aber so durfte man auch nicht argumentieren. Was war dann also Gerechtigkeit?

Ich diskutierte die Sache mit Vater, und er sagte, für ihn sei Gerechtigkeit relativ. Es würde davon abhängen, wie man verschiedene Dinge bewertete, und deshalb war das Gefühl der Ungerechtigkeit für jeden etwas anderes. Er war der Ansicht, es sei unmöglich, gerecht zu sein. Hingegen könne man versuchen, darauf zu achten, was andere wertschätzten, und dieses Bedürfnis, soweit es ginge, befriedigen. Dann wäre die Ungerechtigkeit im Kleinen zumindest nicht so krass. Dann sagte er, dass es auf sekundärer Ebene Gerechtigkeit gebe, die aber überhaupt keine Bedeutung für unser Überleben auf der primären Ebene habe, und deshalb sollte ich mich nicht zu sehr darum scheren, wenn die Menschen unentwegt über Gerechtigkeit stritten.

Ich habe bis heute große Probleme mit der Gerechtigkeit. Ich verspüre so gut wie nie eine Ungerechtigkeit, es sei denn, jemand verspricht mir etwas und schnappt es mir dann direkt vor der Nase weg, ohne dafür gute Gründe zu haben. Ich pflege die Diskussionen über Ungerechtigkeit mit den Betroffenen ad absurdum zu führen, und wenn danach noch etwas von ihren Argumenten übrig ist, dann bin ich bereit, über eine Korrektur der Ungerechtigkeit zu sprechen. Aber ich stehe den Menschen, die sich übervorteilt und ungerecht behandelt fühlen, mit Mitgefühl bei, bis sie genug über die Sache getrauert haben und sich wieder aufrichten können.

Für mich existiert auch dieser seltsame Umstand nicht, dass man Verantwortung vom Leben selbst trennt und belohnt. Das ist meiner Ansicht nach ein Denkfehler. Für mich ist Verantwortung ein Privileg. Wenn ich gut darin bin, Verantwortung zu übernehmen und durchzutragen, und andere mir vertrauen, dann gewinne ich etwas dadurch und wachse als Mensch.

Kinder bekommen eine Belohnung, wenn sie Verantwortung übernehmen und auf ihre kleinen Geschwister aufpassen, und es wird ihnen etwas vom Taschengeld abgezogen, wenn sie sich nicht verantwortlich zeigen und ihr Bett nicht gemacht haben. Jedes Mal, wenn sie beweisen, dass sie etwas beherrschen, wird die Referenzlinie dorthin verschoben, und wenn sie dann keine Verantwortung dafür zeigen, gibt es Sanktionen.

So erleben Kinder ständig, dass sie betrogen werden und man ihnen die Zeit stiehlt, in der sie besser hätten spielen können. Viele Kinder lernen die alltäglichen Dinge nicht gern, denn sie bedeuten einen Zeitdiebstahl und der Gewinn ist zu klein. Man führt Bewertungen auf einem Gebiet ein, wo sie nicht hingehören, und das bringt für die Kinder Probleme im Erwachsenenleben mit sich.

Ich habe viele Jahre darüber nachgedacht, wie man hier plausibel differenzieren könnte. Nach vielen Jahren auf der Hochschule und Kontakten zu klugen Menschen kam ich zu dem Schluss, dass es zwei Felder gibt – ein primäres und ein sekundäres – und dass diese nicht im Gegensatz zueinander stehen, sondern aufeinander folgen. Das primäre Feld ist grundverschieden von dem sekundären, doch beide sind sie für sich absolut wichtig. Verantwortung gehört in das primäre Feld und sollte nicht bewertet werden, sondern beinhaltet immer eine Form von Freiheit und bleibt ein Privileg. Doch in unserer Zivilisation sind die Proportionen verschoben. Es mag angehen, dass man das später als ein Kriterium anwendet, um Löhne festzusetzen, doch das ist sekundär und sollte nicht mit dem primären Feld vermischt werden, denn dann wird es unscharf.

Was ist Sicherheit? In unserem Land ist man so ängstlich, dass man Garantien fordert, um sich sicher zu fühlen. Garantie bedeutet, dass man dem Leben nicht ausgesetzt wird, wie es ist, sondern dass immer alles zurechtgelegt ist. In meiner Welt kommt es darauf an, Menschen die Möglichkeit zu geben, mitten in der Unsicherheit Sicherheit zu empfinden, und nicht eine Welt zu schaffen, die so sicher ist, dass Menschen nicht mehr imstande sind, in einem Naturzustand zu überleben. Ich habe gemerkt, dass Menschen, um die innere Sicherheit zu erlangen, ein »Handwerk« erlernen müssen: dass jeder Einzelne so viel von der Natur weiß, um als Schiffsbrüchiger zu überleben, und so viel über Kommunikation, dass er die Gemeinsamkeit entdeckt, die man braucht, um mit anderen eine Gruppe zu bilden und auch in schweren Zeiten zurechtzukommen.

Ich bin im Laufe meines Lebens auf eine harte Weise daran gehindert worden, eine Symbiose mit meiner Mutter einzugehen. Kurz nach meiner Geburt wies sie mich unbarmherzig schroff ab, und ich bekam solche Angst, dass ich in der Nichtsigkeit versank. Da ich eine Neigung zum Autismus hatte, tauchte ich nach dieser Abweisung nicht wieder auf und tat auch nicht, was ein normales Kind getan hätte: lauthals schreien und nicht damit aufhören, bis jemand sich um es kümmert. Ich aber verharrte während meiner ersten drei Lebensjahre in einem Nichtsigkeitszustand, in dem Menschen nur Umstände und keine Beziehungen sind.

Es ist ganz natürlich, dass die Mutter und das Neugeborene eine Wechselbeziehung eingehen, in der sie gleichrangig und autonom sind. Das Kind ist in der Lage, seine Bedürfnisse zu befriedigen, wenn die Mutter in der Lage ist, zur Verfügung zu stellen, was das Kind braucht. Das Kind empfindet ein Bedürfnis und wendet die Möglichkeiten an, die es hat: es schreit. Das Bedürfnis wird befriedigt, und das Selbstvertrauen des Kindes wächst, denn es hat selbst dafür gesorgt, dass es nun zufrieden ist. In diesem Prozess ist eine Symbiose, in der eine Person ihr Leben durch eine andere lebt, nicht erforderlich und hat auch keinen Platz. Eine Symbiose kann aber zum Beispiel entstehen, wenn die Mutter das Bedürfnis hat, durch ihr Kind als gute Mutter bestätigt zu werden, und sie also aus egoistischen Gründen will, dass das Kind aufhört zu schreien und zufrieden ist. Dann wird die Wechselseitigkeit und die Gleichrangigkeit in ihrer Beziehung aufs Spiel gesetzt, und die Mutter bringt das Kind nach und nach auf unnatürliche Weise in eine Abhängigkeit von sich selbst. Das wiederum führt dazu, dass das Kind im Trotzalter neu um seine Autonomie kämpfen muss.

Mit Vater war es anders. Er sah mich mit Neugier an und er spielte und suchte nach Möglichkeiten, Kontakt zu mir aufzunehmen. Nicht, weil er es selbst brauchte, sondern weil er es spannend und unterhaltsam fand, und weil ich – ebenso wie mein älterer Bruder – sein vorbehaltlos geliebtes Kind war.

Da die meisten, die aufgrund des Besitzanspruchs der Erwachsenen in eine Symbiose hineingezogen wurden, immer an einer Trennungskatastrophenangst leiden werden, ist unsere Zivilisation von Überanpassung geprägt – Anpassung mit dem Ziel des Auslöschens, nicht der Gemeinschaft. Es herrscht ein sehr ausgefeiltes Muster von Schuld, Scham, Gewissen und Moral, das das Leben der Menschen und ihr Verhältnis zu sich selbst bestimmt.

Menschen bewerten sich selbst, bewerten, was gut und was schlecht ist, und das belastet sie ungemein. Was gut an einem ist, um das muss man sich kümmern und es wirklich pflegen, sonst ist man schlecht und hat keine Existenzberechtigung. Wenn man schlecht ist, bewegt man sich in Schuld, Scham und schlechtem

Gewissen – und hat ebenso wenig eine Existenzberechtigung. So ist es schwer, eine Nische zu finden, in der man von dieser Willkür unbehelligt bleibt.

Bei Mädchen kann das zu Anorexie und Bulimie und einer Körperfixierung führen, bei Jungen zur Unfähigkeit, reife erwachsene Männer zu werden. Stattdessen versuchen sie durch Bodybuilding oder Kampfsportarten, eine äußerliche Männlichkeit zu erlangen. Die moderne Jugendkultur ist voller Kompensationsmechanismen für die Autonomie, die eine solche Symbiose den Jugendlichen vorenthalten hat.

Als ich die Friseurschule besuchte, musste ich lernen, zwischen meinem eigenen persönlichen Stil und dem, was zufällig Trend war, zu unterscheiden. Außerdem musste ich lernen, wie ich aus dem herrschenden Trend etwas so auswählen konnte, dass mein eigener persönlicher Stil dabei nicht auf der Strecke blieb. Jedes Mal, wenn ein neuer Trend auftauchte, musste ich versuchen zu erkennen, wie sich die Sichtweise der anderen verändert hatte, und dann mein eigenes inneres Sehen darauf einstellen. Ich entwickelte zwei parallele Sichtweisen: zum einen das, was meine wirkliche Meinung war, und zum anderen das, was in den jeweils herrschenden Trend passte. Diese beiden Sichtweisen unterschied ich sehr sorgfältig, sodass meine Kundinnen wählen konnten, ob sie mutig oder sicher sein wollten.

Diese parallelen Sichtweisen wendete ich auch bei meiner Arbeit in dem Jugendhaus an. Lelle, ein verwilderter Jugendlicher mit Ambitionen zu schweren Straftaten, versuchte »in« zu sein, indem er immer dreist und heftig drauf war und halsbrecherische Risiken einging. Während eines Discoabends fing ich ihn ab, setzte ihn in die Garderobe, wo ich saß und den Eingang kontrollierte, und konfrontierte ihn mit dem, was er für trendy und »in« hielt.

»Begreifst du, was du da machst, und vor allem, warum du das tust?«, fragte ich. »Ist dir klar, dass du es tust, um auf irgendeine Weise einen Status zu erlangen? Du glaubst, es ginge dir darum, zu trinken, dich zu prügeln und wie ein Verrückter Auto zu fahren. Aber das bist überhaupt nicht du. Du bist etwas ganz anderes. Du glaubst, du wärst ein Nichts, wenn du einmal du selbst wärst. Aber da täuschst du dich. Wenn du wirklich du selbst wärest, dann hättest du genau die Position, nach der du jetzt strebst, die du aber so gar nicht bekommen kannst. Kannst du das verstehen? Begreifst du, dass du die soziale Stellung, die du willst, längst hast?«

»Woher willst du das wissen?«, fragte er frustriert, aber auch ein wenig neugierig.

»Ich kann es nicht beweisen, aber ich weiß es. Du kannst versuchen, mir zu beweisen, dass ich unrecht habe. Aber es wird dir nicht gelingen, denn wenn du es tätest, dann würdest du nämlich merken, dass ich recht habe. Und dann hättest du ein echtes Problem, denn du könntest nicht so weitermachen wie jetzt.«

»Du legst mich rein. Du willst mich verarschen.«

»Wenn du meinst, dass jemand etwas sehr Schlechtes tut, und wenn du weißt, dass diese Person auf Verbote, Schimpfen oder andere Erziehungsmaßnahmen nicht reagiert, dann musst du stattdessen der Person eine Wahrheit sagen, so wie ich jetzt zu dir. Kann dir das denn schaden, selbst wenn ich mich täusche? Ich habe keine Beweise, deshalb kannst du gerne glauben, dass ich dich reinlegen will. Aber wenn du es nicht ausprobierst, werden wir es nie erfahren. Wenn du es aber probierst, dann werden wir klüger sein. «

Dann zeigte ich ihm, wie er nach außen wirkte und wie er wirklich als Person war. Die Gang, in die er hineinkommen wollte, war sehr destruktiv, man soff und stahl und prügelte sich.

»Mach die Augen auf und sieh dich an. Sieh genau hin. Schau dir an, was die da machen. Vorigen Samstag waren sie im Park; einer von ihnen hat ein Auto geklaut und landete auf dem Polizeirevier, der andere war so besoffen, dass er bewusstlos wurde und im Krankenhaus endete. Sieh dich um. Ist das wirklich deine Art? Benutze deinen Verstand und fühle es selbst. Was ist das für ein Status, den du in solch einer Gruppe haben willst? Eigentlich willst du dabei sein, weil du meinst, ihr würdet Spaß miteinander haben. Du willst Spaß, willst Mädchen treffen, Auto fahren und Party machen. Aber das, was die hier ohne dich machen, ist genau das Gegenteil. Mit dem, was du wirklich kannst und wirklich fühlst, kannst du einen Status in dieser Gruppe erreichen. Du hast das Zeug dazu. Du bist nicht total bescheuert und auch nicht völlig blind, sonst würdest du nicht jeden Tag hier mit mir reden. Du bist auf der Suche nach was ganz anderem.«

»Du hast ja recht, aber das ist ziemlich schwer«, sagte er. »Ich glaube nicht, dass ich das kann. Ich habe gar nichts zu bieten. Ich glaube, die denken einfach nur, ich bin ein Schwächling. Ich kann nicht das sagen, was du sagst. Wenn ich das täte, würde ich wie ein Schwächling klingen. Wenn du es sagst, klingt es ganz richtig, und ich weiß auch, dass es richtig ist. Es wird für sie nicht gut laufen, und für mich auch nicht. Es wird für uns alle schlecht laufen. Man kann nicht so denken wie du. Man kann nicht so reden wie du.«

So endeten unsere Gespräche meist, und das machten wir ein paar Jahre lang.

Nach einer Weile überlegten wir beide, was er von dem ganzen »trendigen« Auftreten vielleicht beibehalten könnte, ohne sich ständig in Lebensgefahr zu bringen. Daraufhin veränderte er seinen Stil, passte aber immer noch in seine Gang. Und nach einer Weile wurde er Jugendleiter in einem Projekt einer anderen Kommune und hat seither unzähligen Jugendlichen geholfen, die im Begriff waren, auf die schiefe Bahn zu geraten. Bis heute sagt er, dass er, wenn er so weitergemacht hätte wie zu Anfang, nicht die geringste Chance gehabt hätte.

Ich war vollauf damit beschäftigt zu begreifen, was es bedeutete, eine ganz normale Bewohnerin einer Kleinstadt zu sein, wie man denken und was man glauben sollte, wie man auftreten und gekleidet sein sollte, was man machen musste, um akzeptiert zu sein, und wie man reden sollte.

Allmählich übernahm ich die Wertvorstellungen der materiellen Welt und lernte, wie man sein sollte und inwieweit man von diesen Vorstellungen abweichen durfte. Eine Grundregel lautete, dass man eine Familie gründen sollte; man sollte einen Partner finden, heiraten und Kinder bekommen. Das gefiel mir ausgezeichnet. Ich hatte gelernt, dass man sich auf bestimmte Weise verhalten musste, um attraktiv zu sein, und dass dies im besten Fall zu einer Heirat führen würde.

Von dem Tag an, als ich mit meinen Übungen begann, um ein Kommunikationsfeld zu entwickeln, und Erfahrung damit gewann, mich in der Atmosphäre eines anderen zu befinden und mich richtig aufzuführen, begann die Umgebung mich als normal und funktionierend zu betrachten. Ein paar Jahre lang lernte ich viele Jungen kennen, und irgendwann fand ich auch einen, der passte. Er verfügte über einen großen Überschuss an Liebe und war mental sehr stabil. Er nahm das Leben so, wie es war, er nahm es einerseits spielerisch, übernahm aber zugleich Verantwortung mit einer derartigen Leichtigkeit, dass man richtig neidisch werden konnte. Und er war der Meinung, ich sei ein spannender, unberechenbarer Mensch, mit dem es niemals langweilige Routinen gab.

Ganz plötzlich befand ich mich in einer Menge sozialer Zusammenhänge, wie ich sie noch nie gehabt hatte. Da waren zum Beispiel Geburtstage, bei denen ich nicht mehr die Iris war, die unter dem Tisch saß und um die sich niemand scherte, sondern plötzlich war ich diejenige, die das Fest für meinen Mann ausrichten und Gastgeberin sein sollte. Mein Mann musste mir beibringen, wie man andere zufriedenstellte, indem man zu Torte und Kuchen einlud, aufdeckte und die Speisen anbot – doch ganz gleich, ob ich nach meinen eigenen Ideen vorging oder mich an die Erklärungen meines Mannes hielt, es entstand doch niemals der soziale Rahmen dafür, dass alle einfach kommen und ein paar entspannte Stunden verbringen und dann nach Hause gehen konnten.

Ich ruinierte ziemlich viele solcher Feste und Gesellschaften und erzeugte etliche peinliche Situationen. Ich begriff nicht, dass man nur über bestimmte Themen sprach und dass man auch nur auf eine bestimmte Weise darüber redete. Einmal geschah es, dass gerade der Kuchen herumgereicht wurde, als ein Gast zu spät kam und sich damit entschuldigte, dass er im Stall Vorbereitungen zum Schlachten einiger Tiere habe treffen müssen. Diese gesellschaftlich vollkommen akzeptable Erklärung brachte mich dazu, davon zu erzählen, wie bei uns zu Hause der Schlachter einmal ein paar Tage zu früh gekommen war und wir es noch nicht geschafft hatten, die Schweine hungern zu lassen, damit ihre Gedärme leer waren. Ich beschrieb, wie man Magen und Gedärme aus den Tieren hob und in eine Wanne mit Wasser legte. Und als ich den Darminhalt rausdrückte – die Därme sollten schließlich als Wursthaut verwendet werden –, da spritzte es so, dass mein Onkel eine ganze Kaskade davon abbekam, die ihm über Gesicht und Hemd rann. Er sah daraufhin aus, als habe das Schwein ihn direkt angeschissen. Für mich war das eine witzige Situation, und ich lachte herzlich und beschloss meine Erzählung mit dem Satz: »Aber es roch eigentlich nicht nach Scheiße, sondern mehr nach Aas.« Ich merkte, dass es ganz still wurde und der Kuchenteller abgestellt wurde, weil niemand mehr große Lust auf den Kuchen zu haben schien. Jemand sagte: »Über so etwas sollte nicht gesprochen werden, wenn man es mal nett haben will.« Ich begriff gar nichts und wusste nicht, dass man über so etwas nicht redete. Da griff mein Mann ein. Er sagte zu mir: »Du musst wissen, die Leute finden so etwas eklig, und des-

336

halb spricht man nicht darüber, wenn man isst.« Dann wandte er sich dem Mann zu, der zu spät gekommen war, und fragte: »Also, wie viele Schweine willst du denn schlachten lassen?« Der antwortete, jemand anders stellte eine weitere Frage, und damit war die Situation gerettet. Ich allerdings konnte nicht verstehen, welcher Unterschied zwischen dem bestand, wovon ich geredet hatte, und dem, was sie verhandelten.

Nach und nach lernte ich, wenn mir etwas in den Sinn kam, erst meinen Mann zu fragen, ob man darüber reden dürfe. Dabei fragte ich ihn oft, woher er das wisse, wie er ahnen konnte, dass man über das eine gut reden konnte, während das andere unmöglich war, denn das wollte mir nicht in den Kopf. Darauf wusste er nie eine Antwort, sondern er sagte dann nur, was ich schon tausendmal gehört hatte: »Das weiß man einfach«, oder: »Das ergibt sich aus dem Zusammenhang.«

Meine Fähigkeit zu erkennen, was die Menschen wirklich meinten, in Verbindung mit meiner Unfähigkeit zu sehen, dass sie das geheim halten wollten, oder dass sie sich oft selbst nicht eingestanden, was sie wirklich meinten, erzeugte viele peinliche Situationen. Freitagabends pflegten sich Nachbarn und Freunde bei uns zu treffen, und wir saßen beisammen und redeten und tranken Kaffee. Bei einer solchen Gelegenheit war einmal eine Frau dabei, die der Meinung war, sie könne sehr gut tanzen, und die sich deshalb das Recht herausnahm, einen Mann nach dem anderen in der Gruppe wegen seines schlechten Tanzstils zu kritisieren. In der Atmosphäre erschien nun, dass die anderen Frauen ganz und gar nicht fanden, die Männer würden schlecht tanzen, und dass die Männer wiederum meinten, eben diese Frau sei eine schlechte Tänzerin. Doch der sozialen Konvention entsprechend, von der ich keine Ahnung hatte, sagten sie nichts zu ihr, sondern waren einfach nur unangenehm berührt, was ich allerdings auch nicht merkte. Und ich konnte gar nicht verstehen, warum sie nicht sagten, was sie dachten. Also sagte ich völlig arglos zu der Frau: »Aber du bist doch diejenige, die anderen immer auf die Zehen trampelt. Du tanzt nämlich ganz und gar nicht gut.« Darüber regte sie sich ganz furchtbar auf und warf mir vor, ich hätte sie beleidigt, und nun habe sie Kopfschmerzen, die ihr die nächsten Tage ruinieren würden. Dann stand sie theatralisch auf und verließ den Raum. Und auch die kritisierten Männer wurden wütend auf mich und sagten: »So etwas darfst du nicht sagen.« Ich kapierte gar nichts.

Als wir dann allein waren, erklärte mein Mann mir, dass man solche Situationen am besten unkommentiert vorüberziehen lässt, sonst würde es für alle Beteiligten unangenehm. Er sagte, er hätte sich nicht einmal in seinen wildesten Träumen vorstellen können, auf wie viele verschiedene Arten ich eine gesellschaftliche Situation zerstören könnte. Und so brachte er mir auch bei, wie gesellschaftliche Treffen vonstattengehen.

Es treffen sich ein paar Menschen – bei jemandem zu Hause, auf der Straße oder sonstwo –, und dabei wird der Kontakt durch eine Begrüßungszeremonie hergestellt. Dann beginnt man über irgendwas zu reden, und dabei ist nicht das Thema wichtig, sondern dass man dieses soziale Spiel spielt, in dem man einander sieht und spiegelt und alle reinkommen und dabei sein lässt. Dabei ist es entscheidend, dass man über nichts Wichtiges redet. Dieses Spiel läuft so lange, bis alle gefühlsmäßig zufrieden sind, was etwa zehn Minuten oder auch zwei Stunden dauern kann. Danach sind zwei Szenarien möglich. Entweder schaut jemand auf die Uhr und behauptet, keine Zeit mehr zu haben. Dann beginnt die Abschlussprozedur und man sagt »Tschüss« oder »Ich melde mich« oder »Bis dann«. Oder es entsteht ein zweiminütiges Schweigen, und danach ist nicht mehr die Sozialisierung im Fokus, sondern es taucht ein Thema auf, das interessant oder aktuell ist: Politik, Religion oder was auch immer, zu dem alle eine Meinung haben und an dem alle teilhaben können. Und dann entsteht ein echtes Gespräch, das manchmal in eine Diskussion übergeht.

Das Gespräch entsteht aus einem Phänomen und die Diskussion aus der Tatsache, dass man eine Wertvorstellung angenommen hat, die man nun gegen die der anderen hält. Das geht so lange, bis das Thema ausdiskutiert ist. Dann taucht entweder ein neues Thema auf, oder man bricht auf. Und dann kommt wieder die Abschiedszeremonie, in der man wieder spielt und sozialisiert und sagt: »Das war jetzt wirklich interessant« oder »Das müssen wir noch mal genauer besprechen«. Und dann trennt man sich.

Bezeichnend für meinen Mann war, dass er keine symbiotische Schädigung erlitten hatte. Seine Mutter hatte ihre Kinder nicht dazu benutzt, ihre eigenen Bedürfnisse zu befriedigen. Sie war eine starke Frau, die ganz allein einen ganzen Hof verwaltete. Er war vollkommen autonom und lebte in einer Zufriedenheit, die nur der empfinden kann, der frei von dem Joch lebt, besessen zu werden. Geld war etwas, was man sich verdiente, um Spaß zu haben, das Auto eine Blechdose, die man pflegen und auf die man aufpassen sollte, weil sie einem diente. Wenn er einmal eine Beule ins Auto fuhr, dann war sein erster Kommentar: »Es gibt Fabriken, die nichts anderes machen als Autos, und die sollen schließlich auch leben.« Erst danach fing er an, darüber nachzugrübeln, wie wir das Geld zusammenkratzen – er nannte das »Ressourcen auftun« – konnten, um das Auto reparieren zu lassen.

Mit ihm bekam ich, kurz bevor ich achtzehn Jahre alt war, ein Kind. Wir wohnten immer noch auf dem Hof, und trotz meiner eigenen Unfähigkeit zur Nähe wurde unsere Tochter von ihm und allen anderen auf dem Hof sehr gut versorgt.

Es ist äußerst wichtig, zu unterscheiden, ob man in autonomer Gemeinsamkeit mit der Umgebung lebt, oder ob man völlig ohne Beziehungen ist. Kein Mensch kann völlig ohne Beziehungen leben, dann verkümmert er, und das Einzige, was ihn dann noch retten kann, ist die Symbiose, nämlich durch jemand anders zu leben, um wieder an der Gemeinschaft teilhaben zu können.

Das Leben, das wir lebten, als wir jung verheiratet waren, war voller Beziehungen. Auf dem Hof wimmelte es von Leuten, sowohl solchen, die dort wohnten, als auch solchen, die zu Besuch kamen. Ich hatte zahllose Gelegenheiten zu lernen, was in Gemeinsamkeit und was in Einsamkeit geschieht, und damit beschäftigte ich mich, sobald ich die Möglichkeit dazu hatte. Lange Zeit war es mir nicht möglich, allein zu sein, denn immer wenn ich allein war, verschwand meine Fähigkeit zu denken. Es entstanden dann nur viele seltsame und irrationale Verhaltensweisen, die weder von innen noch von außen verständlich waren.

Symbiose und Autonomie in ihrer tiefsten Form zu verstehen, das wurde sehr wichtig für mich. Wer den Kontakt zu seinem Gebärmuttergefühl verloren hat – zufrieden zu sein, versorgt zu sein und alle Bedürfnisse erfüllt zu bekommen, ohne etwas dafür tun zu müssen –, der wird selbstdestruktiv und das, was man gemein oder böse nennt. Um aus dieser Destruktivität herauszukommen, muss der »Gebärmutterkontakt« wiederhergestellt werden, doch muss das auf einem immateriellen Gebiet geschehen, denn die betreffende Person wird ja nie wieder zu dem tatsächlichen Zustand in der Gebärmutter zurückkehren können. Es ist wichtig, daran zu erinnern, dass alle Menschen sich schon einmal in diesem Zustand befunden haben, auch wenn er nicht mehr zugänglich oder völlig in Vergessenheit geraten ist. Wir besitzen Erinnerungen an diesen Zustand, und durch die Primäre Gedankenarbeit kann man wieder Zugang zu diesen Erinnerungen bekommen.

Ich habe im Laufe der Jahre eine Reihe von Personen, die ihre Autonomie verloren hatten, eine heilende Symbiose mit mir eingehen lassen. Um das tun zu können, darf ich nicht im Geringsten von diesem Menschen abhängig sein und muss ihn auf alle Schmerzen und Scheußlichkeiten reagieren lassen, die durch das Geschehene entstanden sind und sich in ihm angestaut haben, nachdem er seine Autonomie verloren hat.

Gewöhnliche Kinder, die in eine normale Gemeinschaft hineingeboren werden und niemals Gewalt, Missbrauch, Vernachlässigung und Einsamkeit erlebt haben, benötigen keine Symbiose, sondern einfach nur natürliche menschliche Gemeinschaft. Wenn sie die bekommen, werden sie niemals Eifersucht oder Trennungsängste, destruktives Verhalten oder dergleichen erleben.

Mir wurde klar, dass dies ein wichtiger Eckstein in meinem Verständnis vom Leben war. Ich war der Gemeinschaft verlustig gegangen, als ich drei Tage alt war, und war dann in der Kontaktlosigkeit des Autismus versunken. Auf der anderen Seite hatte ich in einer nahezu vollkommenen Gemeinschaft gelebt und das Privileg genossen, gewisse Menschen um mich zu haben, die sich für eine Symbiose mit mir zur Verfügung stellten. So war ich nicht gezwungen gewesen, mich anzupassen, sondern mein Bewusstsein konnte hervortreten und sich in seinem eigenen Tempo und zu seinen eigenen Bedingungen verankern. Dieser ungleiche Kampf dauerte nicht nur sieben bis zehn Jahre, sondern fünfundzwanzig, und für mich begann er erst, als ich zehn Jahre alt war – in einem Alter, in dem die meisten schon damit fertig sind. Doch ich habe viele Erfahrungen gewonnen über die grundlegenden Voraussetzungen des Menschen, Mensch zu sein, zivilisiert und sekundär entwickelt zu sein, und diese Erfahrung habe ich dann im praktischen Alltag für mich angewandt.

◆

Eine Freundin rief mich an und las mir das kurze Vorwort zu einem Buch über Nahtoderlebnisse vor, das sie soeben gekauft hatte. Sie fand, dass die Art und Weise, in der in diesem Vorwort argumentiert und erzählt wurde, an mich erinnerte. Ich selbst hatte noch kein Nahtoderlebnis gehabt, aber als ich das Vorwort hörte, fand ich auch, dass es durchaus von mir geschrieben sein könnte. Vor allem der Schluss gefiel mir:

»Letztendlich können auch diejenigen Menschen, die ein Nahtoderlebnis hatten, aber keine Möglichkeit fanden, mit einer Person zu sprechen, die ihr Erlebnis versteht, die Gelegenheit erhalten, ihre Erlebnisse mit denen anderer zu vergleichen und so von eventuellen Vorbehalten befreit werden, sie hätten etwas Unnormales erlebt.

Und vielleicht kann ihnen dieses Buch etwas nahebringen, was jemand, der selbst kein solches Erlebnis hatte, nicht verstehen kann, und was man nur vage mit menschlichen Worten zu beschreiben vermag: Frieden, Klarheit, wortlose Kommunikation.«

»… dass sie etwas Unnormales erlebt haben könnten … wortlose Kommunikation …« Diese Worte führten dazu, dass ich dem Verfasser des Vorworts einen Brief schrieb.

»Und stell dir vor«, sagte meine Freundin, »er ist Oberarzt im Krankenhaus deiner Heimatstadt! Er heißt Göran Grip.«

Wir wurden Freunde. Göran verstand, was ich erzählte, und zwar nicht nur hier und da ein Fragment, sondern er verstand wirklich, und er stellte mir Fragen, wie sie mir noch niemand gestellt hatte. Ich selbst hatte solche Fragen oft anderen gestellt, und als Göran sie jetzt mir stellte, wurde ich mir meiner selbst und der Welt und der Wirklichkeit bewusst, wie ich es noch nie gewesen war. Zuvor hatte ich sehr *in* allem gelebt, aber jetzt konnte ich einen Schritt zurücktreten und sagen: Das hier kann ich gut, dazu könnt ihr mich gebrauchen. Ich hatte keine Ahnung gehabt, dass ich mir meiner Fähigkeiten bewusst werden könnte.

Das Gold ruhte noch im Berg. Jetzt konnte ich es endlich heraufholen und ein Schmuckstück daraus anfertigen. Aber das Gold selbst hatte sich nicht verändert.

Ich erzählte Göran von Rolf, der keinen Selbsterhaltungstrieb besaß. Er war zwei Meter lang und sehr stark, und jedes Mal, wenn er wütend wurde, misshandelte er jemanden. Er hatte wegen Misshandlung in der Erziehungsanstalt und im Jugendgefängnis gesessen.

Göran: Woran hast du erkannt, dass er keinen Selbsterhaltungstrieb besitzt?

Iris: Das würde ganz anders aussehen. Wer einen Selbsterhaltungstrieb besitzt, der erkennt, wie es vor ihm, in der Zukunft, aussieht, ganz gleich, wie wütend er wird. Aber ich sehe, dass Rolf vor einer Wand steht, wenn er wütend wird, er sieht nichts und schlägt einfach nur. Ich sehe, dass er schlägt, weil er die Wirklichkeit nicht erkennt.

G.: Wie siehst du das?

I.: Ich gehe ins Außen, und da sieht es wie eine Wand aus, die ihn daran hindert, die Wirklichkeit zu erkennen. Er sieht Dinge, die auf ihn zukommen und ihn bedrohen, die es in Wirklichkeit aber nicht gibt.

G.: Wie siehst du das?

I.: Ich weiß es nicht, aber ich sehe es. Ich sehe es nicht mit den Augen und nicht in Bildern, aber wenn ich im Außen bin, habe ich Wissen um das, was in ihm geschieht und was ihn steuert. Und ich weiß ganz genau, was ich tun muss.

G.: Und was musst du tun?

I.: Ich weiß, dass ich tun muss, was ich schon einmal in einer bedrohlichen Situation getan habe. Ich habe mich ihm gegenübergestellt, ganz nah, und bin im Außen geblieben, denn sonst hätte ich ihn nicht erreicht. Und dann habe ich ihn angeschrien: »Stopp. Hör auf. Ich bin stärker als du, du musst keine Angst haben.«

G.: Hm. Das ist eine interessante »Logik«. Er muss keine Angst haben, weil du stärker bist als er? Was geschah mit ihm, als du das gesagt hast?

I.: Daran habe ich noch nie gedacht. Aber er wurde wieder ganz normal.

G.: Woher wusstest du, was du tun musstest?

I.: Ich habe niemals darüber nachgedacht, was ich weiß und was ich nicht weiß, die Frage ist mir nie gestellt worden, weil ich noch nie mit jemand anders darüber reden konnte.

G.: Woher wusstest du, was du tun musst?

I.: Es gibt jede Menge Informationen, die aus den Menschen kommen, und wenn man genau hinschaut, sieht man sie. Und wenn man einen Menschen sieht, der nicht funktioniert, tut man, was erforderlich ist, damit er funktioniert.

G.: Erzähle von diesen Informationen.

I.: Wenn ein Mensch ein trauriges Gesicht macht und weint, ist es trotz allem nicht sicher, dass er wirklich traurig ist. Aber wenn er wirklich traurig ist, tritt etwas Dumpfes in die Atmosphäre, und dann taucht die Information auf, dass ich es ruhig angehen lassen soll, und dass ich langsam sein und sanft und vorsichtig sprechen soll. Wenn ich das tue, dann merkt die Atmosphäre der Person, dass man sie versteht. Und dann ist es, als würde ein Signal durch die Person gehen, und sie kann richtig weinen und genauso traurig sein, wie sie es wirklich ist. Danach ist es dann auch wirklich vorbei.

Nachdem Rolf sich beruhigt hatte, habe ich ihn gefragt, was denn passierte, wenn er wütend war, sah er dann rot? »Nein«, antwortete er, »es wird wie eine Mauer und ich sehe nichts anderes mehr, und dann schlage ich mich automatisch frei.« Genau, wie ich es gesehen hatte.

Danach bat er mich, ihm zu helfen, denn er begriff, dass er sonst für den Rest des Lebens im Gefängnis sitzen würde. Ein halbes Jahr lang arbeitete ich mit ihm. Wann immer ich bemerkte, dass er auf dem besten Weg war, jemanden zusammenzuschlagen, warf ich mich dazwischen und stellte mich wenn möglich vor ihn und hielt ihn auf. Das funktionierte jedes Mal. Die Polizei holte mich zweimal, weil sie wusste, dass ich ihn aufhalten konnte.

An einem Samstagabend ein halbes Jahr später war Jugenddisco im Folkets Park, da kam er mit einem total zusammengeschlagenen Gesicht zu mir hereingestürzt. Er drückte mich an die Balustrade der Tanzfläche und brüllte: »Und das ist alles deine Schuld, zum Teufel!«

Ich antwortete: »Lass mich los. Was ist geschehen?«

»Das siehst du doch. Ich bin verprügelt worden.«

»Ich meine, wie kam es dazu?«

Und da erst erkannte ich, dass er mit den Augen zwinkerte und ein kleines Lächeln um seinen einen Mundwinkel spielte. Er erzählte mir, dass ein Halbwüchsiger etwas gesagt hatte, was ihn wütend gemacht hatte, und da war wie immer die Wand angekommen. Doch plötzlich war mein Gesicht vor ihm erschienen und hatte die Wand beiseite geschoben. Da hatte er keine Kraft mehr, zuzuschlagen – und hatte stattdessen ordentlich einstecken müssen: aufgeplatzte Lippe, blaues Auge, Nasenbluten. Er war sehr zufrieden, denn jetzt wusste er, dass er sich von seinen alten Reaktionsmustern befreit hatte und seine Handlungen selbst steuern konnte. Meines Wissens hat er seither keinen Menschen mehr geschlagen.

G.: Hast du noch mehr Beispiele dafür, wie du Menschen auf diese Weise siehst?

I.: Ja, vor ein paar Jahren lernte ich in einer Klinik für junge Drogenabhängige Guy kennen. Er war gerade erst eingeliefert worden und ich sollte das erste Gespräch mit ihm führen. Ich sah, dass sein Filter zwischen der Traumwelt und der Normalen Welt, der es einem ermöglicht, zwischen den beiden Bereichen zu unterscheiden, sehr dünn und stark durchlöchert war. Solche Perforierungen finden wir in geringerem Maß bei den meisten Drogenabhängigen, und sie können meist repariert werden. Bei Guy allerdings bestand der ganze Filter nur noch aus einem einzigen Loch. Ich sah, dass er mehrere Male nach einem Drogentrip Schreckensszenarien mit seinen nächsten Angehörigen gesehen hatte und von Reaktionen heimgesucht worden war, die er nicht hatte kontrollieren können.

Er sagte: »Ich werde niemals aufhören, Drogen zu nehmen, Jugendliche machen das einfach, und es ist nicht schädlich. Ihr Erwachsenen wollt einfach nicht, dass wir Spaß haben.«

Ich antwortete: »Andere Jugendliche lasse ich gern ihre Rückfälle haben, bis sie selbst die Nachteile der Drogenabhängigkeit bemerken.«

Dann erzählte ich ihm von seinem durchlöcherten Filter und dass ich sehen konnte, dass er einige Angstvorstellungen gehabt hatte.

»Davon verstehst du nichts«, antwortete er.

»Ich sage nur, was ich sehe. Und was ich sehe, ist, dass du nur einen winzigen Schritt von einer Psychose und lebenslangem Eingesperrtsein in der Klinik entfernt bist. Deshalb sage ich dir: Jetzt ist Schluss. Du darfst nie mehr Drogen nehmen. Und ich frage mich, wie ich dir dabei helfen kann.«

Da wagte er sich aus der Deckung und erzählte, dass er eines Morgens nach einer Drogenperiode in die Küche gegangen war, um etwas zu trinken, und dabei den abgeschlagenen Kopf seines Vaters im Kühlschrank gefunden hatte. Die Augen hatten ihn direkt angestarrt. Hinterher hatte er viele Stunden gebraucht, um den Schrecken abzuschütteln. Bei einer anderen Gelegenheit hatte er die abgehauene Hand seines Vaters im Tiefkühlfach gesehen, und derlei hässliche Episoden hatte er mehrfach durchlebt. Es erschreckte ihn, dass ich das gesehen hatte, aber was ihn am meisten erschütterte, war, dass er selbst, schon bevor ich mit ihm sprach, gewusst hatte, dass ich das alles sehen konnte. Deshalb nahm er meine Worte ernst. Und er sagte, er brauche ein Ziel, auf das er hinarbeiten könne. Ich erklärte, wenn er ein Jahr ohne Rückfall schaffen würde, dann würde ich ihn für eine Woche mit nach Griechenland zum Segeln nehmen. Und nach einem für ihn schwierigen und schlimmen Jahr fuhren wir tatsächlich nach Griechenland.

Göran erzählte, dass er, ohne Autist gewesen zu sein, die Gefühle und Absichten anderer Menschen spüren konnte. Sowohl als Kind wie auch als Erwachsener konnte er sich »in andere Menschen hineinstrecken« und deren Gefühle abspüren. Er erzählte, wie er sich als sehr kleiner Junge in seinen Vater hineingestreckt und gemerkt hätte, dass sein Vater auf seine Mutter und ihn eifersüchtig war. Und er erzählte, wie er später seine Fähigkeit angewandt hätte.

Noch nie hatte ich mit einem anderen Menschen so gesprochen wie mit Göran. Ich hatte schon häufig von meiner immateriellen Welt und meinen Erlebnissen berichtet, hatte bis dahin jedoch nur Misstrauen, Desinteresse oder verständnisloses Erstaunen geerntet, nicht mehr. Göran aber begegnete mir *in* meinen Erlebnissen und stellte dort »innen« seine Fragen. Das war völlig umwälzend für mich. Plötzlich begriff ich, was ich wusste. Ich erkannte, dass meine innere Welt, die mir bekannte und vertraute, wirklich war. Göran und ich kommunizierten auf demselben Niveau, dem primären Niveau in der wirklichen Welt, und das ermöglichte mir Kontakt zu meinem Selbstwertgefühl. Diesen Kontakt hatte ich schon vorher manchmal für kurze Momente gehabt, zum Beispiel, als ich Rolf davon abhielt, andere zusammenzuschlagen, und dabei wusste, dass ich das einzig Richtige getan hatte. Doch hatte ich zum ersten Mal Kontakt zu meinem Selbstwertgefühl und teilte es mit einem anderen Menschen. Es war auch das erste Mal, dass ich in der Richtigen Wirklichkeit mit jemand anders sprach. Fil und Emma waren in der Richtigen Welt mit mir zusammen gewesen, aber wir hatten nicht gesprochen, sondern sie waren diejenigen gewesen, die mir die ganze Zeit von ihrer eigenen Wirklichkeit erzählt hatten.

Genauso wie ich vermochte Göran immer gut auseinanderzuhalten, was er selbst war und was von anderen Menschen kam. Später schrieb er in seinem Buch:

»Es ist keine Magie oder Mystik, dass ich die Gefühle anderer Menschen abspüren kann, ebenso wenig, wie es sich um eine Psychose oder eine Identitätsvermischung handelt. Und es ist definitiv keine Einbildung. Abgesehen davon, dass man es nicht erklären kann, funktioniert es recht einfach. Es ist, wie wenn man am Tisch sitzt und sich fragt, ob die Teekanne kalt oder warm ist. Man streckt die Hand aus und legt sie auf die Kanne, und dann weiß man es. Die Kanne ist es, die warm ist, und ich bin es, der die Wärme spürt. Bevor man mehr über die Sinneszellen oder Berührungsrezeptoren und das zentrale Nervensystem wusste, war dieser Vorgang ebenso unerklärlich. Und ebenso einfach.«

Göran fragte, was ich getan hatte, wenn ich nicht mit den anderen Kindern spielen konnte. Da erzählte ich ihm von Slire und Skydde und unseren Spielen. Für mich war das ebenso selbstverständlich wie das Atmen, aber Göran, der zwar zwei Nahtoderlebnisse gehabt hatte, aber keine Außerkörperliche Erfahrung, fand das faszinierend, vor allem Spiele wie »um die Beine des Pferdes zu sausen, während es läuft«. Seine Fragen und sein Interesse machten mir klar, dass meine Spiele mit Slire und Skydde in der Wirklichen Welt nicht ebenso banal waren wie gewöhnliches Versteckspiel.

Göran erzählte mir von der Geburt seines Bruders. In seinem Buch beschreibt er es folgendermaßen:

»Ich habe Iris erzählt, wie es war, als mein Bruder geboren wurde. Ich wanderte den ganzen Weg zurück bis zu dem Gefühl als Dreijähriger, wie es war, durchzuhalten, während Mama im Krankenhaus war.

Ich habe von meiner Not und meiner verzweifelten Sehnsucht nach Mama erzählt. Und von der Katastrophe, als sie endlich nach Hause kam und mich abwies.

Iris wurde unruhig, als ich das erzählte, und ich fragte warum. Hatte meine Erzählung sie so verstört?

›Ich sehe ein Bild‹, antwortete sie und suchte nach den richtigen Worten. ›Da ist ein Eisblock, und unter dem Eisblock liegt ein Baby, ein kleines Mädchen. Es ist fast tot, aber noch nicht ganz, denn es bewegt sich ein wenig.‹

Das sterbende Kind!

›Was bedeutet das Bild?‹

Iris quälte sich und ging dann in das Bild hinein. Sie atmete kurz und angestrengt.

›Genau‹, sagte sie schließlich. ›Der größte Wunsch deiner Mutter war es, ein Mädchen zu bekommen. Sie hatte schon gehofft, dass du ein Mädchen sein würdest. Und als sie feststellte, dass dein Bruder auch kein Mädchen war, war sie zutiefst deprimiert, denn sie wusste, dass dies ihre letzte Chance gewesen war, ein Mädchen zu bekommen.‹

Da erinnerte ich mich. Mama hatte mir erzählt, dass ich Kerstin hätte heißen sollen, und Lars ebenso. Danach kaufte sie eine kleine Porzellanfigur, die ein Mädchen darstellte, das in einem Buch las, und taufte sie auf den Namen Kerstin.

Ich erzählte meiner Tante May von meinen Erlebnissen im Zusammenhang mit Lars' Geburt, verriet allerdings nichts von dem, was Iris gesagt hatte. Sie saß eine Weile schweigend da, dann sagte sie:

›Der größte Wunsch deiner Mutter war es, ein Mädchen zu bekommen. Als Lars geboren wurde, war sie einige Monate sehr traurig und deprimiert und konnte sich nicht richtig um euch kümmern. Sie war sehr erschöpft.‹

Plötzlich hörte ich die Stimme meines Vaters, die kategorisch und bestimmt sagte: ›Zwei Kinder sollte man haben, nicht mehr. Zwei Kinder.‹ Lars war ihre letzte Chance gewesen, ein Mädchen zu bekommen.«

Wir sprachen auch über vieles andere. Ich erzählte, dass ich nicht schreiben, nicht buchstabieren konnte und Legasthenikerin war. Göran fragte, ob ich Schreibmaschine schreiben könne, und da erzählte ich ihm, dass ich das gelernt hätte. »Aha, du kannst also Schreibmaschine schreiben!«, sagte er. »Dann kannst du auf meinem Computer schreiben.« Und so erzählt er es in seinem Buch:

»Iris erzählte mir, sie sei Legasthenikerin und könne nur langsam und unter großen Schwierigkeiten lesen. Das beruhe wahrscheinlich darauf, dass sie einen kleinen Gehirnschaden habe, erklärte sie unbekümmert. Und dieser Hirnschaden sei auch die Ursache für ihre Probleme, mit Apparaten und Maschinen klarzukommen, fügte sie ruhig und sachlich hinzu.

Hirnschaden? Iris?, dachte ich erstaunt. Ich betrachtete sie. Sie war schnell und intelligent und konnte gut reden, und ich konnte an ihr keine Anzeichen für einen Hirnschaden entdecken. Ihre Briefe an mich waren nicht von einer Legasthenikerin geschrieben, die kaum lesen konnte. Sie waren lebendig und spannend, und die Sprache plätscherte in ihnen wie ein kleiner Frühlingsbach. Es erstaunte mich auch, dass sie so unbekümmert von ihrem ›Hirnschaden‹ sprach.*

---

* Als Arzt habe ich die Erfahrung gemacht, dass Menschen, die von ihren Behinderungen und Beeinträchtigungen in unbekümmertem Ton sprechen, Opfer von verschiedenen Verteidigungsmechanismen sein

Um mich von ihrer Legasthenie zu überzeugen, zeigte sie mir einen Aufsatz in Pädagogik, den sie kürzlich geschrieben hatte. Als sie mir das Papier gab, merkte ich, dass sie eine große Unlust dabei empfand.

Und der Aufsatz war wirklich nicht gut. Er war verwickelt und umständlich und fast nicht zu verstehen, und die Rechtschreibung war sehr schlecht. Doch ähnelte er in keiner Weise dem, was ein Freund mir zu schicken pflegte, der wirklich Legastheniker war und wie eine Krähe schrieb. Auch die Rechtschreibfehler waren nicht typisch. Hier musste etwas ganz anderes als Legasthenie vorliegen. Ich bat sie, mir von den Umständen zu berichten, unter denen der Aufsatz zustande gekommen war. Sie studierte Pädagogik an der Universität, und dies sollte ein Aufsatz werden, dessen Punktzahl doppelt gewertet wurde. Ihre Tutorin war aber mit Iris' Art zu schreiben nicht zufrieden und hatte sowohl Inhalt als auch Sprache kritisiert, woraufhin Iris den Text wieder und wieder umformuliert hatte.

Während Iris erzählte, spürte ich, dass sie richtig Angst vor ihrer Tutorin hatte. Sogar als sie bei mir saß, verstummte sie fast, wenn sie von ihr zu erzählen versuchte. Kein Wunder, dass sie sich nicht schriftlich ausdrücken konnte, wenn sie eine solche Furcht empfand.

Als wir uns das nächste Mal begegneten, beschloss ich, alles auf eine Karte zu setzen.

›Du bist keine Legasthenikerin‹, behauptete ich entschieden.

›Was?‹, fragte sie und sah mich verwirrt an. ›Wie meinst du

können. Doch heute, da ich Iris noch besser kenne als damals, ist mir klar geworden, dass Iris deshalb so unbekümmert von ihrem angeblichen Hirnschaden sprach, weil sie wirklich die Vorstellung akzeptiert hatte, dass sie eine derartige Behinderung hätte, und nicht dass sie Opfer eines irgendwie gearteten psychischen Verteidigungsmechanismus' war.

das? Es ist ja wohl vollkommen klar, dass ich Legasthenikerin bin. Ich kann schließlich nicht lesen.‹

›Nein, du bist keine Legasthenikerin. Ich habe einen Freund, der es wirklich ist, und er schreibt nicht so wie du.‹

›Ja, aber …‹

›Du bist keine Legasthenikerin‹, wiederholte ich und hielt ihrem Blick stand. ›All diese Briefe hat mir kein Legastheniker geschrieben.‹

Und ich hielt ihr das dicke Bündel mit Briefen hin.

›Ja, aber die Briefe zählen ja auch nicht. Darin plaudere ich ja nur mit dir.‹

›Wenn man aufgrund eines Hirnschadens Legastheniker ist, dann ist man das immer, ganz gleich, an wen man schreibt‹, entgegnete ich. ›Dein Aufsatz ist wirklich ein ziemlicher Mist, aber er ist auch nicht von einem Legastheniker geschrieben. Solche Leute machen auf ganz andere Weise Fehler als du.‹

Nun hatte ich sie, sie konnte sich meinen Argumenten nicht entziehen. Ich sah, wie sich die Angst in ihr ausbreitete, als sie einmal meine Behauptungen akzeptiert hatte. Ich war auf der richtigen Spur. Nur jemand, der seine Behinderung als Schutzschild benutzt, bekommt es mit der Angst zu tun, wenn man sie ihm wegnimmt.

Als sie sich gefangen hatte, sagte sie, ich sei der erste Mensch überhaupt, der ihre Behauptung, Legasthenikerin zu sein, nicht akzeptiert hätte. Aber sie hatte keine Ahnung, was dann ihr Problem sein könnte, und auch ich wusste nicht, was es sein könnte. Ein Hinweis war ihre übertriebene Angst vor der Tutorin. Doch wir kamen nicht weiter, und am Ende verlief sich das Gespräch im Sande.

Eine Weile saßen wir schweigend da, und meine Gedanken wanderten umher. Ich dachte an meinen Computer, den ich jetzt ein halbes Jahr hatte und der mir immer noch ungeheuer viel Spaß machte. Das Textverarbeitungsprogramm, das ich benutzt hatte, um die Übersetzung des Buches über Nahtoderlebnisse zu machen, erschien mir nach wie vor als ein kleines Wunderwerk. Da setzte man den Cursor einfach in die Mitte des Satzes und schrieb ein Wort, und der Rest des Textes machte einfach Platz für das neue Wort. Erstaunlich! Ich musste nicht mehr lange redigieren und umschreiben und umständliche Notizen anfertigen, um klarzumachen, wie ich die Reihenfolge der Textabschnitte verändern wollte.

Iris sah mit leerem Blick vor sich hin. Ich merkte, dass ihr innerer Prozess zum Thema Legasthenie zum Stillstand gekommen war. Einem Impuls folgend, schlug ich vor, dass ich ihr mein Textverarbeitungsprogramm zeigen könnte. Sie sah mich erstaunt an und fragte, welchen Zweck das haben sollte.

›Keinen besonderen‹, sagte ich. ›Aber wir haben doch gerade nichts anderes vor.‹

Also ließ sie sich in dem Glauben, dass ich eine Vorführung veranstalten würde, neben dem Computer nieder. Als ich sie bat, sich vor den Apparat zu setzen, meinte sie, sie würde mit solchen Sachen nicht klarkommen. ›Blödsinn. Setz dich einfach hin, und ich sage dir, was du tun sollst‹, sagte ich.

Ich schaltete den Computer für sie ein, und der leere Schirm mit dem blinkenden Cursor begann zu flimmern.

›Schreib einen Satz‹, sagte ich. Sie legte die Finger auf die Tastatur, sah auf den Schirm und schrieb einen Satz. ›Hallo Iris, wie geht es dir?‹ Sie schrieb blind! Und das, wo sie doch behauptet hatte, sie wäre unpraktisch veranlagt und würde mit Maschinen nicht umgehen können. Hm.

Ich beschrieb, wie sie ein Wort wegnehmen und ein anderes dazuschreiben konnte. Sie tat es. Ich beschrieb, wie man ein Wort kursiv schrieb. Sie tat es.

Nach einer Weile waren wir alle grundlegenden Befehle durchgegangen, und ich entdeckte zu meinem Erstaunen, dass sie sehr schnell lernte. Ich musste alles nur ein einziges Mal beschreiben, dann konnte sie es schon. Und ich konnte ihr ansehen, dass sie selbst keine Ahnung hatte, was sie da machte. Ein amüsiertes Lächeln umspielte ihre Lippen, und ihre Bewegungen waren leicht und behände. Ich spürte, dass ihr nicht bewusst war, dass sie jetzt gerade etwas tat, wovon sie immer behauptet hatte, sie könnte es nicht. Da hatte ich eine Idee.

›Jetzt sortiere mal die Liste von Wörtern, die du hier eben benutzt hast.‹

›Wie macht man das?‹, fragte sie fröhlich.

›Das steht hier‹, erwiderte ich und warf ihr lässig das Handbuch zu. Sie tauchte in das Heft ein, und nachdem sie den Abschnitt über das Sortieren durchgeschaut hatte, machte sie es gleich beim ersten Versuch richtig. Dann sah sie mich erwartungsvoll an und erwartete neue Aufgaben.

›Weißt du, was du da gerade gemacht hast?‹, fragte ich.

›Nein‹, antwortete sie arglos. ›Was habe ich gemacht?‹

›Ist dir klar, was du hier in der letzten halben Stunde gemacht hast?‹, wiederholte ich, jetzt mit ernsterer Stimme.

Ihr Blick wurde klar, und sie sah mich fragend an.

›Was meinst du?‹

›Du behauptest, du hättest einen Hirnschaden und würdest weder lesen noch mit Maschinen umgehen können. Dieser Computer hier ist eine einigermaßen komplizierte Maschine. Hast du gemerkt, dass ich alles nur ein einziges Mal erklären musste, und dann hattest du es schon begriffen?‹

Sie sah mich erstaunt an.

›Ja, aber …‹, begann sie und verstummte. Sie sah ein, dass ich recht hatte.

›Von allen Menschen, denen ich diesen Computer schon gezeigt habe, bist du derjenige, der ihn am schnellsten beherrscht hat‹, sagte ich und bemerkte, wie sich die Angst in ihrem Gesicht ausbreitete. Dann schlug ich den letzten Nagel ein:

›Und das hier mit dem Sortieren.‹

›Was ist damit?‹

›In diesem Abschnitt ist das Handbuch sehr unverständlich, und ich selbst habe nicht begriffen, was da steht. Ich musste ziemlich lange rumprobieren, ehe ich am Ende darauf kam, wie man eine Wortliste sortieren kann. Du hast das Handbuch selbst gelesen und es dann gleich beim ersten Mal richtig gemacht, ohne die geringste Hilfe von mir in Anspruch zu nehmen.‹

Sie bekam hektische Flecken im Gesicht, und ich sah, wie ihr das Herz in der Brust pochte. Die Furcht überwältigte sie fast. Jetzt musste ich sie in Ruhe lassen. Ich sah, wie die Angst allmählich abklang, als sie merkte, dass nichts Gefährliches geschah, und wie dann Erstaunen und Fassungslosigkeit sich ihrer bemächtigten. Sie saß mit halb geöffnetem Mund vor dem Bildschirm und sah auf den grünen Text. ›Hallo Iris, wie geht es dir?‹ Dann betrachtete sie das aufgeschlagene Handbuch. Die Tastatur. Mich. Ihr Blick wurde abwesend, als sie sich in sich selbst zurückzog. Langsam erhellte sich ihre Miene vor Verwunderung und intensiver, stiller Freude, als sie – nach so vielen Jahren – die Gewalt über ihre eigene Begabung errang. Ich hatte ihr geholfen, den Hirnschaden abzuschaffen.

Den Rest der Geschichte soll sie in ihrem eigenen Buch erzählen.«

Als Göran mich darauf hinwies, was ich eben mit dem Computer getan hatte, entstand ein Chaos in mir. Dann ging ich ins Außen, und da konnte ich sehen, was er sah. Und ich sah es nicht, weil er es sah, sondern weil es tatsächlich dort war. Zum ersten Mal im Leben sah ich meine eigene Fähigkeit. Und eigentlich bekam ich zum ersten Mal ein Gefühl dafür, dass ich überhaupt irgendeine Fähigkeit, ein Talent besaß. Alles, was ich wusste, wurde in die Luft hinaufgeschleudert, und als es wieder herunterfiel, war es mit einer neuen Dimension versehen: dem Bewusstsein meiner Fähigkeit. Alles war genauso wie vorher, doch war es, als wäre eine Blume aufgeblüht, alles war so schön geworden. Früher hatte Vater gesagt, er würde sehen, dass ich ein Talent dafür hätte, mit Haaren zu arbeiten, und ich hatte gesehen, dass meine Kundinnen beim Friseur zufrieden waren, doch hatte ich nie selbst wirklich erlebt, dass ich eine Fähigkeit besaß.

Dieses Erlebnis veränderte mein Leben. Mein ganzer Blick auf mich selbst in der Welt und in der Wirklichkeit veränderte sich völlig. Ich gewann eine Form von Selbstwertgefühl und Respekt vor mir selbst, die bewirkten, dass ich ganz anders als zuvor für die Dinge einstehen konnte, die ich machte. Ich hatte mein »Wissen« und ich sah, dass es ebenso viel wert war wie die Wissenschaft, die ich an der Universität studierte.

KAPITEL 8

Das Leben heute

Mit jemandem zu leben, der eine Behinderung hat, ist eine Kunst, denn wer nicht selbst behindert ist, kann sich ein anderes Leben auswählen.

Ich bin mir im Klaren darüber, dass Menschen ein Privatleben haben wollen oder brauchen, aber ich weiß nicht, was das ist. Zu arbeiten macht das Leben für mich lebenswert und sinnvoll. Nicht wegen der Dinge, die ich tue, sondern weil ich eine Aufgabe habe, einen Auftrag, der bewirkt, dass jemand, der Hilfe braucht, sie aus dem, was ich zu bieten habe, bekommt. Wer mir eine Aufgabe erteilt, der schenkt mir etwas, denn dann weiß ich genau, was ich tun muss, dann kann ich meine inneren Listen erstellen und zwischen ihnen hin und her springen, dann gibt es innere Strukturen, die bewirken, dass ich zugegen bin und mich nicht in einem Nebel aufhalte.

Wenn mir niemand einen Auftrag erteilt, dann vergesse ich, dass es um mich herum andere gibt, und dann fließt alles ohne Richtung und wird substanzlos. Dann gerate ich in einen Teufelskreis in mir selbst. Die äußere Welt verschwindet, und einzelne Gedanken kreisen manchmal Hunderte von Malen in meinem Kopf herum, zum Beispiel: »Es spielt keine Rolle, denn ich habe sowieso kein Geld.« Tatsächlich kommen diese Gedanken meist auf Englisch: »It doesn't matter, I've got no money.« Das kann auch eine Zeile aus einem Schlager sein oder ein Satz aus einem Film. Als Kind nannte ich sie Verrücktgedanken, denn ich wusste, dass sie keine Bedeutung für mich hatten. Wenn ein solcher Gedanke in mir kreist, dann sind mir Raum und Zeit nicht bewusst, aber wenn er dann von selbst verschwindet, dann stelle ich manchmal fest, dass eine oder sogar sechs Stunden vergangen sind. Es fällt mir schwer, den Gedanken selbst zu durchbrechen, aber manchmal kann ich mir selbst einen Auftrag erteilen, zum Beispiel Kleider zu bügeln. Wenn ich eine Weile gebügelt habe, dann verschwindet der Zwangsgedanke. Deshalb liegt bei mir immer ein Stapel ungebügelter Kleider bereit. Wenn jemand kommt und mit mir spricht oder wenn das Handy klingelt, kann auch das einen solchen Gedanken unterbrechen.

Bis ich fünfunddreißig Jahre alt war, war es immer ein schwerer Kampf für mich, mich aus einem Zwangsgedanken zu befreien. Ich kenne Angst nur aus Beschreibungen, aber ich glaube, andere würden den Kampf, den ich kämpfte, um mich aus einem kreisenden Gedanken zu befreien, als Angst bezeichnen. Heute ist mein Leben sehr gut organisiert – ich habe viele Aufträge, und die Zeit, in der ich allein bin, ist so minimal wie möglich gehalten –, dass ich nur noch sehr selten in diesen Zustand gerate, und wenn ich es tue, dann fällt es mir viel leichter, mich daraus zu befreien.

Als Kind befand ich mich in der Substanzlosigkeit. In meinem Innern war es leer, nichtsig und gefühllos. Manchmal hatte ich dann nur meine Bewegungen, konnte nur planlos herumlaufen oder mich drehen, mit den Händen fuchteln oder mit den Beinen zucken. Das musste ich tun, um zu merken, dass ich existierte, und um meine äußeren Grenzen zu spüren. Je älter ich wurde, desto mehr Erfahrungen habe ich gemacht, sodass ich mich inzwischen leicht aus dem Zustand der Zwangsgedanken befreien und stattdessen Lebenssubstanz in mir erhalten kann. Da finde ich dann einen Sinn und kann in irgendeinem Phänomen herumkreisen, das ich in den Griff zu bekommen versuche; das kann zum Beispiel etwas sein, was ich bei einem anderen Menschen bemerkt habe und wovon ich glaube, dass es nicht stimmt. So habe ich oft schon, wenn nichts anderes passierte, Dinge herausgefunden, die nicht stimmig waren. Einmal, als ein Zwangsgedanke lange gekreist hatte, griff ich mir eine Beobachtung, die ich kurz vorher gemacht hatte, als nämlich der Vortragende eines Managementkurses gesagt hatte: »Es ist wichtig, Vertrauen zu anderen Menschen zu haben.« Um von dem Zwangsgedanken wegzukommen, habe ich mich auf Gedanken zum Thema Vertrauen konzentriert. Wenn die Welt statisch wäre, wenn nichts geschähe, dann könnte man ihr vertrauen. Aber die Welt ist nicht statisch, die ganze Zeit geschehen unberechenbare, unvorhersagbare Dinge, und deshalb kann man der Welt und den Menschen einfach nicht vertrauen. Aber ich weiß dennoch, dass es Vertrauen gibt, dass Menschen Vertrauen empfinden, also muss es das auf eine andere Weise geben. Ich begegne einem anderen Menschen und weiß nicht, wie er reagieren wird. Ihm kann ich nicht vertrauen. Ich kann ihm aber dann vertrauen, wenn ich weiß, dass ich mit dem Verhalten umgehen kann, dem dieser Mensch mich aussetzt. Das Vertrauen ruht also in mir selbst, und nicht, wie der Vortragende und viele andere Menschen glaubten, in anderen, denen man »vertrauen kann«.

Als ich auf diese Weise für mich klargestellt hatte, was Vertrauen war, und meine Einsicht an anderen ausprobiert und festgestellt hatte, dass sie standhielt, veränderte sich auf immer die Atmosphäre um den Begriff Vertrauen, und seine alte Bedeutung verschwand.

Mann und Kinder zu haben, eine Kernfamilie, mit dieser Familie zu leben und dabei still und zufrieden zu sein – das war für mich nicht möglich. Ich bin mit vielen Menschen um mich herum aufgewachsen, und in einer Atmosphäre, die sich ständig änderte und die niemals, nicht einmal nachts, leer war. Das Leben mit nur einem Menschen, der überdies am liebsten entspannen wollte und keinerlei Einsatz von mir benötigte, ja dem ich fast lästig war, wenn ich etwas für ihn tun wollte, das war ganz schlimm für mich. So wie ich aufgewachsen war, war immer jemand da, der etwas brauchte, nicht zuletzt ich selbst, und deshalb gab es das nicht, was man das Private nennt.

In einer Paarbeziehung zu leben funktioniert für mich nicht gut, weil ich die Fähigkeit nicht besitze, ständig die Bedürfnisse meines Partners einzublenden und zu befriedigen. Mein Exmann war absolut souverän darin, mir zur Verfügung zu stehen und mir allen Raum der Welt zu geben, sodass ich die Gelegenheit bekäme, all das zu lernen, was mir so schwerfiel oder unmöglich war. Er ist eine so liebevolle Person mit solch einem großen Überschuss an Liebe, dass es für uns beide reichte, und das genügte mir. Er hat alle meine Eigenheiten ausgehalten und sogar gern damit gelebt, und das fünfundzwanzig Jahre lang, aber dann brauchte er etwas anderes, und das kann ich verstehen. In seinem tiefsten Innern hoffte er, dass eines Tages meine Fähigkeit zum harmonischen Zusammenklang erwachen würde, aber das tat sie nicht, und da spürte er, dass er anfing zu verbittern. Das wollte ich auf keinen Fall, denn er ist so ein wunderbarer Mensch. Ich wollte vor allem, dass es ihm gut ging und er glücklich war. Wir haben uns scheiden lassen, und ich glaube, heute ist er glücklich.

All die Menschen, mit denen ich bis dahin ohne Unterlass zu tun hatte, die mich gebraucht hatten und um die ich mich gekümmert hatte – mein eigenes Kind, meine Pflegekinder, meine Jugendlichen aus dem Jugendhaus, die Familien, die ich begleitet hatte, die Projekte, die ich in den Gemeinden hatte –, standen jetzt auf eigenen Füßen. Es gab niemanden mehr, der mich so verzweifelt brauchte, und so konnte ich aufblicken und mich umschauen. Da wollte ich mir etwas zurückholen. Ich wollte an der Universität studieren. Gewiss hatte ich schon früher studiert, aber damals waren es nur einzelne Fächer, neben meiner Arbeit oder meinen diversen Tätigkeiten.

Ich wollte Lehrerin werden, Gymnasiallehrerin. Ich hatte schon als Lehrerin für Kinderkrankenpflege in der Kinderkrankenschwester-Ausbildung gearbeitet und ebenso auf einer Landhaushaltsschule, ich hatte in mehreren Volkshochschulen unterrichtet, und es machte mir großen Spaß, all das zu vermitteln, was ich in meinem Gedächtnis abgelegt hatte. Ich begriff, dass man, um als Lehrer angenommen zu werden, etwas Besonderes auf eine besondere Weise verstehen musste, und es genügte nicht, wenn man nur unterrichtete und die Schüler das lernten, was der Lehrplan vorsah – es musste auch »pädagogisch richtig« sein. Zwar wusste ich nicht, was das war, aber das wollte ich jetzt herausbekommen.

In meiner Welt war es so, dass die vollendeten Menschen diejenigen sein mussten, die die Universität besuchten, denn die wussten schließlich so viel, oder? Aber ich musste entdecken, dass diese Menschen leider keine Ahnung von dem Natürlichen, dem Primären hatten, von dem, was ist, wenn nichts anderes ist, und so bekam ich dort nur wenig Antwort auf das, was mein Interesse gefesselt hätte. Aber ich lernte vieles andere, und ich begegnete vielen unterhaltsamen Menschen, und das war dann auch sehr wertvoll. Außerdem konnte ich vielen meiner Lehrer richtungsweisende Impulse geben.

Es gab einen Lehrer, dessen Unterricht wirklich großartig war, aber ich merkte, wie er ständig in Konflikt mit den Studierenden geriet. Ich sah, dass er sich »verwischte«, sich ständig selbst herabwürdigte, infrage stellte, was er selbst gerade gesagt hatte, was doch eigentlich fantastisch gut war. Das führte dazu, dass die Studenten nicht an das glaubten, was er sagte, es hörte ihm niemand richtig zu, und alle gingen auf Konfrontationskurs zu ihm. Daraus entstand eine Art Krieg, den er unbedingt auf Kosten der Studenten zu gewinnen suchte. So kam es, dass ihn die Studenten ablehnten und sämtliche wunderbaren Inhalte verloren gingen.

Nach einer sehr guten Vorlesung, die aber dennoch alle mit einem schlechten Gefühl und ohne die guten Inhalte verließen, ging ich zu ihm und beschrieb ihm genau, was zwischen ihm und den Studenten geschah, und bot ihm an, ihm bei der Lösung des inneren Konfliktes, der dem äußeren Konflikt mit den Studenten zugrunde lag, zu helfen.

Er nahm das Angebot an, und nach einem halben Jahr hatte er seine eigenen negativen Strategien entdeckt und konnte sie verändern. Danach erhielt er sowohl von Studenten wie von Kollegen die Anerkennung, die er verdiente.

Das verbreitete sich wie ein Lauffeuer, und im Nu gab es mehrere Dozenten, die feststellten, dass sie Probleme hatten, und um Hilfe baten. So begann meine Laufbahn als Coach und Beraterin.

Ich hatte Uppsala als Studienort gewählt, weil einer meiner Jugendlichen dort wohnte und gerade zur Zeit der Einschreibung meiner Begleitung bedurfte. Ich fuhr zu ihm und betreute ihn und kam dabei auf die Idee, dass ich eigentlich auch dort studieren könnte, und so kam es dazu.

In Uppsala begann ich eine Lehrerausbildung in zwei Fächern, und zwar Religionsphilosophie und Kinder- und Jugendwissenschaft. Ich merkte schnell, dass ich das, was in den ersten beiden Studienjahren verlangt wurde, bereits wusste und oft eingehender studiert hatte als meine Lehrer, und gleichzeitig wurde mir bewusst, wie wenig man auf der Universität beherrschte.

Dort wusste man nicht, was galt, wenn nichts anderes mehr galt, und sie glaubten, Religion sei primär, und begriffen nicht, dass die Wahrheiten, von denen sie sprachen, in dem Augenblick abstarben, in dem sie in eine Religion geschüttet und dogmatisiert wurden. Das schenkte mir einen Blick darauf, wie viel ich selbst wusste. Und ich lernte, dass man, um eine Stelle an der Universität zu bekommen, vor allem die richtigen Meriten brauchte. Die Frage, ob man wirklich etwas konnte, kam erst an zweiter Stelle.

Zunächst wohnte ich bei meinen besten Freunden in Stockholm, doch auf Dauer war der Weg zu weit. Also mietete ich eine Einzimmerwohnung in Uppsala und sollte zum ersten Mal in meinem Leben allein wohnen. Das war schwierig, und ich stellte fest, dass ich nichts lernen und nichts Vernünftiges tun konnte, wenn es in der Wohnung keine Atmosphäre von jemand anderem gab.

Ich ging zur nächsten Grundschule in der Nachbarschaft und fragte, ob man dort Arbeit für mich hätte. Die hatte man. Ich durfte als Sonderlehrerin arbeiten und erhielt eine Gruppe mit Siebtklässlern, die sich in ihre großen Klassen nicht einfügen konnten und dort ein Problem darstellten. Einer hatte Asperger, einer war zutiefst deprimiert, einer war kriminell, einer suizidgefährdet, einer schwänzte unausgesetzt, und einer hatte ADHS.

Das war eine wirklich tolle Zeit, und ich fand unterschiedliche Lösungen, um diese Jugendlichen dazu zu bringen, zur Schule zu kommen und meinem Unterricht zu folgen.

Der Junge mit Asperger empfand nicht die geringste Empathie und konnte nicht verstehen, dass andere Menschen durch das, was er tat, traurig, gekränkt oder verletzt wurden. Ich erzählte ihm, wie er innen drin funktionierte, und er erkannte sich darin wieder. Und dann erklärte ich ihm, wie es für andere war, und das war eine völlig neue Welt für ihn, von der er keine Ahnung gehabt hatte. Dieses Verständnis veränderte an seinem eigenen Verhalten ziemlich wenig, aber es bewirkte doch, dass er im Nachhinein für das, was er getan hatte, einstehen und zugeben konnte, dass es dumm gewesen war. Oder er sagte: »Ich weiß nicht, wie man es besser macht.« Dadurch wurde er für sich selbst und auch für die Umgebung leichter erträglich.

Der kriminelle Junge und der mit Asperger waren Freunde, aber der Kriminelle machte so weiter wie bisher und sagte oft dumme Sachen. Einmal sagte er: »Geh doch und häng dich auf!«, und der Junge mit Asperger verschwand. Plötzlich hörte ich seltsame Laute aus der Toilette, und als ich hinging, stand er auf dem Klositz und hatte sich etwas um den Hals gebunden.

»Was machst du da?«, fragte ich. »Ich sollte mich doch aufhängen«, antwortete er. Also holte ich den anderen und zeigte ihm, welchen Effekt seine Worte gehabt hatten. »Ist dir jetzt klar, dass er all die schlimmen Sachen für bare Münze nimmt, die du sagst?« Ja, das war ihm jetzt klar. Und da bat ich ihn, doch sein Verhalten zu ändern, denn das könne seinem Freund schaden. Nach und nach begann er, seinen Sprachgebrauch zu verändern, und hörte auch auf, sich zu prügeln.

Den tief deprimierten Jungen fragte ich: »Gibt es irgendetwas in deinem Leben, das dein Dasein erträglich macht?« – »Musik«, antwortete er, und fortan durfte er seinen CD-Player mit in den Unterricht bringen, musste allerdings die Kopfhörer etwas neben den Ohren tragen, damit er noch hören konnte, was ich sagte.

Der Junge mit ADHS hatte ganz viel Energie und überhaupt kein Konzentrationsvermögen. Er konnte niemals stillsitzen und rannte die ganze Zeit im Klassenzimmer herum, machte Geräusche und murmelte und störte die anderen. Ich kam auf die Idee, dass, wenn er im Klassenzimmer auf einem Einrad fahren dürfte, so viel Energie dafür draufgehen würde, die Balance zu halten, dass er sich würde sammeln können – und er lernte auf diese Weise sowohl lesen als auch schreiben.

Der Junge, der immer schwänzte, bekam zur Aufgabe, darauf zu achten, dass das suizidgefährdete Mädchen sich nicht das Leben nahm, und damit war er gezwungen, jeden Tag zur Schule zu kommen.

Zu dem Mädchen selbst sagte ich, dass ich der Klasse erzählen würde, dass sie selbstmordgefährdet sei, und sie könne gern dabei sein, müsse aber nicht. Sie saß ganz vorn, dicht an der Tür, als ich der Klasse alles erzählte und sie bat, sich um das Mädchen zu kümmern. Sie ließen sie mittun, und vor allem der Schulschwänzer sorgte dafür, dass sie immer dabei sein durfte.

Eines Nachmittags, als ich einen Spaziergang unternahm, kam ich an der Motocrossbahn vorbei, wo meine Schüler immer ihre

Rennen fuhren. Da sah ich auf einem Hügel direkt an der Bahn etwas Rosafarbenes sitzen, und als ich näher kam, erkannte ich das Mädchen. Die anderen hatten sie dorthin gesetzt, damit sie dabei sein konnte, und nun kauerte sie da, mit den Knien unter dem Kinn. Als ich nach einer Stunde zurückkam, saß sie immer noch da.

Sie behielt ihre Passivität und die depressive Haltung, aber ihre suizidale Neigung verschwand nach und nach, und das Leben wurde ihr etwas erträglicher.

In der Klasse sprach ich über Kommunikation und davon, wie man Gutes tun konnte, doch das stieß bei den Kindern nicht auf Gegenliebe. »Es glaubt doch sowieso niemand, dass wir etwas gut machen können«, sagten sie. »Da können wir genauso gut eine Fensterscheibe einschmeißen, denn es glauben sowieso alle, dass wir an allem schuld sind.« Da fragte ich sie, ob sie bereit seien, das einmal auszuprobieren und herauszufordern. Vier der Jungen wollten mitmachen.

Ich beschrieb ihnen, wie Kleidung, Aussehen und Verhalten die Auffassung beeinflussen, die andere von uns gewinnen. »Wenn ihr euch selbst mal in einem dunklen Anzug, weißem Hemd und richtigen Lederschuhen vorstellt, meint ihr, dass die anderen euch genauso betrachten werden, wie wenn ihr in schmutzigen Jeans und T-Shirt kommt?« Dann spielten wir mit ihren eigenen Vorurteilen über Menschen, die anständig gekleidet waren.

Sie nahmen die Herausforderung an, und so gingen wir also in die Stadt und kauften im Secondhand-Laden Anzüge und Schuhe.

Und dann legten wir ein Datum fest.

An jenem Tag kamen sie um sechs Uhr früh in die Schule. Ich schnitt ihnen die Haare und föhnte sie, und sie mussten die Hemden bügeln, die Anzüge glätten und die Schuhe putzen, bis sie glänzten. Dann zogen sie sich an und stellten sich vor zwei große Spiegel, die ich mitgebracht hatte, und lernten zu lächeln, eine Hand zur Begrüßung hinzuhalten und einen Diener zu machen. Erst kamen sie sich komisch vor, doch nach einer Weile gewöhnten sie sich daran.

Die Lehrer kamen gewöhnlich um Viertel vor acht in die Schule, und da standen drei meiner Schüler am Haupteingang und warteten auf sie. Der Vierte hatte sich nicht getraut, runterzugehen, sondern stand mit mir und den beiden anderen Schülern oben in unserem Klassenzimmer, von wo aus wir zuschauten. Die Jungen begrüßten die Lehrer, streckten die Hände aus, machten einen Diener und fragten, ob sie irgendwie behilflich sein könnten. Sie durften die Türen aufhalten, und einer von ihnen half bei einem Fahrradschloss, doch ansonsten waren die Lehrer, die ich nicht über die Aktion informiert hatte, sehr misstrauisch und dachten, da würde sich jemand einen Scherz mit ihnen erlauben. Ich hatte die Jungen schon gewarnt, dass sie mit solchen Reaktionen rechnen müssten. Den ganzen Vormittag lang standen sie in den Fluren und im Aufenthaltsraum, und wann immer sie einen Erwachsenen sahen, liefen sie hin und öffneten die Tür oder trugen eine Tasche.

Den Nachmittag verbrachten wir damit, in unserem Klassenzimmer die Erlebnisse des Vormittags durchzugehen. Die Jungen starben fast vor Lachen, als sie von all den erstaunten und misstrauischen Reaktionen erzählten, die ihnen während des Tages begegnet waren.

Am Abend wurde eine außerplanmäßige Lehrerversammlung einberufen, zu der ich geladen war, um zu erklären, was ich da eigentlich machte. Ich berichtete, dass diese Jugendlichen sich voreilig verurteilt fühlten und fanden, ein gutes Benehmen würde sich gar nicht lohnen, denn sie würden doch für alles die Schuld zugeschoben bekommen. Daraufhin hätte ich sie aufgefordert, doch mal auszuprobieren, ob sich etwas verändern würde, wenn sie ein anderes Aussehen und ein anderes Verhalten an den Tag legten. Die Absicht war ganz klar: Sie wollten eine Begegnung mit sich erzeugen, anstatt nur vorverurteilt zu werden.

Die meisten Lehrer fanden die Initiative sehr gut. Erst hatten sie misstrauisch reagiert, doch dann merkten sie, wie ihnen warm ums Herz wurde, und mehrere von ihnen entdeckten, dass diese Jungen tatsächlich auch positive Seiten besaßen.

Am nächsten Tag wiederholten wir die Aktion, und da begegnete man den Jungen völlig anders. Sie wurden von den Lehrern höflich behandelt und erhielten anerkennende Kommentare, und als sie am Nachmittag ins Klassenzimmer zurückkehrten, waren sie von den guten Reaktionen, die sie erhalten hatten, überwältigt. Ich erklärte ihnen, dass sie, auch wenn sie Jeans und T-Shirt trugen, weiterhin solche positiven Reaktionen bekommen könnten.

Das war die beste Klasse, die ich je gehabt habe.

Ich unterrichtete sie drei Jahre lang, und als sie nach der neunten Klasse abgingen, fanden sie es sehr wertvoll, dass sie ihr Verhalten auf diese Weise verändert hatten.

Diese Jugendlichen vergoldeten meinen Alltag zudem dadurch, dass sie auch an den Abenden gern zu mir kamen und mich besuchten. Ich wurde wieder gebraucht. Ich hatte das Privileg, anderen nützlich zu sein. Es wurde wieder einmal hell in meinem Innern, und ich musste mich nicht länger mit meinen Zwängen und Stereotypien herumschlagen.

Dank dieser Klasse verband sich das Private wieder mit dem, was man Arbeit nennt. Für mich gibt es diese Unterscheidung eigentlich nicht. Ich tue, was ich tue, und für einen Teil davon bekomme ich Geld, und das ist das, was andere Arbeit nennen. Ich lebe ein lebendiges Leben und habe meine Werte, und das hat nichts damit zu tun, ob ich mich im Privaten oder im Öffentlichen befinde. Leben bedeutet für mich, das einzurichten, was sich bei anderen scheinbar natürlich einfindet: Beziehungen und Austausch zwischen Menschen. Wenn ich das nicht zustande bringe, wird mein Leben dürftig und erstickend.

Eines Tages rief mich ein Freund an, mit dem ich im Sommer immer zusammengearbeitet hatte. Er meinte, wir sollten doch das Kollektiv gründen, von dem wir schon so lange geträumt hatten. Herrlich – er kam und füllte meine Einzimmerwohnung aus. Dann gab es noch einen anderen Jungen, der im Sommer mit uns gearbeitet hatte und ebenfalls Teil des Kollektivs werden wollte. Er kam auch – wunderbar. Dann gab es noch einen Jungen, den wir im Sommer kennengelernt hatten, und der etwas aufzufassen wusste, was uns selbst nicht richtig bewusst war – er kam auch, und so saß ich mit drei Jungen in einer kleinen Einzimmerwohnung.

Das Leben war wieder reich, reich an Menschen und Beziehungen, einer Menge Personen, die Kontakt brauchten, und ich durfte gebraucht werden. Wir zogen alle zusammen in eine große Wohnung, und meine Jungen fanden Partnerinnen, und das Leben war wirklich auf eine großartige Weise lebendig und gehaltvoll. Dann kamen Kinder, und das war noch toller; einen ganzen Haufen Kleinkinder um sich zu haben, welch ein Reichtum.

Ich lebte insofern allein, als ich nicht in einer Paarbeziehung lebte, aber ansonsten war ich nicht allein. Ich wohnte mit zwei Familien mit jeweils drei Kindern zusammen, und das bedeutete, dass ich die ganze Zeit zu Kontakten genötigt wurde, und das war sehr gut. An dem Aufwachsen der Kinder teilhaben zu dürfen, meine Einsichten und mein Wissen sowohl für Eltern als auch für die Kinder beisteuern zu dürfen, das war ein großes Privileg.

Dann beging ich einen Fehler, den ich nicht wiedergutmachen konnte und der es mit sich brachte, dass ich noch mehr lernen und vieles reparieren musste, und das dauerte einige Jahre. Leider ist es so, dass man Sachen, die man getan hat, nicht einfach übergehen oder beiseite schieben kann. Sie fordern vielmehr, dass man die Verantwortung dafür übernimmt, was unweigerlich Konsequenzen für später nach sich zieht. Während ich mit diesem verzweifelt verwickelten Beziehungsleben kämpfte, lebte ich das wunderbare Leben im Kollektiv. Die Beziehungen entwirrten sich schließlich und alles endete gut, doch es hinterließ tiefe Spuren in mir, und ich lernte etwas sehr gründlich, das verhindern wird, dass ich jemals wieder einen solchen Fehler begehe. So hat alles Schlechte auch sein Gutes.

Nach einer meiner Vorlesungen über Kommunikation kam Lennart zu mir nach vorn. Er fand das, wovon ich gesprochen hatte, sehr wertvoll, ja, einzigartig, auch wenn er nicht genau benennen konnte, warum das so war. Doch er wollte gern auch anderen die Möglichkeit eröffnen, daran teilzuhaben, und bot sich an, mir zu helfen, das zu organisieren. Dank seiner Hilfe durfte ich in einer großen Firma ein persönliches Entwicklungsprogramm für Frauen in Führungspositionen leiten. Die Frauen sollten etwas über die männliche und die weibliche Sprache lernen, um sich so größeren Respekt bei den Männern zu verschaffen, damit es ihnen besser ging. Sowohl die Männer als auch die Frauen in dem Unternehmen waren mit meiner Arbeit sehr zufrieden, und vielen der Frauen gelang darauf der Aufstieg durch das »Glasdach«. Als der Mann, der mich für diesen Job engagiert hatte, später Kämmerer in einer Kommune wurde, buchte er mich auch dort für Personalentwicklungsgruppen und Frauenprojekte.

In eine andere Firma wurde ich gerufen, um mit einer Gruppe zu arbeiten, in der so große innere Konflikte herrschten, dass fast keine geregelte Arbeit mehr möglich war. Mit meiner Hilfe gelang es ihnen, die Konflikte zu lösen und sich mit ihrer Arbeit den Respekt ihrer Vorgesetzten zu erwerben. Man war zufrieden mit mir, und die Firma kontaktiert mich auch heute noch, wenn neue Probleme auftauchen.

In mehreren Schulen leitete ich Studientage zum Thema Kommunikation. An drei Volkshochschulen arbeitete ich mit einer Gruppe zukünftiger Sozialpädagogen.

Auf Årsta Gård, einer südlich von Stockholm gelegenen anthroposophischen Einrichtung für behinderte Kinder, Jugendliche und Erwachsene, mit besonderer Ausrichtung auf die Arbeit mit autistischen Menschen, beschrieb ich 1987 auf einer Konferenz meinen Umgang mit Kommunikation. Einer der Teilnehmer, der Leiter eines heilpädagogischen Heimes in Järna war und der schon mindestens vier verschiedene Arbeitsmethoden ausprobiert hatte, entschied, dass er mit meinem Konzept arbeiten wolle. Meine Zusammenarbeit mit ihm wuchs sich nach und nach zu einer Arbeit für die gesamte Haga-Stiftung in Vårdinge aus, wo man sich – ebenfalls mit Ausrichtung auf die Anthroposophie – um Klienten mit Kommunikationsstörungen kümmert, mit denen keine andere Institution fertig wird. Dort begann ich damit, das Personal zu coachen – eine Aufgabe, die ich bis heute wahrnehme.

Damit war die Lawine losgetreten, und heute, fast zwanzig Jahre später, bin ich zwei Jahre im Voraus ausgebucht und arbeite nicht nur in Schweden, sondern auch in Norwegen, Deutschland, Russland, Litauen, Estland, Italien und Albanien.

Gefühle habe ich leider nur ansatzweise und nach harter Arbeit erfahren können. Ich weiß, wie es ist, in Gefühlen und durch Gefühle zu leben, und welchen Reichtum, aber auch welche Belastung sie darstellen. Ich schöpfe keine Lebenssubstanz daraus, aber ich lebe dennoch intensiv, um nicht jenseits der Steuerungsfähigkeit des Bewusstseins zu landen. Ich kommuniziere ständig in meinem Innern, damit der Krampf vergeht und ich nicht im Außen lande. Das ist harte Arbeit, und sie bleibt den meisten verborgen. Manchmal ahnt jemand, wie es ist, in seiner Funktion eingeschränkt zu sein, doch die meisten vergessen es schnell, wenn ich den Standpunkt wechsle und ihnen begegne.

Wenn ich zum Beispiel irgendwohin fahren will, eine Strecke zu einem Auftrag zurücklegen muss, oder wenn ich allein zu Hause bin, kann es geschehen, dass ich die Steuerungsfähigkeit des Bewusstseins nicht aufrechterhalten kann, und dann kommen manchmal massenhaft Impulse – ich muss waschen, ich muss bügeln –, doch keiner der Impulse dauert lange genug an, um etwas tun zu können. So gerate ich in das Wirrwarr, in dem die Beziehungswelt verschwindet, und ich weiß nicht mehr, ob ich Auf Wiedersehen gesagt und erzählt habe, wohin ich fahre, und ich merke nicht, ob ich hungrig oder durstig bin oder ob ich aufs Klo muss. Wenn ich dann irgendwann im Zug oder im Bus sitze und plötzlich eine Stimme oder ein Telefon klingeln höre, wenn jemand nach Hause kommt und mit mir spricht, dann kehre ich in die Beziehungswelt zurück, plötzlich knurrt mein Magen und ich merke, dass ich hungrig bin. Die Bedürfnisse meines Körpers werden mir bewusst, und ich kann mich darum kümmern.

Das geschieht jedoch nur, wenn ich allein bin, und niemals, wenn ich mit einem Auftrag beschäftigt bin.

In unserem Kollektiv hatten wir schon lange geplant, uns eine Plattform zu schaffen, wo wir nicht nur gemeinsam wohnen und leben, sondern auch zusammen arbeiten könnten. Eines Tages kam Kjell, einer meiner Jugendlichen, nach Hause und erzählte, er habe in einer Zeitung über die Institution der Sommerkinder und der Stockholmer Kinderfreizeiten gelesen. Er schlug vor, dass wir uns dort anmeldeten. Schließlich waren wir eine Gruppe von Erziehern, wir hatten Ressourcen zu bieten, und er wollte sich mal erkundigen, ob es einen Hof gab, den wir für eine Kolonie mit Sommerkindern nutzen könnten. Er rief an, und man war Feuer und Flamme. Sie hatten einen Hof, auf dem es an jeglichem Personal fehlte. Wir fuhren hin, sahen ihn uns an, und zwei Tage später reisten wir alle in das Sommerlager-Büro und unterschrieben unsere Verträge. Plötzlich hatten wir ein Ferienlager! Vierunddreißig Kinder in jeder dreiwöchigen Gruppe, drei Gruppen jeden Sommer.

Es war eine wunderbare Zeit, in der wir alle beisammen waren und zudem einen gemeinsamen Auftrag hatten. Die Arbeit als Leiterin unseres Ferienlagers war das Optimale für mich, ich war tagein und tagaus von allen umgeben und war darüber hinaus verantwortlich dafür, die Arbeit zu strukturieren, die Konflikte zwischen den Kindern und zwischen uns zu lösen und mich um alle möglichen anderen Probleme zu kümmern. Es konnte gar nicht besser sein. In meiner privaten Welt befand ich mich nun dem Paradies so nah, wie ich ihm nur kommen konnte.

Die meisten Stockholmer Kinder bei uns kamen aus Familien mit geringem Einkommen, dort mussten die Eltern den größten Teil des Sommers arbeiten und konnten nicht viel mit den Kindern unternehmen.

Die ursprüngliche Intention der Sommerferienlager war, dass die Kinder aufs Land hinauskommen und am Landleben teilnehmen sollten. Sie sollten helfen, Essen zu kochen, zu putzen und zu waschen, bei der Ernte helfen – kurz: Die Ferienlageridee gründete sich auf Pflichten. Wir beschlossen, die Pflichten für die Kinder abzuschaffen und stattdessen alles zu tun, was uns Erwachsenen aus dem Kollektiv Spaß machte, und die Kinder und Jugendlichen dabei mitzuziehen. So gab es Theater, Rollenspiele, Musik und Gesang, strapaziöse Bergtouren und Geländespiele, die einen ganzen Tag dauern konnten und spannend waren, ohne dass jemand gewinnen oder verlieren musste. Wichtig war, dass wir mit dem zufrieden waren, was wir taten, und nicht, dass wir irgendwelche abgesprochenen Ziele oder ein bestimmtes augenfälliges Resultat anstrebten. Außerdem achteten wir sehr darauf, keine Konkurrenzsituationen zu schaffen. Wir kauften so wenig wie möglich ein und stellten viel von dem, was wir brauchten, selbst her.

Für die Kinder hatten wir sehr wenig Regeln: Sie durften nicht ohne Begleitung Erwachsener zum Baden gehen, sie durften nicht über die Feuerleitern klettern, und sie sollten nach elf Uhr abends in ihren Zimmern sein. Und es gab bei uns keine Strafen.

Eines Abends, als wir eine Gruppe Teenager da hatten, stellten wir fest, dass sich vier Mädchen über die Feuerleitern in eines der Jungenzimmer geschlichen hatten. Wir kümmerten uns darum, sprachen mit den Mädchen, wie wir es mit allen taten, die gegen eine Regel verstoßen hatten, und dann sorgten wir dafür, dass sie alle in ihre Betten kamen. Das war's. Dachten wir.

Zwei Tage später kam eines der Mädchen und fragte, warum es keine Strafe gäbe. Ich antwortete: »Wir bauen hier nicht auf Misstrauen, sondern vertrauen darauf, dass wir immer durch Reden zu einer guten Lösung kommen. Das funktioniert. Deshalb gibt es keinen Grund, irgendwelche Strafen zu erteilen.«

»Können wir nicht trotzdem eine Strafe bekommen?«

»Warum wollt ihr denn bestraft werden?«

»Nun, wenn wir eine Strafe bekommen, dann müssen wir kein schlechtes Gewissen mehr haben, und wenn wir keine Strafe bekommen, dann könnte es passieren, dass wir es einfach noch mal machen.«

Ich sprach mit den anderen Erwachsenen, und wir beschlossen, ausnahmsweise eine Strafe zu erteilen. Sie bestand darin, dass jedes der vier Mädchen einen Liter Blaubeeren pflücken musste, aus denen wir dann Blaubeerkuchen machen wollten.

Am nächsten Morgen hatten wir Versammlung, und da griff ich das Thema auf, dass vier Mädchen draußen unterwegs gewesen waren und als Strafe jetzt Blaubeeren pflücken mussten. Ich wusste nicht mehr genau, welche Mädchen mit von der Partie gewesen waren, und deshalb sagte ich: »Können die, die über die Feuerleitern unterwegs waren, mal die Hand heben?« Daraufhin meldeten sich zehn Mädchen. Ich war erstaunt: »Aber es waren doch nur vier von euch. Warum meldet ihr euch alle?«

Eine von ihnen antwortete: »Nun, wir dachten, wir könnten die Strafe schon mal im Voraus ableisten.«

Ein zehnjähriger Junge aus Stockholm, der unser Sommerlager besuchte, war im Grunde genommen ein Straßenkind. Er diente dem Untergrund als Maskottchen. Er war schweigsam, konnte sich bewegen, ohne aufzufallen, und wurde von Dealern oft benutzt, um Kontakte zu vermitteln oder Polizisten in Zivil ausfindig zu machen; dafür bekam er dann Essen und manchmal auch Kleidung. Seine unreife Mutter war außerstande, für ihn zu sorgen, und hatte auch kein Geld für Essen, und einen Vater gab es nicht.

Als er ins Sommerlager kam, war er selig. Er bekam Essen, durfte in einer sicheren Umgebung sein, es gab Erwachsene, die sich um ihn kümmerten, und er durfte eine Menge lustiger Sachen machen. Vor allem aber musste er keine Angst haben, wie es sonst sein täglich Brot war.

An dem Tag, als seine Gruppe nach drei Wochen nach Hause fahren sollte, konnten wir ihn nicht finden. Sein Freund erzählte, der Junge habe gesagt, er habe nicht vor, nach Stockholm zurückzufahren, sondern wolle bei uns bleiben. Wir suchten nach ihm, doch am Ende mussten wir den Bus mit zwei Stunden Verspätung ohne ihn losschicken.

Zwei Tage später kam die zweite Gruppe des Sommers, und da stand er plötzlich zwischen den neuen Kindern. Wir machten kein Aufhebens darum, sondern sortierten ihn einfach unter den anderen ein. Wir riefen seine Mutter an, die völlig verzweifelt war, denn sie konnte sich keinen weiteren Aufenthalt für ihn leisten. Wir ließen ihn schließlich kostenlos mitlaufen, und er durfte den ganzen Sommer bleiben.

Er kam daraufhin jeden Sommer – und zwar den ganzen Sommer lang –, und als er sechzehn geworden war und nicht mehr ins Sommerlager kommen durfte, beschloss er selbstständig, dass er als Praktikant bei uns arbeiten wollte. Nachdem er zwei Jahre auf diese Weise gearbeitet hatte, ernannte ich ihn zum Gruppenleiter.

Heute ist er ein ungeheuer kompetenter junger Mann, der für Gruppen und Firmen Eventmanagement betreibt.

Die Jahre vergingen. Einer aus dem Kollektiv bekam Arbeit an einem anderen Ort und brach auf, ein anderer ließ sich scheiden und zog deshalb um. Nach und nach veränderte sich das Kollektiv, und am Ende waren wir vier Singles mit Kindern, die zusammenwohnten. Jeden Sommer versammelten wir uns im Sommerlager. Die Sommerlagertätigkeit wurde nach elf Sommern eingestellt und das Gebäude zum Verkauf ausgeschrieben. Einer von uns, der zuvor auch Praktikant im Sommerlager gewesen war, kaufte es, und so trafen wir uns auch weiterhin jeden Sommer dort. Dann irgendwann heiratete ein anderes Sommerlagerkind und kaufte den Hof, zog dorthin und bot mir an, mitzukommen. Das tat ich sehr gern. Zum ersten Mal in meinem Leben konnte ich »zu Hause« sagen und spürte dabei wirklich, was das bedeutete. Ich durfte in einem kleinen Speichergebäude wohnen, einem wunderbaren kleinen Blockhaus, das eine ganz eigene Atmosphäre hatte. Hier konnte ich zusammen mit einem Mann aus unserem Kollektiv meine Bücher schreiben. Es war fantastisch, den Raum mit jemandem zu teilen, dessen Atmosphäre bewirkte, dass ich mich nicht selbst verlor, sondern mich viele Stunden am Stück auf mein Schreiben konzentrieren konnte. Dies war wieder eine private Periode von größter Bedeutung für mich.

Um mich herum gab es viele Widersprüche und Konflikte, und eine Zeit lang wirkte ich auf einige im Kollektiv störend. Und weil ich selbst diejenige war, die das Problem darstellte, konnte ich nichts tun, um es zu lösen. Was ich auch immer anbot, saß ich doch am Ende immer auf der Anklagebank, und damit gab es nichts, was ich tun konnte, um die Situation aufzulösen. Das bedeutet nicht, dass ich keine Fehler oder Defizite oder blinde

Flecken hatte, sondern es heißt, dass es für mich keine Möglichkeit gab, meine Kapazitäten dafür zu verwenden, um anderen zu helfen, die Probleme mit mir hatten.

Da stand eines Tages ein Mann, ein Nachbar, der Partner einer meiner früheren Gruppenleiterinnen, da und sagte, er wolle mir ein »Altenteil« bauen. Er wollte eine alte Scheune abreißen und so anbauen, dass ich ein kleines Haus bekäme. Vielen herzlichen Dank! Kann man sich glücklicher schätzen, als seine Zeit auf einem Altenteil mit so wirklich guten Freunden um sich herum verbringen zu dürfen? Es ist für mich fast unbegreiflich, dass man das haben kann. Und was geschah dann?

Meine Ziehtochter tauchte auf und zog ebenfalls dorthin. Dann dauerte es nicht lange, bis auch meine eigene Tochter, die zwanzig Jahre in Kanada gelebt hatte, nach Hause kam und auf dasselbe Altenteil zog, wo sie sich in einem kleinen Nebengebäude niederließ.

Wenn jemand mir prophezeit hätte, dass mir das widerfahren würde, hätte ich ihn für verrückt erklärt. Doch es ist wirklich geschehen. Jetzt habe ich alle meine Lieben um mich, und ich habe guten und reichhaltigen Kontakt zu den meisten anderen, mit denen ich die letzten zwanzig Jahre im Kollektiv gelebt habe.

Um Impulse zum Kontakt mit anderen bekommen zu können, organisiere ich häufig Zusammentreffen. So pflege ich mit den Frauen, mit denen ich im Sommerlager gearbeitet habe, in ein Wellnessbad zu gehen, und da sitzen wir dann im Whirlpool und unterhalten uns. Das ist sehr nett und hilfreich. Eine andere Gruppe von Frauen, die in Stockholm wohnen, treffe ich auch ein paarmal jährlich, dann gehen wir zum Essen aus und sitzen zusammen und reden. Einige von ihnen feiern immer noch ihre Geburtstage, und dann darf ich dabei sein. Als ich fünfzig wurde, machte ich an drei Orten in Schweden ein Fest, damit alle, die dabei sein wollten, auch die Chance hatten, meinen Geburtstag zu feiern. In Umeå wird immer eine Zusammenkunft arrangiert, wenn ich dort bin, und wenn ich in Järna bin, darf ich Leute mit zu der Freundin bringen, bei der ich wohne.

Ich habe Fotoalben, die ich benutze, um mich mit der Normalen Welt zu verbinden, in meinem Kalender und in meinem Computer habe ich Fotos von den wichtigsten Personen, sodass ich sie anschauen und mich erinnern kann. In meinem Handy habe ich etwa dreihundert Namen und Telefonnummern gespeichert, und mein Mailadressbuch und das gewöhnliche Adressbuch sind voll.

Irgendwann habe ich mich mal hingesetzt und ausgerechnet, mit wie viel Menschen ich im Laufe eines Jahres regelmäßig in Kontakt stehe, und habe festgestellt, dass es fast tausend Personen sind. In den allermeisten Fällen sind es die anderen, die Kontakt zu mir aufnehmen. Das sind Menschen aus vielen verschiedenen Ländern, und jede Beziehung hat ihre eigene Geschichte. Mein Netzwerk ist spannend und lustig und die Fäden kreuzen sich manchmal zu interessanten Mustern. Aus gemeinsamer Arbeit ergeben sich private oder familiäre Verknüpfungen, oder aus Letzteren ergeben sich wieder neue Projekte quer über den Erdball hinweg.

Falls jemand sich fragen sollte, wie es möglich ist, zu so vielen Menschen persönliche Beziehungen zu haben, möchte ich betonen, dass es ein Privileg für mich ist und niemals belastend, und da ich in meinem Innern nichts festhalte, gibt es immer Platz genug. Ich kann mir nicht vorstellen, wie das jemals zu viel werden könnte. Alle sind verschieden, man kann niemanden vergleichen, sodass es immer nur einer und noch einer und noch einer ist.

Viele fragen sich auch, wie ich das kräftemäßig schaffe. Ich arbeite das ganze Jahr über fast jeden Tag, und gleichzeitig habe ich auch privat Kontakt zu vielen Leuten, ich schreibe Bücher und reise kreuz und quer in der Welt herum. Das Geheimnis ist, dass ich nur sehr wenig schlafe. Ich brauche nicht mehr als vier

Stunden Schlaf und dazu nach dem Aufwachen noch eine Stunde zum Üben, Programmieren und Ingangkommen. Ich habe keine Schlafstörungen, wenn ich aufwache, bin ich fit, und wenn ich tagsüber einmal müde werde, kann ich an jedem Ort ein kleines Nickerchen machen. Ich kann auf einem Teppich auf dem Fußboden schlafen, im Auto oder im Bus, im Zug oder im Flugzeug. Das einzige Problem ist nur, dass ich schnarche, deshalb werde ich in der Öffentlichkeit oft aufgefordert, doch lieber nicht zu schlafen.

Ich habe überhaupt kein Bedürfnis, mich zu »entspannen«. Für mich führt »Entspannung« zur Substanzlosigkeit, zu Zwangshandlungen und Stereotypien, und deshalb sorge ich dafür, dass ich immer »on« bin. Daher werden andere Menschen, wenn ich aufzähle, was ich an einem Tag so mache, schon vom bloßen Zuhören erschöpft. Einige Leute, die mich ein paar Tage am Stück begleitet haben, fanden, dass sie danach eine ebenso lange Erholungphase brauchten, weil es so intensiv war. Ich habe nie Stress, sondern arbeite einfach meine Listen ab, und die habe ich mit Puffer konzipiert, sodass es nie zu eng wird.

Es passiert immer noch ab und zu, dass ich mich verliere, vor allem dann, wenn keine der Alternativen, die ich im Kopf aufgelistet habe, mehr funktioniert. Dann bin ich verwirrt und laufe planlos herum, bis jemand mich anspricht. Dann hört es auf, und ich kann mich wieder orientieren. Inzwischen geschieht das höchstens noch zweimal im Jahr.

Ich habe mich vollkommen damit versöhnt, keine Gefühle zu haben und Gefühle nicht dafür verwenden zu können, zu verstehen, worauf es in verschiedenen Situationen ankommt. Ich weiß, dass ich andere Wege gehen muss, die umständlich sind und das Risiko bergen, Fehler zu machen. Aber ich habe gelernt, dass die Wege, die ich einschlage, mir eine Menge Kontakte und viele Gefühle von anderen einbringen, und das brauche ich. Außerdem wird mir dadurch nie langweilig. Ich bin vollauf damit beschäftigt, Situationen zu interpretieren, und zu begreifen, welche stillschweigenden Übereinkünfte die Menschen haben, was als normal bezeichnet wird usw.

In vielen Situationen bin ich einfach ein Kuriosum, und erhalte daher die Aufmerksamkeit, die ich benötige. Ich war einmal in einer Schule, wo ich gerade ein Coaching abgeschlossen hatte. Ich ging in den Speisesaal, und da saßen ein paar Lehrer mit einem Elternpaar zusammen und sprachen über den Sohn des Paars, mit dem es Probleme gab. Sie baten mich dazu. Die Eltern sprachen auf eine Weise über den Jungen, die ich nicht verstand und an der ich nicht teilnehmen konnte. Einer der beiden sagte: »Er ist so anstrengend und stellt so viel an und zerstört so viel für uns andere. Wir haben ihn eingesperrt, er hat Hausarrest bekommen und darf nicht fernsehen, aber nichts ist besser geworden. Wir wissen nicht, was wir noch tun sollen.«

Einer der Lehrer sagte: »Ja, in der Schule ist er auch ein wirklich hoffnungsloser Fall. Er versteckt die Gummistiefel der Mitschüler, provoziert die ganze Zeit und dreht den anderen das Wort im Mund herum.«

Ein anderer Lehrer wandte sich an mich und fragte: »Was hast du denn gehört oder gesehen, was er gemacht hat?«

Es ist mir völlig unmöglich, auf eine solche Frage zu antworten. Nicht etwa, weil ich nicht kapiere, was sie sagen, und nicht, weil ich nicht gehört oder gesehen hätte, was der Junge gemacht hatte. Doch ihre Art und Weise, über ihn zu sprechen, war voller Wertungen und Urteile. Ich wusste nicht, was sie von mir erwarteten, denn ich selbst kann nicht so reden, ich kann nicht verurteilend und bewertend über jemanden sprechen. Und zwar nicht aus Prinzip nicht, sondern es ist viel grundlegender so, dass ich nicht dazu fähig bin, denn ich habe keine Wertvorstellungen. Für mich ist das Verhalten des Jungen kein Problem, sondern eine Art Kommunikation. Er sagt etwas mit seinem Verhalten, und die einzige Weise, über sein Verhalten zu sprechen, ist, herauszubekommen, was er damit sagen will. Aber diese Leute hier sprachen von dem Jungen, als ob er ein Problem sei, das völlig von ihnen selbst abgekoppelt wäre. Und sobald ein Problem außen liegt, außerhalb ihrer selbst, wollen sie die Welt verbessern. Aber das geht nun mal nicht. Für mich ist der Junge so, wie er ist, er hat seine Schwierigkeiten, mehr nicht. Kinder ändern sich nicht dadurch, dass man ihnen sagt, sie sollen dies oder jenes tun. Sie ändern sich erst, wenn sich ihre Umgebung verändert, das ist ihre einzige Möglichkeit.

Anstatt auf die Frage zu antworten, sagte ich also: »Was für ein Problem hast du als Person, als einzigartiges Wesen, damit, dass der Junge die Probleme hat, die er hat?«

Er verschob das Problem gleich wieder zu dem Jungen hin: »Er benimmt sich so schlecht!«

»In welcher Weise macht das etwas mit dir? Wie betrifft es dich?«

Ein weiteres Mal verschob er das Problem auf den Jungen. »Ja, aber so kann man sich doch einfach nicht aufführen.«

»Das stimmt, so darf man sich nicht aufführen, aber er tut es nun mal, und so müssen wir uns um uns selber kümmern, damit unsere Frustration und Wut sein negatives Verhalten nicht verstärkt. Die einzige Möglichkeit, ihm zu helfen, ist, dafür zu sorgen, dass wir kein Problem mit seinem Problem haben. Deshalb finde ich, wir sollten jetzt mal über unsere Probleme mit seinem Verhalten reden.«

Da erzählte die Mutter, sie sei selbst, als sie klein war, ein Problem für ihre Umgebung gewesen, alle hätten sie beschimpft, und sie hätte aber gar nicht gewusst, was sie damit anfangen sollte, denn ihr war ihr eigenes Verhalten nicht bewusst gewesen. Und nach und nach fingen die anderen an, von Situationen in ihrer Kindheit zu erzählen, in denen andere Menschen sie beurteilt und verurteilt und bestraft hatten. Sie hätten keine Chance gehabt, etwas anders zu machen, als passiv nichts zu tun, sich anzupassen und Angst zu haben. Plötzlich begegneten sie sich in diesem Gespräch und versuchten einander mit Berichten von ihrem eigenen schlechten Verhalten zu übertreffen. Sie fingen an zu lachen, und die verbitterte Stimmung war wie weggeblasen.

Ich fragte: »Wenn ich jetzt vor dem Hintergrund eurer Erzählungen frage: Was hätte euch in der Situation weitergeholfen?«

Der Vater sagte: »Mir hätte es geholfen, wenn mir jemand gesagt hätte, was ich machen soll, anstatt mir immer vorzuhalten, was ich nicht tun soll. Ich selbst habe nie herausbekommen, was ich hätte tun können.«

Einer der Lehrer sagte: »Wenn jemand mich völlig wertfrei gefragt hätte: Was willst du mit dem bewirken, was du da machst? Erreichst du deine Ziele damit? Das hätte mir geholfen, denn dann hätte ich die Konsequenzen meines Tuns entdeckt.«

Ein anderer Lehrer sagte: »Genau so muss man das sehen, wenn man dem Jungen helfen will.«

Und die Mutter fügte hinzu: »Iris, es ist immer so unterhaltsam, wenn du kommst und dich zu uns setzt, denn du sagst immer etwas, was mich auf andere Gedanken bringt, und ganz plötzlich merke ich, dass die Probleme gar nicht so unlösbar sind, wie ich gedacht hatte, sondern dass man durchaus etwas ausrichten kann.«

Dass ich für andere ein Kuriosum bin, führt auch dazu, dass Informationen in die Atmosphäre gelangen, von denen ich glaube, sie seien Allgemeinwissen, die sich dann aber oft als einzigartig und manchmal geheim erweisen – nicht zuletzt für denjenigen, mit dem ich spreche. Auf diese Weise erhalte ich oft eine besondere Rolle, was wiederum dazu führt, dass ich mich selbst spiegeln und erfahren kann, wer ich bin. Einmal sprach ich mit einer Frau, die Probleme mit ihren Eltern hatte. Ihre Eltern sprachen nicht miteinander, bereiteten einander Verdruss, und sie fand es furchtbar, zu ihnen fahren und mit ihnen zusammen sein zu müssen. Dabei ergriff sie für niemanden Partei, sondern fand, dass beide ihr Teil zur Situation beitrugen. Sie sagte zu mir: »Ich würde Sie gern um Hilfe bitten, aber ich weiß gar nicht, wo genau ich Hilfe brauche.«

»Erzählen Sie einfach, dann wird sich schon zeigen, was da los ist«, antwortete ich.

Und sie sprach weiter über das Problem, das sie mit ihren Eltern hatte, und beschrieb drei Episoden.

Während sie redete, kamen wie üblich sehr viele Informationen aus ihrem Körper in die Atmosphäre. Diese Informationen nahmen bei mir wie üblich die Gestalt eines Bewusstseins über das Erzählte an. Ich sah, dass ihre Mutter und ihr Vater einen üblen Jargon miteinander pflegten und jede Gelegenheit nutzten, einander wehzutun. Doch wenn der Vater zu seiner anderen Familie ging, ließ er diese Verhaltensweise voll und ganz hinter sich. In der anderen Familie war er sehr gefühlsbetont und gegenwärtig. Dort gab es Kinder, und dort lebte er, das war für ihn das Leben.

Als ich das erkannte, unterbrach ich sie und sagte: »Warten Sie einen Moment! Finden Sie es bei dem Doppelleben, das Ihr Vater führt, etwa seltsam, dass in Ihrer Familie schlechte Stimmung herrscht?«

Sie wurde kreideweiß. »Was für ein Doppelleben, was meinen Sie damit?«

»Sie haben doch sein Doppelleben beschrieben!«

»Nein, das habe ich nicht. Er führt doch kein Doppelleben!«

Und ich dachte bei mir: Oje, immer diese Verdrängungen, die verpasse ich aber auch regelmäßig. Und dann saß ich einfach da, ohne noch etwas zu sagen.

Sie schwieg lange, um sie war Chaos, alles drehte sich. Nach langer Zeit sagte sie: »Natürlich! So wird alles klar. Dann verstehe ich auch, warum er sogar mir gegenüber so seltsam und unnatürlich geworden ist. Und warum ich ständig versucht bin, die Partei meiner Mutter zu ergreifen, was ich gar nicht gern tue, denn ich finde, dass sie sich in der ganzen Sache genauso dumm verhält wie mein Vater.«

Sie bat mich zu erzählen, was ich gesehen hatte.

»Es sieht ganz so aus, als habe Ihr Vater noch eine andere Familie, und als wären da Kinder im Spiel, vielleicht nicht seine eigenen, aber vielleicht gibt es auch Kinder von ihm.«

Da verabschiedete sie sich und erklärte, sie würde der Sache auf den Grund gehen.

Vielleicht ein halbes Jahr später traf ich sie wieder. Da erzählte sie, dass sie zu ihren Eltern gereist sei, ihr Vater aber nicht zu Hause gewesen sei. Die Mutter sagte, er sei bei der Arbeit, also fuhr sie dorthin. Bei der Arbeit wusste man von seinem Doppelleben, und auch, dass sie selbst der »anderen Familie« angehörte. Man sagte zu ihr, der Vater müsse nur etwas erledigen, aber sie antwortete: »Sie müssen vor mir nichts verbergen. Ich weiß, dass er eine andere Familie hat. Bitte geben Sie mir die Telefonnummer.«

Dann rief sie ihn an und sagte, sie wolle dort bei ihm vorbeikommen, sie wisse, was Sache sei, und es müsse keine großen Verwirrspiele mehr geben. Als sie hinkam, erzählte er ihr die ganze Geschichte. In der Familie hatte er zwei Kinder, und es gab noch drei andere Kinder, und er hatte diese Familie schon seit sieben Jahren.

Sie fragte ihren Vater: »Bist du mit Mama übereingekommen, so zu leben?«

»Nein, ganz und gar nicht. Es wäre vollkommen unmöglich, mit deiner Mutter darüber zu reden. Sie weiß nichts.«

Sie fragte: »Wie hast du das sieben Jahre lang geheim halten können?«

»Deine Mutter und ich streiten uns ständig, und dann geh ich meiner Wege.«

»Ich werde Mama davon erzählen.«

Da war er erleichtert und sagte: »Tu das unbedingt. Ich selbst schaffe es nicht.«

Später redete sie dann mit ihrer Mutter. Als Erstes fragte sie, warum sie und der Vater immer noch verheiratet seien, schließlich hätten sie doch eigentlich keine Beziehung mehr zueinander. Da brach die Mutter zusammen und fing an zu weinen und sagte, sie sei so unglücklich, weil sie nichts anderes als unzufrieden und verbittert sein konnte. Daraufhin erzählte die Tochter der Mutter vom Doppelleben des Vaters und seiner anderen Familie. »Hast du nie darüber nachgedacht, wohin er fährt, wenn er hier weggeht?« Sie antwortete, darüber habe sie nie nachgedacht. Sie dachte immer, er sei nur deshalb so häufig weg, weil sie so furchtbar sei, und nicht etwa, weil es da jemand anderes gäbe.

Aus zahlreichen Episoden dieser Art habe ich Folgendes gelernt: Wenn eine Person mit mir über ein Problem spricht und dabei Vertrauen zu mir hat, was ich »Verelterung« nenne, dann kommt ihr Körper in einen Zustand der Geborgenheit und Entspanntheit und vermittelt diese Informationen, die ich auffange. Manchmal entgeht mir allerdings, dass der Person nicht immer bewusst ist, was ihr Körper mir verrät.

Obwohl ich diese Fähigkeit besitze, wenn ich einen Auftrag habe und sozusagen »online« bin, habe ich überhaupt kein Bewusstsein dafür, wie es meiner Umgebung geht und was um mich herum geschieht, wenn ich es nicht bin. Ich fühle niemals, wie es einem anderen Menschen geht, sondern kann es nur in der Atmosphäre ablesen. Und wenn ich nicht »online« bin, lese ich rein gar nichts in der Atmosphäre. Dann ist es mir vollkommen gleichgültig, wie es den anderen geht, und oft sind sie dann nur einer unter vielen für mich. Doch sobald ich einen Auftrag erhalte – das kann eine Frage sein oder eine Bitte, die an mich gerichtet wird –, verändert sich das, und ich kann die Atmosphäre der betreffenden Person plötzlich sehen. Aus Erfahrung weiß ich, wie verschiedene Problem-Atmosphären aussehen. Erst sehe ich die eigene Atmosphäre der Person. Dann sehe ich, wie diese Atmosphäre funktioniert, welche Farbe und Form sie hat, ob sie überall kaputt ist, ob sie zusammenhängend ist oder zu kompakt, ob sie zu nah oder zu weit entfernt liegt. Ich weiß, was solche Dinge bedeuten, und auf diese Weise kann ich sehen, ob die Person traurig oder ärgerlich, gleichgültig oder suizidal ist. Diese Informationen benutze ich, wenn ich den Menschen anspreche; und wenn er mir antwortet, tritt das in die Atmosphäre, was das Problem ist. Es tritt aber nicht zwischen uns, sondern taucht eher wie eine Hintergrundinformation auf.

Meine Fähigkeit, die Atmosphäre zu lesen, kann für andere sehr verwirrend sein, denn natürlich nehmen sie an, ich würde das ständig tun und immer wissen, wie es ihnen geht. Das führt manchmal zu Enttäuschung und Wut. Ich muss dann aktiv dafür sorgen, dass ich wieder »online« bin.

Ich habe dabei den Vorteil, dass ich nichts speichere und die Befindlichkeiten der anderen für mich nicht belastend werden. Der Nachteil ist, dass es vollkommen leer in mir ist, wenn mich niemand braucht.

Ich liebe meinen Kalender. Er ist mindestens auf zwei Jahre im Voraus voll. Je mehr darin steht, desto freier bin ich. Wenn Leute meinen Kalender sehen und sich vorstellen, es wäre ihr eigener, bekommen sie meist Beklemmungen und sehen all ihre Zeit und Freiheit wie in einem Riesenschlund verschwinden. Die meisten Menschen brauchen ab und an nicht verplante, unstrukturierte Zeit. Für mich ist es andersherum. Wenn ich im Kalender eine Notiz zu einem künftigen Auftrag, einem Treffen oder einer Reise sehe, und das mindestens ein Jahr im Voraus, dann kommt Ordnung in die Atmosphäre, und mein Inneres, meine Fantasie kann sich für Fragen öffnen wie: »Wie wird das werden? Wer wird dabei sein? Worum es wohl gehen wird? Welche Bedürfnisse werden die Menschen haben?«

Manchmal werde ich gefragt, ob ich keine Zwangsvorstellungen bekomme, wenn ich den Kalender auf diese Weise fülle. Mir verleiht der volle Kalender Impulse, die meinem Innern genau das bisschen Mehr geben, das ich nicht von selbst bekommen kann. Ich bekomme Impulse zu denken, und das macht, dass die Welt auf mich zukommt und deutlich wird. Wenn ich sie nicht habe, befinde ich mich in einer Blase, die so klein ist, dass ich nichts sehe oder höre oder verstehe, und das ist dann die Situation, in der Zwangshandlungen und Stereotypien auftauchen. Privat muss ich darauf achten, zu essen und zu trinken, und das tue ich, indem ich den Tag strukturiere. Doch oft vergesse ich die Uhrzeit, wenn ich mich zum Beispiel hinsetze und schreibe – da können leicht zehn Stunden vergehen, ehe ich meinen Magen knurren höre oder merke, wie mir schwindelt. Mein armer Körper glaubt, dass er ständig ausgehungert wird, deshalb benutzt er jede kleine Kalorie, die ich in mich hineinstopfe, und so bin ich ziemlich rund. Damit fühle ich mich aber recht wohl, nur meine Beine und Knie hätten es vielleicht gern anders.

Manchmal fragt mich jemand: »Wie sieht dein Leben heute aus? Wie geht es dir?«

Fantastisch gut. Das Leben ist so, wie es ist, mit Fehlern und Defiziten und schönen Seiten. Zu Anfang bestand mein Leben aus vielen Fehlern und Mängeln, doch im Laufe der Zeit sind sie mir immer mehr zu einem Gewinn geworden.

Früher lebte ich nur im Hier und Jetzt, in einem einzigen Augenblick; das, was gewesen war, und das, was kommen würde, existierte für mich nicht wirklich, sondern höchstens als Bild, wie eine Beschreibung, wie eine Menge Wörter, die nicht mit mir verknüpft waren, lauter Dinge und Sachen, die als etwas Totes da waren. Das führte dazu, dass vieles keine Zeit und keinen Platz erhielt und alles in mir nur kreiste, und dann kamen die Zwangsgedanken und die Zwangshandlungen.

Doch inzwischen habe ich gelernt, wie ich die Erinnerung an Dinge, die im Jetzt geschehen sind, mitnehmen und noch einmal erleben kann, und das macht riesigen Spaß. Ich weiß, wie ich das, was kommen wird, denken kann, und ich kann es sogar ins Jetzt holen und darüber fantasieren. Ich weiß, das primäre Ziel im Leben ist, sich lebendig zu fühlen. Das tue ich nicht, aber ich weiß doch, dass ich lebendig bin, dass es mich gibt, und darüber freue ich mich. Ich weiß auch, was ein Wert ist, und dass der einzige Wert, den wir als Menschen haben, der ist, dass wir existieren. Ich existiere, und damit kann ich vollauf zufrieden sein.

Ich weiß, dass, wenn ich das, was ich Iris nenne, mit dem, was ich Selbst nenne, verbinden kann, mein Wissen über den Sinn des Lebens entsteht. Dann wird das Primäre sehr deutlich, das, was geschieht, wenn nichts anderes geschieht, und damit auch das Sekundäre, was beginnt und endet. Und dann habe ich Zugang zu allen Informationen, sowohl in der Richtigen Welt als auch in der Normalen Welt. Und so wie ich es verstanden habe, ist es genau das, was alle Menschen im Geistigen suchen, obwohl sie es an der falschen Stelle suchen. Sie glauben nämlich, sie würden nach etwas suchen, was außerhalb ihrer selbst liegt, und begreifen nicht, dass es sich um einen Zustand handelt, durch den man in sich selbst hineingeraten kann. Da denken sie fälschlicherweise, dass sie etwas tun müssten, um das Gesuchte zu erreichen, dabei müssen sie doch nur beiseite schaffen, was im Weg steht. Ebenso wenig wissen die meisten, dass das Gesuchte kein permanenter Zustand ist, sondern etwas, wohinein man hin und wieder gerät. Das sind solche Funken des Glücks. Und die Funken färben alles andere gleich mit. So kurz sie auch sind, sind sie doch sehr wertvoll.

Der Sinn hängt damit zusammen, dass ich ein lebendiges Leben führe. Ich habe ein Leben, das irgendwo beginnt und das nur in eine Richtung geht und dann aufhört. Wenn ich sterbe, gibt es den Sinn nicht mehr. Aber das bedeutet ja nicht, dass es

mich selbst nicht gibt: Was gesammelt wurde, zum Ich geworden ist und Erfahrungen hat, darauf kann man zurückgreifen,
denn es bleibt als Information in der Atmosphäre. Und dann gibt
es andere Menschen, die das aufsaugen, denn wir besitzen die
paradoxe Eigenschaft, sowohl vollendet als auch unvollständig
zu sein. Der sterbliche Teil von uns macht es der Atmosphäre
möglich, sich auszubreiten. Die Atmosphäre kann sich nicht verändern, wenn es nicht etwas Lebendiges gibt, das geboren wird
und stirbt. Und das gibt dem Leben Sinn: Wir verändern die
Atmosphäre. Jedes Leben, das gelebt wird, sogar das eines abge-
triebenen Fötus', beeinflusst die Atmosphäre und fügt ihr etwas
hinzu. Und das tut man, ob man will oder nicht, und es hat auch
nichts damit zu tun, ob man gut oder böse ist.

Deshalb ist es nicht an uns, jemals andere Menschen zu beurteilen oder zu verurteilen. Natürlich muss man sie daran hindern,
destruktiv zu sein, doch andere zu bestrafen heißt, sich zu Gott
zu machen, und das geht nicht.

Ich habe Spaß daran, mir auszurechnen, was schädlich sein kann
und was nicht. Nach einer Weile wird das ja deutlich sichtbar.
Daher kam zum Beispiel mein Entschluss, mit dem Rauchen aufzuhören. Außerdem hörte ich auf, Kaffee zu trinken und mir
Süßigkeiten zu kaufen, die ich jetzt nur noch zu mir nehme,
wenn ich sie angeboten bekomme. Meine Begierde wird so leicht
geweckt, und dann belegt sie mein ganzes Inneres, steuert mich,
und das hält das Lebendige von mir fern.

Ich habe viel darüber gelernt, wie wir als Menschen funktionieren, und ich übe mich darin, es zu leben und zu praktizieren, und
es anders zu machen, wenn es nicht funktioniert, und Neues zu
lernen, wenn etwas kommt, was ich nicht verstehe. Ich entdecke
das, was natürlich ist, was da ist, wenn nichts anderes mehr da
ist, und ich sehe, wenn es aus dem Spiel genommen wird. Wie wir
natürlich funktionieren, das ist den anderen nämlich meist nicht

bewusst. In der Normalen Welt funktioniert das etwa so: Ein Mensch, der keinen Kontakt mit dem Natürlichen in sich hat, begegnet einem anderen Menschen, der auch keinen Kontakt zu dem Natürlichen hat. Beide sind unzufrieden. Der eine kritisiert den anderen, doch nicht auf eine Weise, aus der dieser Nutzen ziehen könnte – denn er hat ja keinen Kontakt zum Natürlichen –, sondern nur weil er unzufrieden ist und klagen will. Der andere verhält sich ebenso. Für gewöhnlich rechne ich dann in meinem Innern aus und probiere dann vor dem Spiegel, auf wie viele verschiedene Arten ich das Natürliche darstellen kann und wie ich den beiden Unzufriedenen den fehlerhaften Ausgangspunkt in ihrer Art, die Wirklichkeit aufzufassen, klarmachen kann, ohne selbst in diese Falle zu gehen. Ich übe Kritik, doch auf eine solche Weise, dass sie für den, der kritisiert wird, zu einem Werkzeug umgewandelt werden kann. So kann ich manchmal mit nur einem Wort Frustration und Unzufriedenheit auflösen.

Ich spiele mit Wörtern und Bedeutungen. Wörter sind mein Spielzeug, und sie bereichern mein Leben außerordentlich. Ich gehe mit Wörtern sehr sorgfältig um, und nur selten sage ich irgendetwas routinemäßig. Ich stehe vor einem Menschen und fange aus der Atmosphäre irgendein Wissen über diesen Menschen auf, ich spiele damit und benenne es mit einem Wort. Zum Beispiel »Macht«. Mein Gegenüber wendet »Macht« anstelle von »Nähe« an. Würde ich das Wort direkt zu ihm sagen, dann würde es ohne Bedeutung für ihn bleiben.

Doch ich schütte das Wort zusammen mit allem, was ich über das Phänomen Macht weiß, in einen Trichter, der in meinen Kopf führt. Dann erhält es eine andere Form, und so kommt es aus meinem Mund. Dann ist es auf ein einziges Wort reduziert und viel kleiner geworden, als es in der Atmosphäre war. Aber wenn ich das Wort, zusammen mit allem, was ich über Macht weiß, einmal auf diese Weise ausgesprochen habe, wird es wieder zu

Wissen und ebenso groß, wie es von Anfang an war. Das hört der andere alles, und es bekommt eine Bedeutung für ihn und kann zu einem Werkzeug werden.

Auf diese Weise verwende ich das Wort »Macht« nicht nachlässig, sondern es ist jedes Mal neu für mich, wenn ich es benutze, und wird dann zu einer lebendigen Kraft, zu einem lebendigen Wesen. Ich glaube, das meinte Johannes, als er sagte: »Im Anfang war das Wort, und das Wort war bei Gott, und das Wort war Gott.«

Ich habe aus allen meinen Fehlern gelernt, und aus den Fehlern anderer auch. Ich habe gelernt, Dinge, die schiefgelaufen sind, so gut wie möglich wieder geradezubiegen. Und aus dem, was nicht geradegebogen werden konnte, habe ich nur gelernt. Ich bemerke viele Gedankenfehler bei mir und bei anderen und leiste die erforderliche Arbeit, um sie zu durchbrechen und in meinem Innern vollkommen frei von absoluten Urteilen zu werden.

So sagte meine Mutter immer: »Aus dir wird nie etwas.« Diese Worte habe ich in meinem Inneren wiederholt, und sie haben mich lange Zeit daran gehindert, überhaupt zu probieren, ob ich die eine oder andere Aufgabe, die sie mir stellte, lösen konnte. Doch nachdem Vater sie ermahnt hatte: »Sag das doch nicht. Du kannst doch gar nicht wissen, ob etwas aus ihr wird«, begann ich darüber nachzudenken, was denn wohl aus mir werden könnte, und was nicht. So verloren die Worte meiner Mutter allmählich ihre Macht über mich, und die absoluten Urteile verblichen.

Ich kann nicht in Erinnerungen leben, ich kann nicht bereuen. Ich versöhne mich mit dem, was ist, und lerne daraus. Es gibt viele Menschen, die sich an dem festhaken, was war, an den Fehlern anderer, darunter auch meiner, und an Sachen, die ich gemacht habe, und dann nehmen sie keinen Kontakt mehr zu mir auf, weil sie enttäuscht sind oder sich betrogen fühlen. Das kann ich verstehen. Ich weiß, dass ich in meiner Unwissenheit manchmal dumm und verrückt reagiert habe, dass ich weder das innere Gleichgewicht noch das nötige Verständnis hatte und mich nicht so verhalten konnte, dass es funktionierte.

So ist das Leben, und es ist weitergegangen, und ich habe auf jeden Fall eine Menge gelernt, was mich bereichert hat. Darüber bin ich froh. Diejenigen, die auf Abstand zu mir gehen, werden nie erfahren, was ich herausgefunden habe, denn sie sind in ihren alten Vorstellungen von mir gefangen. Das ist traurig für sie, denn es führt zu Verbitterung. Viele warten auf eine Erklärung von mir, doch darauf werden sie lange warten müssen, denn ich habe bereits vergessen, dass es sie gibt.

Wenn ich beschimpft wurde, weil ich es nicht lassen konnte, etwas zu tun, was andere ärgerte und sie dazu brachte, sich von mir fernzuhalten, sagte mein Vater: »Iris, alle Menschen brauchen einander, du bist nicht die Einzige, die andere Menschen braucht. Und es werden sich niemals alle gleichzeitig zurückziehen. Deshalb wird es immer jemanden geben, der für dich da sein wird, suche nur weiter, auch wenn es hoffnungslos scheint.« Das habe ich getan, und heute weiß ich, dass er recht hatte. Mein Privatleben ist zu großen Teilen darauf ausgerichtet, nach den Menschen zu suchen, die gerade zugänglich sind, und das ist spannend.

Ich finde meine Sicherheit auch darin, dass es einen Menschen gibt, von dem ich weiß, dass er immer bedingungslos für mich da und ansprechbar ist, und das ist Göran. Seine Freundschaft ist die stabilste Brücke, die es gibt, und sie war in dem Turbogang, den mein Leben darstellt, immer für mich da. Mit ihm konnte ich immer sprechen, konnte zu ihm kommen und mit ihm schweigen, einen Film mit ihm sehen, neben ihm am Computer sitzen oder eine Tasse Tee trinken. Er leistet mir auch oft Gesellschaft in meinen Gedanken, und als ich ihn kennenlernte, verschwand nach und nach die Einsamkeit in mir, die mich beunruhigt hatte und unangenehm war, und die mich vorher doch ständig umgeben hatte.

Ich habe auch noch andere Freunde, doch sie kommen und gehen in meinem Leben, auch wenn die Freundschaften oft lebenslang und sehr, sehr wertvoll sind. Es ist, als befände sich Göran auf der Innenseite vom Krampf, und die anderen Freunde auf der Außenseite.

Einmal wurde ich plötzlich darauf aufmerksam, dass Göran so viele Bücher und so viele Filme besitzt, und ich fragte ihn, ob er alle Bücher gelesen und alle Filme gesehen habe. »Na ja«, antwortete er, »fast alle.« Ich dachte, das müsste doch das Größte sein, denn ich selbst habe nur äußerst wenig gelesen und mich selbst dabei durch das meiste noch hindurchgeschummelt. Da erwiderte er: »Sieh dir doch mal an, was du in der Zwischenzeit gemacht hast, dann wirst du mich nicht weiter beneiden.« Das tat ich, und da erkannte ich, dass Vergleiche vollkommen sinnlos sind, sondern nur zu Überlegenheit und Unterlegenheit führen, zu Hochmut und Fall. Ich begriff, dass eine Todsünde nichts ist, was man anderen zufügt, sondern sich selbst, und andere verlieren dabei auch etwas.

Durch meine Beziehung zu Göran habe ich verstanden, was echte Freundschaft ist, dass sie lebenslang hält und nicht einfach verschwindet, nur weil man Fehler macht, unaufmerksam ist oder nicht weiß, wie oft oder auf welche Weise man Kontakt halten muss. Echte Freundschaft existiert, und es gibt keine »Zwischenzeit«, ganz gleich, wie viel Zeit auch dazwischen lag. Ich habe auch begriffen, dass es das Höchste an Privatheit ist und dass es dafür kein Maß gibt. Niemand anders als man selbst weiß, ob es Freundschaft ist. Es kann auch passieren, dass nur der eine Freundschaft zu dem anderen hat, und das macht nichts, auch das ist gut, denn es ist ein solcher Reichtum, wirklich zu wissen, dass man einen Menschen hat, der einem Freund ist. Ich glaube, dass unsere Freundschaft auf Gegenseitigkeit beruht, ich weiß, dass Göran mich schätzt, und ich glaube, er weiß vieles. Er ist jemand, dem man nicht viel sagen muss, er versteht trotzdem. Alle anderen Freunde, die ich habe, existieren auch, und ich spinne ein Netzwerk, das lebt und gedeiht. Das ist mein Privatleben, und es besteht aus Menschen, Menschen und noch mal Menschen. Seit ich im Alter von zwölf Jahren begriffen habe, dass das Menschliche etwas anderes ist als ein Tierleben, habe ich mich darauf konzentriert, das zu beherrschen, und ich erkenne, je mehr ich verstehe, dass es noch ganz viel gibt, was unverstanden ist und einen grenzenlosen Reichtum darstellt.

Ich sehe auch, dass der Paradigmenwechsel vom Industriedenken zum Kommunikationsdenken dazu führt, dass die Zeit mich einholt. Jugendliche verstehen meine Art, die Welt zu begreifen, ganz anders als Erwachsene, und sie wollen nicht mehr besser oder reicher als andere werden. Das steht nicht sonderlich hoch im Kurs. Sie wollen Lebensqualität in Form von innerer Befriedigung.

In der Schule und in fast jeder anderen Institution geht man heute in die andere Richtung: Man möchte, dass Kinder mit störendem Verhalten sich an die Normalität anpassen, anstatt, wenn das Kind sich nicht verbal ausdrücken kann, zu versuchen, sein Verhalten zu verstehen und seine Botschaft zu erkennen. Wenn man aber dem, der ein störendes Verhalten an den Tag legt, mit Neugier und Interesse begegnet, und wenn man mit ihm spricht, ohne selbst von zahlreichen Diagnosen und Urteilen blockiert zu sein, dann kann der andere erzählen, worum es ihm wirklich geht. Und dann kann eine Zusammenarbeit entstehen, die ihm die Möglichkeit gibt, sein Problem durch Heilung oder Entwicklung zu lösen. An dem Punkt kann mein Wissen hilfreich sein, vor allem durch die Beratung von Menschen, die mit anderen arbeiten und die an ihrer eigenen persönlichen Entwicklung interessiert sind, statt ihre Klienten einfach nur an gängige professionelle Normen anzupassen. Denn das ist, als würde man auf eine Eiterbeule einfach nur ein Pflaster kleben. Davon wird mein nächstes Buch handeln.

Im Privatleben habe ich ungefähr zwanzig Begleiter, deren Mentorin ich bin. Sie lassen von sich hören, wenn sie es brauchen. Wir treffen uns, wir telefonieren, ich arrangiere Kurse, damit das Bewusstsein vom Natürlichen und dem, was gilt, wenn nichts anderes gilt, nicht in Vergessenheit gerät, und sie wissen, wie wertvoll das ist, und nutzen deshalb die Gelegenheit, so lange es mich gibt.

Wer mir heute begegnet, wird sich nicht vorstellen können, dass ich solche Probleme gehabt habe. Die meisten meinen, dass man einfach nicht so funktionieren kann, wenn man solche Probleme hatte wie die, von denen ich erzähle.

Ich hatte ein märchenhaftes Glück im Leben. Man hat sich genau auf die Weise um mich gekümmert, die ich brauchte. Das hat dazu geführt, dass ich in meinen Defiziten geheilt werden konnte, und ich habe sehr viel Kraft gehabt, um alle Hindernisse, alle Mauern und alle Einbahnstraßen, die sich mir in den Weg stellten, zu übersteigen oder zu umgehen.

Es gibt ein wunderbares Paradoxon im Leben. Auf der einen Seite fehlt etwas, wodurch auf der anderen Seite ein Reichtum hervorgebracht wird, von dem man gar nichts wüsste, wenn das, was fehlt, nicht gefehlt hätte. Das Leben ist doch seltsam und wunderlich und fantastisch!

KAPITEL 9

Gewöhnliche Fragen über Autismus, die mir oft gestellt werden

Wie verhält man sich als Eltern, wenn dem eigenen autistischen Kind etwas bevorsteht, was es machen muss und was nicht verhandelbar ist, wie zum Beispiel jeden Morgen zur Schule zu gehen? Wie erreicht man, dass das Kind mitgeht, ohne dass es sich bedroht fühlt?

Das Wichtigste ist, dass Sie sich mit der Situation versöhnen und alle Hoffnungen darauf, dass es »normal« funktionieren könnte, begraben. Wenn Sie das schaffen und der Kommunikation zwischen Ihnen und dem Kind kein Traum mehr im Weg steht, und wenn Sie den Fokus auf Ihr Inneres richten können, dann können Sie mit dem Gedanken spielen: »Wie kann ich es heute anstellen, um, ganz gleich, wie es läuft, zufrieden sein zu können?« Wenn Sie mit diesem Gedanken in Ihrem Innern spielen, dann befreien Sie sich von der Vorstellung, dass Zeit eine Bedeutung haben könnte. Und Sie treten in den spielerischen Gedanken ein, dass Sie während der kommenden fünf Minuten alle Zeit der Welt haben.

Dadurch schaffen Sie für das Kind die Freiheit, zugegen zu sein, indem es aufsteht, seine Kleider anzieht und mit Ihnen zum Auto geht. Und solange das Kind erfährt, dass Sie alle Zeit der Welt haben und in Ihrem Innern zufrieden sind, dann gibt es nichts, wogegen es kämpfen müsste. Und damit hat es die Möglichkeit, den Geschehnissen unreflektiert und zufrieden zu folgen. Dann muss das Kind sich nicht anpassen, sondern tut einfach nur, was der Erwachsene will, weil es nur das gibt.

Für mich war es so, dass ich mich leicht in das fügen konnte, was geschehen sollte, wenn die Erwachsenen in meiner Umgebung ihr Inneres in den Zustand versetzten, dass sie nur in der täglichen Routine waren, ohne Angespanntheit und ohne Forderungen an mich zu stellen. Die Schwierigkeit für den Erwachsenen dabei war, die Zunge im Zaum zu halten und nicht drauflos zu rennen und das Ergebnis schon vorweg zu denken, denn sowie der Erwachsene seine Gegenwart in der Situation verlor, widersetzte sich der ganze Körper, und dann war ich gezwungen, zu protestieren, träge zu werden oder mich in etwas hineinzusteigern.

Wie soll man sich gegenüber den Zwangshandlungen verhalten, die Kinder mit Autismus haben?

Die Zwänge kommen, wenn das Kind ein Bedürfnis hat, das es nicht interpretieren kann. Dann stürzt sich das Kind, anstatt das Bedürfnis zu befriedigen, in etwas, das ihm Sicherheit bietet, weil es bekannt ist und weil man es wiederholen kann. Vonseiten des Kindes ist das eine Kommunikation, die sagt: »Ich habe ein Bedürfnis.« Das Kind sagt nicht, welches Bedürfnis es hat, sondern nur: »Ich habe ein Bedürfnis.« Und damit das Kind aus den Zwängen herauskommen kann, müssen Sie die Situation wiedererkennen und denken: »Jetzt muss ich hier und jetzt darüber nachdenken, was für ein Bedürfnis das Kind haben könnte.« Und nur wenn Sie den Gedanken denken und hier und jetzt zugegen sind, bewirkt das oft schon, dass die Zwänge nachlassen. Und dann kommt es darauf an, dass Sie als Erwachsener erraten, um welches Bedürfnis es sich handelt.

Wenn die Zwänge nachlassen und Sie einfach nur in der Situation zugegen sind, dann kann es passieren, dass dem Kind sein Bedürfnis bewusst wird, oder dass es zumindest sozusagen in die Atmosphäre tritt. Und wenn Sie dann neugierig oder fragend zugegen sind, können Sie oft einen Funken von dem erhaschen, was entscheidend ist. Diesen Funken dürfen Sie nicht verpassen, sondern Sie müssen ihn festhalten und zusammen mit dem Kind mit Ihrer Ahnung oder Ihrer Idee spielen. Und oft ist es dann da, auch wenn Sie sich niemals gedacht hätten, dass es das ist.

Die Antwort kann einfach lauten, dass dem Kind zu warm ist, es aber nicht selbst darauf kommt, sich den Pullover auszuziehen. Es spürt nur die Hitze und möchte sie loswerden, doch das Gefühl führt nicht zu der Assoziation, den Pullover auszuziehen. Aber wenn Sie sich im Hier und Jetzt bereithalten und neugierig sind, dann kann es passieren, dass Sie plötzlich sehen: »Ja, du hast aber auch so viele Kleider an. Am besten ziehen wir dir mal einen Pullover aus.«

Manchmal kommen Zwangshandlungen auf, wenn das Kind seinen Körper nicht fühlt und nur Nichtsigkeit empfindet. Dann braucht das Kind, dass Sie mit ihm kämpfen, es auf den Boden legen und herumrollen, dass Sie es berühren, es festhalten und umarmen. Allerdings dürfen Sie nicht darauf hoffen, dass Sie umarmt werden, denn dann gibt es nur einen Ausbruch, das geht nicht. Sie können auch anfangen zu singen.

Wenn wir Autisten erfahren, dass wir selbst keine Grenze haben, dann löst das Ängste in uns aus. Wenn dann jemand uns steuert und etwas mit uns anstellt, dann löst sich die Eingeschlossenheit und es wird wieder angenehm.

Was kann man als Eltern tun, um mit seinem autistischen Kind in Kommunikation zu treten?

Das Problem für die meisten Menschen ist, dass sie wünschen, der andere möge sich ihrer Art zu kommunizieren anpassen, und das ist für ein autistisches Kind ein Ding der Unmöglichkeit. Es besitzt nicht die Gefühlssphäre, die nötig ist, um nach den Bedingungen anderer zu kommunizieren, und somit wird die Kommunikation einseitig. Wenn Sie sich das klarmachen, öffnen Sie sich für eine wirkliche Kommunikation und Entwicklung – sowohl für das Kind wie auch für sich selbst.

Voraussetzung für die natürliche Entwicklung von Kommunikation sind für das autistische Kind die kurzen Augenblicke, in denen es für eine Tausendstelsekunde in eine Begegnung mit Ihnen oder einer anderen Person gerät. In dieser Begegnung wird das Kind von der Kommunikation des anderen geprägt. Die Entwicklung des Kindes geht so holperig vor sich, weil es den größten Teil der Zeit keine wirkliche Begegnung mit einem anderen hat.

Für Sie besteht das Problem darin, dass es so schwer ist, ständig vollkommen zugegen zu sein, denn natürlich reagieren Sie auf alle Zurückweisungen, die Ihnen das Kind erteilt.

Was kann ich denn tun, um mich dadurch, dass ich mich zurückgewiesen fühle, nicht in der Kommunikation mit dem Kind einschränken zu lassen?

Zunächst einmal ist es wichtig, dass Sie sich dessen bewusst sind, was Sie selbst tun. Dass Sie sich den Schmerz eingestehen, den Sie empfinden, wenn Sie sich darauf einstellen, dem Kind zu begegnen, aber schon die Erfahrung gemacht haben, wie es sich anfühlt, zurückgewiesen zu werden.

Es ist wichtig, dass Sie sich dafür entscheiden, dass dieser Schmerz ungefährlich ist: »Es tut weh, und es ist unangenehm, aber es ist ungefährlich, und deshalb kann ich es gut aushalten.« Es ist wichtig, dass Sie sich vollkommen von der Vorstellung befreien, das dürfe sich nicht so anfühlen und das Kind dürfe Sie nicht zurückweisen.

Wenn Sie den Schmerz empfinden, wenn Sie sich selbst eingestehen, dass es ihn gibt, befinden Sie sich in einer Form der Offenheit in Ihrem Innern, und Sie sind verletzlich. Dort findet Ihre Begegnung mit Ihnen selbst statt, die bewirken kann, dass das Kind einen Augenblick der Begegnung mit Ihnen erfährt.

Zum anderen müssen Sie das Ganze als eine Herausforderung für sich selbst betrachten und dürfen nicht vergessen, dass es in siebenundneunzig von hundert Fällen zu keiner Begegnung kommt. So ist es einfach, das müssen Sie gar nicht weiter bewerten. Stellen Sie sich von vornherein darauf ein, dass es keine Rolle spielt, ob es eine Begegnung gibt oder nicht, sondern lassen Sie es frei laufen, sodass es kein Gelingen oder Misslingen gibt, kein Besser oder Schlechter:»Ich stelle mich für eine Begegnung zur Verfügung, und es darf so sein, wie es ist.« Achten Sie darauf, dass Sie nicht zu steuern versuchen, was geschehen soll, denn schon die kleinste Steuerung macht die Begegnung unmöglich.

Zum Dritten ist wichtig, dass Sie erkennen, wie privilegiert Sie sind, weil Sie die Möglichkeit haben, konfrontiert zu werden, und weil die Dinge so deutlich auf ihre Spitze gestellt sind, dass Sie sich Ihrer eigenen Fixierungen, Rituale und Routinen vollkommen bewusst werden. Ihr Bewusstsein Ihrer selbst wird auf eine Weise stimuliert, wie es im Leben sonst niemals der Fall ist. Das ist nach Expertenmeinung die beste Stimulanz, die man bekommen kann, um zu verhindern, dass das Gehirn senil wird.

Wenn Sie Ihre eigene Situation mit diesen Kommunikationsschwierigkeiten schätzen lernen, entsteht Freude in Ihnen. Nichts fördert körperliche Freude und verhindert Niedergeschlagenheit so sehr wie das.

Dies war das Geheimnis meines Vaters: die Einstellung, dass er sich kein besseres Leben vorstellen konnte, als gebraucht zu werden, mit allen Herausforderungen, die das beinhaltete, und dass er auch immer wieder gezwungen wurde, sich alles Mögliche auszudenken, um die Dinge am Laufen zu halten.

Wie schafft man es, dass ein autistisches Kind selbstständig wird? Gibt es da irgendwelche Methoden?

In der Sache mit der Selbstständigkeit liegt ein Denkfehler. Man ist als Autist voll und ganz selbstständig. Man ist ganz eigen, aber man besitzt keinen Selbsterhaltungstrieb, der ist einfach nicht ausgebildet. Wenn Sie als Eltern sich wünschen, das Kind möge »selbstständig« werden, dann meinen Sie, dass es lernen soll, sich zu waschen, zu putzen und zu spülen, oder mit anderen Worten die ADL (Activities of Daily Living) zu erledigen. Aber das zu entwickeln gehört mit zum Schwersten für eine Person, die nicht von dem geprägt wird, was andere Menschen tun, die das alles nicht gefühlsmäßig übernehmen oder nachahmen kann.

Wir Autisten leiden nicht darunter, dass wir nicht selbstständig sind, so wie normale Menschen darunter leiden würden. Für uns Autisten ist es eben diese Abhängigkeit von anderen, die unsere Nicht-Kommunikation kompensiert. Denn das bedeutet, dass andere etwas für uns und mit uns zusammen anstellen. Das ist die einzige Art von Gemeinschaft, die wir Autisten eingehen. Es gibt für uns keine Neigung und keinen Ehrgeiz, Dinge zu übernehmen, um selbstständig zu werden. Und hier beginnt der ungleiche Kampf, wenn die Umgebung uns dazu bringen will, im Äußerlichen gut zu funktionieren, was aber für uns nur zu einer Isolierung im Innern führen würde.

Sie stellen also die falschen Bedingungen, wenn Sie versuchen, das Kind ADL-tauglich zu machen, in der Hoffnung, dass es dann selbstständig und kommunizierend sein wird. Hier liegt der Denkfehler. Erst wenn einer autistischen Person die Kommunikation mit anderen Menschen gelingt, entsteht eine natürliche Gemeinschaft, und dann erst wird diese Person daran Interesse haben, sich im Alltagsleben um sich selbst zu kümmern.

Es ist unmöglich, das Kind im Äußerlichen zum Funktionieren zu bringen und darauf zu warten, dass eine Kommunikation entsteht. Die Kommunikation muss zuerst kommen, und dann erst kann der Autist sich darin üben, im Äußerlichen zu funktionieren. Es ist meist sehr schwer für Eltern, das einzusehen. Wir Autisten werden im Äußerlichen niemals besser funktionieren, als es unsere Fähigkeit zur Kommunikation zulässt. Das kann man vielleicht am besten bei denjenigen feststellen, die ein Asperger-Syndrom haben, das eine abgemilderte Form des Autismus darstellt. Diese Menschen können sich vollkommen bewusst sein, was im Äußerlichen erforderlich ist, aber dennoch nicht imstande sein, es in Routinen und Rituale im Alltag einzubauen, sondern benötigen meist beim Putzen, bei der Kleidung und dergleichen Hilfe.

Wir lernen ja allmählich, mit unserem Kind zu kommunizieren, aber es gibt ja zwangsläufig auch Begegnungen mit anderen Menschen, und dann entstehen die großen Probleme, die wir kaum in den Griff bekommen. Zum Beispiel: Wir wissen, was wir um unser Kind arrangieren müssen, damit es spielen kann, zufrieden ist und es ihm gut geht. Doch dann sollen wir es in der Tagesstätte abgeben. Dort erklären wir den Erzieherinnen oft, was sie tun sollen, die werden dann aber ärgerlich, denn sie sind schließlich die Experten und wissen schon, wie man es anstellt. Und dann müssen wir beobachten, wie unser Kind Anfälle bekommt und sich zurückentwickelt. Wie gehen wir damit um? Wie können wir als Eltern mit den Erzieherinnen sprechen, ohne dass diese sich gekränkt oder herabgewürdigt fühlen?

Zunächst einmal muss man erklären, dass es sich hier um ein Kind mit ungewöhnlicher Kommunikation handelt. Versuchen Sie, den Erzieherinnen das ungefähr so zu erklären:

Es ist wichtig, ungefähr genauso zu denken, als wäre das Kind blind oder taub oder lahm, nämlich praktisch. Das Kind benötigt ein besonderes Arrangement, denn es hat diese Einschränkung. Versuchen Sie mit dem Personal so lange darüber zu sprechen, bis es seine Versuche, das Kind zu normalisieren, einstellt. Das Problem für das Kind selbst liegt nicht darin, dass es nicht gerne mit den anderen Menschen in der Tagesstätte in einer Gemeinschaft wäre, sondern dass es mit den anderen nicht kommunizieren kann. Deshalb kann man das Kind nicht einfach mit in die Gruppe nehmen, sondern es braucht eine Brücke. Und diese Brücke ist individuell. Dafür benötigt das Personal alle Informationen von den Eltern über eben diese besonderen Verhaltensweisen und darüber, was sie bedeuten.

Wenn die Erzieherinnen sich das anhören können und wirklich daraus lernen, wird das Kind beim Personal das Verhalten seiner Eltern wiedererkennen, und dann hat es eine echte Chance, an der Gruppe teilzunehmen.

Wenn das funktioniert, was macht man dann, wenn man zum Beispiel in ein Geschäft kommt, das Kind sich auf seine Weise zu orientieren versucht und die Umgebung dadurch gestört wird?

Ich habe oft erlebt, dass mein Vater die Leute in einer Gesellschaft, wo man mich nicht kannte, schnell darüber in Kenntnis setzte: »Ich habe hier ein Kind dabei, das sich etwas ungewöhnlich verhält. Das ist aber ganz harmlos. Ignorieren Sie es einfach, dann geht es schnell vorbei.«

Es löst das schlimmste Verhalten bei autistischen Kindern aus, wenn Menschen vor einem ungewöhnlichen Verhalten Angst haben und so reagieren, dass sie das Kind erziehen und beherrschen oder etwas mit ihm machen wollen. Das hat entweder zur Folge, dass das Kind ganz begeistert ist und sich noch schlimmer verhält, um noch mehr Aufmerksamkeit zu erhalten, oder dass es Angst bekommt und krampft und noch mehr negative Verhaltensweisen produziert. Ich nenne das das »Mach-das-Tischtuch-nicht-schmutzig«-Syndrom. Wann immer Kinder die Erlaubnis bekommen, auf sich selbst gestellt etwas zu machen, ohne Angst haben zu müssen, benehmen sie sich gut und schaffen die schwierigsten Dinge mit Leichtigkeit. Doch sobald jemand sagt: »Mach das Tischtuch nicht schmutzig«, bemächtigt sich eine Steifheit oder Anspannung des Kindes, und die Gefahr, dass es das Tischtuch schmutzig macht, ist gleich viel größer. Dieser Situation werden wir Autisten viel zu oft ausgesetzt, und das führt immer dazu, dass unser Verhalten schlimmer ist, als es sein müsste.

Es ist wichtig, dass Sie als Eltern sich sagen: »Ich muss überhaupt keine Angst oder Sorge haben, dass eventuell eine schwierige Situation entstehen könnte, sondern ich rechne gleich damit, dass es so sein wird. Wahrscheinlich entsteht eine Situation, die früheren, schon erlebten Situationen ähnelt. Oder es passiert etwas völlig Neues. Wie auch immer, werde ich eine neue Erfahrung in der Kunst machen, in unmöglichen Situationen mit einem ungewöhnlichen Kind zurechtzukommen. Außerdem betrachte ich das selbst als eine Herausforderung, finde es fast unterhaltsam, und es ist etwas, woraus auch die anderen Beteiligten Nutzen ziehen können. Auch wenn die das jetzt gerade vielleicht nicht so sehen, weiß ich doch, dass es stimmt.«

Die russischen Eltern, mit denen ich viele Jahre lang gearbeitet habe, sagen, es sei ungeheuer wertvoll, dass sie sich einmal im Monat treffen und über all die vollkommen unmöglichen Situationen austauschen, in die sie mit ihren Kindern in der Gesellschaft geraten. Sie nehmen sich die Zeit, einander die Situationen zu beschreiben und wirklich die ganze Dramatik auszuleben, die sie dabei erlebt haben. Das hat dazu geführt, dass sie sowohl aus den eigenen als auch aus den Erlebnissen der anderen gelernt haben, und damit fast alles bewältigen können, was ihnen zustößt.

Ich empfehle also, dass Eltern mit ungewöhnlichen Kindern mit vielleicht vier bis sechs anderen Eltern eine Selbsthilfegruppe bilden, in der sie sich regelmäßig treffen.

Wie behandelt man das Thema Schule?

Wenn man so weit gekommen ist, dass es kein Problem mehr darstellt, das Kind von zu Hause mitzunehmen und in die Schule zu bringen, dass man es gut dem Lehrer überlassen kann und mit den Schülern auch alles gut läuft, dann kommen die großen Probleme. Wir Menschen mit Kommunikationsproblemen können nicht auf die traditionelle Weise lernen. Wir können noch so intelligent sein, aber diese Intelligenz dennoch nicht auf eine traditionelle Weise anwenden.

Als Eltern müssen Sie wissen, dass die meisten autistischen Kinder problemlos lernen können, was in einer Schule gelehrt wird. Wir können aber keine Antwort geben und auf herkömmliche Weise über das sprechen, was wir gelernt haben. Wenn Sie als Eltern es wagen, darauf zu vertrauen, dass Ihr Kind vollkommen imstande ist, zu lernen, was die Schule anzubieten hat, ohne einen Beweis dafür zu fordern, dann wird Ihr Kind es in einer völlig normalen Schule sehr gut haben.

Heute gibt es die sogenannte »Unterstützte Kommunikation« als Methode, mit der erwachsene Autisten gelernt haben, sich auszudrücken und zu kommunizieren. Viele von ihnen haben erzählt, sie seien sehr traurig darüber, dass sie als Kinder nicht in eine normale Schule gehen durften, sondern oft zusammen mit retardierten Kindern in Sonderschulen gesteckt wurden. Dort durften sie nur ganz grundlegende Dinge auf sehr niedrigem Niveau lernen, und heute finden sie, dass sie keine Allgemeinbildung haben. Sie mussten als Kinder immer nur üben, mit ihrem Körper etwas auszudrücken oder wiederzugeben, wovon sie selbst wussten, dass sie es längst beherrschten, aber nicht vermitteln konnten. Dasselbe gilt, wenn Sie Ihr Kind in eine Tagesstätte bringen. Sie als Eltern müssen den Lehrern helfen zu verstehen, dass sie die Intelligenz des Kindes nicht unterschätzen sollen. Sie ist genauso wie bei allen anderen Kindern; der Unterschied besteht darin, dass dieses Kind eben nicht kommunizieren kann. Die ganze Schulzeit über ist es wichtig, dass Sie sich ständig bewusst machen, wie die normale Entwicklung aussieht, und das Kind Situationen aussetzen, in denen es dieselben Erfahrungen macht wie andere Kinder in seinem Alter. Sie dürfen allerdings nicht erwarten, damit zu erreichen, dass das Kind lernt, in diesen Situationen zu funktionieren. Es ist jedoch ungeheuer wichtig, dass das Kind Erfahrungen mit solchen Situationen macht. Denn irgendwann kommt ein Moment, in dem Ihr Kind diese Fähigkeit, die es erlernt hat, anwenden kann, auch wenn es unter Umständen viele Jahre dauern kann.

Außerdem müssen Sie als Eltern die Hoffnung aufgeben, dass das Kind »etwas werden« wird, und stattdessen sehen lernen, dass das Kind die Person ist, die es ist, und dafür sorgen, dass es alle Hilfe bekommt, die es braucht. Wir Menschen mit Kommunikationsproblemen brauchen verlängerte Arme, wir brauchen immer Hilfe bei dem, was wir selbst nicht können. Und damit verwöhnt man uns nicht etwa; es ist eine Notwendigkeit.

Wie geht man als Eltern damit um, wenn ein Kind zum Jugendlichen wird und anfängt, sich für das andere Geschlecht zu interessieren?

Hierbei ist es wichtig, sich klarzumachen, dass die physische und die sexuelle Entwicklung oft nicht im Geringsten gestört ist, ganz gleich, wie gestört man ansonsten ist. Die Sehnsucht und das Verlangen nach einem Partner und das fehlende Wissen, wie man mit seinen sexuellen Gefühlen umgehen soll, sind ein weites Feld, das Eltern unbedingt durchdenken müssen.

Zunächst einmal müssen Sie zurückgehen und sich erinnern, wie es für Sie selbst vom Beginn der Pubertät an bis zum Erwachsenwerden war, als Sie das alles in irgendeine Ordnung gebracht haben. Das verhindert nämlich, dass sich zwischen Ihnen als Eltern und Ihrem autistischen Kind eine Unmenge von Vorurteilen aufbauen, und es ist wichtig, wenn Sie wollen, dass Ihr Kind ein Verhalten ändert, das in der Gesellschaft nicht akzeptabel ist. Man kann nicht moralisieren, sondern muss sehr klare Direktiven erteilen, wie und wo dieser junge Mensch seine Sexualität anwenden darf.

Wie man sein Interesse für das andere Geschlecht zeigt, muss das Kind sehr konkret lernen. Hier ein Beispiel. Wie viel Gefühl man auch für eine andere Person empfindet, so darf man ihr zunächst doch nur die Hand hinstrecken und sie höflich begrüßen, ohne sich um die Gefühle zu scheren, die man innen drin hegt. Und man muss darüber sprechen, dass man einen anderen Menschen umarmen will, und diesem Menschen den nötigen Raum geben, einem zu begegnen oder sich zurückzuziehen. Man sagt, dass man sich umarmen will, und dann wartet man ab und tut nichts, bis der andere von sich aus handelt.

Diese ganze Entwicklung von Paarbeziehungen muss in sehr kleinen Schritten geschehen, und Sie müssen Ihrem Kind das alles auf sehr konkrete und eingehende Weise erklären. Wir haben als Autisten die Fähigkeit, das zu lernen, und deshalb ist die Motivation recht groß. Denken Sie immer daran, dass es wichtig ist, dass Sie als Eltern diese Zeit nicht verstreichen lassen und versuchen, sich vor dem Unangenehmen zu drücken. Nutzen Sie unbedingt die Zeit, wenn das Kind motiviert ist.

Dann folgt eine Zeit, in der die Jugendlichen das große Bedürfnis haben, sich von den verlängerten Armen frei zu machen. Dabei spielt überhaupt keine Rolle, wie viel oder wie wenig das Kind schon kann. Es wird dennoch das gewaltige Bedürfnis empfinden, sich von all dem frei zu machen, was es einschränkt, und vor allem von dem, was für das Alte steht. Das hat zwei Gründe: Zum einen wird das Kind von der Umgebung ständig zurückgehalten und kommt aus dem Alten nicht heraus. Zum anderen werden diejenigen, die alle Routinen und Rituale beherrschen und genau wissen, wie man sich als verlängerter Arm verhält, das Neue und den Unterschied nicht erkennen können.

Beide Faktoren stellen große Hindernisse für die Entwicklung des Jugendlichen dar. Zu dem Zeitpunkt, da diese Befreiung aktuell wird, kann es für den Jugendlichen gut sein, umzuziehen, zum Beispiel in eine Internatsschule oder in eine Art Kollektiv oder dergleichen. Man braucht eine Umgebung, in der das Kind nach wie vor den Kontakt zu den Eltern hat und nach Hause kommen kann, wo es sich aber auch von diesem Kontakt entfernen kann und dann parallel eine andere Welt hat.

Es ist ungeheuer wichtig, diese Befreiung ganz unabhängig von der Funktionsbehinderung zu sehen, als den ganz natürlichen Willen, erwachsen und groß zu werden.

Das ist eine der wichtigsten Fragen, die mir oft gestellt wird.

Warum ist es so schwer, sich damit abzufinden, dass das eigene Kind anders ist als andere? Warum kommt es einem so viel schwieriger vor, ein autistisches Kind zu haben, als eines, das blind oder taub oder gehbehindert ist?

Wenn ein Kind deutlich unter einer Intelligenzminderung leidet, wenn es gelähmt ist oder eine andere sichtbare physische Behinderung hat, dann ist das etwas, womit sich die Eltern früher oder später abfinden, die Natur ist nun einmal so, und da kann man nichts machen. Man sieht ein, dass man damit leben muss, und man muss eine gute Art finden, damit umzugehen. Doch das autistische Kind spielt die ganze Zeit Verstecken. In mancher Hinsicht funktioniert es vollkommen angemessen, und in mancher überhaupt nicht. Diese Katz-und-Maus-Spiele empfinden die Eltern meist als sehr frustrierend.

Ein anderer Grund ist, dass ein autistisches Kind an einem Tag etwas ganz selbstverständlich beherrscht, als hätte es das schon sein ganzes Leben lang gemacht, doch am nächsten Tag ist diese Fähigkeit wieder vollkommen verschwunden.

Das können die Eltern nicht miteinander in Einklang bringen, und dieses wechselhafte Verhalten hält dauernd ihre Hoffnung am Leben, dass man das Kind dazu bringen könnte, normal zu funktionieren. Und sie können auch zu der Überzeugung gelangen, das Kind sei trotzig oder es verfolge eine Strategie, um gemein zu sein oder etwas auszuhecken.

Ein autistisches Kind führt die ganze Zeit alle Erwartungen, das Natürliche, ad absurdum. Es ist natürlich, in Gemeinschaft zu sein, und das ist ein solches Kind nicht. Damit macht es auch die Vorstellung von einer Gegenseitigkeit, nämlich dass eine Beziehung aus Geben und Nehmen besteht, lächerlich. Das autistische Kind ist entweder im Nichts oder im Nur-nehmen-Modus. Es gibt nichts dazwischen.

Die Hoffnung der Eltern, dass das Kind natürlich funktionieren könnte, wird ständig lächerlich gemacht. Die Eltern schwanken zwischen Hoffnung und Verzweiflung, ohne dass es je eine Ordnung geben würde. Ein Erkennungszeichen für Autismus ist der Kommunikationsausschluss-Krampf mit seinem Wechsel zwischen gut Funktionieren und überhaupt nicht Funktionieren.

Wer mit einem Autisten zusammenlebt, muss seine Erwartungen ablegen und stattdessen lernen, sich ständig selbst zu fragen: »Was ist jetzt gerade dran?«

Warum haben autistische Kinder so viele Anfälle? Wie soll man als Erwachsener damit umgehen?

Einer der Gründe, warum autistische Kinder oft Anfälle bekommen, ist, dass sie nicht erfahren haben, dass ihr Körper und sie selbst ein und dasselbe sind, und dass der Körper eine Bedeutung hat. Das Kind sieht, wie andere Menschen in der Kommunikation funktionieren und wie sie denken und fühlen und reagieren, weil das alles als Information in der Atmosphäre zur Verfügung steht. Das Kind glaubt, es selbst würde auf dieselbe Weise kommunizieren wie andere Menschen. Es erlebt sein eigenes Verhalten nicht als ungewöhnlich, fremd oder gar destruktiv, denn es ist das ja gewohnt. Deshalb reagiert das Kind so ungeheuer gestört, wenn die Umgebung negativ auf sein Verhalten reagiert, anstatt sich auf das zu konzentrieren, was es zu kommunizieren sucht. Dann fühlt sich das Kind in großem Maße überfahren und missverstanden.

Darf das Kind zum Beispiel nicht auf den Tisch klopfen oder immer im Kreis herumsausen oder summen, dann wird es gestört, und dann kommt der Krampf. Das ist, als ob ein Mensch einen anderen nach etwas fragt und anstelle einer Antwort den Satz zu hören bekommt: »Hör auf, die Stirn zu runzeln.« Das autistische Kind beweist oft sehr große Geduld mit dieser an ihm vorbeilaufenden Fehlkommunikation der Erwachsenen, doch am Ende hält es das nicht mehr aus, und es kommt zum Anfall.

Autistische Kinder werden sehr oft missverstanden und überfahren. Die Erwachsenen haben ein schlechtes Timing – die Dinge gehen immer zu schnell oder zu langsam. So staut sich im Körper des Kindes, genauso wie das auch bei allen anderen Menschen ist, die Frustration. Wenn das Kind dann in eine Situation mit einer echten Begegnung kommt, erfährt es sofort den Impuls, alle aufgestaute Frustration zu entladen, und das geschieht oft in

Form eines Anfalls. Da ist es wichtig, dass der Erwachsene den Anfall nicht stoppt oder ihn wegmanipuliert, sondern lediglich darauf achtet, das Kind zu schützen, sodass es sich in dem Anfall nicht selbst schadet.

Da das Kind nach einem solchen gesunden Anfall viel kommunikativer ist als sonst, sollten die Eltern ihre eigenen Tätigkeiten unterbrechen und sich ausschließlich auf die Begegnung mit dem Kind konzentrieren, denn dann bekommt es die Chance, sich von seinem Frust zu befreien und zu heilen. Wenn Sie mit Ihren eigenen Arbeiten fortfahren, wird der Anfall nicht richtig beendet und kann nicht heilend wirken, sondern es werden dann noch Reste davon übrig bleiben, die später herauskommen müssen.

Ein anderer Grund für Anfälle sind Situationen, in denen das Kind verunsichert wird, weil sich die äußere Wirklichkeit nicht vertraut oder sicher anfühlt. Die Ursache hierfür können große Veränderungen in Routinen und Ritualen oder neu auftauchende Menschen sein. Wenn die äußere Wirklichkeit chaotisch wird, sodass es sich nicht mehr orientieren kann, dann werden die Möglichkeiten des Kindes zu innerer Bewegung so eingeschränkt, dass es Angst bekommt. Und mit der Angst kommen die Impulse zum Anfall. Solchen Anfällen muss man ganz anders begegnen als den vorher beschriebenen.

Hier muss der Erwachsene dafür sorgen, dass die äußere Sicherheit wiederhergestellt wird, zum Beispiel, indem er eine Tür schließt oder ein Kuscheltier herausholt oder ein vertrautes Lied singt. Er muss sich mit anderen Worten auf etwas konzentrieren, das für das Kind eine Brücke zur Orientierung im Äußeren darstellen kann. Sowie die äußere Sicherheit wiederhergestellt ist, beruhigt sich das Kind.

Aber was ist, wenn man die Ursache für den Anfall nicht kennt? Was kann man dann tun?

Wichtig ist, dass Sie nicht anfangen, das Kind steuern oder drängen zu wollen. Tun Sie nichts, sondern bleiben Sie einfach da und beobachten Sie das Kind. Vergewissern Sie sich zunächst, dass es nichts Lebensgefährliches tut, denn in dem Fall müssen Sie natürlich sofort eingreifen. Doch wenn das nicht der Fall ist, dann haben Sie genug Zeit zu überlegen, was Sie selbst für intuitive Impulse empfinden. Meist ist es, wenn das Kind einen Anfall hat, so, dass Informationen dabei sind, was es jetzt gerade braucht, und die müssen Sie als Eltern ablesen lernen.

Wenn Sie ganz ruhig bleiben und das Kind einfach beobachten, dann werden Ideen in Ihnen auftauchen, was das Kind jetzt im Moment braucht. Vielleicht braucht es schlicht Ihre Nähe. Vielleicht müssen Sie einfach nur Ihre Hand auf die des Kindes legen. Oder Sie müssen ruhig von alltäglichen Dingen reden oder von dem morgigen Tag. Oder Sie beschreiben dem Kind, was Ihrer Meinung nach passiert ist: »Manchmal hat man so viel Wut in sich, und die muss dann rauskommen«, oder: »Manchmal ist man so traurig über irgendetwas.« Und wenn Sie das sagen, müssen Sie in Ihrem Körper das Gefühl zulassen, wie es ist, wenn man wütend oder traurig oder froh ist, damit Ihr Gefühl auf irgendeine Weise in die Atmosphäre kommt. Und mit ein bisschen Glück ist dann das Gefühl dabei, das das Kind bewegt und das es dann auffangen kann.

Dann wendet sich der Anfall oft. Die Stärke nimmt ab, das Kind gerät in sein Gefühl und verharrt nicht mehr im Anfall. Ein autistisches Kind hat viel von einem Kleinkind. Es schreit, wenn sich etwas falsch anfühlt, doch weiß es nicht, was das Falsche ist. Indem Sie mit ihm darüber reden, welches Gefühl in dem Kind den Anfall möglicherweise ausgelöst hat, können Sie dem Kind helfen, dieses Gefühl wiederzufinden. Dann verschwindet die Notwendigkeit des Anfalls, und das Kind hat Zugang zu dem Gefühl und damit zur Kommunikation.

Was macht man, wenn der Anfall in einem Geschäft erfolgt, wo alles anders und unvorhersagbar ist und wo man dafür sorgen muss, dass das Kind nichts klaut oder kaputt macht?

Als Erstes muss man, ehe man einen Laden betritt, beschließen: »Okay, das hier darf genauso laufen, wie es laufen wird.« Wenn man hofft, dass alles gutgehen möge, wird es nicht gutgehen, weil diese Hoffnung die äußere Sicherheit für das Kind zerstört. Hat man aber die Einstellung, dass alles so gehen darf, wie es kommt, dann kann man das Kind loslassen und zulassen, dass es sich selbst orientiert, dann kann es an Dingen zupfen, riechen, fühlen und sie drehen und wenden. Meist wird dabei nichts kaputt gehen. Das Kind tut das, um sich in einer neuen und fremden Welt Sicherheit zu schaffen. Wenn Sie sich die Zeit nehmen, das zu beobachten, ohne etwas zu unternehmen, werden Sie auch merken, wann das Kind damit fertig ist, und dann können Sie in aller Ruhe einkaufen. Dieses Timing ist sehr wichtig.

Aber was mache ich, wenn der Anfall an der Kasse kommt?

Solche Anfälle an der Kasse kommen aus verschiedenen Gründen. Einer ist, dass die Erwachsenen um Sie herum angespannt, misstrauisch und distanziert sind, und das macht das äußere Milieu unsicher. Die Eltern sind bereits darauf eingestellt, dass jetzt ein Anfall kommen wird, was beweist, dass sie doch die Hoffnung gehegt haben, dass diesmal alles gutgehen würde. Diese Hoffnung ist der auslösende Faktor. Deshalb ist es ganz wichtig, dass Sie ständig die Einstellung aufrechterhalten, dass alles so geschehen darf, wie es kommt. Dann sind Sie in einem Nähezustand, der es Ihnen möglich macht, die Atmosphäre um das Kind herum so zu beeinflussen, dass die Notwendigkeit eines Anfalls reduziert wird. Eine andere Ursache für einen Anfall an der Kasse ist, dass das Kind es nach einer Weile in dem Laden geschafft hat, sich zu orientieren und sich etwas Sicherheit zu schaffen. Wenn es dann merkt, dass es nun ans Verlassen des Ladens geht, dann ist ihm die bevorstehende Veränderung unangenehm, und der Anfall ist ein Protest gegen das Verlassen einer Umgebung, in der es sich nun gerade zu Hause gefühlt hat.

Es ist ein Problem für das Kind, in einen Laden zu gehen und sich zu orientieren, und es ist ein Problem, den Laden zu verlassen. Doch das darf auf keinen Fall dazu führen, dass Sie das Kind nicht mit in den Laden nehmen, denn das Kind schöpft daraus großen Nutzen. Eine fremde Umgebung zu betreten, sich zu orientieren, aus dem Bekannten aufzubrechen und wieder hinauszugehen, das ist wichtig. Sehr oft ist das Leben autistischer Menschen viel zu arm an Veränderungen, weil die Eltern es so anstrengend finden, dass die Veränderungen immer zu Anfällen führen. Doch das Kind selbst leidet nicht darunter.

Wie kann ich meinem autistischen Kind beibringen, auf die Toilette zu gehen? Es gibt keine Probleme mit dem »großen Geschäft«, denn damit haben wir schon Routine. Wenn wir gefrühstückt haben, setze ich es auf die Toilette, und dort darf es dann sitzen, bis es fertig ist. Doch mit dem Pinkeln ist es viel schwerer, denn das ist mehrmals täglich erforderlich. Da kann ich das Kind nicht aufs Klo setzen und sagen: »Jetzt pinkel mal.« Wie kriegt man es hin, dass es selbst merkt, wann es pinkeln muss?

Diese Unreife befindet sich ungefähr auf demselben Niveau wie bei einem Kind von ein und zwei Jahren. Das autistische Kind braucht viel taktile Stimulierung. Berühren Sie das Kind am ganzen Körper und ziehen Sie an Armen und Beinen und dehnen und strecken Sie sie auf angenehme Weise. Je mehr Sie das tun, desto leichter fällt es dem Körper, in dieser Funktion zu reifen. Solche taktile Stimulierung kann man gut bis zum 15. Lebensjahr anwenden. Wenn Sie das mehrmals am Tag tun, wird es zu einer Stimulierung der Signale für das Toilettenbedürfnis führen. Denken Sie immer daran, dass es hier nicht um eine pädagogische Frage geht. Hier muss nicht die Verhaltensweise modifiziert werden, sondern es ist die gefühlsmäßige Stimulierung im Körper, die zur Reife führt.

Gibt es eine Methode, wie ich meinem Kind helfen kann, sprechen zu lernen? Ich weiß, dass es alles versteht, und dass es eigentlich sprechen kann, aber es ist, als würde es einfach nicht dazu kommen, dass es das tut.

Ein Kind spricht oft nicht, weil es keinen Impuls zwischen dem Bewusstsein und den Sprechorganen gibt. Versuchen Sie, das Kind auf den Schoß zu nehmen und Ihre Wange an die des Kindes zu drücken. Sehen Sie dann beide dieselbe Sache an, zum Beispiel ein Bild mit einer Sonne. Sie sagen.»Soooooonne. Die Soooooonne schaaaaaaaint. Ooooooooo, die schöööööööne Sooooooone.« Wenn Sie sich selbst die Verbindung zwischen dem Bewusstsein und dem Sprechorgan bewusst machen, dann kann das dem Kind einen Impuls geben, diese Verbindung bei sich selbst auch herzustellen. Manchen Kindern fehlt die Voraussetzung für eine solche Verbindung, doch bei anderen ist sie vorhanden, und diese Kinder kann man stimulieren, mit dem Sprechen zu beginnen.